여러분의 합격을 응원하

해커스공무원의 특별 예택

FREE 공무원 한국사 **동영상강의**

해커스공무원(gosi.Hackers.com) 접속 후 로그인 ▶ 상단의 [무료강좌] 클릭 ▶
좌측의 [교재 무료특강] 클릭

무료 **시대별 막판 암기 점검**(PDF)

해커스공무원(gosi.Hackers.com) 접속 후 로그인 ▶ 상단의 [교재 · 서점 → 무료 학습 자료] 클릭 ▶
본 교재의 [자료받기] 클릭

해커스공무원 온라인 단과강의 **20% 할인쿠폰**

25BCE6F54678DJMK

해커스공무원(gosi.Hackers.com) 접속 후 로그인 ▶ 상단의 [나의 강의실] 클릭 ▶
좌측의 [쿠폰등록] 클릭 ▶ 위 쿠폰번호 입력 후 이용

* 쿠폰 이용 기한: 2023년 12월 31일까지(등록 후 7일간 사용 가능) * 쿠폰 이용 관련 문의: 1588-4055

합격예측 모의고사 응시권 + 해설강의 수강권

3F3B3A693E58E673

해커스공무원(gosi.Hackers.com) 접속 후 로그인 ▶ 상단의 [나의 강의실] 클릭 ▶
좌측의 [쿠폰등록] 클릭 ▶ 위 쿠폰번호 입력 후 이용

* 쿠폰 이용 기한: 2023년 12월 31일까지(등록 후 7일간 사용 가능) * 쿠폰 이용 관련 문의: 1588-4055

해커스 회독증강 콘텐츠 **5만원 할인쿠폰**

6B29E38F475279GB

해커스공무원(gosi.Hackers.com) 접속 후 로그인 ▶ 상단의 [나의 강의실] 클릭 ▶
좌측의 [쿠폰등록] 클릭 ▶ 위 쿠폰번호 입력 후 이용

* 쿠폰 이용 기한: 2023년 12월 31일까지(등록 후 7일간 사용 가능) * 쿠폰 이용 관련 문의: 1588-4055
* 월간 학습지 회독증강 행정학/행정법총론 개별상품은 할인쿠폰 할인대상에서 제외

단기 합격을 위한
해커스 커리큘럼

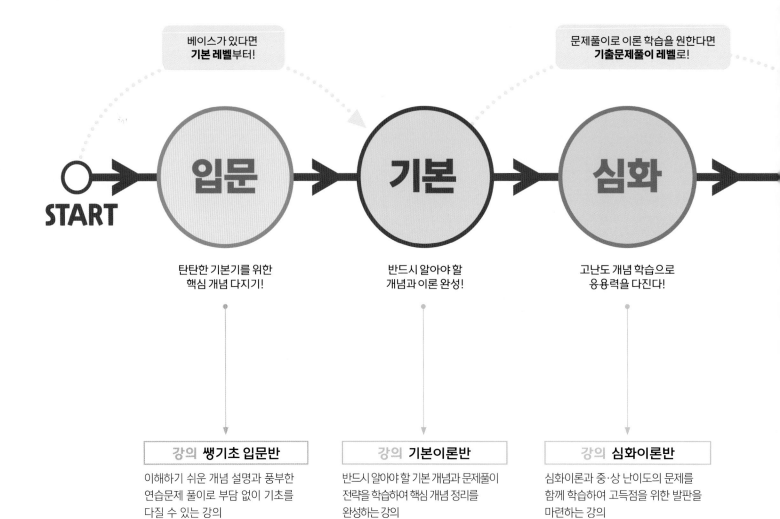

베이스가 있다면
기본 레벨부터!

문제풀이로 이론 학습을 원한다면
기출문제풀이 레벨로!

START

입문
탄탄한 기본기를 위한
핵심 개념 다지기!

기본
반드시 알아야 할
개념과 이론 완성!

심화
고난도 개념 학습으로
응용력을 다진다!

강의 쌩기초 입문반

이해하기 쉬운 개념 설명과 풍부한
연습문제 풀이로 부담 없이 기초를
다질 수 있는 강의

강의 기본이론반

반드시 알아야 할 기본 개념과 문제풀이
전략을 학습하여 핵심 개념 정리를
완성하는 강의

강의 심화이론반

심화이론과 중·상 난이도의 문제를
함께 학습하여 고득점을 위한 발판을
마련하는 강의

* 커리큘럼은 과목별·선생님별로 상이할 수 있으며, 자세한 내용은 해커스공무원 사이트에서 확인하세요.

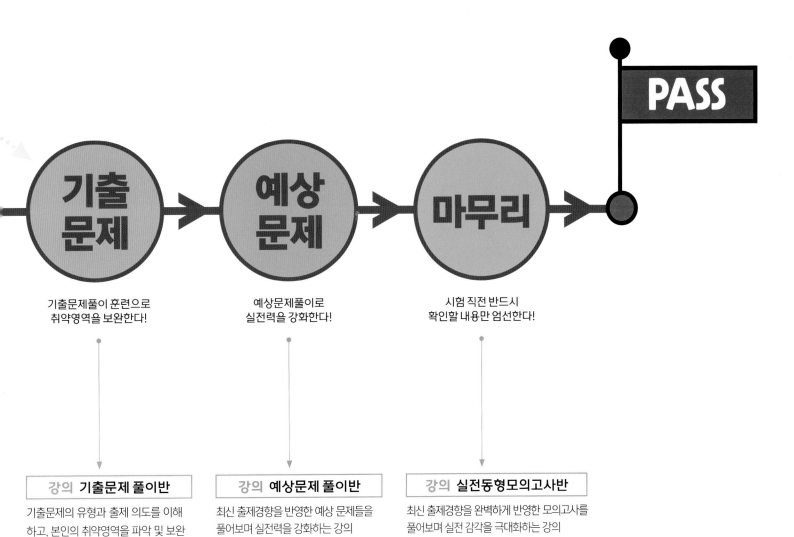

PASS

기출문제	예상문제	마무리
기출문제풀이 훈련으로 취약영역을 보완한다!	예상문제풀이로 실전력을 강화한다!	시험 직전 반드시 확인할 내용만 엄선한다!

강의 기출문제 풀이반

기출문제의 유형과 출제 의도를 이해
하고, 본인의 취약영역을 파악 및 보완
하는 강의

강의 예상문제 풀이반

최신 출제경향을 반영한 예상 문제들을
풀어보며 실전력을 강화하는 강의

강의 실전동형모의고사반

최신 출제경향을 완벽하게 반영한 모의고사를
풀어보며 실전 감각을 극대화하는 강의

강의 봉투모의고사반

시험 직전에 실제 시험과 동일한 형태의
모의고사를 풀어보며 실전력을 완성하는 강의

해커스공무원

매일
하프모의고사
한국사

해커스공무원

차례

해커스공무원 매일 하프모의고사
한국사

실전모의고사

(책 속의 책)
약점 보완 해설집

OMR 답안지 [문제집 내 수록]
OMR 답안지를 활용하여 실전처럼 모의고사 문제
를 풀어보세요.

시대별 막판 암기 점검 [PDF]
해커스공무원(gosi.Hackers.com) 접속 후 로그인
▶ 상단의 [교재·서점 → 무료 학습 자료] 클릭
▶ 본 교재 우측의 [자료받기] 클릭하여 이용

『매일 하프모의고사』 교재 활용법

1️⃣ 30일 동안 매일 하프모의고사를 풀여 문제풀이 감각 높이기

1. 문제집 맨 뒤에 수록된 OMR 답안지를 준비합니다.

2. 타이머를 '7분'으로 맞춥니다.

3. OMR 답안지와 타이머가 준비되면 제한된 시간 내에 매일 하프모의고사(1일~30일)를 풀어봅니다.
   이때, 문제 풀이 시간을 최대한 앞당기는 연습이 필요합니다.

4. '바로 채점하기'를 통해 빠르게 채점하고 맞은 갯수를 적습니다.

2️⃣ 마무리 OX 퀴즈로 핵심 개념 점검하고, 약점 보완 해설집으로 약점 극복하기

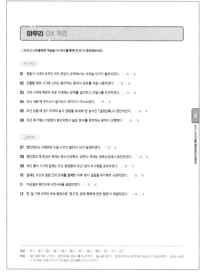

1. 각 일자별 '하프모의고사'의 마지막 페이지에 있는 '마무리 OX 퀴즈'를 풀고 채점합니다.

2. [약점 보완 해설집(책 속의책)]의 '취약시대 분석표'를 활용하여 본인이 어떤 시대의 문제를 많이 틀렸는지 확인합니다.

3. 해설을 꼼꼼히 읽어보며 틀린 문제는 어떤 개념을 몰라서 틀렸는지 확인하고, 헷갈렸던 개념에 대해 점검합니다.

4. '이것도 알면 합격!'을 꼼꼼히 읽어보며 심화 개념들을 학습합니다.

시험 D-3일, 실전모의고사로 실전 감각 높이기

1. 문제집 맨 뒤에 수록된 OMR 답안지를 준비합니다.

2. 타이머를 '15분'으로 맞춥니다.

3. OMR 답안지와 타이머가 준비되면 제한된 시간 내에 실전모의고사(총 3회분)를 실전처럼 풀어봅니다.

4. 채점을 하고, 틀린 문제의 해설을 꼼꼼히 읽어보며 놓치고 있는 개념이 있는지 점검합니다.

 시험 D-1일, 시대별 막판 암기 점검(PDF) 풀어보기

1. 온라인으로 제공되는 '시대별 막판 암기 점검(PDF 부가물)'을 풀어보며 중요한 핵심 키워드들을 최종 점검합니다.

2. 채점 후 틀린 OX 문제, 빈칸 채우기 문제와 관련된 개념은 반드시 복습합니다.

해커스공무원
매일 하프모의고사 한국사

매일
하프모의고사

1일~30일

* 하프모의고사를 풀기 전 OMR 답안지를 미리 준비합니다
OMR 답안지는 교재 p.145에 있습니다.

01 청동기 시대의 유적과 유물을 바르게 연결한 것만을 모두 고르면?

㉠ 여주 흔암리 유적 – 바퀴날 도끼
㉡ 의주 미송리 유적 – 오수전
㉢ 강화 부근리 유적 – 탁자식 고인돌
㉣ 창원 다호리 유적 – 간돌검

---

① ㉠, ㉡   ② ㉠, ㉢

③ ㉡, ㉣   ④ ㉢, ㉣

02 밑줄 친 '왕'이 재위하던 시기의 사실로 옳은 것은?

왕이 이찬 이사부에게 명하여 가라(가야)국을 공격하도록 하였다. 이때 사다함은 나이 15, 16세였음에도 종군하기를 청하였다. …… 그 나라 사람들이 뜻밖에 군사가 쳐들어오는 것을 보고 놀라 막지 못하였으므로 대군이 승세를 타고 마침내 그 나라를 멸망시켰다.

---

① 품주를 집사부와 창부로 개편하였다.

② 당 황제에게 오언태평송을 지어 보냈다.

③ 왕이라는 중국식 칭호를 처음 사용하였다.

④ 고구려의 영토였던 단양 적성을 점령하였다.

03 고려 시대의 지방 제도에 대한 설명으로 가장 옳은 것은?

① 중앙 고관을 사심관으로 임명하여 지방 세력을 견제하였다.

② 성종 때 속군·속현 등에 감무를 파견하기 시작하였다.

③ 북방의 국경 지대에는 양계를 설치하고 안찰사를 파견하였다.

④ 지방 향리의 자제를 상수리로 삼아 출신지의 일에 대해 자문하게 하였다.

04 우리나라의 유네스코 세계 문화유산에 대한 설명으로 옳지 않은 것은?

① 백운동 서원은 명종 때 이황의 건의에 따라 소수 서원으로 사액되었다.

② 동궁과 월지, 첨성대 등은 경주 역사 유적 지구의 월성 지구에 속해 있다.

③ 영주 부석사는 의상이 창건한 절로 해동 화엄종의 중심 사찰의 역할을 하였다.

④ 남한산성은 정묘호란 때 후금이 쳐들어오자 인조가 피난한 곳이다.

05 다음 사실들을 일어난 순서대로 바르게 나열한 것은?

> ㉠ 주자소가 설치되고 계미자가 주조되었다.
> ㉡ 토지 측량 기구인 인지의와 규형이 발명되었다.
> ㉢ 『향약집성방』, 『의방유취』 등의 의서가 편찬되었다.
> ㉣ 경기 지역의 농사 경험을 토대로 한 농서인 『금양잡록』이 편찬되었다.

① ㉠ → ㉡ → ㉢ → ㉣
② ㉠ → ㉢ → ㉡ → ㉣
③ ㉢ → ㉠ → ㉣ → ㉡
④ ㉢ → ㉣ → ㉠ → ㉡

06 병인양요에 대한 설명으로 옳은 것은?

① 오페르트 도굴 사건이 발단이 되어 발생하였다.
② 프랑스군이 퇴각하면서 수(帥)자기 등의 전리품을 약탈하였다.
③ 흥선 대원군에 의한 천주교 박해 정책이 시작되는 배경이 되었다.
④ 한성근 부대는 문수산성에서, 양헌수 부대는 정족산성에서 항전하였다.

07 다음 인물에 대한 설명으로 옳지 않은 것은?

> 1870년 진천 출생
> 1904년 일본의 황무지 개간권을 규탄하는 상소를 고종에게 올림
> 1905년 을사늑약에 반대하며 자결 시도
> 1907년 만국 평화 회의에 밀사로 파견됨
> 1915년 신한 혁명당 조직을 협의

① 서전서숙을 설립하였다.
② 13도 의군에 참여하였다.
③ 성명회를 조직하였다.
④ 경학사를 조직하였다.

08 다음 사실들을 순서대로 바르게 나열한 것은?

> ㉠ 신은행령을 공포하였다.
> ㉡ 조선 광업령을 공포하였다.
> ㉢ 조선 임야 조사령을 공포하였다.
> ㉣ 회사 설립을 허가제로 규정하였다.
> ㉤ 조선과 일본 간의 관세를 철폐하였다.

① ㉡ → ㉢ → ㉣ → ㉤ → ㉠
② ㉡ → ㉣ → ㉢ → ㉠ → ㉤
③ ㉣ → ㉡ → ㉢ → ㉤ → ㉠
④ ㉣ → ㉢ → ㉠ → ㉡ → ㉤

09 다음 농법이 확산된 결과 나타난 현상으로 옳지 않은 것은?

> 가물 때도 마르지 않는 무논을 가려 2월 하순에서 3월 상순까지에 갈아야 한다. 그 무논의 10분의 1에 모를 기르고 나머지 9분에는 모를 심을 수 있게 준비한다. 먼저, 모를 기를 자리를 갈아 법대로 잘 다듬고 물을 빼고서 부드러운 버드나무 가지를 꺾어다 두텁게 덮은 다음 밟아 주며, 바닥을 볕에 말린 뒤 물을 댄다. …… 모가 4촌(寸) 이상 자라면 옮겨 심을 수 있다.
>
> – 「농사직설」

① 넓은 토지를 경작하는 광작이 성행하였다.

② 토지를 상실한 농민들이 임노동자로 전락하였다.

③ 노비나 머슴을 통해 직접 토지를 경영하는 지주가 늘어났다.

④ 쌀의 가치 하락으로 논을 밭으로 바꾸는 현상이 활발해졌다.

10 다음 조약에 대한 설명으로 가장 옳지 않은 것은?

> 제2조: 1910년 8월 22일 및 그 이전에 대한 제국과 일본 제국 간에 체결된 모든 조약 및 협정이 이미 무효임을 확인한다.
>
> 제3조: 대한민국 정부가 국제 연합 총회의 결의 제195(Ⅲ)호에 명시된 바와 같이 한반도에 있어서의 유일한 합법 정부임을 확인한다.

① 학생과 시민들의 거센 반대 가운데 체결되었다.

② 위안부 문제와 독도 문제가 주요하게 논의되었다.

③ 부속 협정으로 '청구권·경제 협력에 관한 협정'이 체결되었다.

④ 조약 내용의 협의를 위해 김종필과 오히라가 비밀 회담을 가졌다.

마무리 OX 퀴즈

☑ 모의고사에 출제된 개념을 OX 퀴즈를 통해 한 번 더 점검해보세요.

전근대사

01 청동기 시대의 유적인 여주 흔암리 유적에서는 바퀴날 도끼가 출토되었다.　□ O □ X

02 진흥왕 재위 시기에 신라는 왕이라는 중국식 칭호를 처음 사용하였다.　□ O □ X

03 고려 시대에 북방의 국경 지대에는 양계를 설치하고 안찰사를 파견하였다.　□ O □ X

04 조선 세종 때 주자소가 설치되고 계미자가 주조되었다.　□ O □ X

05 조선 성종 때 경기 지역의 농사 경험을 토대로 한 농서인 『금양잡록』이 편찬되었다.　□ O □ X

06 조선 후기에는 이앙법이 확산되면서 넓은 토지를 경작하는 광작이 성행했다.　□ O □ X

근현대사

07 병인양요는 오페르트 도굴 사건이 발단이 되어 발생하였다.　□ O □ X

08 병인양요 때 한성근 부대는 문수산성에서, 양헌수 부대는 정족산성에서 항전하였다.　□ O □ X

09 무단 통치 시기에 일제는 조선 광업령과 조선 임야 조사령을 공포하였다.　□ O □ X

10 일제는 조선과 일본 간의 관세를 철폐한 이후 회사 설립을 허가제로 규정하였다.　□ O □ X

11 이상설은 북간도에 서전서숙을 설립하였다.　□ O □ X

12 한·일 기본 조약의 부속 협정으로 '청구권·경제 협력에 관한 협정'이 체결되었다.　□ O □ X

정답 | 01 O　02 X　03 X　04 X　05 O　06 O　07 X　08 O　09 O　10 X　11 O　12 O

해설 | 02 지증왕 재위 시기이다.　03 양계에는 병마사를 파견하였다.　04 태종 때이다.　07 병인양요는 병인박해가 발단이 되어 발생하였다.　10 회사 설립이 허가제로 규정된 것(1910, 회사령)은 관세 철폐(1923) 이전이다.

01 다음 자료에 나타난 시기의 백제 왕에 대한 설명으로 옳은 것은?

> 진(晉)나라 때에 구려(句麗)가 이미 요동을 차지하니 백제 역시 요서, 진평의 두 군을 차지하였다.
>
> - 「통전」

① 국호를 남부여라고 하였다.

② 신라를 공격하여 대야성을 함락시켰다.

③ 동진으로부터 전래된 불교를 공인하였다.

④ 고흥으로 하여금 『서기』를 편찬하게 하였다.

03 한국 고대 문화의 일본 전파와 관련된 설명으로 옳은 것을 〈보기〉에서 모두 고른 것은?

> ─────〈보기〉─────
>
> ㉠ 고구려의 혜자가 쇼토쿠 태자의 스승이 되었다.
>
> ㉡ 백제의 관륵이 『천자문』과 『논어』 등의 경서를 전달하였다.
>
> ㉢ 가야의 토기 제작 기술이 전해져 스에키 토기에 영향을 주었다.
>
> ㉣ 고구려의 혜관이 삼론종을 전파하여 일본 삼론종의 개조가 되었다.

① ㉠, ㉣   ② ㉡, ㉣

③ ㉠, ㉡, ㉢   ④ ㉠, ㉢, ㉣

02 밑줄 친 '그'에 대한 설명으로 옳은 것은?

> 그는 문음으로 관직에 올랐다. 누이는 순종의 비였다. 둘째 딸이 예종의 비가 되자 벼슬이 높아져 중서시랑이 되었다. 인종 때에 다른 성씨가 왕비가 되는 것을 막기 위해 셋째 딸을 왕비로 맞이해 줄 것을 청하자 왕이 이에 따랐다.

① 정방을 통해 인사권을 행사하였다.

② 정중부를 제거하고 권력을 장악하였다.

③ 금나라의 군신 관계 요구를 받아들이고자 하였다.

④ 그가 일으킨 난을 후대의 역사가가 '일천년래 제일대사건'이라 평가하였다.

04 다음 사건을 일어난 순서대로 바르게 나열한 것은?

> ㉠ 이조 전랑 임명 문제로 심의겸 일파와 김효원 일파가 대립하였다.
>
> ㉡ 윤원형과 윤임의 대립으로 사화가 일어났다.
>
> ㉢ 조광조가 내수사 장리의 폐지, 소격서 폐지 등을 주장하였다.
>
> ㉣ 정철의 처벌 문제를 둘러싸고 동인이 강경파와 온건파로 분열하였다.

① ㉠ → ㉢ → ㉣ → ㉡

② ㉡ → ㉢ → ㉠ → ㉣

③ ㉢ → ㉡ → ㉠ → ㉣

④ ㉣ → ㉠ → ㉡ → ㉢

05 다음 자료에 나타난 시기의 가족 제도에 대한 설명으로 가장 옳은 것은?

> 지금은 남자가 장가들면 여자 집에 거주하여, 남자가 필요로 하는 것은 모두 처가에서 해결하고 있습니다. 그리하여 장인과 장모의 은혜가 부모의 은혜와 똑같습니다. 아아, 장인께서 저를 두루 보살펴 주셨는데 돌아가셨으니, 저는 장차 누구를 의지해야 합니까.
>
> – 『동국이상국집』

① 과부의 재가를 허용하지 않았다.
② 재산 상속에서 장남이 우대를 받았다.
③ 자녀들이 돌아가면서 불교식으로 제사를 지냈다.
④ 지방 사족들이 부계 위주의 족보를 편찬하고 동성 마을을 형성하였다.

06 ㉠에 대한 설명으로 옳은 것은?

> 제1조 울릉도를 울도라 개칭하여 강원도에 부속하고, 도감을 군수로 개정하여 관제 중에 편입하고, 군의 등급은 5등으로 한다.
> 제2조 군청 위치는 태하동으로 정하고, 구역은 울릉전도(鬱陵全島)와 죽도, ㉠ 을/를 관할한다.

① 하멜 일행이 표류하다 도착한 곳이다.
② 정약전이 『자산어보』를 저술한 곳이다.
③ 영국이 러시아를 견제하기 위해 불법 점령한 곳이다.
④ 일본이 러·일 전쟁 중 불법적으로 강탈한 곳이다.

07 (가), (나)의 주장을 한 정치 세력에 대한 설명으로 옳은 것은?

> (가) 군신, 부자, 부부, 붕우, 장유의 윤리는 인간의 본성에 부여된 것으로서 천지를 통하는 만고불변의 이치이고, 위에 존재하는 것으로서 도(道)가 됩니다. 이에 대해 배, 수레, 군사, 농사, 기계가 국민에게 편리하고 나라에 이롭게 하는 것은 외형적인 것으로서 기(器)가 됩니다. 신이 변혁을 꾀하고자 하는 것은 기(器)이지 도(道)가 아닙니다.
> (나) 오늘날 급선무는 인재를 등용하며 국가 재정을 절약하고 사치를 억제하며, 문호를 개방하고 이웃 나라와 친선을 도모하는 데 있다. …… 일본은 법을 변경한 이후로 모든 것을 바꾸었다고 한다.

① (가) – 친청 외교 정책을 추진하였다.
② (가) – 기정진, 이만손 등이 대표적이다.
③ (나) – 농민의 입장에서 토지 개혁을 주장하였다.
④ (나) – 양무운동을 본받고자 하였다.

08 다음 강령을 발표한 단체에 대한 설명으로 옳은 것은?

> • 시장에 외국 상인의 출입을 엄금할 것
> • 다른 나라에 철도 부설권을 허용하지 말 것
> • 시급히 방곡령을 실시하고 구민법을 채용할 것
> • 금광의 채굴을 금지하고 인민의 방책을 꾀할 것

① 을사오적을 처단하기 위해 조직된 암살단이다.
② '가난한 사람을 살려내는 무리'라는 뜻을 가졌다.
③ 일본의 '남한 대토벌 작전'으로 인해 크게 타격을 받았다.
④ 시전 상인이 중심이 되었으며 독립 협회와 연대하기도 하였다.

09 다음 제도가 시행된 시기에 볼 수 있는 모습으로 옳은 것은?

> 제1조 조선 주차(駐箚) 헌병은 치안 유지에 관한 경찰과 군사 경찰을 관장한다.
> 제2조 조선 주차 헌병은 육군 대신의 관할에 속하며 그 직무의 집행에 대하여는 조선 총독의 지휘 감독을 받는다. 군사 경찰에 대하여는 육군 대신과 해군 대신의 지휘를 받는다.
> 제3조 헌병의 장교, 준사관, 하사, 상등병에게는 조선 총독이 정하는 바에 의하여 재직하면서 경찰관의 직무를 집행하게 할 수 있다.

① 동아일보를 읽고 있는 지식인
② 독립 의군부 조직에 참여하는 유생
③ 심상소학교에 입학하는 한국인 학생
④ 원산 총파업에 동참하는 부두 노동자

10 제3차 경제 개발 5개년 계획이 실시되었던 시기의 사실로 옳은 것은?

① 화폐 개혁이 단행되었다.
② 브라운 각서가 체결되었다.
③ 제2차 석유 파동이 발생하였다.
④ 포항 제철소 제1기 설비가 준공되었다.

마무리 OX 퀴즈

☑ 모의고사에 출제된 개념을 OX 퀴즈를 통해 한 번 더 점검해보세요.

(전근대사)

01 근초고왕은 고흥으로 하여금 『서기』를 편찬하게 하였다.　□ O □ X

02 고구려의 혜자가 일본 쇼토쿠 태자의 스승이 되었다.　□ O □ X

03 백제의 관륵이 일본에 『천자문』과 『논어』 등의 경서를 전달하였다.　□ O □ X

04 이자겸은 금나라의 군신 관계 요구를 받아들이고자 하였다.　□ O □ X

05 고려 시대에는 자녀들이 돌아가면서 불교식으로 제사를 지냈다.　□ O □ X

06 조광조는 내수사 장리의 폐지, 소격서 폐지 등을 주장하였다.　□ O □ X

(근현대사)

07 온건 개화파는 친청 외교 정책을 추진하였다.　□ O □ X

08 급진 개화파는 양무운동을 본받고자 하였다.　□ O □ X

09 활빈당은 시전 상인이 중심이 되었으며 독립 협회와 연대하기도 하였다.　□ O □ X

10 무단 통치 시기에는 심상소학교에 입학하는 한국인 학생을 볼 수 있었다.　□ O □ X

11 민족 말살 통치 시기에는 독립 의군부 조직에 참여하는 유생을 볼 수 있었다.　□ O □ X

12 제3차 경제 개발 5개년 계획이 실시되었던 시기에 포항 제철소 제1기 설비가 준공되었다.　□ O □ X

정답 | **01** O **02** O **03** X **04** O **05** O **06** O **07** O **08** X **09** X **10** X **11** X **12** O

해설 | **03** 백제의 왕인이다. **08** 온건 개화파이다. **09** 황국 중앙 총상회에 대한 설명이다. **10** 제3차 조선 교육령(1938)이 시행된 민족 말살 통치 시기의 사실이다. **11** 독립 의군부가 조직(1912)된 것은 무단 통치 시기의 사실이다.

01 (가), (나) 시기의 사실로 옳은 것을 〈보기〉에서 모두 고른 것은?

	(가)	(나)	
↑	↑	↑	
단군 조선 성립	위만 집권	왕검성 함락	

〈보기〉

㉠ (가) – 고조선이 보낸 군대에 요동도위 섭하가 살해되었다.
㉡ (나) – 예(濊) 지역에 창해군이 설치되었다.
㉢ (가) – 연나라와 요서 지역을 경계로 대립하였다.
㉣ (나) – 철기 문화가 본격적으로 수용되어 철제 무기와 농기구가 제작되었다.

① ㉠, ㉢
② ㉡, ㉣
③ ㉠, ㉢, ㉣
④ ㉡, ㉢, ㉣

02 다음 사건을 발생한 순서대로 바르게 나열한 것은?

㉠ 강화도에서 개경으로 환도했다.
㉡ 재조대장경의 조판이 시작되었다.
㉢ 김윤후가 처인성 전투에서 활약하였다.
㉣ 고려가 강동성에서 거란군을 몰아냈다.

① ㉡ → ㉠ → ㉣ → ㉢
② ㉡ → ㉣ → ㉢ → ㉠
③ ㉣ → ㉢ → ㉠ → ㉡
④ ㉣ → ㉢ → ㉡ → ㉠

03 밑줄 친 '왕'에 대한 설명으로 옳은 것은?

왕이 국초에 있었던 전례에 따라 창덕궁의 진선문과 시어소의 건명문 남쪽에 신문고를 다시 설치하도록 명하였다. 그리고 하교하기를, "이와 같이 옛 법을 회복한 후 …… 신문고의 전면과 후면에 '신문고'라고 세 글자를 써서 모든 백성이 알게 하라."고 하였다.

① 관청의 노비 6만 6천여 명을 양인으로 해방시켰다.
② 준천사를 설치하고 청계천 준설 사업을 추진하였다.
③ 서얼차대법을 제정하여 서얼의 문과 응시를 제한하였다.
④ 청으로부터 백과사전인 『고금도서집성』을 수입하였다.

04 (가) 인물의 활동으로 옳은 것은?

신인(神人)이 말하였다. "지금 그대 나라는 여자가 왕위에 있으니 덕은 있지만 위엄이 없습니다. 그래서 이웃 나라가 침략을 꾀하고 있는 것입니다. 그대는 빨리 돌아가야 합니다." (가) 이/가 다시 물어보았다. "고국에 돌아가면 어떤 이로운 일을 해야 합니까?" 신인이 답했다. "황룡사의 호법용(護法龍)은 나의 맏아들입니다. 범왕(梵王)의 명을 받고 가서 그 절을 보호하고 있습니다. 고국에 돌아가거든 절 안에 9층 탑을 세우십시오. …… (가) 은/는 당나라 황제가 준 불경과 불상, 승복과 폐백 등을 가지고 와 탑을 세울 일을 왕에게 아뢰었다.

① 『고승전』, 『화랑세기』 등을 저술하였다.
② 당에 들어가 독자적인 유식론을 발전시켰다.
③ 대국통에 임명되어 계율을 지키는 일에 힘을 보탰다.
④ 현세에서 고난을 구제받고자 하는 관음 신앙을 전파하였다.

05 통일 신라의 경제에 대한 설명으로 옳지 않은 것은?

① 신라도를 통해 당과 직접 교역하였다.

② 수도에 서시전과 남시전이 설치되었다.

③ 역(役)은 대체로 16~60세의 남자에게 부과되었다.

④ 울산항이 국제 무역항으로 성장하여 아라비아 상인까지 왕래하였다.

06 (가) 지역에 대한 설명으로 옳은 것은?

> [가] 에서 열린 회의 결과 양측 인사 15명은 다음 방안에 합의하였다.
> • 우리 강토에서 외국 군대가 즉시 철수시켜 문제를 해결할 것
> • 외국 군대 철수한 후 내전이 발생할 수 없다는 점을 확인함
> • 전조선 정치 회의 소집을 통한 임시 정부 수립과 통일적 총선거를 통한 통일 국가를 수립할 것
> • 남조선 단독 선거의 결과를 결코 인정하지 않을 것

① 고구려 유리왕이 천도한 곳이다.

② 서희의 활약을 통해 고려의 영토가 되었다.

③ 제너럴셔먼호 사건이 발생한 곳이다.

④ 유엔군과 공산군의 휴전 회담이 처음 열렸다.

07 (가) 단체가 주장한 내용으로 옳은 것은?

> 4월 7일에 서재필에 의하여 우리나라 최초로 영문판 신문이 발행되었다. 이 신문은 순한글판과 영문판으로 발행되어 국내외에 다양한 정보를 제공하였다. 이 신문은 [가] 이/가 결성되는데 중요한 요인이 되었으며, [가] 이/가 결성된 이후에는 활동을 지원하는 기관지로서의 역할을 담당하였다.

① 공·사 노비법을 혁파하고 인신매매를 금지할 것

② 왕실 사무와 국정 사무를 나누어 혼동하지 않도록 할 것

③ 보부상 단체인 혜상공국을 혁파할 것

④ 국가 재정은 탁지부에서 모두 관리하고, 예산·결산을 인민에게 공포하도록 할 것

08 (가) 인물의 활동으로 옳은 것은?

> [가] 은/는 평안남도 강서군 출신으로, 1895년 상경하여 언더우드가 운영하는 구세 학당에 입학하였다. 1907년에 신민회 조직에 참여하여, 대성 학교 설립과 청년 학우회 조직 등 민족 지도자 양성을 위한 활동을 전개하였으며, 1910년 안중근의 이토 히로부미 암살 사건(1909)에 연루되었다는 혐의로 해외로 망명하였다. 3·1 운동 이후에는 대한민국 임시 정부에서 활동하였으며, 임시 정부의 활동 방향을 위해 열린 국민 대표 회의에서 임시 정부의 존속과 개편을 주장하였다.

① 대한매일신보에 「독사신론」을 연재하였다.

② 재미 한인을 중심으로 흥사단을 창립하였다.

③ 상하이에서 독립운동 단체인 동제사를 조직하였다.

④ 대조선 국민 군단을 조직하여 독립군을 양성하였다.

09 다음 조약들을 체결된 순서대로 바르게 나열한 것은?

> ㉠ 조·일 수호 조규
> ㉡ 조·일 통상 장정 개정
> ㉢ 조·미 수호 통상 조약
> ㉣ 조·불 수호 통상 조약

① ㉠ → ㉡ → ㉢ → ㉣
② ㉠ → ㉢ → ㉡ → ㉣
③ ㉠ → ㉢ → ㉣ → ㉡
④ ㉡ → ㉢ → ㉠ → ㉣

10 다음 자료에 해당하는 선거에 대한 설명으로 옳은 것은?

> • 총 유권자의 40%에 해당하는 표를 자유당 후보에게 기표하여 투표 당일 투표함에 미리 넣어 놓는다.
> • 나머지 60%의 유권자는 3인, 5인, 9인조로 묶어 매수 혹은 위협을 통해 자유당 후보에게 투표하도록 한다.
> • 투표소 부근에 여당 완장을 착용한 완장 부대를 배치하여 야당 성향의 유권자를 위협한다.
> • 야당 참관인은 적당한 구실을 만들어 투표소 밖으로 내쫓는다.
>
> – 동아일보

① 민주당의 장면이 부통령으로 당선되었다.
② 사사오입 개헌이 이루어지는 배경이 되었다.
③ 마산의 학생과 시민들이 이 선거를 규탄하는 시위를 일으켰다.
④ 이 선거를 계기로 조봉암을 비롯한 진보당 간부들이 구속되었다.

마무리 OX 퀴즈

☑ 모의고사에 출제된 개념을 OX 퀴즈를 통해 한 번 더 점검해보세요.

전근대사

01 위만 조선 시기에 철기 문화가 본격적으로 수용되어 철제 무기와 농기구가 제작되었다. ☐ O ☐ X

02 통일 신라는 신라도를 통해 당과 직접 교역하였다. ☐ O ☐ X

03 자장은 대국통에 임명되어 계율을 지키는 일에 힘을 보탰다. ☐ O ☐ X

04 의상은 현세에서 고난을 구제받고자 하는 관음 신앙을 전파하였다. ☐ O ☐ X

05 태종은 서얼차대법을 제정하여 서얼의 문과 응시를 제한하였다. ☐ O ☐ X

06 영조는 준천사를 설치하고 청계천 준설 사업을 추진하였다. ☐ O ☐ X

근현대사

07 평양은 제너럴셔먼호 사건이 발생한 곳이다. ☐ O ☐ X

08 갑신정변의 주도 세력은 보부상 단체인 혜상공국을 혁파할 것을 주장하였다. ☐ O ☐ X

09 독립 협회는 왕실 사무와 국정 사무를 나누어 혼동하지 않도록 할 것을 주장하였다. ☐ O ☐ X

10 신채호는 상하이에서 독립운동 단체인 동제사를 조직하였다. ☐ O ☐ X

11 안창호는 재미 한인을 중심으로 흥사단을 창립하였다. ☐ O ☐ X

12 마산의 학생과 시민들이 3·15 부정 선거를 규탄하는 시위를 일으켰다. ☐ O ☐ X

정답 | 01 ○ 02 X 03 ○ 04 ○ 05 ○ 06 ○ 07 ○ 08 ○ 09 X 10 X 11 ○ 12 ○

해설 | **02** 신라도는 발해와 통일 신라의 교역로이다. **09** 제2차 갑오개혁 때 발표된 홍범 14조의 내용이다. **10** 동제사를 조직한 인물은 신규식·박은식 등이다.

01 삼국 통일 과정에서 나타난 사건을 순서대로 바르게 나열한 것은?

> ㉠ 신라가 안승을 보덕국 왕에 봉했다.
> ㉡ 신라가 기벌포에서 당군을 크게 물리쳤다.
> ㉢ 당나라가 신라에 계림 도독부를 설치하였다.
> ㉣ 신라가 당군과 연합하여 사비성을 함락시켰다.

① ㉢ → ㉠ → ㉣ → ㉡
② ㉢ → ㉣ → ㉡ → ㉠
③ ㉣ → ㉢ → ㉠ → ㉡
④ ㉣ → ㉢ → ㉡ → ㉠

02 다음 자료가 발표되었던 시기의 사회 모습으로 옳은 것을 〈보기〉에서 모두 고른 것은?

> 지금부터 만약에 종친으로서 동성과 혼인하는 자는 성지(聖旨)를 어긴 것으로 논죄할 터인즉, 마땅히 (종친은) 누대의 재상을 지낸 집안의 딸을 아내로 맞고, 재상 집안의 아들은 종실들의 딸들에게 장가들 것이다. …… 경원 이태후와 안산 김태후 및 철원 최씨, 해주 최씨, 공암 허씨, 평강 채씨, 청주 이씨, 당성 홍씨, 황려 민씨, 횡천 조씨, 파평 윤씨, 평양 조씨는 모두 누대의 공신이요, 재상지종(宰相之宗)이니 가히 대대로 혼인을 하여 아들은 종실의 여자에게 장가들고 딸은 왕비로 삼을 만하다.

> ───── 〈보기〉 ─────
> ㉠ 결혼도감에서 공녀를 징발하였다.
> ㉡ 권세가들이 사패전 등을 통해 토지를 확대하였다.
> ㉢ 농민 공동체 조직이었던 향도가 점차 불교 신앙 조직으로 변모하였다.
> ㉣ 혼인 풍습이 점차 남귀여가혼에서 친영 제도로 변화하였다.

① ㉠
② ㉠, ㉡
③ ㉠, ㉣
④ ㉡, ㉢

03 (가) 인물에 대한 내용으로 옳은 것은?

> [(가)]와/과 정연은 모두 신라 사람인데 그들의 고향과 조상은 알 수 없다. …… 두 사람이 당나라에 가서 무령군 소장으로 있을 때, 말을 달리고 창을 쓰는 데 있어서 대적할 자가 없었다. 그 뒤에 [(가)]이/가 귀국하여 대왕에게 아뢰었다. "두루 다녀보니 우리나라 사람들을 노비로 삼고 있었습니다. 바다에 진영을 설치하여 적들이 백성들을 약탈하여 서쪽으로 데려가지 못하게 하소서."

① 금산사에 유폐되었다.
② 기훤과 양길의 휘하에서 세력을 키웠다.
③ 회역사, 견당매물사 등의 교역 사절을 파견하였다.
④ 반란을 일으키고 국호를 '장안', 연호를 '경운'이라 하였다.

04 다음과 같이 주장한 조선 후기의 실학자에 대한 설명으로 옳은 것은?

> 비유하건대, 재물은 대체로 샘과 같다. 퍼내면 차고 버려두면 말라 버린다. 그러므로 비단 옷을 입지 않아서 나라에 비단짜는 사람이 없게 되면 여공(女紅)이 쇠퇴하게 되고, 쭈그러진 그릇을 싫어하지 않고 기교를 숭상하지 않아서 수공업자가 기술을 익히는 일이 없게 되면 기예가 망하게 되며, 농사가 황폐해져서 그 법을 잃게 되므로 사농공상의 사민이 모두 곤궁하여 서로 구제할 수 없게 된다.

① 『열하일기』를 저술하였다.
② 『기기도설』을 참고하여 거중기를 설계하였다.
③ 신분에 맞게 토지를 차등 분배할 것을 주장하였다.
④ 서얼 출신으로 규장각 검서관에 등용되어 활동하였다.

05 유네스코에 등재된 우리나라의 세계 기록유산을 〈보기〉에서 모두 고른 것은?

---〈보기〉---
ㄱ. 『난중일기』
ㄴ. 『비변사등록』
ㄷ. 『승정원일기』
ㄹ. 동학 농민 혁명 기록물
ㅁ. '이산 가족을 찾습니다.' 기록물
---

① ㄱ, ㄴ, ㄹ
② ㄱ, ㄷ, ㅁ
③ ㄴ, ㄷ, ㅁ
④ ㄷ, ㄹ, ㅁ

06 다음 사건을 순서대로 바르게 나열한 것은?

ㄱ. 만적의 난 발생
ㄴ. 정방, 서방 설치
ㄷ. 도방 설치
ㄹ. 망이·망소이의 난 발생
---

① ㄷ → ㄹ → ㄴ → ㄱ
② ㄷ → ㄹ → ㄱ → ㄴ
③ ㄹ → ㄴ → ㄷ → ㄱ
④ ㄹ → ㄷ → ㄱ → ㄴ

07 조선 시대의 군사 제도에 대한 설명으로 옳지 않은 것은?

① 정규군 외에 일종의 예비군인 잡색군이 있었다.
② 주현군과 주진군이 지방의 방위를 담당하였다.
③ 세조 때 보법이 실시되고 진관 체제가 정비되었다.
④ 양인 개병제의 원칙에 따라 운영되었다.

08 다음 조약에 대한 설명으로 옳은 것은?

제1조 한·일 양국 사이에 항구적이고 변함없는 친교를 유지하고 동양 평화를 확립하기 위하여 대한 제국 정부는 대일본 제국 정부를 확고하게 믿고 시정 개선에 관한 충고를 받아들인다.
제4조 … 대일본 제국 정부는 전항의 목적을 성취하기 위하여 군사 전략상 필요한 지점을 상황에 따라 차지하여 이용할 수 있다.
---

① 군대 해산 조치의 근거가 되었다.
② 조선 총독부가 설치되는 근거가 되었다.
③ 조약 체결에 항거하며 민영환이 자결하였다.
④ 일본이 대한 제국의 국외 중립 선언을 무시하고 강제로 체결하였다.

09 ⊙ 사건의 배경에 대한 설명으로 옳지 않은 것은?

> 일본은 처음 얼마 동안 근대적인 개혁을 실시했으나, 곧 이어 마각을 드러냈고 조선 민족은 독립 항쟁을 줄기차게 계속하였다. 그 중에서도 중요한 것은 1919년의 ⊙ 이었다. 조선 청년들은 맨주먹으로 적에게 항거하여 용감히 투쟁하였다. ⊙ 은/는 조선 민족이 단결하여 자유와 독립을 찾으려고 수없이 죽어가고, 일본 경찰에 잡혀가서 모진 고문을 당하면서도 굴하지 않았던 숭고한 운동이었다.
>
> – 네루, 『세계사 편력』

① 인도에서 비폭력·불복종 운동이 전개되었다.
② 도쿄 유학생들이 2·8 독립 선언을 발표하였다.
③ 미국의 윌슨 대통령이 민족 자결주의를 제창하였다.
④ 레닌이 약소국의 민족 해방 운동을 지원할 것을 선언하였다.

10 다음 협정에 대한 설명으로 옳지 않은 것은?

> 군사 분계선을 확정하고 쌍방이 이 선에서 2km씩 후퇴하여 비무장 지대를 설정한다. 비무장 지대는 완충 지대로서 적대 행위로 인해 우려되는 사건을 미리 방지한다.

① 유엔군과 중국군, 북한군 대표가 협정 문서에 조인하였다.
② 개성과 판문점 등지에서 협정 체결을 위한 회담이 진행되었다.
③ 협정 체결 결과 군사 정전 위원회와 중립국 감시 위원단이 설치되었다.
④ 협정이 체결되자 이승만 정부가 거제도에 수용된 반공 포로를 석방하였다.

마무리 OX 퀴즈

☑ 모의고사에 출제된 개념을 OX 퀴즈를 통해 한 번 더 점검해보세요.

전근대사

01 신라 헌덕왕 때 김헌창이 반란을 일으키고 국호를 '장안', 연호를 '경운'이라 하였다. □ O □ X

02 장보고는 회역사, 견당매물사 등의 교역 사절을 파견하였다. □ O □ X

03 원 간섭기에 권세가들은 사패전 등을 통해 토지를 확대하였다. □ O □ X

04 고려 후기에 혼인은 점차 남귀여가혼에서 친영 제도로 변화하였다. □ O □ X

05 조선 시대에는 주현군과 주진군이 지방의 방위를 담당하였다. □ O □ X

06 박제가는 서얼 출신으로 규장각 검서관에 등용되어 활동하였다. □ O □ X

07 정약용은 『기기도설』을 참고하여 거중기를 설계하였다. □ O □ X

근현대사

08 한·일 의정서는 군대 해산 조치의 근거가 되었다. □ O □ X

09 을사늑약의 체결에 항거하며 민영환이 자결하였다. □ O □ X

10 3·1 운동은 인도에서 비폭력·불복종 운동이 전개된 것에 영향을 받았다. □ O □ X

11 정전 협정이 체결되자 이승만 정부가 거제도에 수용된 반공 포로를 석방하였다. □ O □ X

12 정전 협정 체결 결과 군사 정전 위원회와 중립국 감시 위원단이 설치되었다. □ O □ X

정답 | 01 O 02 O 03 O 04 X 05 X 06 O 07 O 08 X 09 O 10 X 11 X 12 O

해설 | **04** 조선 후기의 사실이다. **05** 고려 시대의 사실이다. **08** 한·일 신협약(정미 7조약)에 대한 설명이다. **10** 3·1 운동의 결과 및 의의이다. **11** 정전 협정이 체결되기 이전이다.

01 밑줄 친 '이 나라'에 대한 설명으로 가장 옳은 것은?

> 이 나라 사람들은 꺼리는 것이 많아 사람이 병들어 죽으면 집을 버리고 새 집을 짓는다. …… 단궁이라는 활, 바다표범 가죽, 무늬 있는 표범, 그리고 키가 작은 과하마가 난다.

① 민며느리제라는 혼인 풍속이 있었다.
② 별도의 행정 구획인 사출도가 존재하였다.
③ 후·읍군·삼로 등의 군장이 읍락을 다스렸다.
④ 목지국의 지배자가 왕으로 추대되었다.

02 밑줄 친 '왕'에 대한 설명으로 옳은 것을 〈보기〉에서 모두 고른 것은?

> ○ 당 태종이 홍색·자색·백색의 세 가지 색으로 그린 모란꽃 그림과 그 씨 석 되를 보내왔다. 왕이 그림의 꽃을 보고 말하기를 "이 꽃은 향기가 없을 것이다."하고 씨를 정원에 심도록 명하였다. 꽃이 피었다가 떨어질 때까지 과연 그 말과 같았다.
> ○ 영묘사 옥문지에 겨울임에도 많은 개구리가 모여 3~4일 동안이나 울었다. 나라 사람들이 그것을 괴이하게 여겨 왕에게 물은 즉 …… "속히 서쪽 교외로 나가 여근곡을 수색하면 필히 적병이 있을 것이다." …… 백제의 군사 5백 명이 그곳에 와서 숨어 있으므로 이들을 모두 죽여 버렸다.
> – 「삼국유사」

〈보기〉
㉠ 첨성대를 건립하였다.
㉡ 금관가야를 복속시켰다.
㉢ 연호를 건원이라 하였다.
㉣ 고구려에 군사를 청하였다.

① ㉠, ㉡   ② ㉠, ㉣
③ ㉡, ㉢   ④ ㉢, ㉣

03 밑줄 친 '왕'의 재위 기간의 사실로 옳은 것은?

> ○ 갑진 중찬 홍자번이 백성을 편하게 하는 18가지 안건을 상서하자 왕이 기쁘게 받아들였다.
> ○ 다루가치가 왕을 비난하면서 말하기를, "선지(宣旨)라 칭하고, 짐(朕)이라 칭하고, 사(赦)라 칭하니 어찌 이렇게 참람합니까?"라고 하였다. …… 이에 선지를 왕지(王旨)로, 짐을 고(孤)로, 사를 유(宥)로, 주(奏)를 정(呈)으로 고쳤다. – 「고려사」

① 수시력을 채택하였다.
② 입성책동 사건이 일어났다.
③ 기철 등 부원 세력을 숙청하였다.
④ 안향을 통해 성리학을 수용하였다.

04 다음의 사건을 시기 순으로 바르게 나열한 것은?

> ㉠ 균여가 「보현십원가」를 지었다.
> ㉡ 흥덕사에서 「직지심체요절」을 간행하였다.
> ㉢ 「상정고금예문」을 금속 활자로 인쇄하였다.
> ㉣ 고려를 다녀간 송나라 사신 서긍이 「고려도경」을 지었다.

① ㉠ → ㉢ → ㉡ → ㉣
② ㉠ → ㉣ → ㉢ → ㉡
③ ㉣ → ㉢ → ㉠ → ㉡
④ ㉣ → ㉠ → ㉡ → ㉢

05 (가) 인물에 대한 설명으로 옳은 것은?

> 정도전, 남은, 심효생 등이 여러 왕자를 해치려 꾀하다가 성공하지 못하고 참형을 당하였다. …… 이에 (가) 이/가 도당(都堂)으로 하여금 백관을 거느리고 소(疏)를 올리게 하였다. "후계자를 세울 때에 장자로 하는 것은 만세의 상도인데, 전하께서 장자를 버리고 어린 아들을 세웠으며, 정도전 등이 세자를 감싸고서 여러 왕자를 해치고자 하니 화를 예측할 수 없습니다. 다행히 천지와 종사의 신령에 힘입게 되어 난신이 참형을 당하였으니, 원컨대 전하께서는 적장자인 영안군을 세워 세자로 삼으십시오."

① 경연을 폐지하였다.
② 『경국대전』의 편찬을 시작하였다.
③ 혼일강리역대국도지도를 제작하였다.
④ 주자소에서 경자자·갑인자 등을 주조하였다.

06 (가) 단체의 활동으로 옳은 것은?

> 조선 안에 있는 모든 관청을 폭탄으로 깨트리고 조선안 관공리를 암살하며 뒤로 아라사의 무서운 힘을 업고 앞으로는 독립을 열망하는 청년을 앞세운 (가) 단원의 일부가 조선 안에서 계획을 실행하려다가 미리 발각된 일은 …… (가) 은/는 단장 김원봉을 중심으로 오년 전에 설립된 조선 독립당의 비밀 단체라고 한다.

① 대동 단결 선언을 발표하였다.
② 조선 혁명 간부 학교를 설립하였다.
③ 임시 정부 활동에 활기를 불어넣기 위하여 결성되었다.
④ 이 단체 소속된 박열이 일본 황태자 암살을 시도하였다.

07 다음 선언문을 발표한 국제 회담에 대한 설명으로 옳은 것은?

> 우리 동맹국은 일본의 침략을 정지시키며 이를 벌하기 위하여 이번 전쟁을 속행하고 있는 것이다. …… 동맹국의 목적은 일본이 제1차 세계 대전 이후에 탈취하거나 점령한 태평양의 도서 일체를 빼앗고 만주, 대만 및 팽호도와 같이 일본이 청국에게서 빼앗은 지역을 모두 중화민국에 반환함에 있다. …… 그리고 우리 3국은 한국 국민이 노예 상태하에 있음을 유의하여 적당한 시기에 한국을 자주·독립 국가로 할 결의를 한다.

① 미국, 영국, 소련이 회담에 참가하였다.
② 일본의 무조건 항복을 최종 요구하는 선언을 채택하였다.
③ 최고 5년간 4개국에 의한 신탁 통치의 실시를 결정하였다.
④ 제2차 세계 대전 중 처음으로 한국의 독립 문제가 언급된 국제 회담이다.

08 다음을 주장한 인물에 대한 설명으로 옳은 것은?

> 역사의 줄기와 가지가 뻗어가는 과정에서 거의 없다고 여기던 '얼'이 번쩍이면서 다시 빛을 발하는 것을 보고, …… 그러한 자취들을 통하여 조선의 '얼'이 모습을 드러내고, 모습을 드러낸 그 '얼'을 통해 천추만대로 이어지는 큰 중추가 또렷이 모습을 드러내게 된 것이다.

① 주자학의 입장에서 양명학을 비판하였다.
② 을지문덕, 이순신 등 영웅들의 전기를 저술하였다.
③ 철저한 문헌 고증을 강조하며 진단 학회를 조직하였다.
④ 우리 문화의 고유성과 세계성을 연구하는 조선학 운동을 전개하였다.

09 다음 자료의 사건이 일어난 시기로 옳은 것은?

> 일본군이 경복궁을 습격·점령한 뒤 내정 간섭을 강화하자 전봉준은 농민군의 삼례 집결을 도모하였고, 거병을 촉구하는 통문을 돌렸다.

	(가)	(나)	(다)	(라)	
고부 민란	황토현 전투	교정청 설치	청·일 전쟁 발발	우금치 전투	

① (가)　　　　　　② (나)

③ (다)　　　　　　④ (라)

10 다음 자료와 관련된 운동이 일어난 정부 시기의 사실로 옳은 것은?

> 1. 당일 10시 각 본부 별 종파 별로 고문 살인 조작 규탄 및 호헌 철폐 국민 대회를 개최한 후 오후 6시를 기하여 성공회 대성당에 집결, 국민 운동 본부가 주관하는 국민 대회를 개최한다.
> 2. 국민들은 형편에 따라 만세·삼창(민주 헌법 쟁취 만세, 민주주의 만세, 대한민국 만세)을 하던지 제자리에서 11분간 묵념을 함으로써 민주 쟁취의 결의를 다진다.

① 3저 호황으로 무역 수지가 개선되었다.

② 미국과의 협정에 따라 잉여 농산물이 도입되었다.

③ 마산과 익산이 수출 자유 무역 지역으로 지정되었다.

④ 대구에서 미곡 수집제 폐지를 주장하는 대규모 시위가 일어났다.

마무리 OX 퀴즈

☑ 모의고사에 출제된 개념을 OX 퀴즈를 통해 한 번 더 점검해보세요.

전근대사

01 동예는 후·읍군·삼로 등의 군장이 읍락을 다스렸다. ☐ O ☐ X

02 신라 법흥왕은 연호를 건원이라 하였다. ☐ O ☐ X

03 신라 선덕 여왕은 금관가야를 복속시켰다. ☐ O ☐ X

04 충렬왕 재위 시기에 고려는 안향을 통해 성리학을 수용하였다. ☐ O ☐ X

05 충선왕 재위 시기에 고려는 수시력을 채택하였다. ☐ O ☐ X

06 조선 태종 때 주자소에서 경자자·갑인자 등을 주조하였다. ☐ O ☐ X

근현대사

07 의열단은 조선 혁명 간부 학교를 설립하였다. ☐ O ☐ X

08 한인 애국단은 임시 정부 활동에 활기를 불어넣기 위하여 결성되었다. ☐ O ☐ X

09 정인보는 철저한 문헌 고증을 강조하며 진단 학회를 조직하였다. ☐ O ☐ X

10 카이로 회담은 제2차 세계 대전 중 처음으로 한국의 독립 문제가 언급된 국제 회담이다. ☐ O ☐ X

11 박정희 정부 시기에 대구에서 미곡 수집제 폐지를 주장하는 대규모 시위가 일어났다. ☐ O ☐ X

12 전두환 정부 시기에 3저 호황으로 무역 수지가 개선되었다. ☐ O ☐ X

정답 | 01 O 02 O 03 X 04 O 05 O 06 X 07 O 08 O 09 X 10 O 11 X 12 O

해설 | 03 법흥왕이다. 06 세종 때의 사실이다. 태종 때는 계미자를 주조하였다. 09 이병도 등의 실증주의 사학자들이다. 11 미 군정기의 사실이다.

01 발해와 관련된 다음의 역사적 사실들을 시기 순으로 바르게 나열한 것은?

> ㉠ '건흥' 연호를 사용하였다.
> ㉡ 야율아보기의 침략을 받았다.
> ㉢ 중경에서 상경으로 도읍을 옮겼다.
> ㉣ 일본과 국교를 맺고, 당나라를 공격하였다.

① ㉢ → ㉣ → ㉠ → ㉡
② ㉢ → ㉣ → ㉡ → ㉠
③ ㉣ → ㉠ → ㉢ → ㉡
④ ㉣ → ㉢ → ㉠ → ㉡

02 밑줄 친 ㉠~㉣에 대한 설명으로 옳지 않은 것은?

> 속성은 김씨로 ㉠태종 무열왕이 8대조이다. 할아버지인 주천의 골품은 ㉡진골이고 …… 아버지는 범청으로 골품이 진골에서 한 등급 떨어져 ㉢득난(得難)이 되었다. － ㉣「성주사낭혜화상백월보광탑비문」

① 일연은 ㉠ 왕 시기부터의 신라 역사를 '하고(下古)'로 분류하였다.
② 집사부 중시(시중)에는 ㉡ 출신만이 오를 수 있었다.
③ ㉢ 계층의 관등 승진의 상한은 대나마까지였다.
④ ㉣ 비문을 지은 인물은 「계원필경」을 저술하였다.

03 다음 자료를 작성한 인물에 대한 설명으로 가장 옳은 것은?

> 저들의 욕심은 물화를 교역하는 데 있습니다. 저들의 물화는 대부분 수공 생산품이라 그 양이 무궁한 데 반하여, 우리의 물화는 대부분 백성들의 생명이 달린 것이고, 땅에서 나는 것으로 한정이 있는 것입니다.

① 박규수, 유홍기에게 영향을 받았다.
② 의병을 일으켜 홍주성을 점령하였다.
③ 왜양 일체론을 주장하며 개항을 반대하였다.
④ 척화 주전론을 주장하며 프랑스 등과의 통상을 반대하였다.

04 ㉠ 책이 완성된 시기의 왕의 업적으로 옳은 것은?

> ㉠ 은/는 국가의 여러 행사에 필요한 의례를 정리한 책으로, 제사 의식인 「길례」, 관례와 혼례 등의 「가례」, 사신 접대 의례인 「빈례」, 군사 의식에 해당하는 「군례」, 상례 의식인 「흉례」를 정리하였다.

① 사창제를 실시하였다.
② 간경도감을 설치하였다.
③ 「동국통감」을 간행하였다.
④ 「삼강행실도」를 처음 편찬하였다.

05 ㉠의 침입에 대한 고려의 대응으로 옳은 것은?

> ㉠ 의 군사들이 곽주로 침입하였다. …… 성이 결국 함락되었다. 적은 군사 6천 명을 남겨 지키게 하였다. 양규가 흥화진으로부터 군사 7백여 명을 이끌고 통주까지 와 군사 1천여 명을 수습하였다. 밤중에 곽주로 들어가서 지키고 있던 적들을 급습하여 모조리 죽인 후 성안에 있던 남녀 7천여 명을 통주로 옮겼다.

① 동북 9성을 축조하였다.

② 강화도로 천도하며 항쟁하였다.

③ 화통도감을 설치하여 화포를 제작하였다.

④ 초조대장경을 만들어 적을 물리치기를 기원하였다.

06 갑오·을미개혁 기간에 볼 수 있었던 사실로 옳은 것은?

① 가로등 밑에서 황성신문을 읽고 있는 유생

② 전환국에서 백동화를 주조하는 기술자

③ 제물포행 기차에 탑승하는 여성

④ 대한천일은행에서 대출을 받으려는 상인

07 고려 시대 향리에 대한 설명으로 옳은 것을 〈보기〉에서 모두 고른 것은?

〈보기〉

㉠ 속현이나 부곡의 실질적인 지배층이었다.

㉡ 직역에 대한 대가로 별사전을 지급받았다.

㉢ 현종 때 호장·부호장 등의 직제가 마련되었다.

㉣ 상층 향리는 과거를 통해 중앙 관료로 진출할 수 있었다.

① ㉠, ㉡   ② ㉠, ㉣

③ ㉡, ㉢   ④ ㉢, ㉣

08 일제 강점기 국외 독립운동에 관한 설명으로 옳지 않은 것은?

① 도쿄에서 유학생들이 조선 청년 독립단을 조직하였다.

② 서간도에서 여운형 등이 신한청년당을 조직하였다.

③ 북간도에서 대종교 신자들이 중심이 되어 중광단을 조직하였다.

④ 연해주에 한국인 집단촌인 신한촌이 형성되었다.

09 ㉠ 왕 재위 시기의 사실로 옳은 것은?

> 어영군을 증치(增置)하였다. …… 이서가 건의하기를, "훈련도감의 군병 이외에 친병을 별도로 설치하여 위급할 때 호위하게 해야 하겠습니다."하여, 신분을 막론하고 각각 그 기예로 불러모아 살펴보되, 포쏘기를 원하는 자는 포쏘기를 시험하고 활쏘기를 원하는 자는 활쏘기를 시험하고 힘이 센 자는 모래 주머니와 돌을 들게 하여 그 힘을 시험한 뒤에 뽑아 어영 군병이라고 일컬었다.
>
> – 『 ㉠ 실록』

① 곤여만국전도가 처음 전래되었다.

② 서양식 역법인 시헌력이 채택되었다.

③ 『색경』, 『산림경제』 등의 농서가 편찬되었다.

④ 화약 무기의 제작·사용법을 정리한 『총통등록』이 편찬되었다.

10 ㉠~㉢을 일어난 순서대로 바르게 나열한 것은?

> ㉠ 유신 헌법 공포
> ㉡ 브라운 각서 체결
> ㉢ 한·일 기본 조약 체결
> ㉣ 3·1 민주 구국 선언 발표
> ㉤ 김영삼 신민당 당수 국회 제명

① ㉠ → ㉡ → ㉢ → ㉣ → ㉤

② ㉡ → ㉢ → ㉠ → ㉤ → ㉣

③ ㉢ → ㉡ → ㉠ → ㉣ → ㉤

④ ㉣ → ㉢ → ㉡ → ㉤ → ㉠

마무리 OX 퀴즈

☑ 모의고사에 출제된 개념을 OX 퀴즈를 통해 한 번 더 점검해보세요.

전근대사

01 6두품의 관등 승진의 상한은 대나마까지였다. ☐ O ☐ X

02 고려는 거란의 침입에 대응하여 초조대장경을 만들어 적을 물리치기를 기원하였다. ☐ O ☐ X

03 고려 현종 때 호장·부호장 등의 직제가 마련되었다. ☐ O ☐ X

04 조선 성종은 사창제를 실시하였다. ☐ O ☐ X

05 조선 효종 재위 시기에 서양식 역법인 시헌력이 채택되었다. ☐ O ☐ X

06 조선 숙종 재위 시기에 『색경』, 『산림경제』 등의 농서가 편찬되었다. ☐ O ☐ X

근현대사

07 최익현은 왜양 일체론을 주장하며 개항을 반대하였다. ☐ O ☐ X

08 민종식은 의병을 일으켜 홍주성을 점령하였다. ☐ O ☐ X

09 갑오·을미개혁 기간에 전환국에서 백동화를 주조하는 기술자를 볼 수 있다. ☐ O ☐ X

10 갑오·을미개혁 기간에 대한천일은행에서 대출을 받으려는 상인을 볼 수 있다. ☐ O ☐ X

11 북간도에서 대종교 신자들이 중심이 되어 중광단을 조직하였다. ☐ O ☐ X

12 서간도에서 여운형 등이 신한청년당을 조직하였다. ☐ O ☐ X

정답 | **01** X **02** O **03** X **04** X **05** O **06** O **07** O **08** O **09** O **10** X **11** O **12** X

해설 | **01** 5두품이다. 6두품은 아찬까지 승진할 수 있었다. **03** 고려 성종 때의 사실이다. **04** 사창제는 세종 때 실시되어 성종 때 혁파되었다. **10** 대한 천일은행은 을미개혁 이후인 1899년에 설립되었다. **12** 중국 상하이에서 조직하였다.

01 다음 국가에 대한 설명으로 옳은 것은?

> 나라의 대가들은 농사를 짓지 않고 좌식자(坐食者) 가 만여 명이나 된다. 하호는 식량과 고기와 소금을 멀리서 져다 이들에게 공급한다. 10월에 하늘에 제사를 지내는데, 이를 동맹이라 한다.

① 책화라는 풍습이 있었다.
② 빈민 구휼을 위해 진대법을 실시하였다.
③ 사회 규범으로 범금팔조가 존재하였다.
④ 중앙 집권 국가로 발전하지 못하고 주변 국가에 병합되었다.

02 밑줄 친 '왕'의 업적으로 옳은 것은?

> 이찬 이사부가 왕에게 "국사라는 것은 임금과 신하들의 선악을 기록하여, 좋고 나쁜 것을 만대 후손들에게 보여주는 것입니다. 이를 책으로 편찬해 놓지 않는다면 ……" 왕이 깊이 동감하고 대아찬 거칠부 등에게 명하여 선비들을 널리 모아 그들로 하여금 역사를 편찬하게 하였다.

① 국학을 설립하였다.
② 국호를 신라로 정하였다.
③ 중앙 부서에 병부를 설치하였다.
④ 화랑도를 국가적 조직으로 개편하였다.

03 다음과 관련된 국가의 정치 제도에 대한 설명으로 옳은 것은?

> 응양군과 용호군, 그리고 좌우위, 신호위, 흥위위, 금오위, 천우위, 감문위로 중앙군을 구성하였다.

① 중정대가 관리의 감찰을 담당하였다.
② 낭사는 어사대의 관원과 함께 대간이라 불렸다.
③ 중앙에서 지방을 견제하기 위해 외사정을 파견하였다.
④ 삼사는 권력의 독점과 부정을 방지하기 위한 언론 기구였다.

04 고려 시대의 문화에 대한 설명으로 옳은 것만을 〈보기〉에서 모두 고르면?

> ───〈보기〉───
> ㉠ 왕실, 귀족들이 사용한 청자는 강진과 부안 등에서 많이 만들어졌다.
> ㉡ 승려 수기가 재조대장경의 판각과 해인사 장경판전 축조를 총괄하였다.
> ㉢ 충목왕 때 건립된 경천사지 10층 탑은 조선 시대 석탑 조성에 영향을 주었다.
> ㉣ 계단식으로 건물을 배치한 평양 만월대의 궁궐터를 통해 서경이 중시되었음을 알 수 있다.
> ㉤ 우리나라 최고(最古)의 목조 건물인 부석사 무량수전은 팔작 지붕과 주심포 양식이 어우러져 있다.

① ㉠, ㉢
② ㉡, ㉤
③ ㉠, ㉢, ㉤
④ ㉡, ㉢, ㉣

05 다음 내용을 저술한 인물에 대한 설명으로 가장 옳은 것은?

> 우리는 '외교', '준비' 등의 미련한 꿈을 버리고 민중 직접 혁명의 수단을 취함을 선언하노라. …… 혁명이 아니고는 강도 일본을 내쫓을 방법이 없는 바이다. 우리는 민중 속에 가서 민중과 손을 잡아 끊임없는 폭력, 암살, 파괴, 폭동으로써 강도 일본의 통치를 타도하고 ……

① 민족 정신으로 낭가 사상을 강조하였다.
② 랑케 사관을 토대로 역사학의 순수 학문화를 표방하였다.
③ 『여유당전서』를 발간하여 실학자들을 재평가하였다.
④ 사회·경제 사학의 관점에서 역사를 서술하였다.

06 (가) 시기에 들어갈 역사적 사실로 옳지 않은 것은?

> 윤씨의 폐비 사건을 주도한 세력이 처형되었다.
> ↓
> (가)
> ↓
> 소윤 세력에 의해 윤임 등 대윤 세력이 숙청되었다.

① 『이륜행실도』가 간행되었다.
② 『신찬팔도지리지』가 편찬되었다.
③ 『훈몽자회』가 저술되었다.
④ 『신증동국여지승람』이 편찬되었다.

07 다음 법령에 대한 설명으로 옳지 않은 것은?

> 제5조 정부는 농가가 아닌 자의 농지를 매수한다.
> 　1. 다음의 농지는 정부에 귀속한다.
> 　　(가) 법령 및 조약에 의하여 몰수 또는 국유로 된 토지
> 　　(나) 소유권의 명의가 분명하지 않은 농지

① 제헌 헌법에 의거하여 제정되었다.
② 농지의 보유 상한을 3정보 이내로 규정하였다.
③ 매수한 토지에 대한 대가로 현물을 지급하였다.
④ 토지를 분배받은 농민은 평년 생산량의 30%를 5년간 상환하였다.

08 다음 자료가 발표된 시기에 볼 수 있는 모습으로 가장 옳은 것은?

> 1. 한국 전체 인민은 현재 이미 반침략 전선에 참가해오고 있으며, 이제 하나의 전투 단위로서 추축국에 선전한다.
> 2. 1910년 한일 '병합'과 일체의 불평등 조약은 무효이며, 아울러 반침략 국가가 한국에서 합리적으로 얻은 기득권익이 존중될 것임을 거듭 선포한다.
> 3. 한국, 중국과 서태평양에서 왜구를 완전히 몰아내기 위하여 최후의 승리를 거둘 때까지 혈전한다.

① 태형 처분을 받는 한국인 청년
② 지원병 모집 공고문을 붙이는 일본인 관리
③ 매일신보에 연재 중인 「무정」을 읽는 노인
④ 강연회에서 연설을 하는 토산 애용 부인회 회원

09 다음 내용이 포함된 개혁에 대한 설명으로 옳은 것은?

> 제1조 국내의 육군을 친위와 진위 2종으로 나눈다.
> 제2조 친위는 경성에 주둔하여 왕성 수비를 전적으로 맡는다.
> 제3조 진위는 부 혹은 군의 중요한 지방에 주둔하여 지방 진무(鎭撫)와 변경 수비를 전적으로 맡는다.

① 금 본위제를 실시하였다.
② 연호를 '건양'으로 제정하였다.
③ 교육 입국 조서를 반포하였다.
④ 재정 사무를 탁지아문으로 일원화시켰다.

10 다음 합의문에 대한 설명으로 옳은 것을 〈보기〉에서 모두 고른 것은?

> 쌍방은 다음과 같은 조국 통일 원칙들에 합의를 보았다.
> 　첫째, 통일은 외세에 의존하거나 외세의 간섭을 받음이 없이 자주적으로 해결하여야 한다.
> 　둘째, 통일은 서로 상대방을 반대하는 무력 행사에 의거하지 않고 평화적 방법으로 실현하여야 한다.
> 　셋째, 사상과 이념, 제도의 차이를 초월하여 우선 하나의 민족으로서 민족적 대단결을 도모하여야 한다.

〈보기〉
㉠ 남북 정상이 만나 합의하였다.
㉡ 발표 이후 남북 조절 위원회가 설치되었다.
㉢ 남과 북의 독재 체제의 강화에 이용되었다.
㉣ 유엔에 남북한이 동시 가입한 직후 발표되었다.

① ㉠, ㉡　　　　　② ㉠, ㉣
③ ㉡, ㉢　　　　　④ ㉠, ㉡, ㉢

마무리 OX 퀴즈

☑ 모의고사에 출제된 개념을 OX 퀴즈를 통해 한 번 더 점검해보세요.

전근대사

01 고구려에는 책화라는 풍습이 있었다. □ O □ X

02 신라 진흥왕은 중앙 부서에 병부를 설치하였다. □ O □ X

03 고려의 낭사는 어사대의 관원과 함께 대간이라 불렸다. □ O □ X

04 고려에서는 중정대가 관리의 감찰을 담당하였다. □ O □ X

05 고려 충목왕 때 건립된 경천사지 10층 탑은 조선 시대 석탑 조성에 영향을 주었다. □ O □ X

06 우리나라 최고(最古)의 목조 건물인 부석사 무량수전은 팔작 지붕과 주심포 양식이 어우러져 있다. □ O □ X

근현대사

07 제1차 갑오개혁 때 재정 사무를 탁지아문으로 일원화시켰다. □ O □ X

08 을미개혁 때 금 본위제를 실시하였다. □ O □ X

09 신채호는 민족 정신으로 낭가 사상을 강조하였다. □ O □ X

10 이병도 등의 실증 사학자들은 랑케 사관을 토대로 역사학의 순수 학문화를 표방하였다. □ O □ X

11 농지 개혁법은 농지의 보유 상한을 3정보 이내로 규정하였다. □ O □ X

12 7·4 남북 공동 성명 발표 이후 남북 조절 위원회가 설치되었다. □ O □ X

정답 | 01 X 02 X 03 O 04 X 05 O 06 X 07 O 08 X 09 O 10 O 11 O 12 O

해설 | 01 동예의 풍습이다. 02 법흥왕이 설치하였다. 04 중정대는 발해의 관리 감찰 기구이다. 06 우리나라에서 가장 오래된 목조 건물은 안동 봉정사 극락전이다. 08 금 본위제가 실시된 것은 화폐 정리 사업(1905) 때이다.

⏱ 제한 시간 **7분 타이머**를 맞추고 시작하세요.

01 밑줄 친 '왕' 재위 시기에 볼 수 있는 모습으로 옳은 것은?

> 나라 안의 여러 군현에서 공부(貢賦)를 바치지 않으니 창고가 비어 버리고 나라의 쓰임이 궁핍해졌다. 왕이 사신을 보내어 독촉하자, 이로 말미암아 곳곳에서 도적이 벌떼처럼 일어났다. 이때 원종과 애노 등이 사벌주에 웅거하여 반란을 일으켰다.

① 녹읍의 혁파를 명령하는 왕
② 백제 부흥 운동을 진압하는 군인
③ 왕에게 시무책을 건의하는 6두품 유학자
④ 『대승기신론소』를 저술하는 승려

02 (가) 국가에 대한 설명으로 가장 옳은 것은?

> 신라가 　(가)　에 사신을 보내 빙문(聘問)하였다. …… 요동 땅에서 일어나 고구려의 북쪽 땅을 병합하고 신라와 서로 경계를 맞대었지만, 교빙한 일이 역사에 전하는 것이 없었다. 이때 와서 일길찬 백어(伯魚)를 보내 교빙하였다.

① 지방에 방령을 파견하였다.
② 최고 교육 기관으로 주자감을 두었다.
③ 중서문하성의 문하시중이 국정을 총괄하였다.
④ 중앙군으로 10정을 두었다.

03 다음 글을 쓴 인물에 대한 설명으로 옳은 것은?

> 지금의 불교계를 보면 아침저녁으로 행하는 일들이 비록 부처의 법에 의지하였다고 하나 자신을 내세우고 이익을 구하는 데 열중하며 세속의 일에 골몰한다. 도덕을 닦지 않고 옷과 밥만 허비하니 비록 출가하였다고 하나 무슨 덕이 있겠는가. 하루는 같이 공부하는 사람 10여 인과 약속하였다. 마땅히 명예와 이익을 버리고 산림에 은둔하여 같은 모임을 맺자. 항상 선을 익히고 지혜를 고르는 데 힘쓰고, 예불하고 경전을 읽으며 힘들여 일하는 것에 이르기까지 각자 맡은 바 임무에 따라 경영한다. 인연에 따라 성품을 수양하고 평생을 호방하게 고귀한 이들의 드높은 행동을 좇아 따른다면 어찌 통쾌하지 않겠는가.

① 돈오점수와 정혜쌍수를 주장하였다.
② 유·불 일치설과 심성의 도야를 강조하였다.
③ 교종을 중심으로 선종 교단을 통합하고자 하였다.
④ 자신의 행동을 참회하는 법화 신앙을 강조하였다.

04 (가)~(라) 시기에 있었던 역사적 사실로 옳지 않은 것은?

	(가)	(나)	(다)	(라)	
조선 건국		제1차 왕자의 난	『농사직설』 편찬	계유정난	무오사화

① (가) - 정도전이 『경제문감』을 편찬하였다.
② (나) - 도평의사사가 의정부로 개편되었다.
③ (다) - 수신전과 휼양전이 폐지되었다.
④ (라) - 홍문관에 언론 기능이 부여되었다.

05 다음 주장과 관련된 운동에 대한 설명으로 옳은 것은?

> 교육에도 계단과 종류가 유하여 민중의 보편적 지식은 보통 교육으로 능히 수여 할 수 있으나 심원한 지식과 온오한 학리는 고등 교육에 기치 아니하면 불가할 것은 설명할 필요도 없거니와 사회 최고의 비판을 구하며 유능한 인물을 양성하려면 최고 학부의 존재가 가장 필요하도다.

① 제2차 조선 교육령이 공포되는 배경이 되었다.
② 광주 학생 항일 운동을 계기로 시작되었다.
③ '한민족 1천만이 한 사람 1원씩'이라는 구호를 내세웠다.
④ 언론사의 주도 아래 농촌 계몽 운동의 일환으로 전개되었다.

06 다음 자료에 나타난 시기의 경제 상황으로 옳은 것은?

> 한언공의 상소문을 본즉 "…… 지금 선왕께서 철전을 사용하게 하던 일을 계승하시고 추포의 사용을 금지함으로써 풍속을 소란스럽게 하시니, 이는 나라의 이익을 가져오지 못하고 오히려 민의 원망만을 일으킵니다."라고 하였다. …… 그리하여 철전을 사용하던 것을 막고자 한다. 차와 술, 음식 등을 파는 각종 점포에서 교역할 때는 전과 같이 철전을 쓰도록 하고, 이외에 백성들이 자기네끼리 서로 교역할 때는 토산물을 임의로 쓰도록 하라.

① 평시서에서 시전의 물가를 조절하였다.
② 예성강 어귀의 벽란도가 국제 무역항으로 번성하였다.
③ 촌주가 촌락의 인구·토지 면적 등을 문서로 작성하였다.
④ 수공업자가 자금과 원료를 미리 받아 제품을 만드는 선대제가 성행하였다.

07 다음 자료와 관련된 의병 운동에 대한 설명으로 가장 옳은 것은?

> 작년 10월에 저들이 한 행위는 만고에 일찍이 없던 일로서, 한 조각의 종이에 강제로 조인하게 하여 5백 년 전해오던 종묘사직이 마침내 하룻밤 사이에 망했으니 임금이 없으면 신하가 어찌 홀로 있을 수 있으며, 나라가 망하면 백성이 어찌 홀로 보존될 수 있겠는가. 나라가 이와 같이 망해 갈진대 어찌 한 번 싸우지 않을 수 있는가. 또 살아서 원수의 노예가 되기보다는 죽어서 충의의 혼이 되는 것이 나을 것이다. …… 우리 의병 군사의 올바름을 믿고, 적의 강대함을 두려워하지 말자. 이에 격문을 돌리니 다 함께 일어나라.

① 일본의 남한 대토벌 작전으로 큰 타격을 받았다.
② 아관 파천 이후 대부분 해산하였다.
③ 신돌석 등 평민 출신 의병장이 활약하였다.
④ 일부 의병 부대가 동대문 인근까지 진출하였다.

08 (가) 시기에 발생한 사실로 옳은 것은?

> 평안 감사가 보고하기를, "대동강에 정박한 이양선이 더욱 방자히 날뛰며 대포와 총을 쏘면서 우리나라 사람을 살해하였습니다. 이에 승리할 방책은 화공(火攻)보다 나은 것이 없었습니다. 일제히 불을 질러 그 배를 불태워버렸습니다."라고 하였다.

↓

(가)

↓

> 너희 나라와 우리나라의 사이에는 애당초 소통이 없었고, 또 서로 은혜를 입거나 원수 진 일도 없었다. 그런데 이번 덕산 묘지에서 저지른 사건은 사람으로서 차마 할 수 없는 일이다.

① 원산과 인천이 개항되었다.
② 조선에서 천주교의 포교권이 인정되었다.
③ 『의궤』 등 외규장각의 도서가 약탈당하였다.
④ 어재연이 광성보에서 결사 항전하였다.

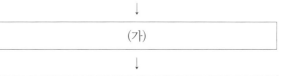

09 (가)~(라) 시기에 있었던 역사적 사실로 옳지 않은 것은?

(가)	(나)	(다)	(라)
3·1 운동	자유시 참변	6·10 만세 운동	만주 사변	중·일 전쟁 발발

① (가) – 박재혁이 부산 경찰서에 폭탄을 투척하였다.

② (나) – 임시 정부가 국무위원 중심의 집단 지도 체제로 개편되었다.

③ (다) – 3부가 혁신 의회와 국민부로 재편되었다.

④ (라) – 민족 혁명당이 결성되었다.

10 다음 법령에 대한 설명으로 가장 옳은 것은?

> 제1조 일본 정부와 통모하여 한·일 합병에 적극 협력한 자, 한국의 주권을 침해하는 조약 또는 문서에 조인한 자와 모의한 자는 사형 또는 무기 징역에 처하고, 그 재산과 유산의 전부 혹은 2분의 1 이상을 몰수한다.
>
> 제2조 일본 정부로부터 작위를 받은 자 또는 일본 제국 의회의 의원이 되었던 자는 무기 또는 5년 이상의 징역에 처하고 그 재산과 유산의 전부 혹은 2분의 1 이상을 몰수한다.
>
> 제3조 일본 치하 독립운동자나 그 가족을 악의로 살상·박해한 자 또는 이를 지휘한 자는 사형, 무기 또는 5년 이상의 징역에 처하고 그 재산의 전부 혹은 일부를 몰수한다.

① 임시 수도 부산에서 제정되었다.

② 6·25 전쟁의 휴전 이후 집행이 재개되었다.

③ 경제 개발을 위한 해외 차관 도입을 위해 만들어졌다.

④ 이광수, 노덕술, 최린 등이 실형을 선고 받는 근거가 되었다.

바로 채점하기 정답 및 해설 _약점 보완 해설집 p.23

01	③	02	②	03	①	04	③	05	③
06	②	07	③	08	③	09	②	10	④

맞은 개수: _____개 / 10개

마무리 OX 퀴즈

☑ 모의고사에 출제된 개념을 OX 퀴즈를 통해 한 번 더 점검해보세요.

전근대사

01 신라 진성 여왕 때 최치원이 시무책 10여 조를 건의하였다. □ O □ X

02 통일 신라 시기에는 촌주가 촌락의 인구·토지 면적 등을 문서로 작성하였다. □ O □ X

03 고려 시대에는 평시서에서 시전의 물가를 조절하였다. □ O □ X

04 고려 시대에는 예성강 어귀의 벽란도가 국제 무역항으로 번성하였다. □ O □ X

05 지눌은 교종을 중심으로 선종 교단을 통합하고자 하였다. □ O □ X

06 요세는 자신의 행동을 참회하는 법화 신앙을 강조하였다. □ O □ X

07 세조 때 수신전과 휼양전이 폐지되었다. □ O □ X

근현대사

08 병인양요 때 어재연이 광성보에서 결사 항전하였다. □ O □ X

09 을사의병은 일본의 남한 대토벌 작전으로 큰 타격을 받았다. □ O □ X

10 민립 대학 설립 운동은 '한민족 1천만이 한 사람 1원씩'이라는 구호를 내세웠다. □ O □ X

11 만주 사변 이후 민족 혁명당이 결성되었다. □ O □ X

12 반민족 행위 처벌법은 이광수, 노덕술, 최린 등이 실형을 선고 받는 근거가 되었다. □ O □ X

정답 | **01** O **02** O **03** X **04** O **05** X **06** O **07** O **08** X **09** X **10** O **11** O **12** O

해설 | **03** 평시서는 조선 시대의 물가 조절 기구이다. **05** 의천이다. **08** 신미양요 때이다. **09** 정미의병 이후의 사실이다.

01 (가) 시기를 대표하는 유물로 가장 옳은 것은?

> [가] 시기의 집터의 형태는 대체로 직사각형이며, 움집은 점차 지상 가옥으로 바뀌어 갔다. 움집 중앙에 있는 화덕은 한쪽 벽으로 옮겨지고, 저장 구덩이도 따로 설치하거나 한쪽 벽면을 밖으로 돌출시켜 만들었다.

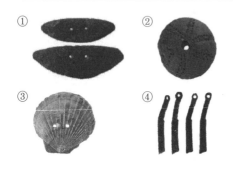

02 밑줄 친 '이 인물'에 대한 설명으로 가장 옳은 것은?

> 임술일에 왕이 조서를 내려 이르기를 " …… 이 인물은 혼몽하여 나의 뜻을 알지 못하고 나날이 마음속에 원망만 품었다. 제멋대로 군마를 동원하여 관리들을 수감하였으며, 천개(天開)라는 연호를 내세우고 충의군(忠義軍)이라고 군대를 부르면서 공개적으로 병졸을 징집하여 개경을 범하려고까지 하였다. 변고가 생각지도 못한 데에서 일어나 그 기세를 막지 못할 지경이 되었으니 ……"

① 개경 중심의 문벌 귀족 세력의 대표였다.
② 딸들을 예종과 인종에게 시집 보내어 권력을 강화하였다.
③ 식읍으로 받은 진주의 대농장을 경제적 기반으로 삼았다.
④ 도교 산신을 모시는 팔성당의 설치를 건의하였다.

03 (가)의 폐단을 시정하기 위해 실시한 제도에 대한 설명으로 가장 옳은 것은?

> 피폐하고 의지할 데 없는 가난한 백성은 날로 증가하고 달로 가중되는 [가] 을/를 담당하였으니, …… 비록 날마다 매질을 가하더라도 내어 바칠 수 있는 계책이 없어 결국에는 죽지 않으면 도망갑니다. 이에 백골징포와 황구첨정의 폐단이 있게 되었으며, …… 이것이 [가] 을/를 변통시키자는 의논이 있게 된 이유입니다. 변통시키자는 이야기가 네 가지가 있는데 호포·결포·구전·유포입니다.

① 보유 토지에 포를 부과하는 방식으로 운영되었다.
② 선무군관포가 신설되는 계기가 되었다.
③ 공인이 등장하는 배경이 되었다.
④ 숙종 때 전국적으로 확대·실시되었다.

04 다음 (가)~(다)에 대한 설명으로 옳지 않은 것은?

> 중국 북양 대신 이홍장이 [가] 사건과 관련하여 보내온 편지에 다음과 같이 말하였다. "귀국의 제주 동북쪽으로 100여 리 떨어진 곳에 섬이 있는데, 바다 가운데 외로이 솟아 있으며 서양 이름으로는 해밀턴 섬이라고 부릅니다. …… [나] 이/가 군함을 블라디보스톡에 집결시키므로, [다] 사람들은 [나] 이/가 남하하여 홍콩을 침략할까 봐 이 섬에 군사와 군함을 주둔시키고 그들이 오는 길을 막고 있습니다. ……"

① (가) 사건은 유길준이 조선의 중립화를 주장하는 계기가 되었다.
② (나)와 (다)는 삼국 간섭을 통해 일본을 견제하였다.
③ (다) 국가는 조선으로부터 은산 금광 채굴권을 획득하였다.
④ 조선 정부는 청의 간섭으로부터 벗어나기 위해 (나) 국가와의 교섭을 추진하였다.

05 다음 탑이 세워진 지역에 대한 설명으로 옳은 것은?

이곳은 동학 농민군이 관군과 일본군의 연합군을 상대로 최후의 격전을 벌인 장소로, 동학 농민군의 넋을 달래기 위해 1973년에 동학 혁명 위령탑이 세워졌다. 이후 동학 농민 전쟁 100년이 지난 1994년에는 이곳이 사적으로 지정되기도 하였다. 동학 농민 전쟁은 비록 뜻을 이루지 못했으나, 역사 발전의 큰 계기가 되었다.

① 황산벌 전투가 벌어졌던 지역이다
② 이괄의 난 때 국왕이 피난한 지역이다.
③ 목탑 양식의 흔적이 남아있는 정림사지 5층 석탑이 있다.
④ 이연년 형제가 백제 부흥을 표방하며 난을 일으킨 지역이다.

06 (가) 왕에 대한 설명으로 옳은 것은?

지난 갑오년 육조 직계제를 시행한 이래부터 일의 대소경중(大小輕重)을 가리지 않고 모든 일이 육조로 돌아가 의정부와 관련을 맺지 않고, 의정부에서 관여하는 사항은 오직 사형수들에 대한 논결뿐이었다. 그러므로 옛날부터 재상을 임명하던 뜻에 어긋난다. …… 육조는 각각 맡은 직무를 먼저 의정부에 품의하고, 의정부는 가부를 의논한 뒤에 계문하고 전지를 받아 육조에 돌려보내 시행토록 한다.

– 「 (가) 실록」

① 향촌 자치 기구인 유향소를 폐지하였다.
② 사간원을 독립시켜 대신들을 견제하였다.
③ 초계문신제를 실시하여 관리를 재교육하였다.
④ 전분 6등법, 연분 9등법의 공법을 실시하였다.

07 다음과 같은 활동을 한 단체에 대한 설명으로 가장 옳은 것은?

우리 민족에게는 좋은 말과 좋은 글이 있다. …… 우리가 우리글을 잘 알아야 한다는 소리가 더욱 높아 간다. 우리는 하루바삐 묵혀둔 밭 같이 거친 우리 한글을 잘 다스려, 옳고 바르고 깨끗하게 만들어 놓지 아니하면 안 될 것이다. 이 때문에 4년 전에 뜻 같은 몇 분들끼리 『한글』 잡지를 내기 시작하여 1년 남짓 이어 오다가, 온갖 것이 다 침체되는 상황인지라 이것마저 이어 갈 힘이 모자라 지금까지 쉬게 된 것은 크게 유감되는 바이다. 우리는 이제 시대의 요구에 맞춰 본회의 사명을 다하고자 『한글』 잡지를 내게 되었다. 이로써 우리 한글의 정리와 통일을 완성하게 되리라 믿는다. …… 『한글』을 내기에 앞서 한마디 하는 바이다.

1932년 ○월 ○일

① 민립 대학 설립 운동을 주도하였다.
② 주시경, 지석영을 중심으로 조직되었다.
③ 『우리말 큰사전』을 완성시켰다.
④ 일제가 치안 유지법을 적용하여 강제로 해산시켰다.

08 다음 결의문과 관련된 민주화 운동에 대한 설명으로 옳은 것은?

• 이번 사태의 모든 책임은 과도 정부에 있다. 과도 정부는 모든 피해를 보상하고 즉각 물러나라.
• 무력 탄압만 계속하는 명분 없는 계엄령은 즉각 해제하라. ……
• 구속 중인 민주 인사를 즉각 석방하고, 민주 인사들로 구국 과도 정부를 수립하라.
• 우리가 요구하는 것은 피해 보상과 연행자 석방만이 아니다. 우리는 진정한 민주 정부 수립을 요구한다.

① 시위 과정에서 시민군이 조직되었다.
② 장면 내각이 출범하는 계기가 되었다.
③ '호헌 철폐, 독재 타도' 등을 구호로 하였다.
④ 군사 혁명 위원회가 발표한 6개 항의 혁명 공약에 반발하였다.

09 다음의 역사적 사실들을 일어난 순서대로 바르게 나열한 것은?

> ㉠ 과거제를 처음 실시하였다.
> ㉡ 구제도감을 설치하였다.
> ㉢ 사심관 제도를 처음 실시하였다.
> ㉣ 국자감을 설치·정비하였다.

① ㉠ → ㉣ → ㉢ → ㉡
② ㉠ → ㉢ → ㉡ → ㉣
③ ㉢ → ㉡ → ㉠ → ㉣
④ ㉢ → ㉠ → ㉣ → ㉡

10 (가) 단체에 대한 설명으로 옳은 것은?

> 선서문
> 　나는 참된 정성을 다하여 조국의 독립과 자유를 회복하기 위하여 (가) 의 일원이 되어 중국을 침략하는 적의 장교를 도륙하기로 맹서(盟誓)하나이다.
>
> 선서인 윤봉길. (가) 앞

① 부민관 의거를 일으켰다.
② 중국 상하이에서 조직되었다.
③ 종로 경찰서에 폭탄을 투척하였다.
④ 남대문에서 사이토 총독에게 폭탄을 투척하였다.

마무리 OX 퀴즈

☑ 모의고사에 출제된 개념을 OX 퀴즈를 통해 한 번 더 점검해보세요.

전근대사

01 가락 바퀴는 청동기 시대를 대표하는 유물이다.　□ O □ X

02 고려 태조 왕건은 과거제를 처음 실시하였다.　□ O □ X

03 묘청은 도교 산신을 모시는 팔성당의 설치를 건의하였다.　□ O □ X

04 조선 세종은 사간원을 독립시켜 대신들을 견제하였다.　□ O □ X

05 대동법은 숙종 때 전국적으로 확대·실시되었다.　□ O □ X

06 균역법의 실시는 선무군관포가 신설되는 계기가 되었다.　□ O □ X

근현대사

07 거문도 사건은 유길준이 조선의 중립화를 주장하는 계기가 되었다.　□ O □ X

08 러시아와 영국은 삼국 간섭을 통해 일본을 견제하였다.　□ O □ X

09 한인 애국단은 중국 상하이에서 조직되었다.　□ O □ X

10 조선어 학회는 일제가 치안 유지법을 적용하여 강제로 해산시켰다.　□ O □ X

11 5·18 민주화 운동 당시 시위 과정에서 시민군이 조직되었다.　□ O □ X

12 6월 민주 항쟁은 '호헌 철폐, 독재 타도' 등을 구호로 하였다.　□ O □ X

정답 | 01 X　02 X　03 O　04 X　05 O　06 O　07 O　08 X　09 O　10 O　11 O　12 O

해설 | 01 신석기 시대의 유물이다.　02 고려 광종이다.　04 조선 태종이다.　08 삼국 간섭에 참여한 국가는 러시아, 프랑스, 독일이다.

01 다음 도구들이 주로 사용되었던 시대에 대한 설명으로 옳은 것은?

① 벼농사를 짓기 시작하였다.
② 사유 재산 제도가 등장하였다.
③ 한자가 전래되어 붓이 사용되었다.
④ 빗살무늬 토기에 식량을 저장하였다.

02 (가), (나) 사이 시기의 고구려에 대한 사실로 옳은 것을 〈보기〉에서 모두 고른 것은?

> (가) 가을 8월, 장수를 보내 요동 서안평을 공격하여 빼앗았다. …… 겨울 10월, 낙랑군을 공격하여 남녀 2천여 명을 사로잡았다.
> (나) 고구려 왕 거련이 군사 3만을 이끌고 백제에 침입하여, 백제 도읍 한성을 함락시키고 백제 왕 부여경을 죽이고, 남녀 8천 명을 사로잡아 돌아왔다.

> ─────〈보기〉─────
> ㉠ 역사서인 『신집』을 편찬하였다.
> ㉡ 백제의 공격으로 평양성에서 국왕이 전사하였다.
> ㉢ 영락이라는 독자적인 연호를 사용했다.
> ㉣ 위나라 관구검의 침입으로 환도성이 함락되었다.

① ㉠, ㉡
② ㉡, ㉢
③ ㉡, ㉣
④ ㉢, ㉣

03 밑줄 친 '왕'의 재위 시기에 있었던 사실로 옳은 것은?

> 왕 16년 성균관을 다시 짓고 이색을 판개성부사 겸 성균관 대사성으로 삼았다. …… 이전에는 성균관의 학생이 수십 명에 불과하였는데, 이색이 다시 학칙을 정하고 매일 명륜당에 앉아서 경전을 나누어 수업하니 강의를 마치면 함께 논쟁하느라 지루함을 잊었다. 이에 학자들이 모여들기 시작하였고 서로 함께 눈으로 보고 느끼게 되었다.

① 정방을 폐지하였다.
② 과전법을 시행하였다.
③ 전농사를 설치하였다.
④ 명이 철령위 설치를 통보하였다.

04 다음 사실들을 시기 순으로 바르게 나열한 것은?

> ㉠ 조선 정부와 전봉준의 동학군이 폐정 개혁의 실시를 조건으로 화약을 체결하였다.
> ㉡ 전봉준, 손화중 등이 이끄는 동학군이 백산에서 봉기를 일으키고 4대 강령을 발표하였다.
> ㉢ 전봉준과 손병희가 이끄는 동학군이 공주 우금치에서 관군과 일본군에 맞서 싸웠다.
> ㉣ 손병희 등이 한양 궁궐 앞에서 최제우의 명예를 회복하기 위한 상소 운동을 전개하였다.

① ㉡ → ㉣ → ㉠ → ㉢
② ㉡ → ㉣ → ㉢ → ㉠
③ ㉣ → ㉢ → ㉡ → ㉠
④ ㉣ → ㉡ → ㉠ → ㉢

05 다음 문화재와 관련 있는 왕의 재위 시기의 사실로 옳은 것은?

환어행렬도　　　『일성록』

① 조세 제도를 개편한 영정법이 처음 시행되었다.
② 산림의 존재가 부정되고, 서원이 대폭 정리되었다.
③ 육의전을 제외한 시전 상인의 금난전권이 폐지되었다.
④ 왕조의 통치 규범을 재정리한『대전회통』이 편찬되었다.

06 다음 사건이 발생한 시기를 연표에서 옳게 고른 것은?

> 남적이 봉기했는데 그중 심한 것이 운문에 웅거한 김사미와 초전에 자리 잡은 효심으로, 이들은 망명한 무리를 불러 모아 주현을 노략질하였다. 왕이 이 소식을 듣고 걱정하였다.

	(가)	(나)	(다)	(라)	
↑ 정중부 집권	↑ 경대승 집권	↑ 이의민 집권	↑ 최충헌 집권	↑ 최우 집권

① (가)　　　　　　② (나)
③ (다)　　　　　　④ (라)

07 다음 각서가 체결된 때와 가장 가까운 시기의 사실로 옳은 것은?

> 1. 한국에 있는 한국군의 현대화 계획을 위해 앞으로 수년 동안에 걸쳐 상당량의 장비를 제공한다.
> 3. 주월 한국군에 소요되는 보급 물자, 용역 및 장비를 실시할 수 있는 한도까지 한국에서 구매하며, 주월 미군과 월남군을 위한 물자 가운데 선정된 구매 품목을 한국에서 발주한다.
> 5. 한국의 경제 발전을 위하여 이미 약속한 바 있는 1억 5천만 달러 규모 AID 차관에 더해 추가 차관을 제공한다.

① 울산 정유 공장이 준공되었다.
② 귀속 재산 처리법이 제정되었다.
③ 우루과이 라운드가 타결되었다.
④ 수출 100억 달러를 돌파하였다.

08 (가), (나) 인물에 대한 설명으로 옳은 것은?

> (가) 이(理)의 우위성과 능동성을 강조하는 주리론을 주장하였으며, 왕이 지켜야 할 왕도 정치 규범을 체계화한『성학십도』를 저술하였다.
> (나) 우주 만물의 존재 근원을 기(氣)로 보는 주기론을 주장하였으며, 현명한 신하가 군주에게 성학을 가르쳐 그 기질을 변화시킬 것을 제시한『성학집요』를 저술하였다.

① (가) - 일본 성리학 발전에 영향을 끼쳤다.
② (가) - 실천적 성격의 양명학을 수용하였다.
③ (나) -『주자서절요』를 저술하였다.
④ (나) - 아동용 수신서인『동몽선습』을 편찬하였다.

09 다음 방침과 관련된 일제 통치 시기의 사실로 옳은 것을 〈보기〉에서 모두 고른 것은?

> 지금 시운의 추이와 문물의 진보가 예전에 비할 바가 아니다. …… 정부에서는 관제를 개혁하여 총독 임용의 범위를 확장하였고, …… 한국인의 임용 및 대우 등에 관해서도 역시 고려를 하여 각자 그 소임을 얻게 하고, 또한 조선 문화 및 옛 관습으로 진실로 채택할 만한 것이 있다면 이를 통치의 자료로 제공하게 하겠다. 또한 각반의 행정에 쇄신을 가하는 것은 물론 장래 기회를 보아 지방 자치 제도를 실시하여 국민의 생활을 안정시키고, 일반의 복리를 증진시킬 것이다.

〈보기〉
㉠ 소학교의 명칭을 국민학교로 바꾸었다.
㉡ 회사 설립을 허가제에서 신고제로 바꾸었다.
㉢ 경원선 철도가 개통되었다.
㉣ 경성 제국 대학이 설립되었다.

① ㉡, ㉣
② ㉠, ㉡, ㉢
③ ㉠, ㉡, ㉣
④ ㉡, ㉢, ㉣

10 (가) 시기에 있었던 사실로 옳은 것은?

> 남과 북은 …… 다각적인 교류·협력을 실천하여 민족의 공동의 이익과 번영을 도모하며 쌍방 사이의 관계가 나라와 나라 사이의 관계가 아닌 통일을 지향하는 과정에서 잠정적으로 형성되는 특수한 관계라는 것을 인정하고, 평화 통일을 성취하기 위한 공동의 노력을 경주할 것을 ……

↓

(가)

↓

> 남과 북은 나라의 통일을 위한 남측의 연합제와 북측의 낮은 단계의 연방제 안이 공통성이 있다고 인정하고 이 방향에서 통일을 지향시켜 나가기로 하였다.

① 개성 공단이 건설되었다.
② 이산가족 상봉이 이루어졌다.
③ 민족 화합 민주 통일 방안이 제시되었다.
④ 한반도 비핵화 공동 선언이 채택되었다.

마무리 OX 퀴즈

☑ 모의고사에 출제된 개념을 OX 퀴즈를 통해 한 번 더 점검해보세요.

(전근대사)

01 신석기 시대에는 빗살무늬 토기에 식량을 저장하였다.　☐ ○ ☐ X

02 고구려 광개토 대왕 재위 시기에 역사서인 『신집』이 편찬되었다.　☐ ○ ☐ X

03 이의민 집권기에 김사미와 효심이 봉기하였다.　☐ ○ ☐ X

04 고려 충선왕은 전농사를 설치하였다.　☐ ○ ☐ X

05 고려 공민왕은 과전법을 시행하였다.　☐ ○ ☐ X

06 이이는 『주자서절요』를 저술하였다.　☐ ○ ☐ X

07 조선 정조 재위 시기에 왕조의 통치 규범을 재정리한 『대전회통』이 편찬되었다.　☐ ○ ☐ X

(근현대사)

08 전봉준, 손화중 등이 이끄는 동학군이 백산에서 봉기를 일으키고 4대 강령을 발표하였다.　☐ ○ ☐ X

09 문화 통치 시기에 경원선 철도가 개통되었다.　☐ ○ ☐ X

10 민족 말살 통치 시기에 일제는 소학교의 명칭을 국민학교로 바꾸었다.　☐ ○ ☐ X

11 박정희 정부 시기에 우루과이 라운드가 타결되었다.　☐ ○ ☐ X

12 남북 기본 합의서가 채택된 이후에 한반도 비핵화 공동 선언이 채택되었다.　☐ ○ ☐ X

정답 | **01** ○　**02** X　**03** ○　**04** ○　**05** X　**06** X　**07** X　**08** ○　**09** X　**10** ○　**11** X　**12** ○

해설 | **02** 고구려 영양왕 재위 시기이다.　**05** 과전법은 고려 공양왕 때 실시되었다.　**06** 이황이다.　**07** 흥선 대원군이 집권하였던 조선 고종 재위 시기이다. **09** 무단 통치 시기이다.　**11** 김영삼 정부 시기이다.

01 (가), (나)의 풍습을 가진 국가에 대한 설명으로 옳은 것은?

> (가) 장마와 가뭄이 연이어 오곡이 익지 않을 때, 왕에게 허물을 돌려 '왕을 마땅히 바꾸어야 한다'라거나 '왕을 마땅히 죽여야 한다'라고 하였다.
> (나) 해마다 10월 하늘에 제사를 지내는데, 밤낮으로 술 마시며 노래 부르고 춤추니 이를 무천이라고 한다.
>
> — 『삼국지』

① (가) – 제사장인 천군이 관할하던 지역을 소도라고 불렀다.
② (가) – 남의 물건을 훔쳤을 때 물건값의 12배를 배상하게 하는 법이 있었다.
③ (나) – 신랑이 처가에 지은 서옥에 머무르는 혼인 풍습이 있었다.
④ (나) – 철이 많이 생산되어 낙랑과 왜에 수출하였다.

02 다음 그림이 그려진 시기의 경제 상황에 대한 설명으로 옳은 것을 〈보기〉에서 모두 고른 것은?

> ─────〈보기〉─────
> ㉠ 상평통보가 유통되었다.
> ㉡ 일부 지역에서 모내기가 실시되었다.
> ㉢ 시비법의 발달로 상경이 일반화되었다.
> ㉣ 총액제 방식의 수취 제도가 확산되었다.

① ㉠, ㉡   ② ㉡, ㉢
③ ㉡, ㉣   ④ ㉢, ㉣

03 (가) 인물이 집권한 시기의 사실로 옳은 것은?

> 적신 이의민은 성품이 사납고 잔인하여 윗사람을 업신여기고 아랫사람을 능멸하여 주상의 자리를 흔들고자 하니 신(臣) (가) 등이 폐하의 위엄에 힘입어 일거에 소탕하였습니다. 원컨대 폐하께서는 새로운 정치를 도모하시어 태조의 바른 법을 따라 빛나게 중흥을 여소서. 삼가 열 가지 일을 조목으로 나누어 아룁니다.

① 경주에서 의종이 살해당했다.
② 망이·망소이가 공주 명학소에서 봉기하였다.
③ 만적이 신분 해방을 주장하며 반란을 모의하였다.
④ 죽동 등의 관노들이 반란을 일으켜 전주를 점령하였다.

04 다음 강령을 채택한 단체의 활동으로 옳은 것은?

> 우리는 정치·경제적 각성을 촉진한다.
> 우리는 단결을 공고히 한다.
> 우리는 기회주의를 일체 부인한다.

① 6·10 만세 운동을 전개하였다.
② 대한매일신보를 기관지로 활용하였다.
③ 동양 척식 주식회사의 폐지를 주장하였다.
④ 문맹 퇴치를 위해 브나로드 운동을 전개하였다.

05 (가) 토지 제도에 대한 설명으로 옳은 것은?

> 왕 원년 11월에 비로소 직관(職官)·산관(散官) 각 품(品)의 (가) 을/를 제정하였는데, 관품의 높고 낮은 것은 논하지 않고 다만 인품만 가지고 그 등급을 결정하였다.
>
> – 「고려사」

① 무반에 대한 차별 대우가 완화되었다.

② 경기 8현의 토지에 한하여 지급되었다.

③ 4색 공복을 기준으로 관리의 등급을 구분하였다.

④ 신진 사대부의 경제적 기반을 마련하기 위해 실시되었다.

07 (가)가 발표된 직후에 추진된 개혁 내용으로 옳은 것은?

> 고종은 문무백관을 거느리고 종묘에 나가 내정 개혁 및 자주 독립을 선포하는 독립 서고문을 바치면서 국정 개혁의 기본 강령이라고 할 수 있는 (가) 을/를 반포하였다.

① 과거제를 폐지하였다.

② 8도를 23부로 개편하였다.

③ 공·사 노비 제도를 폐지하였다.

④ 양전 사업을 실시하여 지계를 발급하였다.

06 (가) 시기의 사실로 옳은 것을 〈보기〉에서 모두 고른 것은?

> 왕이 부친을 위해 감은사를 세웠다. …… 용이 말하기를 "이 대나무로 피리를 만들어 불면 천하가 화평해질 것입니다. ……"

↓

> (가)

↓

> 2월 이찬 김지정이 반란을 일으켜서 무리를 모아 궁궐을 에워싸고 공격하였다. 4월에 상대등 김양상과 이찬 김경신이 병력을 일으켜 김지정을 죽였으나, 왕과 왕비는 난을 일으킨 병사들에게 살해되었다.

〈보기〉
㉠ 백성들에게 정전이 지급되었다.
㉡ 적고적의 난과 같은 농민 반란이 일어났다.
㉢ 국학생들을 대상으로 독서삼품과가 실시되었다.
㉣ 2단 기단의 삼층 석탑 양식과 승탑이 유행하였다.

① ㉠   ② ㉠, ㉢

③ ㉠, ㉢, ㉣   ④ ㉡, ㉢, ㉣

08 (가)~(라) 시기에 있었던 역사적 사실로 가장 옳은 것은?

	(가)	(나)	(다)	(라)	
베트남 파병 시작		10·26 사태	서울 올림픽 개최	IMF 외환 위기	제1차 남북 정상 회담

① (가) – 아웅산 폭탄 테러 사건이 발생하였다.

② (나) – 푸에블로호 납치 사건이 있었다.

③ (다) – 경의선 철로 복원 사업이 시작되었다.

④ (라) – 정주영 회장이 소떼를 끌고 북한을 방문하였다.

09 (가), (나) 문화재가 제작된 사이 시기의 사실로 옳지 않은 것은?

> • [가] 은/는 이슬람 지도학의 영향을 받아 중국에서 제작된 지도를 들여와 조선과 일본의 지도를 추가하여 만들어졌다. 유럽과 아프리카까지 그려져 있는 것이 특징이다.
>
> • [나] 은/는 조선 전기의 대표적인 불교 문화재 중 하나이다. 대리석으로 제작된 탑 전체에 용과 사자, 연꽃무늬 등이 화려하게 조각되어 있는 걸작으로, 국보 제2호로 지정되었다.

① 이종무가 대마도를 정벌하였다.
②『동국병감』이 편찬되었다.
③ 최윤덕과 김종서가 4군과 6진을 개척하였다.
④『경국대전』이 반포되었다.

10 다음 역사적 사실들을 순서대로 옳게 나열한 것은?

> ㉠ 학생들과 시민들이 굴욕적인 일본과의 국교 정상화 추진 정책을 비판하였다.
> ㉡ 시민군과 계엄군의 충돌로 사상자가 대거 발생하였다.
> ㉢ 민주화 운동의 결과로 6·29 민주화 선언이 발표되었다.
> ㉣ 3·15 부정 선거 이후 마산에서 시위 도중 숨진 학생의 시신이 발견되며 시위가 확산되었다.

① ㉠ → ㉡ → ㉢ → ㉣
② ㉠ → ㉣ → ㉡ → ㉢
③ ㉣ → ㉠ → ㉡ → ㉢
④ ㉣ → ㉡ → ㉢ → ㉠

바로 채점하기   정답 및 해설 _약점 보완 해설집 p.32

| 01 | ② | 02 | ② | 03 | ③ | 04 | ③ | 05 | ③ |
| 06 | ① | 07 | ② | 08 | ④ | 09 | ④ | 10 | ③ |

맞은 개수: _____개 / 10개

마무리 OX 퀴즈

☑ 모의고사에 출제된 개념을 OX 퀴즈를 통해 한 번 더 점검해보세요.

전근대사

01 부여에는 남의 물건을 훔쳤을 때 물건값의 12배를 배상하게 하는 법이 있었다. ☐ O ☐ X

02 동예에는 신랑이 처가에 지은 서옥에 머무르는 혼인 풍습이 있었다. ☐ O ☐ X

03 신라 성덕왕 때 백성들에게 정전이 지급되었다. ☐ O ☐ X

04 신라 중대에는 2단 기단의 삼층 석탑 양식과 승탑이 유행하였다. ☐ O ☐ X

05 시정 전시과는 4색 공복을 기준으로 등급을 구분하였다. ☐ O ☐ X

06 조선 세종 때 최윤덕과 김종서가 4군과 6진을 개척하였다. ☐ O ☐ X

근현대사

07 제1차 갑오개혁 때 과거제를 폐지하였다. ☐ O ☐ X

08 제2차 갑오개혁 때 8도를 23부로 개편하였다. ☐ O ☐ X

09 신간회는 대한매일신보를 기관지로 활용하였다. ☐ O ☐ X

10 4·19 혁명 당시 시민군과 계엄군의 충돌로 사상자가 대거 발생하였다. ☐ O ☐ X

11 10·26 사태 이후에 푸에블로호 납치 사건이 있었다. ☐ O ☐ X

12 6월 민주 항쟁의 결과로 6·29 민주화 선언이 발표되었다. ☐ O ☐ X

정답 | 01 O　02 X　03 O　04 X　05 O　06 O　07 O　08 O　09 X　10 X　11 X　12 O

해설 | 02 고구려의 풍습이다.　04 승탑이 유행한 것은 신라 하대이다.　09 신민회의 기관지이다.　10 5·18 민주화 운동 당시의 사실이다.　11 푸에블로호 납치 사건(1968)은 10·26 사태(1979) 이전의 사실이다.

01 (가), (나) 사이 시기의 삼국의 상황에 대한 설명으로 옳은 것은?

> (가) 왕이 직접 수군을 이끌고 백제를 토벌하였다. 우리 왕에게 항복하면서 "지금 이후로는 영원히 노객이 되겠습니다."라고 맹세하였다. …… 왕이 보병과 기병 5만 명을 보내어 신라를 구원하게 하였다.
>
> (나) 왕이 북위에 사신을 보내 말하였다. "우리나라는 고구려와 더불어 근원이 부여에서 나왔다. 고구려는 …… 점차 승냥이와 같은 추악한 무리가 되어 백제를 압박하고 외교를 방해하였다. 이에 우리는 재물과 힘이 다하고 위례성이 함락될 위험에 처하였다."

① 고구려가 대방군을 축출하였다.

② 고구려가 평양으로 천도하였다.

③ 백제와 신라가 혼인 동맹을 처음 맺었다.

④ 신라에서 박·석·김씨가 번갈아 가며 왕위에 올랐다.

02 다음 인물들이 활동한 시기 순서대로 바르게 나열한 것은?

> ⊙ 왕실의 후원을 받아 귀법사의 주지가 되었으며, 화엄종을 중심으로 교종을 정비하였다.
> ⓛ 이론 연마와 실천을 함께 강조하는 교관겸수, 내적인 수련과 외적인 공부의 조화를 이루는 내외겸전을 제창하며 교종과 선종의 통합을 추진하였다.
> ⓒ 승려 본연의 자세로 돌아가 독경과 수행, 노동에 힘써야 한다고 주장하며 수선사 결사 운동을 전개하였다.
> ⓔ 임제종을 도입하여 전파하는 한편, 불교계의 타락을 시정하기 위하여 9산 선문의 통합을 추진하였다.

① ⊙ → ⓛ → ⓒ → ⓔ

② ⊙ → ⓒ → ⓛ → ⓔ

③ ⓛ → ⊙ → ⓔ → ⓒ

④ ⓛ → ⓒ → ⊙ → ⓔ

03 다음 내용과 관련된 왕에 대한 설명으로 옳은 것은?

> ○ 공복을 제정하였다.
> ○ 과거제를 실시하였다.

① 송악으로 천도하였다.

② 강조의 정변을 계기로 즉위하였다.

③ 광덕, 준풍 등의 독자적인 연호를 사용하였다.

④ 지방의 주요 지역에 12목을 설치하고 목사를 파견하였다.

04 다음 자료와 관련된 국가에 대한 설명으로 옳은 것은?

> 좌사정·우사정 각 1명이 좌평장사·우평장사의 아래에 있는데, 복야와 비슷하며 좌윤·우윤은 이승과 비슷하다. 좌육사에는 충부·인부·의부에 각 1명의 경이 사정의 아래에 두어져 있다. 지사(支司)인 작부·창부·선부에는 부마다 낭중과 원외가 있다. 우육사에는 지부·예부·신부와 지사인 융부·계부·수부가 있는데, 경과 낭은 좌에 준하니 육관과 비슷하다.

① 정당성의 대내상이 국정을 총괄하였다.

② 지방 행정의 말단 조직으로 면·리·통을 두었다

③ 말갈인으로 구성된 중앙군인 흑금서당이 있었다.

④ 송의 관제를 모방한 회계 기관인 삼사를 두었다.

05 (가)가 세워진 왕대의 사실로 옳은 것은?

> 오라총관 목극등이 황제의 명을 받들어 변경을 답사하여 이곳에 와서 살펴보니, 서쪽은 압록이 되고, 동쪽은 토문이 되므로, 분수령 위에 [(가)]에 새겨 기록하노라.

① 수어청이 설치되었다.

② 훈련도감이 신설되었다.

③ 나선 정벌에 조총병이 파견되었다.

④ 서인이 노론과 소론으로 분열되었다.

06 (가) 인물에 대한 설명으로 옳은 것은?

> 신(臣) 병창이 [(가)] 앞에 나아가 품의했더니, 이르기를 '성묘(聖廟) 동서무에 배향된 제현 및 충절과 대의가 크게 빛나 영원토록 높이 받들기에 합당한 47곳의 서원 외에는 모두 향사를 멈추고 사액한 것을 철폐하라'라고 하였습니다. 이를 받들어 이미 사액된 서원 중 계속 보존할 곳 47개소를 별단에 써서 들였습니다. 계하(재가)하시거든 각 도에 시행하겠습니다.

① 『대전통편』을 편찬하여 법전을 정리하였다.

② 영남 만인소를 작성하여 개화에 반대하였다.

③ 삼정이정청을 설치하여 삼정의 문란을 시정하였다.

④ 경복궁을 중건하여 왕실의 권위를 높이고자 하였다.

07 일제 강점기의 문화·종교에 대한 설명으로 옳은 것은?

① 천도교의 주도로 신사 참배 거부 운동이 전개되었다.

② 1920년대에 극단 토월회가 결성되어 민중 계몽을 위한 작품을 공연하였다.

③ 1930년대 사회주의의 확산과 함께 신경향파 문인들이 카프를 결성하였다.

④ 조선 영화령 등의 탄압 속에서 나운규가 민족의 비애를 담은 아리랑을 발표하였다.

08 다음 자료를 근거로 설립된 교육 기관으로 옳은 것은?

> 백성을 가르치지 않으면 나라를 굳건히 하기가 매우 어렵다. 세계의 형세를 보면 부강하고 독립하여 잘 사는 모든 나라는 다 국민의 지식이 밝기 때문이다. 이 지식을 밝히는 것은 교육으로 된 것이니, 교육은 실로 국가를 보존하는 근본이 된다. 교육은 그 길이 있는 것이니, 헛된 것과 실용적인 것을 먼저 구별하여야 한다. 이제 정부에 명령하여 널리 학교를 세우고, 인재를 길러 너희들 신민의 학식으로써, 국가 중흥의 큰 공을 세우고자 한다.

① 육영 공원

② 연무 공원

③ 이화 학당

④ 한성 사범 학교

09 (가) 단체에 대한 설명으로 옳은 것은?

> 현재 우리 [(가)]의 수많은 지대가 각 전선에서 적극적인 활동을 전개하고 있습니다. [(가)]의 임무는 다음과 같습니다.
> 1. 우리의 분산된 역량을 총집중시켜 전면적인 조국 광복 전쟁을 전개한다.
> 2. 중국 항전에 참가하여 중국 항일군과 연합하여 왜적을 박멸한다.
> 3. 국내 민중의 무장 반일 운동을 적극 영도하고 추진한다.
> 4. 정치·경제·교육 평등의 신민주 국가 건설의 무력 기간이 된다.
> 5. 평화와 정의를 지지하는 세계 각 민족과 인류의 장애가 되는 일체를 소탕한다.

① 쌍성보 전투에서 일본군을 물리쳤다.
② 적색군과의 갈등으로 자유시에서 참변을 당하였다.
③ 중국 관내에서 창설된 최초의 한국인 군사 조직이었다.
④ 영국군의 요청에 따라 인도·미얀마 전선에 파견되었다.

10 밑줄 친 '이 헌법'의 내용으로 가장 옳은 것은?

> <u>이 헌법</u> 시행 당시의 국회는 단기 4293년 3월 15일에 실시된 대통령, 부통령 선거에 관련하여 부정 행위를 한 자와 그 부정 행위에 항의하는 국민에 대하여 살상 기타의 부정 행위를 한 자를 처벌 또는 단기 4293년 4월 26일 이전에 특정 지위에 있음을 이용하여 현저한 반민주 행위를 한 자의 공민권을 제한하기 위한 특별법을 제정할 수 있으며 단기 4293년 4월 26일 이전에 지위 또는 권력을 이용하여 부정한 방법으로 재산을 축적한 자에 대한 행정상 또는 형사상의 처리를 하기 위하여 특별법을 제정할 수 있다.

① 내각 책임제와 양원제를 규정하였다.
② 직접 선거를 통한 임기 4년의 정·부통령 선출을 규정하였다.
③ 대통령이 사실상 국회의원의 3분의 1을 지명하도록 규정하였다.
④ 대통령 선거인단이 간선제 방식으로 대통령을 선출하도록 규정하였다.

바로 채점하기　　　정답 및 해설 _약점 보완 해설집 p.35

01	②	02	①	03	③	04	①	05	④
06	④	07	②	08	④	09	④	10	①

맞은 개수: _____개 / 10개

마무리 OX 퀴즈

☑ 모의고사에 출제된 개념을 OX 퀴즈를 통해 한 번 더 점검해보세요.

전근대사

01 백제 동성왕 때 백제와 신라가 혼인 동맹을 처음 맺었다. ☐ O ☐ X

02 발해는 정당성의 대내상이 국정을 총괄하였다. ☐ O ☐ X

03 광종은 강조의 정변을 계기로 즉위하였다. ☐ O ☐ X

04 균여는 왕실의 후원을 받아 귀법사의 주지가 되었으며, 화엄종을 중심으로 교종을 정비하였다. ☐ O ☐ X

05 효종 때 나선 정벌에 조총병이 파견되었다. ☐ O ☐ X

06 숙종 때 수어청이 설치되었다. ☐ O ☐ X

근현대사

07 흥선 대원군은 『대전통편』을 편찬하여 법전을 정리하였다. ☐ O ☐ X

08 교육 입국 조서를 근거로 한성 사범학교가 설립되었다. ☐ O ☐ X

09 1920년대에 극단 토월회가 결성되어 민중 계몽을 위한 작품을 공연하였다. ☐ O ☐ X

10 1930년대 사회주의의 확산과 함께 신경향파 문인들이 카프를 결성하였다. ☐ O ☐ X

11 한국 광복군은 중국 관내에서 창설된 최초의 한국인 군사 조직이었다. ☐ O ☐ X

12 제4차 개헌안에서는 대통령이 사실상 국회의원의 3분의 1을 지명하도록 규정하였다. ☐ O ☐ X

정답 | 01 O   02 O   03 X   04 O   05 O   06 X   07 X   08 O   09 O   10 X   11 X   12 X

해설 | **03** 현종에 대한 설명이다.   **06** 인조 때이다.   **07** 정조이다.   **10** 1920년대의 사실이다.   **11** 조선 의용대이다.   **12** 제7차 개헌안(유신 헌법)의 내용이다.

01 밑줄 친 '이 나라'에 대한 설명으로 옳은 것은?

> 이 나라 풍속에 여자 나이 10살이 되기 전에 혼인을 약속한다. 신랑 집에서 맞이하여 장성하도록 길러 아내를 삼는다. 성인이 되면 다시 친정으로 돌아가게 한다. 여자의 친정에서는 돈을 요구하는데, 돈을 지불한 후 다시 신랑 집으로 돌아온다.

① 은력 정월에 영고라는 제천 행사를 열었다.

② 단궁과 과하마, 반어피가 많이 생산되었다.

③ 중대 범죄를 행한 자는 제가 회의를 통해 사형에 처했다.

④ 시체를 가매장하였다 뼈만 추려 목곽에 안치하였다.

02 (가)~(라) 시기에 있었던 백제와 관련된 사실로 옳지 않은 것은?

	(가)	(나)	(다)	(라)
평양성 전투	한성 전투	관산성 전투	황산벌 전투	기벌포 전투

① (가) – 동진으로부터 불교를 수용하였다.

② (나) – 중앙 관청을 22부로 확대하였다.

③ (다) – 사비로 수도를 옮겼다.

④ (라) – 웅진 도독부가 설치되었다.

03 다음 ㉠~㉢에 대한 설명으로 옳은 것은?

> 갑: "그대 나라 ㉠ 은/는 신라 땅에서 일어나 나라를 세웠다. 옛 고구려 땅은 이제 모두 우리의 소유인데 그대들이 침범했으니 까닭을 묻고자 한다."
>
> 을: "그렇지 않다. 우리는 고구려의 후예이다. …… 만일 땅의 경계로 논한다면 오히려 귀국 ㉡ 의 동경이 우리 국경 안에 있다. 또 압록강 유역 또한 우리 지역인데, 지금 ㉢ 이/가 도둑질하여 차지하고는 교활하게 자리 잡고 있어 길의 막힘이 바다를 건너는 것보다 더 심하니 조빙의 불통은 ㉢ 때문이다."

① ㉠은 '을'의 활약을 통해 동북 지역의 9성을 확보하였다.

② ㉠은 ㉡에 대항하기 위해 광군을 창설하였다.

③ ㉠은 상경–동경–동해로 이어지는 교역로를 통해 ㉢과 교류하였다.

④ ㉠의 국왕이 ㉡의 침입을 피해 안동으로 피난하였다.

04 조선 시대의 성리학자에 대한 설명으로 옳은 것을 〈보기〉에서 모두 고른 것은?

> ───〈보기〉───
> ㉠ 이황은 예안 향약을 만들어 보급하였다.
> ㉡ 조식은 노장 사상에 비교적 개방적인 태도를 보였다.
> ㉢ 이언적은 철학 사상을 정리하여 독자적인 기일원론을 제창하였다.
> ㉣ 윤휴는 강화 학파를 형성하여 학풍을 발전·계승시켰다.

① ㉠, ㉡

② ㉠, ㉢

③ ㉡, ㉢

④ ㉡, ㉣

05 밑줄 친 '사건'을 계기로 체결된 조약에 대한 설명으로 옳은 것을 〈보기〉에서 모두 고른 것은?

> 일본 전권 대신이 작년의 사건을 놓고 말하기를, '우리 배가 작년에 조선국 영해를 지나가는데, 조선국 사람들이 포격을 하였으니 이웃 나라를 사귀는 정이 있는 것입니까?'라고 하니, 신헌이 말하기를, '남의 나라 경내에 들어갈 때 금지 사항을 물어봐야 한다는 것은 『예기』에도 쓰여 있습니다. 작년 가을에 왔던 배는 애초에 어느 나라 배가 무슨 일로 간다는 것을 먼저 통지도 하지 않고 곧바로 방어 구역으로 들어왔으니, 변경의 군사들이 포를 쏜 것도 부득이한 일입니다.'라고 하였다.

〈보기〉
㉠ 조선을 자주국으로 규정하였다.
㉡ 부산포, 제포, 염포가 개방되는 계기가 되었다.
㉢ 『심행일기』에 조약 체결의 전말이 기록되어 있다.
㉣ 일본에 대한 최혜국 대우가 인정되는 계기가 되었다.

① ㉠, ㉡
② ㉠, ㉢
③ ㉠, ㉣
④ ㉡, ㉣

06 다음 자료와 관련된 역사서에 대한 설명으로 옳은 것은?

> 성상폐하께서는 신라·고구려·백제가 나라를 세우고 솥발처럼 대립하면서 예를 갖추어 중국과 교통하였으므로, 범엽의 『한서(漢書)』나 송기의 『당서(唐書)』에 모두 열전을 두었는데, 중국의 일만을 자세히 기록하고 외국의 일은 간략히 하여 갖추어 싣지 않음을 한탄하셨습니다. …… 이에 삼가 표(表)와 함께 본기 28권, 연표 3권, 지 9권, 열전 10권을 찬술하여 (폐하의) 눈을 더럽힙니다.

① 고려 고종 때 편찬되었다.
② 신라 계승 의식이 반영되었다.
③ 단군 조선의 역사를 강조하였다.
④ 임진왜란으로 소실되어 일부 내용만 전해진다.

07 (가) 단체에 대한 설명으로 옳은 것은?

> 임병찬 등에 의해 조직된 (가) 은/는 일본 내각 총리 대신과 데라우치 조선 총독 이하의 관료에게 국권 반환 요구서를 보내 한·일 병합의 부당함을 국내외에 알리고자 하였다.

① 고종의 밀명을 받아 조직되었다.
② 풍기 광복단과 조선 국권 회복단의 일부 인사가 통합하여 만들어졌다.
③ 평양의 숭의 여학교 교사와 학생들을 중심으로 조직되었다.
④ 1910년대에 만주에서 결성된 비밀 결사이다.

08 다음 사건들을 시간 순으로 바르게 나열한 것은?

> ㉠ 정전 협정이 체결되었다.
> ㉡ 유엔군이 인천 상륙 작전에 성공하였다.
> ㉢ 이승만 대통령이 반공 포로를 석방하였다.
> ㉣ 흥남 부두에서 해상으로 철수 작전이 전개되었다.

① ㉡ → ㉣ → ㉠ → ㉢
② ㉡ → ㉣ → ㉢ → ㉠
③ ㉣ → ㉢ → ㉠ → ㉡
④ ㉣ → ㉢ → ㉡ → ㉠

09 (가), (나) 사이 시기의 사실로 옳은 것은?

> (가) 만주 길림성 장춘현에서 한국인 농민과 중국인 농민 사이에 토지 개발과 수로 공사 문제를 둘러싸고 갈등이 발생하였다. 이에 장춘 일본 영사관과 경찰이 개입하면서 한·중 농민 간의 유혈 충돌이 일어나게 되었다.
>
> (나) 중국 본토에서 활동하던 독립운동 단체들은 좌우의 대립을 지양하고 민족 연합 전선을 형성하기 위해 상하이에서 '한국 대일 전선 통일 동맹'을 결성하며 민족 유일당의 건설을 제창하였다. 이에 여러 단체의 인사들은 난징에서 회의를 열고 독립운동 정당을 창건하였다.

① 중·일 전쟁이 일어났다.

② 국가 총동원법이 제정되었다.

③ 조선 혁명군이 흥경성 전투에서 승리하였다.

④ 나석주가 동양 척식 주식회사에 투탄하였다.

10 다음 글을 발표한 정부 시기에 있었던 사실로 옳은 것은?

> 친애하는 국민 여러분! 역사는 청산과 계승을 통한 창조의 과정입니다. 우리는 오늘 옛 조선 총독부를 철거하는 역사적 작업을 시작하였습니다. 이 건물이 철거되어야만 우리 민족사의 정통성을 상징하는 경복궁이 본래의 모습을 되찾을 수 있습니다. 여기에는 식민 잔재를 깨끗이 청산하고 우리의 민족 정기를 회복하자는 온 국민의 뜻과 의지가 함께 담겨 있습니다.

① 저달러, 저금리, 저유가의 3저 호황이 발생하였다.

② 원조 물자를 바탕으로 한 삼백 산업이 발달하였다.

③ 금융 실명제와 고위 공직자 재산 공개 제도가 실시되었다.

④ 칠레와의 자유 무역 협정이 체결되었다.

바로 채점하기   정답 및 해설 _약점 보완 해설집 p.38

| 01 | ④ | 02 | ③ | 03 | ② | 04 | ① | 05 | ② |
| 06 | ② | 07 | ① | 08 | ② | 09 | ③ | 10 | ③ |

맞은 개수: _____개 / 10개

마무리 OX 퀴즈

☑ 모의고사에 출제된 개념을 OX 퀴즈를 통해 한 번 더 점검해보세요.

전근대사

01 옥저는 시체를 가매장하였다 뼈만 추려 목곽에 안치하였다. ☐ O ☐ X

02 황산벌 전투 이후에 웅진 도독부가 설치되었다. ☐ O ☐ X

03 고려는 거란에 대항하기 위해 광군을 창설하였다. ☐ O ☐ X

04 고려는 서희의 활약을 통해 동북 지역의 9성을 확보하였다. ☐ O ☐ X

05 『삼국사기』는 고려 고종 때 편찬되었다. ☐ O ☐ X

06 조식은 노장 사상에 비교적 개방적인 태도를 보였다. ☐ O ☐ X

근현대사

07 강화도 조약에서는 조선을 자주국으로 규정하였다. ☐ O ☐ X

08 독립 의군부는 고종의 밀명을 받아 조직되었다. ☐ O ☐ X

09 대한 광복회는 풍기 광복단과 조선 국권 회복단의 일부 인사가 통합하여 만들었다. ☐ O ☐ X

10 조선 혁명군이 흥경성 전투에서 승리한 것은 만보산 사건 이후의 사실이다. ☐ O ☐ X

11 정전 협정이 체결된 이후에 이승만 대통령이 반공 포로를 석방하였다. ☐ O ☐ X

12 김영삼 정부 시기에 원조 물자를 바탕으로 한 삼백 산업이 발달하였다. ☐ O ☐ X

정답 | 01 O 02 O 03 O 04 X 05 X 06 O 07 O 08 O 09 O 10 O 11 X 12 X

해설 | **04** 서희의 활약으로 확보한 지역은 강동 6주이다. **05** 인종 때 편찬되었다. **11** 이승만의 반공 포로 석방(1953. 6.) 이후에 정전 협정이 체결(1953. 7.) 되었다. **12** 이승만 정부 시기이다.

01 (가), (나) 사이의 사실로 옳은 것은?

> (가) 양상이 왕위에 올랐으니 그의 성은 김씨이며 내물왕의 10대손이다. …… 왕이 사신을 보내 패강 이남의 주·군을 위로하였다.
> (나) 이때에 이르러서는 임금이 늘 위홍을 궁에 들여 일을 보게 하였다. 그리고 그에게 명령하여 대구화상과 함께 향가를 수집하고 정리하게 하였다.

① 완도에 청해진이 설치되었다.
② 외사정을 파견하기 시작하였다.
③ 궁예가 축출되고 왕건이 왕으로 추대되었다.
④ 김흠돌의 난 등 진골 세력이 주도한 반란이 일어났다.

02 (가), (나) 주장과 관련된 붕당에 대한 설명으로 옳은 것은?

> (가) 대행왕께선 임금이셨으니 대비께오선 3년 상복을 입어야 합니다. 임금의 예는 보통 사람과 다릅니다.
> (나) 대행왕께선 형제 서열상 차남이셨으니 대비께서 1년복만 입어야 예법에 맞습니다. 천하의 예는 모두 같은 원칙에 따라야 합니다.

① (가)와 (나) 사이에서 호락 논쟁이 전개되었다.
② 이이의 학맥을 계승한 이들이 주로 (나)를 이루었다.
③ (가)는 갑술환국으로 정권을 장악하였다.
④ 갑인예송의 결과 (나)의 주장이 채택되었다.

03 밑줄 친 '이 나라'에 대한 설명으로 가장 옳은 것은?

> <u>이 나라</u>의 시조는 이진아시왕이다. …… 최치원이 지은 「석이정전」을 살펴보면, 가야산신 정견모주가 천신 이비가지에게 감응되어 <u>이 나라</u> 왕 뇌질주일과 금관국왕 뇌질청예 두 사람을 낳았는데, 뇌질주일은 곧 이진아시왕의 별칭이고 뇌질청예는 수로왕의 별칭이라고 한다.

① 호남 동부 지역까지 세력을 확장하였다.
② 대표적인 유적으로 대성동 고분군이 있다.
③ 전연 모용황의 침입으로 수도가 함락되었다.
④ 지배층의 묘제로 주로 돌무지덧널무덤을 사용하였다.

04 다음 글을 쓴 인물에 대한 설명으로 옳은 것은?

> 이 비는 아무도 아는 사람이 없어 '요승 무학이 잘못 찾아 여기에 이르렀다'는 비라고 잘못 알려져 왔다. 그런데 가경(嘉慶) 병자년 가을에 …… 어렴풋이 이를 찾아서 시험 삼아 종이를 대고 탁본을 한 결과 비의 형태는 황초령비와 서로 흡사하였고, 첫 행에 약간 마멸된 진흥의 진(眞) 자가 있어 여러 차례 탁본을 해서 보니, 진 자임에 의심할 여지가 없었다. …… 마침내 1200년이 지난 고적(古蹟)임이 밝혀져서 무학대사비라고 하는 황당무계한 설이 깨지게 되었다.

① 규장각 검서관으로 임명되었다.
② 기전체의 『해동역사』를 저술하였다.
③ 세한도, 부작란도 등의 그림을 남겼다.
④ 화폐 사용을 중지하자는 폐전론을 주장하였다.

05 다음 자료를 반포한 정부의 정책으로 옳은 것은?

> 다음 개정건을 재가하여 반포하였다.
> 중추원은 열거한 사항을 심의하는 곳으로 할 것이다.
> 하나, 법률, 칙령의 제정 및 폐지, 혹은 개정하는 것에 관한 사항.
> 둘, 의정부에서 토의를 거쳐 임금에게 상주하는 일체 사항.
> ......
> 여섯, 백성들이 의견을 올리는 사항. 중추원의 직원은 의장 1인, 부의장 1인, 의관(議官) 50인, 참서관 2인, 주사 4인으로 정한다.
>
> 의장은 대황제 폐하께서 임명하고, 부의장은 중추원에서 공천한 인물을 폐하가 칙수하며, 의관(議官)의 절반은 정부에서 나라에 공로가 있었던 사람을 회의에서 추천하고, 나머지 절반은 인민 협회 중에서 27세 이상 되는 사람이 투표해서 선거할 것이다.

① 독립신문을 창간하였다.
② 개국 기년을 사용하였다.
③ 궁내부 산하 내장원의 기능을 확대하였다.
④ 신식 재판소를 설치하여 사법권과 행정권을 분리시켰다.

06 다음 현상이 일어나던 시기의 모습으로 가장 옳지 않은 것은?

> 보성군에는 교파와 약파가 있다. 교파는 향교에 다니는 자들이고, 약파는 향약을 주관하는 자들이다. 서로 투쟁이 끊이지 않고 모함하는 일이 갈수록 더하여 감에 풍속이 도에서 가장 나빠졌다.

① 족보의 매매·위조가 성행하였다.
② 수령권의 강화로 향리의 영향력은 약해졌다.
③ 향회가 수령의 부세 자문 기구로 변질되었다.
④ 아들이 없는 경우 부계 친척을 입양하는 현상이 확산되었다.

07 (가)~(라) 나라에 대한 설명으로 옳은 것은?

> 아! (가) 이/가 욕심 많은 진나라처럼 정벌에 힘써 경영해 온 지 3백 년, 그 첫 대상은 유럽이었고 다음에는 중앙아시아에 이르렀으며 오늘날에 와서는 다시 동아시아로 옮겨져 마침 조선이 마주하게 된 것이다. 그러한즉, 오늘날 조선에게 (가) 을/를 막는 일보다 더 급한 것이 없을 것이다. 그렇다면 막는 길은 어떠한 것인가? (나) 과/와 친하고, (다) 과/와 맺고, 마지막으로 (라) 과/와 이어짐으로써 조선이 자강을 도모할 따름이다.

① (가) - 용암포의 조차를 요구하였다.
② (나) - 경부선 부설권을 확보하였다.
③ (다) - 운산 금광 채굴권을 차지하였다.
④ (라) - 한성과 양화진의 점포 개설권을 얻었다.

08 밑줄 친 '왕'에 대한 설명으로 옳은 것은?

> 왕이 지정 연호의 사용을 중지하고 교서를 내려 말하기를 "...... 근래 나라의 풍속이 변하여 오직 권세만을 추구하게 되었으니, 기철 등이 군주의 위세를 빙자하여 나라의 법도를 뒤흔드는 일이 벌어졌다. 자신의 기쁨과 분노에 따라 관리를 마음대로 선발하고 ...... 남이 땅을 갖고 있으면 그를 제거하고, 또는 인민이 있으면 이를 빼앗았다. 근래에는 다행스럽게도 조종의 영령에 기대어 기철 등을 처단할 수 있었다." 라고 하였다.

① 연경에 만권당을 설립하였다.
② 정치도감을 설치하였다.
③ 중서문하성과 상서성을 복구하였다.
④ 도병마사를 도평의사사로 개편하였다.

09 다음 내용을 저술한 인물에 대한 설명으로 옳은 것은?

> 무릇 동양의 수천 년 교화계(敎化界)에서 바르고 순수하며 광대 정밀하여 많은 성인이 뒤를 이어 전해주고 밝혀 준 유교가 끝내 인도의 불교와 서양의 기독교와 같이 세계에 대발전을 하지 못함은 어째서이며 …… 유교계에 3대 문제가 있는지라. 그 3대 문제에 대하여 개량하고 구신(求新)을 하지 않으면 우리 유교는 흥왕할 수가 없을 것이며 ……

① 대한민국 임시 정부에서 주석을 역임하였다.
② 상하이에서 신규식과 동제사를 조직하였다.
③ 의열단의 활동 지침인 「조선혁명선언」을 저술하였다.
④ 「신민족주의와 신민주주의」를 저술하였다.

10 (가), (나) 자료가 제정·작성된 사이 시기의 사실로 옳은 것은?

> (가) 제39조 대통령은 통일 주체 국민회의에서 토론 없이 무기명 투표로 선거한다.
> (나) 우리는 왜 총을 들 수밖에 없었는가? 그 대답은 너무나 간단합니다. 너무나 무자비한 만행을 더 이상 보고 있을 수만 없어서 너도나도 총을 들고 나섰던 것입니다. …… 계엄 당국은 18일 오후부터 공수 부대를 대량 투입하여 시내 곳곳에서 학생, 젊은이들에게 무차별 살상을 자행하였으니!

① 4·13 호헌 조치가 발표되었다.
② 제1차 석유 파동이 일어났다.
③ 7·4 남북 공동 성명이 채택되었다.
④ 전태일 분신 사건이 발생하였다.

바로 채점하기　　　　　　　　　정답 및 해설 _약점 보완 해설집 p.41

01	①	02	②	03	①	04	③	05	③
06	②	07	①	08	③	09	②	10	②

맞은 개수: _____개 / 10개

62　해커스공무원　gosi.Hackers.com

마무리 OX 퀴즈

☑ 모의고사에 출제된 개념을 OX 퀴즈를 통해 한 번 더 점검해보세요.

전근대사

01 대가야의 대표적인 유적으로 대성동 고분군이 있다. ☐ O ☐ X

02 흥덕왕 때 완도에 청해진이 설치되었다. ☐ O ☐ X

03 공민왕은 도병마사를 도평의사사로 개편하였다. ☐ O ☐ X

04 이이의 학맥을 계승한 이들이 주로 서인을 이루었다. ☐ O ☐ X

05 남인은 갑술환국으로 정권을 장악하였다. ☐ O ☐ X

06 조선 후기에는 향회가 수령의 부세 자문 기구로 변질되었다. ☐ O ☐ X

07 김정희는 세한도, 부작란도 등의 그림을 남겼다. ☐ O ☐ X

근현대사

08 대한 제국 정부는 궁내부 산하 내장원의 기능을 확대하였다. ☐ O ☐ X

09 일본은 운산 금광 채굴권을 차지하였다. ☐ O ☐ X

10 박은식은 의열단의 활동 지침인 「조선혁명선언」을 저술하였다. ☐ O ☐ X

11 김구는 대한민국 임시 정부에서 주석을 역임하였다. ☐ O ☐ X

12 유신 헌법이 공포된 이후에 7·4 남북 공동 성명이 채택되었다. ☐ O ☐ X

정답 | 01 X 02 O 03 X 04 O 05 X 06 O 07 O 08 O 09 X 10 X 11 O 12 X

해설 | 01 금관가야의 유적이다. 03 충렬왕 때 개편되었다. 05 서인이다. 09 미국이 차지하였다. 10 신채호가 저술하였다. 12 7·4 남북 공동 성명이 채택(1972. 7.)된 이후에 유신 헌법(1972. 12.)이 공포되었다.

01 다음 자료와 관련된 나라에 대한 설명으로 옳은 것은?

> 서로 죽이면 그때 곧 죽인다. 서로 상하게 하면 곡식으로 배상하게 한다. 도둑질을 한 자는 남자는 그 집의 가노(家奴)로 삼고 여자는 비(婢)로 삼는다. 노비에서 벗어나기를 원하는 자는 50만 전을 내야 한다.
>
> – 「한서」 「지리지」

① 상, 대부, 장군 등의 관직을 두었다.

② 지배층의 집에는 부경이라는 작은 창고가 있었다.

③ 큰 새의 깃털을 사용하여 장사를 지냈다.

④ 다른 부족의 영역을 침범하면 노비나 소, 말로 변상하였다.

02 다음 내용과 관련된 인물에 대한 설명으로 옳은 것을 <보기>에서 모두 고르면?

> 열면 헬 수 없고 가없는 뜻이 대종(大宗)이 되고, 합하면 이문(二門) 일심의 법이 그 요체가 되어 있다. 그 이문 속에 만 가지 뜻이 다 포용되어 조금도 혼란됨이 없으며, 가없는 뜻이 일심과 하나가 되어 혼융된다. …… 펼친다고 번거로운 것이 아니고 합친다고 좁아지는 것도 아니다. 그리하여 수립하되 얻음이 없고 타파하되 잃음이 없다.

> ──── 〈보기〉 ────
> ㉠ 부석사를 창건하였다.
> ㉡ 화쟁 사상을 주장하였다.
> ㉢ 무애가를 부르면서 대중을 교화하였다.
> ㉣ 문무왕이 도성 정비 공사를 하려 하자 이를 만류하였다.

① ㉠, ㉢ 　　　　② ㉠, ㉣

③ ㉡, ㉢ 　　　　④ ㉡, ㉣

03 고려 시대의 과거 제도에 대한 설명으로 가장 옳지 않은 것은?

① 법적으로 양인 이상이면 과거에 응시할 수 있었다.

② 유교 경전에 대한 지식을 평가하는 명경업이 제술업보다 중시되었다.

③ 국자감시에는 계수관시 합격자 및 국자감 학생 등이 응시할 수 있었다.

④ 과거제 운영 과정에서 형성된 좌주·문생의 관계가 관직 생활까지 영향을 주었다.

04 다음 글을 남긴 실학자에 대한 설명으로 옳은 것은?

> 1여(閭)의 토지는 여민(閭民)이 함께 농사하고 경계를 나누지 않는다. 여장은 매일 개개인의 노동량을 기록하였다가 수확을 하면 여장에게 가져온 뒤 분배한다. 이때 조세와 여장의 봉급을 제하고 나머지를 노동 일수에 따라 여민에게 분배한다.

① 『의산문답』을 저술하여 무한 우주론을 주장하였다.

② 『마과회통』을 저술하여 홍역에 관련된 연구를 종합하였다.

③ 『곽우록』을 저술하여 나라를 좀먹는 여섯 가지 폐단을 지적하였다.

④ 『동국지리지』를 저술하여 우리나라의 역사 지리를 고증하였다.

05 다음 선언문과 관련된 사건에 대한 설명으로 옳지 않은 것은?

> 오등은 이에 아(我) 조선의 독립국임과 조선인의 자유민임을 선언하노라. 이로써 세계 만방에 고하여 인류 평등의 대의를 극명하며, 이로써 자손만대에 고하여 민족 자존의 정권을 영유하게 하노라. 반만 년 역사의 권위를 장하여 이를 선언함이며, 2천만 민중의 충성을 합하여 이를 표명함이며, 민족의 항구 여일한 자유 발전을 위하여 이를 주장함이며, 인류적 양심으로 발로에 기인한 세계 개조의 대기운에 순응 병진하기 위하여 이를 제기함이니 …… 오늘날 우리의 맡은 바 임무는 다만 자기의 건설이 있을 뿐이요, 결코 타인의 파괴에 있지 아니하도다.

① 문화 통치가 실시되는 계기가 되었다.
② 해외의 반제국주의 운동에 영향을 미쳤다.
③ 대한민국 임시 정부가 수립되는 계기가 되었다.
④ 좌·우 합작의 신간회가 창립되는 배경이 되었다.

06 다음 조약에 대한 설명으로 가장 옳은 것은?

> 양국이 논의하여 결정하고 난 이후 대조선국 군주가 어떠한 은혜로운 정사와 은혜로운 법 및 이익을 다른 나라 혹은 그 상인에게 베풀 경우, 미합중국의 관원과 백성이 일체 균점하는 것을 승인한다. …… 비로소 우대하는 이익을 동일하게 누리는 것을 승인한다.

① 방곡령이 선포되는 근거가 되었다.
②『조선책략』의 영향으로 체결되었다.
③ 수출입 상품에 대한 무관세가 규정되었다.
④ 조선이 외국과 맺은 최초의 근대적 조약이다.

07 밑줄 친 '왕'의 업적으로 옳은 것은?

> 세자 대광현과 장군 신덕 …… 등이 나머지 무리들을 이끌고 오니, 전후로 도망쳐 온 자가 수만 호였다. 왕은 이들을 매우 후하게 대접하고, 대광현에게는 왕계라는 성명을 내려 주고 종실의 적에 붙여서 그 선대의 제사를 받들게 하였다.

① 왕규의 난을 진압하였다.
② 상평창을 설치하였다.
③ 주현공부법을 실시하였다.
④『정계』와『계백료서』를 지었다.

08 (가) 지역에 대한 설명으로 옳은 것은?

> 초기 (가) 지역으로의 조선인 이주는 극동 개발을 원하면서도 중국인은 쉽게 받아들일 수 없었던 외국 정부의 장려 정책에 의해 이루어졌다. 이후 1930년대 후반에 공산당 서기장이었던 이 인물은 일본과 전쟁을 치르게 될 경우 (가) 지역 내의 조선인들이 일본이나 만주국에 협력할 것을 우려하였고, 결국 (가) 지역 내의 조선인들을 중앙아시아로 강제 이주시켰다.

① 서전서숙과 명동 학교 등이 설립되었다.
② 권업회와 대한 광복군 정부가 조직되었다.
③ 관동 대지진 이후 한국인들이 대거 학살되었다.
④ 박용만과 이승만을 중심으로 대한인 국민회가 결성되었다.

09 다음 주장이 반영된 역사 서술의 사례로 가장 옳은 것은?

> 모든 역사는 현재의 역사다. 서술되는 사건이 아무리 먼 시대의 것이라 할지라도 역사가 실제로 반영하는 것은 현재의 요구 및 현재 상황이며, 사건은 다만 그 속에서 메아리칠 뿐이다.
>
> – 「역사 서술의 이론과 역사」

① 백제 말기에 와서 도리에 어긋나는 행동이 많았으며, 또한 대대로 신라와는 원수가 되고 …… 대국에 죄를 지었으니 그들이 패망한 것도 역시 당연한 일이었다.

② 그 실상은 낭가와 불교 양가 대 유교의 싸움이며, …… 만약 묘청이 이겼더라면 조선사가 독립적, 진취적으로 진전하였을 것이니 이것이 어찌 일천 년래 제일대사건이라 하지 아니하랴.

③ 이에 사신은 논한다. …… 백성을 도적으로 만든 자가 과연 누구인가? 권세가의 집은 공공연히 벼슬을 사려는 자들로 시장을 이루고 무뢰배들이 백성을 약탈하니 백성이 어찌 도적이 되지 않겠는가?

④ 처음 역분전을 제정했는데 …… 성행의 선악 및 공로(功勞)의 크고 작음을 기준으로 차등을 두어 지급한 것이다.

10 4 · 19 혁명과 관련된 설명으로 옳은 것은?

① 부산 정치 파동을 계기로 일어났다.

② 정부는 긴급 조치를 발동하여 대응하였다.

③ 내각제 개헌이 이루어지는 계기가 되었다.

④ 이한열 최루탄 피격 사건으로 시위가 확대되었다.

바로 채점하기   정답 및 해설 _약점 보완 해설집 p.44

01	①	02	③	03	②	04	②	05	④
06	②	07	④	08	②	09	④	10	③

맞은 개수: _____개 / 10개

마무리 OX 퀴즈

☑ 모의고사에 출제된 개념을 OX 퀴즈를 통해 한 번 더 점검해보세요.

전근대사

01 고조선은 상, 대부, 장군 등의 관직을 두었다. ☐ O ☐ X

02 원효는 무애가를 부르면서 대중을 교화하였다. ☐ O ☐ X

03 고려 태조 왕건은 상평창을 설치하였다. ☐ O ☐ X

04 고려 시대에는 유교 경전에 대한 지식을 평가하는 명경업이 제술업보다 중시되었다. ☐ O ☐ X

05 정약용은 『동국지리지』를 저술하여 우리나라의 역사 지리를 고증하였다. ☐ O ☐ X

06 홍대용은 『의산문답』을 저술하여 무한 우주론을 주장하였다. ☐ O ☐ X

근현대사

07 조·미 수호 통상 조약에서는 수출입 상품에 대한 무관세가 규정되었다. ☐ O ☐ X

08 연해주 지역에서 권업회와 대한 광복군 정부가 조직되었다. ☐ O ☐ X

09 서간도 지역에 서전서숙과 명동 학교 등이 설립되었다. ☐ O ☐ X

10 3·1 운동은 문화 통치가 실시되는 계기가 되었다. ☐ O ☐ X

11 4·19 혁명은 내각제 개헌이 이루어지는 계기가 되었다. ☐ O ☐ X

12 6월 민주 항쟁 당시 이한열 최루탄 피격 사건으로 시위가 확대되었다. ☐ O ☐ X

정답 | **01** O **02** O **03** X **04** X **05** X **06** O **07** X **08** O **09** X **10** O **11** O **12** O

해설 | **03** 고려 성종이 설치하였다. **04** 고려 시대에는 제술업이 명경업보다 중시되었다. **05** 한백겸의 저서이다. **07** 조·일 무역 규칙에 대한 내용이다. **09** 북간도 지역에 설립되었다.

01 밑줄 친 '왕'에 대한 설명으로 옳은 것은?

> 왕 4년 겨울 10월에 신하들이 아뢰었다. "시조께서 나라를 세우신 이래 나라 이름을 정하지 않아 혹은 사라(斯羅)라고도 칭하고, …… 신 등의 생각으로는 신(新)은 '덕업이 날로 새로워진다'라는 뜻이고, 라(羅)는 '사방을 망라한다'라는 뜻이므로 이를 나라 이름으로 삼는 것이 마땅하다고 여겨집니다. 또한, 살펴보건대 옛날부터 국가를 가진 이는 모두 제(帝)나 왕(王)을 칭하였는데, 우리 시조께서 나라를 세운 지 지금에 이르기까지 높이는 호칭을 정하지 못하였습니다. 이제 여러 신하들이 한마음으로 삼가 '신라 국왕'이라는 칭호를 올립니다." 왕이 이를 따랐다.

① 처음 연호를 사용하였다.
② 혜량을 승통으로 삼았다.
③ 시장을 설치하고 우역을 두었다.
④ 이사부를 보내 우산국을 정벌하였다.

02 다음 내용을 주장한 인물에 대한 설명으로 옳은 것은?

> "옛날의 금은 소국으로 거란과 우리를 섬겼습니다. 하지만 지금은 갑자기 세력이 커져 거란과 송을 멸망시키고, 정치적 기반을 굳건히 함과 동시에 군사력이 나날이 강해지고 있습니다. …… 작은 나라가 큰 나라를 섬기는 것은 선왕의 법도입니다. 마땅히 먼저 사신을 보내어 예를 닦는 것이 옳습니다."라고 하였다.

① 김상헌과 논쟁을 벌인 인물이다.
② 지덕쇠왕설을 근거로 도읍의 이전을 주장하였다.
③ 국공의 지위에 올랐으며 자신의 생일을 인수절이라 불렀다.
④ 명나라 법전 등에 이성계의 조상으로 기록되어 조선과 명 간의 외교 분쟁이 발생하였다.

03 (가)에 대한 설명으로 옳은 것은?

> 대부분 주부군현에는 지역 토착민 가운데 같은 성씨를 가진 유력 집단인 토성이 있습니다. 토성 출신 가운데 도성에 살면서 관직에 있는 자들의 모임이 있는데, 여기서는 그 고향에 거주하는 토성 중에서 강직하고 명석한 자들을 선택하여 (가) 에 두고 …… 이를 통해 풍속을 바로 잡았으니, 그 유래가 이미 오래되었습니다. 중간에 이를 폐지한 것은 선대 세조 대에 충주의 백성이 고을 수령을 고소한 사건이 있었기 때문입니다. 그때 (가) 에서는 수령을 고소한 일이 옳지 못한 행위라며 고소한 사람을 심히 억압하였는데, 마침내 임금께 이 사실이 알려져 폐지까지 이른 것이지 다른 이유는 없었습니다.

① 향리의 비리를 감찰하였다.
② 조선 세종 때 처음 설치되었다.
③ 지방의 행정·사법·군사권을 행사하였다.
④ 덕업상권, 과실상규 등의 4대 강령 아래 운영되었다.

04 다음 사건들을 시기 순으로 바르게 나열한 것은?

> (가) 헤이그 특사 파견을 빌미로 고종이 강제 퇴위되었다.
> (나) 러시아가 한반도에 대한 일본의 지배권을 인정하였다.
> (다) 대한 제국의 외교권이 강제로 박탈당하였다.
> (라) 일본이 조선 총독부를 설치하였다.

① (가) → (나) → (다) → (라)
② (나) → (가) → (다) → (라)
③ (나) → (다) → (가) → (라)
④ (다) → (나) → (라) → (가)

05 (가)~(다) 제도들을 시행된 시기 순으로 바르게 나열한 것은?

> (가) 과전은 아버지의 것을 아들이 이어 휼양이라 하고, 남편의 것을 아내가 이어 수신이라 하였는데, 이를 혁파하여 직전으로 삼은 뒤에는 간혹 지나치게 거두어 원망하는 이들이 많았다. 이에 관이 직접 세를 거두어 전해 폐단을 없애고자 하였다.
>
> (나) 대사헌 양지가 소에 "…… 조정의 신하는 직전을 받겠으나 직에서 물러난 신하와 옛 공경대부의 자손들은 1결의 토지도 가질 수 없게 되니 이는 대대로 국록을 주는 뜻에 어긋납니다."라고 하였다.
>
> (다) 경기는 사방의 근본이니 이제 과전을 두어 사대부를 우대하였다. 경성의 왕실을 시위하는 자는 시임과 원임을 막론하고 과에 따라 과전을 받고, 과전을 받은 자가 죽은 후 재가하지 않은 아내나 유약한 자손이 있으면 옛 과전을 전하여 수신, 휼양하게 하였다.

① (가) → (나) → (다)
② (나) → (다) → (가)
③ (다) → (가) → (나)
④ (다) → (나) → (가)

06 (가) 단체에 대한 설명으로 옳은 것은?

> 이에 공공의 의견으로 [(가)] 을/를 발기하여 전(前) 영은문 유지에 독립문을 새로이 세우고 전 모화관을 새로 고쳐 독립관이라 하여 옛날의 치욕을 씻고 후인의 표준을 만들고자 함이오. 그 부근의 땅에 독립 공원을 이루어 그 문과 관을 보관코자 하니 성대한 일이라 아니할 수 없는지라. …… 이에 알리니 밝게 헤아려 보조금을 다소간에 따라 보내고 [(가)] 회원에 참입할 뜻이 있으면 그를 나타내 주기 바란다.

① 국채 보상 운동을 주도하였다.
② 황권 강화를 위해 조직된 보부상 중심의 단체였다.
③ 자유 민권 운동과 국민 참정권 운동을 전개하였다.
④ 일본의 황무지 개간권 요구에 맞서 반대 운동을 벌였다.

07 다음과 같은 합의가 이루어진 정부 시기에 일어난 사실로 옳은 것은?

> 1. 남과 북은 핵무기의 시험, 제조, 생산, 접수, 보유, 저장, 배치, 사용을 아니한다.
> 2. 남과 북은 핵에너지를 오직 평화적 목적에만 이용한다.
> 3. 남과 북은 핵 재처리 시설과 우라늄 농축 시설을 보유하지 아니한다.

① 여성부가 설치되었다.
② YH 무역 사건이 일어났다.
③ 경제 개발 5개년 계획을 처음 마련하였다.
④ 국제 노동 기구(ILO)에 가입하였다.

08 밑줄 친 '왕'에 대한 설명으로 옳은 것은?

> 왕께서 직접 적전(籍田)을 가는 쟁기를 잡으시니 근본을 중시하는 거동이 아름답고, 혹독한 형벌을 없애라는 명을 내리시니 살리기를 좋아하는 덕이 성대하였다. …… 정포(丁布)를 고루 줄이신 은혜로 말하면 천명을 받아 백성을 보전할 기회에 크게 부합되었거니와 위를 덜어 아래를 더하며 …… 여자, 남자가 기뻐하여 양잠, 농경이 각각 제자리를 얻었습니다.

① 만동묘를 설치하였다.
② 『탁지지』를 편찬하였다.
③ 『속대전』을 편찬하였다.
④ 『만기요람』을 편찬하였다.

09 다음 전투에 참여한 독립군 부대에 대한 설명으로 옳은 것은?

> 새벽에 일본군은 황가둔에서 이도하 방면을 거쳐 사도하로 진격하여 왔다. 그런데 일본군은 아군이 세운 작전대로 함정에 들어왔고, 이에 일제히 포문을 열어 급습함으로써 일본군은 응전할 사이도 없이 격파되었다.

① 중국 의용군과 연합하였다.
② 지청천을 중심으로 활동하였다.
③ 함경도의 보천보 지역을 습격하였다.
④ 조선 민족 전선 연맹의 산하 부대였다.

10 다음을 주장한 인물에 대한 설명으로 옳은 것은?

> 이제 우리는 무기 휴회된 공위가 재개될 기색도 보이지 않으며 통일 정부를 고대하나 여의케 되지 않으니, 우리 남방만이라도 임시 정부 혹은 위원회 같은 것을 조직하여 38 이북에서 소련이 철퇴하도록 세계 공론에 호소하여야 될 것이니 여러분도 결심하여야 될 것이다.

① 남북 협상을 추진하였다.
② 광복 후 한국 민주당을 결성하였다.
③ 조선 건국 동맹을 결성하였다.
④ 발췌 개헌안을 국회에 제출하였다.

바로 채점하기　　　정답 및 해설 _약점 보완 해설집 p.47

01	④	02	③	03	①	04	③	05	④
06	③	07	④	08	③	09	②	10	④

맞은 개수: _____개 / 10개

마무리 OX 퀴즈

☑ 모의고사에 출제된 개념을 OX 퀴즈를 통해 한 번 더 점검해보세요.

전근대사

01 신라 지증왕은 이사부를 보내 우산국을 정벌하였다.   □ O □ X

02 신라 법흥왕은 신라 역사상 처음으로 연호를 사용하였다.   □ O □ X

03 이자겸은 지덕쇠왕설을 근거로 도읍의 이전을 주장하였다.   □ O □ X

04 유향소에서는 향리의 비리를 감찰하였다.   □ O □ X

05 조선 숙종은 만동묘를 설치하였다.   □ O □ X

06 조선 영조는 『탁지지』를 편찬하였다.   □ O □ X

근현대사

07 독립 협회는 자유 민권 운동과 국민 참정권 운동을 전개하였다.   □ O □ X

08 포츠머스 조약을 통해 러시아가 한반도에 대한 일본의 지배권을 인정하였다.   □ O □ X

09 한국 독립군은 지청천을 중심으로 활동하였다.   □ O □ X

10 조선 혁명군은 중국 의용군과 연합하였다.   □ O □ X

11 이승만은 조선 건국 동맹을 결성하였다.   □ O □ X

12 노태우 정부는 경제 개발 5개년 계획을 처음 마련하였다.   □ O □ X

정답 | 01 ○ 02 ○ 03 X 04 ○ 05 ○ 06 X 07 ○ 08 ○ 09 ○ 10 ○ 11 X 12 X
해설 | 03 묘청의 주장이다.   06 정조가 편찬하였다.   11 여운형에 대한 설명이다.   12 장면 내각이 처음 마련하였다.

01 다음 사실을 시기 순으로 바르게 나열한 것은?

> ㉠ 사유 재산 제도와 빈부의 격차가 나타나며 계급이 분화되었다.
> ㉡ 조, 피, 수수 등의 재배가 시작되었다.
> ㉢ 주먹 도끼, 찍개, 찌르개 등이 사냥에 활용되었다.
> ㉣ 덧띠 토기가 만들어졌으며 반량전 등의 청동 화폐가 사용되었다.

① ㉡ → ㉢ → ㉣ → ㉠
② ㉢ → ㉠ → ㉡ → ㉣
③ ㉢ → ㉡ → ㉠ → ㉣
④ ㉢ → ㉡ → ㉣ → ㉠

02 (가) 인물에 대한 설명으로 옳은 것은?

> [가] 은/는 타고난 자질이 참으로 아름다웠으나 학문에 충실하지 못하여 시행한 것에 지나침이 있었기 때문에 결국 실패하고 말았다. …… 요순 시대의 임금과 백성같이 되게 하는 것이 아무리 군자의 뜻이라 하더라도 때와 역량을 헤아리지 못한다면 안 되는 것이다. 기묘의 실패는 여기에 있었다.
> – 「퇴계집」

① 한양 도성의 성문과 궁궐 등의 이름을 지었다.
② 인재 등용을 위한 현량과의 실시를 주장하였다.
③ 영업전을 바탕으로 한 한전론의 실시를 주장하였다.
④ 일본에 사신으로 다녀온 후 『해동제국기』를 저술하였다.

03 밑줄 친 '이 지역'과 관련된 역사적 사실로 옳은 것을 〈보기〉에서 모두 고른 것은?

> 이 지역에서 일제 강점기 최대 규모의 노동 쟁의가 일어났다. 영국인이 경영하는 라이징 선 석유 회사의 일본인 감독이 한국인 노동자를 폭행한 사건을 계기로 시작된 이 파업에는 4개월에 걸쳐 2,200여 명이 참여하였다. 또한 전국 각지의 노동 단체와 일본·중국·프랑스·소련의 노동 단체들도 이 파업 운동에 격려와 후원을 보냈다.

> ─────〈보기〉─────
> ㉠ 고려 원 간섭기에 이 지역에 동녕부가 설치되었다.
> ㉡ 임진왜란 때 선조가 이 지역까지 피난하였다.
> ㉢ 조선 후기 대청 무역을 전개한 만상의 근거지였다.
> ㉣ 강화도 조약에 따라 개항되었다.
> ㉤ 우리나라 최초의 근대식 학교가 설립되었다.

① ㉡, ㉢
② ㉣, ㉤
③ ㉠, ㉣, ㉤
④ ㉡, ㉢, ㉣

04 ㉠, ㉡이 가리키는 사건 및 주도 세력에 대한 설명으로 옳은 것은?

> 심문자: 작년 3개월간 무슨 사연으로 고부 등지에서 민중을 크게 모았는가?
> 답변자: 고부 군수의 수탈이 심하여 의거를 하였다.
> 심문자: 흩어져 돌아간 후에는 무슨 일로 ㉠군대를 봉기하였는가?
> 답변자: 고부 민란 조사 책임자 안핵사 이용태가 내려와 의거 참가자 대다수를 동학도로 몰아 체포하고 살육을 행하였기 때문이다.
> 심문자: 전주 화약 이후 ㉡다시 군대를 일으킨 이유는 무엇인가?
> 답변자: 일본이 개화를 구실로 군대를 거느리고 경복궁을 침범하였기 때문이다.

① ㉠ - 집강소를 근거로 활동하였다.
② ㉠ - 공주 우금치에서 교전을 벌었다.
③ ㉡ - 전봉준의 남접과 손병희의 북접이 연합하였다.
④ ㉡ - 단발령의 철회를 주장하였다.

05 밑줄 친 '왕'이 추진한 정책으로 옳은 것은?

6월에 왕이 명령하기를, "임금의 덕은 오직 신하의 보필에 달려 있다. 짐이 새로 정무를 총괄하게 되었으니 잘못된 정사가 있을까 걱정된다. 경관 5품 이상은 각기 봉사를 올려 시정의 잘잘못을 논하라" 하였다. 이에 선관어사 최승로가 글을 써 바쳤다.

① 주현공거법을 실시하였다.
② 노비안검법을 시행하였다.
③ 개정 전시과를 도입하였다.
④ 연등회와 팔관회를 폐지하였다.

06 다음 자료와 관련된 정책에 대한 설명으로 옳은 것은?

제1조 토지의 조사 및 측량은 본령에 의한다.
제4조 토지 소유자는 조선 총독이 정하는 기간 안에 주소, 씨명, 명칭 및 소유지의 소재, 지목, 자번호(字番號), 사표(四標), 등급, 결수를 임시 토지 조사 국장에게 신고해야 한다. 단, 국유지는 보관 관청이 임시 토지 조사 국장에게 통보해야 한다.
제6조 토지의 조사 및 측량을 할 때, 조사 및 측량 지역 내의 2인 이상의 지주로 총대를 선정하고, 조사 및 측량에 관한 사무에 종사하게 할 수 있다.

① 소작인의 관습적 권리들을 인정해주었다.
② 경자유전 원칙의 실현을 목표로 추진되었다.
③ 동양 척식 주식회사가 설립되는 계기가 되었다.
④ 조선 총독부의 재정 수입 증대를 위해 실시되었다.

07 (가) 문서에 대한 설명으로 옳지 않은 것은?

(가) 은/는 1933년 일본 도다이지 쇼소인에서 발견되었다. 원본의 작성 시기에 대해서는 7세기에서 9세기 중반까지 다양한 설이 제기되고 있다. 주요 내용으로는 대상 지역의 명칭, 가구와 인구 수, 말과 소, 토지, 수목 등으로 다양하며, 이를 통해 당시 중앙 정부가 개별 촌락 지역에 대해 어느 정도의 정보를 파악하고 있었는지 유추할 수 있다.

① 중앙에서 파견한 지방관이 20년마다 작성하였다.
② 서원경 부근의 4개 촌락에 대한 조사 내용이 기재되어 있다.
③ 조사한 토지에 연수유전답, 내시령답 등이 포함되어 있다.
④ 호는 9개의 등급으로 구분되어 있다.

08 다음 자료의 사건이 일어난 시기에 재위한 왕의 정책으로 옳은 것은?

죄인 윤지충이 공술하기를 '양대의 신주를 태워 그 재를 마당에 묻었습니다. 그래서 전에 묻었다고 공초했던 것입니다. 그리고 8월 모친 장례 때에도 신주를 세우지 않았습니다.'라고 하였다. …… 윤지충은 부모와 임금을 모르는 사특한 교리를 신봉하여 강상을 그르침에 처형되었다.

① 금위영을 설치하였다.
② 『수성윤음』을 반포하였다.
③ 『무예도보통지』를 편찬하였다.
④ 중앙 관청의 일부 공노비들을 해방시켰다.

09 다음 사건을 시기 순으로 바르게 나열한 것은?

> ㉠ 고려군과 후백제군이 공산에서 전투를 벌였다.
> ㉡ 신라의 경순왕이 왕건에게 항복하였다.
> ㉢ 견훤이 완산주에서 후백제를 건국하였다.
> ㉣ 고려군과 후백제군이 고창에서 전투를 벌였다.

① ㉠ → ㉡ → ㉢ → ㉣
② ㉠ → ㉢ → ㉣ → ㉡
③ ㉢ → ㉠ → ㉣ → ㉡
④ ㉢ → ㉣ → ㉠ → ㉡

10 다음 담화를 발표한 정부 시기의 사실로 옳은 것은?

> 국민 여러분, 오늘 저는 대한민국 대통령에 취임하게 되었습니다. 정부 수립 50년 만에 처음으로 여야간 정권 교체를 여러분과 함께 기뻐하면서, 시련을 넘어 진정한 국민의 정부를 탄생시킨 국민 여러분께 찬양과 감사의 말씀을 드려 마지않습니다. …… 오늘 이 취임식의 역사적 의미는 참으로 크다고 할 것입니다. 오늘은 이 땅에서 처음으로 민주적 정권 교체가 실현되는 자랑스러운 날입니다. 여러분.

① 남북 기본 합의서가 채택되었다.
② 경의선 복구 사업이 실시되었다.
③ 금강산 육로 관광이 시작되었다.
④ '한민족 공동체 통일 방안'이 발표되었다.

바로 채점하기　　정답 및 해설 _약점 보완 해설집 p.50

| 01 | ③ | 02 | ② | 03 | ② | 04 | ③ | 05 | ④ |
| 06 | ④ | 07 | ① | 08 | ③ | 09 | ③ | 10 | ② |

맞은 개수: _____개 / 10개

마무리 OX 퀴즈

☑ 모의고사에 출제된 개념을 OX 퀴즈를 통해 한 번 더 점검해보세요.

전근대사

01 신석기 시대에는 조, 피, 수수 등의 재배가 시작되었다. □ O □ X

02 청동기 시대에는 덧띠 토기가 만들어졌으며 반량전 등의 청동 화폐가 사용되었다. □ O □ X

03 신라 촌락 문서 작성을 위해 조사된 토지에 연수유전답, 내시령답 등이 포함되어 있다. □ O □ X

04 조광조는 인재 등용을 위한 현량과의 실시를 주장하였다. □ O □ X

05 정조는 『수성윤음』을 반포하였다. □ O □ X

06 이익은 영업전을 바탕으로 한 한전론의 실시를 주장하였다. □ O □ X

근현대사

07 강화도 조약에 따라 원산이 개항되었다. □ O □ X

08 제1차 동학 농민 운동 때 농민군은 공주 우금치에서 교전을 벌였다. □ O □ X

09 제2차 동학 농민 운동 때 전봉준의 남접과 손병희의 북접이 연합하였다. □ O □ X

10 토지 조사 사업은 경자유전 원칙의 실현을 목표로 추진되었다. □ O □ X

11 노태우 정부 시기에 '한민족 공동체 통일 방안'이 발표되었다. □ O □ X

12 김대중 정부 시기에 금강산 육로 관광이 시작되었다. □ O □ X

정답 | 01 ○ 02 X 03 ○ 04 ○ 05 X 06 ○ 07 ○ 08 X 09 ○ 10 X 11 ○ 12 X

해설 | 02 철기 시대의 사실이다. 05 영조이다. 08 제2차 동학 농민 운동 때이다. 10 농지 개혁에 대한 설명이다. 12 육로 관광은 노무현 정부 때 시작되었다.

01 (가) 왕에 대한 설명으로 옳은 것은?

> [(가)] 16년 …… 담당 관청에 명하여 매년 봄 3월부터 가을 7월까지, 관의 곡식을 내어 집안 식구의 많고 적음에 따라 차등 있게 곡식을 꿔주도록 하고, 겨울 10월에 이르러 갚게 하는 것을 법식으로 삼았다.

① 전진에서 불교를 받아들였다.
② 왕위의 부자 상속제를 확립하였다.
③ 신라의 요청으로 왜구를 격퇴하였다.
④ 랴오둥의 서안평을 공격하여 점령하였다.

02 다음 조약이 체결되는 계기가 된 사건에 대한 설명으로 옳은 것은?

> 제3관 조선국은 5만 원을 내어 해를 당한 일본 관리와 하급 직원의 유족 및 부상자에게 지급하여 특별히 돌보아 준다.
> 제4관 흉도들의 포악한 행동으로 인하여 일본국이 입은 손해와 공사를 호위한 육해군의 비용 중에서 50만 원을 조선국에서 보충한다.
> 제5관 일본 공사관에 군사 약간을 두어 경비를 서게 한다.

① 최익현 등의 유생들이 주도하였다.
② '보국안민, 제폭구민'을 내세우며 봉기하였다.
③ 정부의 개화 정책에 반발한 하층민들도 참여하였다.
④ 청·프 전쟁으로 청군이 일부 철수한 상황에서 발생하였다.

03 (가), (나) 사이 시기의 사실로 옳은 것은?

> (가) 을축일에 최우가 왕을 협박하여 강화로 천도하였다. 군대를 동원하여 처음으로 강화에 궁궐을 짓기 시작하였고 …… 몽고 관인이 보낸 서한에 "그대들은 교묘한 말로 설득하여 우리가 철군한 후 갑자기 변하여 바닷섬으로 들어가 버렸다."라고 하였다.
> (나) 병인일에 왕이 옛 수도로 돌아와 사판궁에 거처를 정하고 환도를 기념하여 죄인들을 사면하였다. …… 황제의 글에 "지금 죄인은 섬멸되었으니 경은 옛 수도에 편히 거주해야만 무사할 것이다.

① 여·몽 연합군이 일본 원정에 실패하였다.
② 충주에서 김윤후가 몽골군을 격퇴하였다.
③ 귀주에서 박서가 몽골군에 맞서 승리를 거두었다.
④ 고려가 몽골과 연합하여 강동성에서 거란족을 몰아냈다.

04 밑줄 친 '왕'의 재위 기간의 사실로 가장 옳지 않은 것은?

> 왕이 도원수 강홍립에게 지시하였다. "원정군 가운데 1만은 조선의 정예병만을 선발하여 훈련했다. 그러니 그대는 명군 장수의 명령을 그대로 따르지만 말고 신중히 처신하여 오직 패하지 않는 전투가 되도록 최선을 다하라."

① 『동의보감』이 간행되었다.
② 경기도 지역에 대동법이 실시되었다.
③ 3포를 개항하고 계해약조를 체결하였다.
④ 마테오 리치의 『천주실의』가 소개되었다.

05 밑줄 친 '대왕'에 대한 설명으로 옳은 것은?

> 공주는 우리 대흥보력효감금륜성법대왕의 넷째 딸이다. 공주는 대흥 56년 여름 6월 9일 임진일에 궁궐 밖에서 사망하니, 나이는 36세였다. 이 해 겨울 11월 28일 기묘일에 염곡의 서쪽 언덕에 매장하였으니 이것은 예의에 맞는 것이다.

① 국호를 진국에서 발해로 바꾸었다.
② 동경 용원부에서 상경 용천부로 천도하였다.
③ 일본에 보낸 국서에서 고려 국왕을 자칭하였다.
④ 장문휴의 수군을 보내 산둥 지방을 공격하였다.

06 밑줄 친 '본 회의'에 대한 설명으로 옳은 것은?

> 본 회의는 이천만 민중의 공의(公意)를 체(體)한 국민적 대회합으로 최고의 권위를 장(丈)하야 국민의 완전한 통일을 공고케 하며 광복 대업의 근본 방침을 수립하여 이로써 민족의 자유를 만회하며 독립을 완성하기를 기도하고 자(玆)에 선언하노라. …… 본 대표 등은 국민이 위탁한 사명에 따라 국민적 대단결을 도모하며 독립운동의 방향을 확립하여 통일적 기관 아래에서 대업을 기성코자 하노라.

① 안창호 등의 요구로 개최되었다.
② 민족 유일당 운동의 실시를 선포하였다.
③ 내무총장이었던 김구에 의해 해산되었다.
④ 대일 선전 포고문을 발표하는 것이 논의되었다.

07 다음 자료와 관련된 단체에 대한 설명으로 옳은 것은?

> 우리는 무엇을 위하여 일어났는가? 백성의 풍습이 무지하고 부패하니 새로운 사상이 급하고 백성이 우매하니 신교육이 시급하도다. …… 문화의 쇠퇴로 신학술이 시급하며, 실업이 취약함으로 신모범이 시급하고 정치의 부패로 신개혁이 시급함이라. …… 이것이 우리가 발원하는 바이고, 우리가 품은 뜻이며, 간단히 말해 오직 새로운 정신을 환기시키고 새로운 단체를 조직하여 신국가를 건설하는 것뿐이다.

① 순성 여학교를 설립하였다.
② 105인 사건으로 조직이 와해되었다.
③ 월보를 간행하고 전국에 지회를 설치하였다.
④ 입헌 군주제에 입각한 의회 설립을 지향하였다.

08 (가) 인물에 대한 설명으로 옳은 것은?

> ○ (가) 이/가 여러 제자를 받아들여 『묘법연화경(妙法蓮華經)』을 가르쳐 통달하게 하였다. 이후 주위에서 높은 소문을 듣고 많은 이들이 찾아와 큰 모임이 되었다.
> ○ (가) 이/가 처음 보현도량을 결성하고, 『법화경』을 토대로 하루 여섯 번 참회케 하여, 극락 정토에 왕생하기를 구하였는데, …… 오랫동안 수행하고 여럿에게 권하였다.

① 젊은이들에게 세속 5계를 교육하였다.
② 국청사를 창건하고 해동 천태종을 창시하였다.
③ 『목우자수심결』을 지어 마음의 수양을 강조하였다.
④ 강진 만덕사에서 결사 운동을 전개하였다.

09 다음 자료와 관련 있는 단체에 대한 설명으로 옳은 것은?

> '5파괴', '7가살'이라는 행동 목표를 기본 규약으로 독립운동을 전개하였다. '5파괴'의 대상으로는 조선 총독부·동양 척식 주식 회사·매일신보사·각 경찰서·기타 왜적의 중요 기관을 목표로 하였으며, '7가살'의 대상으로는 조선 총독 이하 고관·일본 군부 수뇌·대만 총독·매국노·친일파 거두·적탐(밀정)·반민족적 토호열신 등을 지목하였다.

① 중국 난징에서 결성되었다.
② 한국 국민당 결성에 참여하였다.
③ 단원들이 황푸 군관 학교에 입학하여 군사 교육을 받았다.
④ 독립 청원서를 제출하기 위해 파리 강화 회의에 대표를 파견하였다.

10 다음 사실을 시기 순으로 바르게 나열한 것은?

> ㉠ 경부 고속 도로가 완공되었다.
> ㉡ 수출 100억 달러를 돌파하였다.
> ㉢ 제2차 석유 파동으로 위기에 직면하였다.
> ㉣ 제2차 경제 개발 5개년 계획이 시작되었다.

① ㉡ → ㉣ → ㉠ → ㉢
② ㉡ → ㉣ → ㉢ → ㉠
③ ㉣ → ㉠ → ㉡ → ㉢
④ ㉣ → ㉡ → ㉠ → ㉢

바로 채점하기   정답 및 해설 _약점 보완 해설집 p.53

01	②	02	③	03	②	04	③	05	③
06	③	07	②	08	④	09	③	10	③

맞은 개수: _____개 / 10개

마무리 OX 퀴즈

☑ 모의고사에 출제된 개념을 OX 퀴즈를 통해 한 번 더 점검해보세요.

전근대사

01 고구려 고국천왕은 왕위의 부자 상속제를 확립하였다. ☐ O ☐ X

02 고구려 미천왕은 랴오둥의 서안평을 공격하여 점령하였다. ☐ O ☐ X

03 발해 문왕은 동경 용원부에서 상경 용천부로 천도하였다. ☐ O ☐ X

04 지눌은 『목우자수심결』을 지어 마음의 수양을 강조하였다. ☐ O ☐ X

05 요세는 젊은이들에게 세속 5계를 교육하였다. ☐ O ☐ X

06 광해군 때 3포를 개항하고 계해약조를 체결하였다. ☐ O ☐ X

근현대사

07 임오군란은 청·프 전쟁으로 청군이 일부 철수한 상황에서 발생하였다. ☐ O ☐ X

08 대한 자강회는 월보를 간행하고 전국에 지회를 설치하였다. ☐ O ☐ X

09 신민회는 입헌 군주제에 입각한 의회 설립을 지향하였다. ☐ O ☐ X

10 국민 대표 회의는 내무총장이었던 김구에 의해 해산되었다. ☐ O ☐ X

11 의열단 단원들이 황푸 군관 학교에 입학하여 군사 교육을 받았다. ☐ O ☐ X

12 경부 고속 도로가 완공된 이후에 우리나라는 수출 100억 달러를 돌파하였다. ☐ O ☐ X

정답 | **01** O **02** O **03** X **04** O **05** X **06** X **07** X **08** O **09** X **10** O **11** O **12** O

해설 | **03** 발해 성왕이다. **05** 원광(신라)이다. **06** 세종 때의 사실이다. **07** 갑신정변에 대한 설명이다. **09** 독립 협회이다. 신민회는 공화정을 지향하였다.

01 밑줄 친 '이 나라'에 대한 설명으로 옳은 것은?

> 어느 날, 김해의 구지봉에서 …… 아홉 추장과 사람들이 노래하고 춤추자 금으로 된 상자가 나타났다. 상자를 열어 보니 황금색 알 여섯 개가 있었다. …… 열사흘째 날 아침에 다시 모여 상자를 열어 보니 여섯 알이 어린 아이가 되어 있었다. 용모가 뛰어나고 바로 앉았다. 아이들이 나날이 자라 십 수일이 지나니 키가 9척이나 되었다. 얼굴은 한 고조, 눈썹은 당의 요 임금, 눈동자는 우의 순 임금과 같았다. 그달 보름에 맏이를 왕에 추대하였는데, 그가 곧 이 나라의 왕이다.
>
> – 「삼국유사」

① 울릉도를 정복하였다.
② 신라 진흥왕에 의해 멸망하였다.
③ 10월에 동맹이라는 제천 행사를 치렀다.
④ 낙랑과 왜를 연결하는 중계 무역을 전개하였다.

02 (가), (나) 사이 시기의 사실로 옳은 것은?

> (가) 당의 여러 장수가 안시성을 급히 공격하였다. …… 당은 성의 동남쪽 모서리에서 토산을 쌓고 성을 위협하였는데, 성 안에서도 또한 성벽을 높이 쌓고 그에 맞섰다.
> (나) 당 황제가 안동 도호부를 두어 이를 통치하게 하였다. 신라 장수 중에 공이 있는 자를 뽑아 도독과 자사, 현령으로 삼고, 우위위대장군 설인귀를 검교 안동 도호로 삼았다.

① 백제·왜 연합군이 백강에서 전투를 벌였다.
② 백제가 신라의 대야성을 공격하여 함락시켰다.
③ 고구려의 을지문덕이 살수에서 적군을 물리쳤다.
④ 신라가 매소성 전투에서 승리를 거두었다.

03 (가) 왕의 재위 시기의 사실로 옳은 것은?

> (가) 이/가 명하기를, "옛날에 소금을 전매하던 법은 국가 재정에 대비하려는 것이었다. …… 이제 장차 여러 궁원과 사사가 소유한 염분을 모두 관에 납입시키도록 하라. …… 그리하여 소금을 쓰는 자는 모두 의염창에 가서 사도록 하고, 군현 사람들은 모두 관사에 나아가 포를 바치고 소금을 받도록 하라. 만약 사사로이 염분을 설치하거나 몰래 서로 무역하는 자가 있으면 엄히 다스려라."라고 하였다.

① 사림원이 설치되었다.
② 쌍성총관부를 공격하였다.
③ 정동행성 이문소가 혁파되었다.
④ 명이 철령위의 설치를 시도하였다.

04 밑줄 친 ㉠과 ㉡이 가리키는 사건 사이 시기의 사실로 옳은 것은?

> 재판장: 피고에게 할 말이 있다면 그 진술할 기회를 주겠다.
> 피고인: …… 이등(伊藤)이 한국에 있으면서 어떤 정책을 했는지는 자세히 논할 시간이 없기 때문에 대강의 줄거리만을 말하고자 한다. …… 한국의 국민은 어느 누구도 일본의 보호를 받고자 한 사실이 없음에도, 이등은 마치 한국 측에서 희망하여 ㉠조약을 체결한 것처럼 떠들었다. …… 이렇게 한·일 간의 친선을 저해하고 동양의 평화를 어지럽힌 이는 바로 이등이므로, ㉡나는 한국의 의병 중장의 자격으로 그를 제거한 것이다.

① 러·일 전쟁이 발발하였다.
② 임시 토지 조사국이 설치되었다.
③ 명성 황후 시해 사건이 일어났다.
④ 13도 창의군이 동대문 인근까지 진격하였다.

05 빈칸에 들어갈 수 있는 내용으로 옳은 것은?

> 변징원이 하직하니, 임금이 묻기를, …… "그대는 이미 흡곡현의 현령을 지냈으니, 백성을 다스리는 데 무엇을 먼저 하겠는가?"하니, 변징원이 대답하기를, "마땅히 칠사(七事)를 먼저 할 것입니다."라고 하였다. 임금이 말하기를 "이른바 칠사라는 것은 무엇인가?"라고 하니 변징원이 대답하기를 "[   ]이 바로 칠사입니다."라고 하였다.

① 향약을 실시할 것

② 유향소를 통제할 것

③ 부역을 균등하게 할 것

④ 화폐 사용을 장려할 것

06 다음과 같이 주장한 인물의 저서로 옳은 것은?

> 『동국통감』은 단군 조선과 기자 조선의 기록을 별도로 「외기」로 삼았으니, 그 뜻이 옳지 못하므로 …… 정통은 단군·기자·마한·신라 문무왕(9년) 이후·고려 태조(19년) 이후를 말한다. 무통은 삼국이 병립한 때를 말한다.

① 『지봉유설』

② 『천학문답』

③ 『지구전요』

④ 『연려실기술』

07 (가) 인물에 대한 사실로 옳은 것은?

> [가] 이/가 화폐를 주조하도록 명하였다. 이름하기를 '㉠'이라 하였다. 유통된 지 얼마 안 되어 물가가 뛰었다.
> ㉠
> – 『대한계년사』

① 『자휼전칙』을 반포하였다.

② 통리기무아문을 설치하였다.

③ 만동묘를 없애고 서원을 철폐하였다.

④ 일본의 요청으로 통신사를 파견하였다.

08 다음 자료의 발표를 계기로 결성된 단체에 대한 설명으로 옳은 것은?

> 우리 운동 자체가 경제적 투쟁에 국한되어 있던 과거의 한계에서 벗어나 한층 계급적이고 대중적이며 의식적인 정치적 형태로 비약해야 할 전환기에 도달한 것이다. …… 따라서 민족주의적 세력에 대하여는 그 부르주아 민주주의적 성질을 분명히 인식함과 동시에 과정상의 동맹자적 성질도 충분히 승인하여, 그것이 타락하지 않는 한 적극적으로 제휴하여 대중의 이익을 위해서도 종래의 소극적인 태도를 버리고 싸워야 할 것이다.

① 물산 장려 운동을 주도하였다.

② 자치 운동을 주요 목표로 내세웠다.

③ 노동 운동과 연계하여 최저 임금제를 요구하였다.

④ 민중의 직접 폭력 혁명을 통한 독립을 지향하였다.

09 다음 내용이 수록된 책의 저자에 대한 설명으로 옳은 것은?

> 나의 조선 경제사의 기도(企圖)는 사회의 경제적 구성을 기축으로 대체로 다음과 같은 제 문제를 취급하려 하였다.
> 제1. 원시 씨족 공산체의 태양(態樣)
> 제2. 삼국의 정립 시대의 노예 경제
> 제3. 삼국 시대 말기 경부터 최근세에 이르기까지의 아시아적 봉건 사회의 특질
> ...

① 얼을 강조하고 조선학 운동을 주도하였다.
② 유물 사관에 입각하여 정체성론을 반박하였다.
③ 조선사 편수회에 참여하여 『조선사』를 편찬하였다.
④ 대외 관계사를 연구하여 『대미 관계 50년사』를 저술하였다.

10 (가) 시기에 있었던 사실로 옳은 것을 〈보기〉에서 모두 고른 것은?

인천 상륙 작전
↓
(가)
↓
정전 협정 체결

─〈보기〉─
㉠ 자유당 창당
㉡ 발췌 개헌
㉢ 반민특위 습격 사건
㉣ 한·미 상호 방위 조약 체결

① ㉠, ㉡
② ㉠, ㉢
③ ㉡, ㉣
④ ㉢, ㉣

마무리 OX 퀴즈

☑ 모의고사에 출제된 개념을 OX 퀴즈를 통해 한 번 더 점검해보세요.

전근대사

01 금관가야는 신라 진흥왕에 의해 멸망하였다. ☐ O ☐ X

02 충선왕 때 사림원이 설치되었다. ☐ O ☐ X

03 우왕 때 명이 철령위 설치를 시도하였다. ☐ O ☐ X

04 수령 7사의 내용 중에는 '부역을 균등하게 할 것'이 있다. ☐ O ☐ X

05 임진왜란 이후 조선은 일본의 요청으로 통신사를 파견하였다. ☐ O ☐ X

06 안정복은 『천학문답』을 저술하였다. ☐ O ☐ X

근현대사

07 흥선 대원군은 만동묘를 없애고 서원을 철폐하였다. ☐ O ☐ X

08 을사늑약 체결 이후에 러·일 전쟁이 발발하였다. ☐ O ☐ X

09 신간회는 민중의 직접 폭력 혁명을 통한 독립을 지향하였다. ☐ O ☐ X

10 백남운은 얼을 강조하고 조선학 운동을 주도하였다. ☐ O ☐ X

11 문일평은 대외 관계사를 연구하여 『대미 관계 50년사』를 저술하였다. ☐ O ☐ X

12 한·미 상호 방위 조약이 체결된 직후 정전 협정이 체결되었다. ☐ O ☐ X

정답 | **01** X **02** O **03** O **04** O **05** O **06** O **07** O **08** X **09** X **10** X **11** O **12** X

해설 | **01** 대가야이다. **08** 러·일 전쟁 종전(1905. 9.) 이후에 을사늑약이 체결(1905. 11.)되었다. **09** 의열단이다. **10** 정인보이다. **12** 정전 협정(1953. 7.) 체결 이후에 한·미 상호 방위 조약(1953. 10.)이 체결되었다.

01 밑줄 친 '그'에 대한 설명으로 옳은 것은?

> 그는 상주 가은현 사람이다. 본래의 성은 이(李) 씨였으나 …… 아버지 아자개는 농사를 지어 생활하다가 사불성(상주)을 점령하고 스스로 장군이라고 일컬었다. …… 그가 무리를 불러 모아 서울 서·남쪽의 주·현을 공격하니 마침내 무진주를 습격하여 스스로 왕이 되었으나 공공연하게 왕이라고 일컫지는 못하였다.

① 광평성 등의 관제를 마련하였다.
② 최언위 등의 6두품 세력과 결탁하였다.
③ 후당·오월·일본 등에 사신을 보내 교류하였다.
④ 거란이 보낸 낙타들을 만부교 아래에 묶어 굶겨 죽였다.

02 (가), (나) 사이 시기의 사실로 옳은 것은?

> (가) 아군이 그들을 유인하니, 왜적들이 과연 총출동하여 추격하기에 한산 앞바다로 끌어냈다. 아군이 학익진을 치고는 …… 왜적을 무찌르고 화살과 탄환을 번갈아 발사하여 적선을 불살라 버리니, 왜적이 배를 버리고 육지로 올라가 달아났다.
> (나) 왜적들은 세 개로 부대를 나누어 번갈아 가며 쳐들어왔으나 모두 패하고 달아났다. 때마침 날이 저물자 왜적들은 서울로 돌아갔다. 권율은 군사들로 하여금 왜적의 시체를 나뭇가지에 걸어놓아 그 맺혔던 한을 풀었다.

① 선조가 한양으로 환도하였다.
② 칠천량에서 원균이 패배하였다.
③ 이순신이 옥포 해전에서 승리하였다.
④ 김시민이 진주성 전투에서 전사하였다.

03 (가) 인물이 집권한 시기의 사실로 옳은 것은?

> 왕 원년에 (가) 의 사노비 만적 등이 북산에서 땔나무를 하다가, 공사의 노비들을 불러 모아서는 모의하며 말하기를, "국가에서 경계 이래로 높은 관직도 천예에서 많이 나왔으니, 장상에 어찌 타고난 씨가 있겠는가? 우리가 성 안에서 벌떼처럼 일어나, 먼저 (가) 을/를 죽인 뒤 각기 자신의 주인을 죽이고 천적(賤籍)을 불태워 삼한에서 천인을 없애면, 공경장상이라도 우리가 모두 할 수 있을 것이다."라고 하였다.

① 조위총이 반란을 일으켰다.
② 도방을 처음으로 조직하였다.
③ 대몽 항쟁을 위해 강화도로 천도하였다.
④ 국정을 총괄하는 교정도감을 설치하였다.

04 다음 사실을 시기 순으로 바르게 나열한 것은?

> ㉠ 일본이 경인선, 경부선 철도 부설권을 획득하였다.
> ㉡ 일본이 화폐 정리와 시설 개선을 명목으로 차관을 강제 제공하였다.
> ㉢ 일본 상인이 거류지를 중심으로 영국산 면직물을 판매하기 시작하였다.
> ㉣ 외국 상인의 내륙 통상이 허용되면서 객주 등의 조선 상인이 몰락하였다.

① ㉢ - ㉣ - ㉠ - ㉡
② ㉢ - ㉣ - ㉡ - ㉠
③ ㉣ - ㉢ - ㉠ - ㉡
④ ㉣ - ㉢ - ㉡ - ㉠

05 (가) 시기의 사실로 옳은 것은?

주전도감에서 왕에게 아뢰기를 "백성들이 화폐를 사용하는 유익함을 이해하고 그것을 편리하게 생각하고 있으니 ……"라고 하였다. 이 해에 또 은병을 만들어 화폐로 사용하였는데, 은 한 근으로 우리나라의 지형을 본떠서 만들었고 민간에서는 활구라고 불렀다.

↓

(가)

↓

이자겸과 척준경 등이 말하기를 "금나라가 옛날에는 작은 나라로 요나라와 우리나라를 섬겼으나, 지금은 갑자기 중흥하여 이미 요와 송을 멸하였습니다. 그들은 정치를 잘하고 군사가 날로 강대해지고 있습니다. …… 또한 작은 나라가 큰 나라를 섬기는 것은 옛날 어진 왕의 도리이니, 마땅히 사신을 먼저 보내 섬겨야 합니다."

① 경사교수도감을 설치하였다.

② 국학에 양현고를 설치하였다.

③ 경학 박사와 의학 박사를 파견하기 시작하였다.

④ 성균관을 순수한 유교 교육 기관으로 개편하였다.

06 다음 자료와 관련된 민족 운동에 대한 설명으로 옳은 것은?

우리는 이제 과거의 약자가 아니다. 반항과 유혈이 있는 곳에 승리는 역사적 조건이 입증하지 않았던가? 조선 학생 대중이여! 당신들은 저 제국주의 이민배의 광만적 폭거를 확문하였을 것이다. 이것은 광주 조선 학생 동지의 학살의 음모인 동시에 조선 학생에 대한 압살적 시위이다. …… 소위 그들의 사법 경찰을 총동원하여 광주 학생 동지 400여 명을 참혹한 철쇄에 묶어 넣었다. 여러분! 궐기하라.

① 중국 5·4 운동에 영향을 주었다.

② 민족 유일당 운동이 전개되는 계기가 되었다.

③ 순종의 인산일을 계기로 만세 운동을 전개하였다.

④ 신간회에서 진상 보고를 위한 민중 대회를 계획하였다.

07 (가), (나) 인물에 대한 설명으로 옳은 것을 〈보기〉에서 모두 고른 것은?

(가) 기술 개발의 중요성을 강조한 「기예론」을 저술하였으며, 이러한 과학 기술에 대한 관심을 바탕으로 거중기와 배다리 등을 제작하였다.

(나) 「과농소초」를 저술하여 영농 방법의 혁신과 농기구의 개량 등을 통한 농업 생산력의 향상을 주장하였으며, 「양반전」 등의 단편 소설을 통해 지배층의 허례허식을 비판하였다.

〈보기〉

㉠ (가) - 「경세유표」를 저술하여 정치 제도와 토지 제도의 개혁을 주장하였다.

㉡ (가) - 「반계수록」을 저술하여 토지를 신분에 따라 차등 있게 지급하는 균전론을 주장하였다.

㉢ (나) - 청에 다녀온 기행문인 「열하일기」를 저술하였다.

㉣ (나) - 「북학의」를 저술하여 생산과 소비의 관계를 우물에 비유하였다.

① ㉠, ㉡　　　　② ㉠, ㉢

③ ㉡, ㉣　　　　④ ㉢, ㉣

08 다음 선언문에 대한 설명으로 옳은 것은?

1. 남과 북은 나라의 통일 문제를 그 주인인 우리 민족끼리 서로 힘을 합쳐 자주적으로 해결해 나가기로 하였다.

2. 남과 북은 나라의 통일을 위한 남측의 연합제 안과 북측의 낮은 단계의 연방제 안이 서로 공통성이 있다고 인정하고 앞으로 이 방향에서 통일을 지향시켜 나가기로 하였다.

① 남북 고위급 회담을 통해 채택되었다.

② 이산가족 문제를 조속히 해결할 것을 명시하였다.

③ 3대 통일 원칙에 대한 합의가 처음으로 이루어졌다.

④ 금강산 관광과 같은 민간 차원의 교류가 시작되는 배경이 되었다.

09 (가)~(다)를 발표한 기관들을 설립된 시기 순으로 바르게 나열한 것은?

> (가) 자강의 방법은 다름 아니라 교육 진작과 식산 흥업에 있다. 무릇 교육이 흥하지 못하면 민지(民智)는 미개해지고, 산업이 성장하지 못하면 국부도 늘어나지 않는다. 따라서 민지를 깨우치고 국력을 양성할 방법은 오직 교육과 산업의 발달이지 않겠는가?
>
> (나) 지금 일본 공사가 우리 외부에 공문을 보내어 산림, 강, 평지, 황무지에 대한 권리를 청구했습니다. …… 만일 이를 외국인에게 줘 버린다면 전국의 강토를 모두 빼앗기게 되며 수많은 사람이 참혹한 빈곤에 빠져 구제할 수 없게 될 것입니다.
>
> (다) 1조 신문·잡지 및 서적을 간행하여 인민의 새 지식을 계발케 할 것
> 3조 정미(精美)한 학교를 세워서 인재를 양성할 것
> 6조 본회에 합자로 실업장을 설립하여 실업계의 모범을 만들 것
> 7조 국외에 무관 학교를 설립하여 기회가 올 때의 독립 전쟁에 대비할 것

① (가) − (나) − (다)
② (나) − (가) − (다)
③ (나) − (다) − (가)
④ (다) − (나) − (가)

10 다음 자료와 관련된 단체에 대한 사실로 옳은 것은?

> • 남북을 통한 좌·우 합작으로 민주주의 임시 정부를 수립할 것
> • 토지 개혁에 있어 몰수, 유조건 몰수, 체감 매상 등으로 토지를 농민에게 무상으로 분여하여 적정 처리할 것
> • 친일파 민족 반역자를 처리할 조례를 입법 기구에 제안하여 실시하게 할 것

① 애국 공채를 발행하였다.
② 김구, 김규식 등이 주도하여 조직하였다.
③ 미·소 공동 위원회의 속개를 요청하였다.
④ 치안을 담당하기 위해 각지에 치안대를 조직하였다.

마무리 OX 퀴즈

☑ 모의고사에 출제된 개념을 OX 퀴즈를 통해 한 번 더 점검해보세요.

전근대사

01 견훤은 광평성 등의 관제를 마련하였다. □ O □ X

02 고려 태조 왕건은 거란이 보낸 낙타들을 만부교 아래에 묶어 굶겨 죽였다. □ O □ X

03 최충헌은 도방을 처음으로 조직하였다. □ O □ X

04 정유재란 때 칠천량 해전에서 원균이 패배하였다. □ O □ X

05 정약용은 『반계수록』을 저술하여 토지를 신분에 따라 차등 있게 지급하는 균전론을 주장하였다. □ O □ X

06 박지원은 청에 다녀온 기행문인 『열하일기』를 저술하였다. □ O □ X

근현대사

07 1880년대에 외국 상인의 내륙 통상이 허용되면서 객주 등의 조선 상인이 몰락하였다. □ O □ X

08 6·10 만세 운동은 민족 유일당 운동이 전개되는 계기가 되었다. □ O □ X

09 광주 학생 항일 운동은 중국 5·4 운동에 영향을 주었다. □ O □ X

10 조선 건국 준비 위원회는 치안을 담당하기 위해 각지에 치안대를 조직하였다. □ O □ X

11 좌·우 합작 위원회는 미·소 공동 위원회의 속개를 요청하였다. □ O □ X

12 6·15 남북 공동 선언에서는 이산가족 문제를 조속히 해결할 것을 명시하였다. □ O □ X

정답 | 01 X 02 O 03 X 04 O 05 X 06 O 07 O 08 O 09 X 10 O 11 O 12 O

해설 | 01 궁예이다. 03 경대승 때 처음 조직되었다. 05 유형원의 주장이다. 09 5·4 운동에 영향을 준 것은 3·1 운동이다.

01 다음 자료와 관련된 시대에 대한 설명으로 가장 옳은 것은?

> 자기 부족의 기원을 특정한 동식물과 연결시켜 그것을 숭배하거나, 자연 현상이나 자연물에 정령이 있다고 믿는 원시 신앙이 발전하였다. 또한 풍요와 다산을 기원하거나 주술적 신앙의 요소가 담긴 예술품을 제작하기도 하였는데, 흙으로 얼굴이나 동물의 모양을 새긴 조각품, 조개 껍데기 가면, 조가비나 짐승의 뼈로 만든 치레걸이 등이 제작되었다.

① 반달 돌칼을 이용해 곡식을 수확하였다.
② 부여, 고구려 등의 국가가 성립되었다.
③ 주로 원형이나 방형의 움집 중앙에 화덕이 설치되었다.
④ 채집과 사냥을 주로 하며 처음으로 불을 사용하기 시작하였다.

02 밑줄 친 '왕'이 재위하던 시기의 사실로 옳은 것은?

> 왕 5년에 완산주(完山州)를 설치하였다. 거열주(居烈州)를 승격시켜 청주(菁州)를 설치하니 비로소 9주가 갖추어졌다. 서원과 남원에 각각 소경을 설치하여, 여러 주와 군의 백성들을 옮겨 그곳에 나누어 살도록 하였다.

① 관료전이 지급되었다.
② 황룡사가 건립되었다.
③ 나·당 전쟁에서 승리하였다.
④ 국학을 태학감으로 개칭하였다.

03 조선 후기의 문화 동향에 대한 설명으로 옳지 않은 것은?

① 서민 문화의 발달로 소박한 무늬를 그린 분청사기가 유행하였다.
② 감정을 솔직하게 표현하는 사설시조가 유행하였다.
③ 인왕제색도와 같이 자연을 사실적으로 표현한 진경 산수화가 그려졌다.
④ 「허생전」, 「호질」과 같은 한문 소설이 쓰여졌다.

04 고려 시대 토지 제도에 대한 설명으로 옳은 것을 〈보기〉에서 모두 고르면?

> ─────〈보기〉─────
> ㉠ 공음전은 5품 이상의 관리에게 지급되었다.
> ㉡ 지방 관청의 경비를 충당하기 위해 외역전이 지급되었다.
> ㉢ 중앙군에게 지급된 군인전은 직역과 함께 세습되었다.
> ㉣ 18과에 들지 못한 관원에게 지급되었던 한외과는 목종 때 소멸되었다.

① ㉠, ㉢
② ㉠, ㉣
③ ㉡, ㉢
④ ㉡, ㉣

05 (가) 신문이 발행된 시기의 사실로 옳은 것은?

> 여러 가지 신문이 있었으나, 제일 환영 받기는 영국인 베델이 경영하는 (가) 였다. 당시 정부의 잘못과 시국 변동을 여지없이 폭로하였다. 관을 쓴 노인도 사랑방에 앉아서 신문을 보면서 혀를 툭툭 차고 ......

① 서양식 극장인 원각사가 건립되었다.
② 서양식 병원인 광혜원이 설립되었다.
③ 외국어 교육 기관인 동문학이 설립되었다.
④ 고딕 양식의 건축물인 명동 성당이 완공되었다.

06 다음 대한민국 임시 정부와 관련된 사실들을 일어난 순서대로 바르게 나열한 것은?

> ㉠ 국민 대표 회의를 개최하였다.
> ㉡ 김규식이 부주석으로 취임하였다.
> ㉢ 대한민국 건국 강령을 발표하였다.
> ㉣ 국무령 중심의 집단 지도 체제로 전환하였다.

① ㉠ → ㉡ → ㉣ → ㉢
② ㉠ → ㉣ → ㉢ → ㉡
③ ㉣ → ㉠ → ㉡ → ㉢
④ ㉣ → ㉠ → ㉢ → ㉡

07 다음 글을 쓴 인물에 대한 설명으로 옳은 것은?

> 송나라 명도(정호) 선생은 "…… 부자와 군주, 부부, 장유, 친구 사이에도 각각 도가 되지 않는 것이 없다. 그러므로 이 도는 잠시라도 떨어질 수 없는 것이다. 그러니 인륜을 허물고 사대를 버리는 것은 도에서 훨씬 더 멀리 떨어진 것이라고 할 수 있다"고 하였으니, 선생의 판단이 지극히 옳다. …… 저 불씨(佛氏)는 사람이 사악한지 정의로운지 올바른지 그른지는 가리지 않고 말하기를, "우리 부처에게 오는 자는 화를 면하고 복을 얻을 수 있다."라고 한다. …… 아무리 도가 높은 선비일지라도 부처에게 귀의하지 않으면 화를 면할 수 없다는 말이다. 가령 그 말이 거짓이 아니라 할지라도 모두 사사로운 마음에서 나온 것이요, 올바른 도리가 아니므로 징계해야 할 것이다.

① 난랑비 서문을 작성하였다.
②『성학십도』를 지어 왕에게 바쳤다.
③『조선경국전』 등의 법전을 편찬하였다.
④ 성리학 입문서인『입학도설』을 저술하였다.

08 다음 자료와 관련된 사건에 대한 설명으로 옳은 것은?

> 진주민 수만 명이 머리에 흰 수건을 두르고 손에는 나무 몽둥이를 들고 무리를 지어 진주 읍내에 모여 서리들의 가옥 수 십 호를 불사르고 부수어서, 그 움직임이 결코 가볍지 않았다. 우병사가 해산시키려고 장시에 나갔다. 그때 흰 수건을 두른 백성들이 그를 빙 둘러싸고 백성의 재물을 횡령한 조목, 그리고 아전들이 세금을 포탈하고 강제로 징수한 일들을 여러 번 문책하였다. 그 능멸하고 핍박함이 조금도 거리낌이 없었다.

① 대동계라는 비밀 결사를 조직하였다.
② 주도 세력이 노비 문서를 불태울 것을 주장하였다.
③ 정부가 삼정이정청을 설치하고 개혁을 약속하였다.
④ 홍경래를 중심으로 몰락 양반과 농민, 광산 노동자 등이 참여하였다.

09 (가) 정책에 대한 설명으로 옳은 것은?

> 쌀 소비는 연간 6,500만여 석인데 생산고는 약 5,800만여 석을 넘지 못해 해마다 그 부족분을 제국 반도 및 외국의 공급에 의지하는 형편이다. …… 제국 국민 생활의 향상과 함께 1인 소비량도 역시 증가하게 될 것은 필연적인 대세이다. 장래 쌀의 공급은 계속 부족해질 것이고, 따라서 (가) 을/를 수립하여 제국의 식량 문제를 해결하는 데 도움을 주는 것은 진실로 국책상 급무라고 믿는다.

① 농광 회사가 주도하여 추진하였다.

② 춘궁 퇴치와 농가 부채 근절을 명분으로 시행되었다.

③ 추진 결과 만주로부터 조, 수수, 콩 등의 잡곡 수입이 증가하였다.

④ 조병식 등이 방곡령을 선포하는 결과를 가져왔다.

10 제헌 국회와 관련된 사실로 옳지 않은 것은?

① 국회의원의 임기는 2년이었다.

② 무소속 의원들이 가장 많은 의석을 차지하였다.

③ 국회 프락치 사건으로 소속 의원 일부가 검거되었다.

④ 귀속 재산 불하를 위해 신한 공사의 설치를 결의하였다.

바로 채점하기   정답 및 해설 _약점 보완 해설집 p.62

| 01 | ③ | 02 | ① | 03 | ① | 04 | ① | 05 | ① |
| 06 | ② | 07 | ③ | 08 | ③ | 09 | ③ | 10 | ④ |

맞은 개수: _____ 개 / 10개

마무리 OX 퀴즈

☑ 모의고사에 출제된 개념을 OX 퀴즈를 통해 한 번 더 점검해보세요.

전근대사

01 신석기 시대에는 주로 원형이나 방형의 움집 중앙에 화덕이 설치되었다. ☐ O ☐ X

02 신라 신문왕 재위 시기에 관료전이 지급되었다. ☐ O ☐ X

03 고려 시대에는 지방 관청의 경비를 충당하기 위해 외역전이 지급되었다. ☐ O ☐ X

04 정도전은 『조선경국전』 등의 법전을 편찬하였다. ☐ O ☐ X

05 임술 농민 봉기 때 정부가 삼정이정청을 설치하고 개혁을 약속하였다. ☐ O ☐ X

06 조선 후기에는 서민 문화의 발달로 소박한 무늬를 그린 분청사기가 유행하였다. ☐ O ☐ X

근현대사

07 대한매일신보가 발행된 시기에 서양식 극장인 원각사가 건립되었다. ☐ O ☐ X

08 산미 증식 계획의 추진 결과 만주로부터 조, 수수, 콩 등의 잡곡 수입이 증가하였다. ☐ O ☐ X

09 농촌 진흥 운동은 춘궁 퇴치와 농가 부채 근절을 명분으로 시행되었다. ☐ O ☐ X

10 임시 정부는 국무령 중심의 집단 지도 체제로 전환한 이후 국민 대표 회의를 개최하였다. ☐ O ☐ X

11 제헌 국회에서는 귀속 재산 불하를 위해 신한 공사의 설치를 결의하였다. ☐ O ☐ X

12 제헌 국회에서는 국회 프락치 사건으로 소속 의원 일부가 검거되었다. ☐ O ☐ X

정답 | 01 ○ 02 ○ 03 X 04 ○ 05 ○ 06 X 07 ○ 08 ○ 09 ○ 10 X 11 X 12 ○

해설 | **03** 공해전이 지급되었다. **06** 조선 전기의 사실이다. **10** 국민 대표 회의(1923) 이후 국무령제(1925)로 전환되었다. **11** 신한 공사는 미 군정 시기에 설치되었다.

01 다음 자료와 관련된 나라에 대한 설명으로 옳은 것은?

> 은력 정월에 하늘에 제사를 지내며 나라에서 대회를 열어 연일 마시고 먹고 노래하고 춤추는데, 영고라고 한다. 이때 형옥을 중단하여 죄수를 풀어 주었다.

① 편두의 풍습이 있었다.
② 서옥제의 혼인 풍습이 있었다.
③ 신지, 읍차 등의 지배자가 있었다.
④ 왕이 죽으면 노비 등을 함께 묻었다.

02 다음 내용이 실린 역사서에 대한 설명으로 옳은 것은?

> 제왕이 장차 일어날 때 부명(符命)에 응하거나 도록(圖錄)을 받아 반드시 범인(凡人)과 다름이 있은 연후에야 능히 큰 변화를 타고 대기를 잡고 대업을 이룰 수 있는 것이다. 그러므로 황하에서 도가 나왔고 낙수에서 서가 나와서 성인이 일어났다. …… 삼국의 시조가 모두 신이한 데서 나왔다는 것이 어찌 괴이하다 할 수 있겠는가! 이 기이가 이 책의 첫머리에 실린 것은 그 뜻이 바로 여기에 있는 것이다.

① 고구려 계승 의식이 반영된 영웅 서사시이다.
② 『고기』의 내용을 인용하여 단군 신화를 수록하였다.
③ 삼국 이전의 역사는 「외기」로 구분하여 서술하였다.
④ 현존하는 우리나라에서 가장 오래된 역사서로 기전체로 서술되었다.

03 다음 글을 남긴 왕의 업적으로 옳은 것은?

> 우리 동방은 옛부터 당나라의 풍속을 본받아 문물과 예악이 다 그 제도를 준수하여 왔으나, 지역이 다르고 인성이 각기 다르니 분별없이 똑같이 할 필요는 없다. 거란은 짐승과 같은 나라인지라 풍속이 같지 않고 언어도 다르니 복식 및 제도 등을 삼가 본받지 말라.
>
> – 『고려사』

① 처음으로 전시과 제도를 시행하였다.
② 팔관회 등의 불교 행사를 억제하였다.
③ 빈민 구제를 위해 흑창을 설치하였다.
④ 개경을 황도로 서경을 서도로 칭하였다.

04 고대 국가의 대외 교역에 대한 설명으로 옳지 않은 것은?

① 고구려 – 중국의 남북조로부터 금·은·모피류를 주로 수입하였다.
② 백제 – 주로 중국의 남조 및 왜와 교역하였다.
③ 신라 – 6세기 중반 무렵부터 당항성을 통하여 중국과 직접 교역하였다.
④ 발해 – 솔빈부의 말 등이 주요 수출품이었다.

05 (가), (나) 통치 기구에 대한 설명으로 옳은 것은?

> (가) 임금에게 간언하고, 정사의 잘못을 논박하는 직무를 관장한다.
> (나) 궁궐 내의 경적을 관리하고 문한을 관리하며, 왕의 고문에 대비한다. 모두 문관을 임용하며 ······ 모두 경연을 겸임한다.
>
> ─ 『경국대전』

① (가) ─ 세종 때 처음 설치되었다.
② (나) ─ 은대(銀臺)·후원(喉院)이라고 불리었다.
③ (가) ─ 5품 이하 관리 임명에 대한 동의권을 행사하였다.
④ (나) ─ 주요 업무는 고려 시대의 어사대와 비슷하였다.

06 (가), (나)가 발표된 사이 시기의 사실로 옳지 않은 것은?

> (가) 공평은 사회의 근본이고 사랑은 인간의 본성이다. 고로 우리는 계급을 타파하고 모욕적인 칭호를 폐지하여 교육을 장려하고 우리도 참다운 인간으로 되고자 함이 본사(本社)의 주지이다. 지금까지 우리는 어떠한 지위와 압박을 받아왔던가?
> (나) 인류 사회는 많은 불합리를 생산하는 동시에 그 해결을 우리에게 요구하여 마지않는다. 여성 문제는 그중의 하나이다. 세계인은 이 요구에 응하여 분연하게 활동하고 있다. ······ 우리는 우선 조선 자매 전체의 역량을 공고히 단결하여 운동을 전반적으로 전개하지 아니하면 아니 된다. 일어나라! 오너라! 단결하자! 분투하자! 조선의 자매들아!

① 정우회 선언 발표
② 6·10 만세 운동 전개
③ 조선 소작 조정령 발표
④ 조선 노농 총동맹 결성

07 다음 상소문들이 작성된 이후의 사실로 옳은 것은?

> ○ 강화를 하여 보존하는 것보다 차라리 의를 지켜 망하는 것이 옳다고 했으나 이것은 신하가 절개를 지키는 데 쓰이는 말입니다. ······ 자기의 힘을 헤아리지 않고 경망하게 큰소리를 쳐서 오랑캐의 노여움을 도발하고, 마침내는 백성이 도탄에 빠지고 종묘와 사직에 제사 지내지 못하게 된다면 그 허물이 이보다 클 수 있겠습니까.
> ○ 윤집이 상소하기를 "화의가 나라를 망친 것은 어제오늘의 일이 아니고 옛날부터 그러하였으나 오늘날처럼 심한 적은 없었습니다. 명나라는 우리나라에 있어서 부모의 나라이고 오적은 우리나라에 있어서 부모의 원수입니다. ······ "

① 청과 형제의 맹약을 맺었다.
② 어영청의 군사 수가 대폭 증원되었다.
③ 이괄이 논공행상에 불만을 품고 반란을 일으켰다.
④ 포수, 사수, 살수로 구성된 훈련도감이 설치되었다.

08 다음 주장과 관련한 단체에 대한 설명으로 옳은 것은?

> 사람이 토지에 의거하여 나라를 세울 때 임금과 정부와 백성이 동심 합력하여 나라를 세웠나니, ······ 백성의 권리로 나라가 된다고 말하는 것이요. ······ 관민이 합심하여 정부와 백성의 권리가 절반씩 함께 한 후에야 대한이 억만년 무강할 줄로 나는 아노라.

① 독립 공채를 발행하여 자금을 마련하였다.
② 장교 양성을 위해 무관 학교를 설치하였다.
③ 러시아가 절영도 조차를 요구하자 이에 반대하였다.
④ 모든 국가 재정을 호조에서 관할할 것을 주장하였다.

09 다음 개헌안에 대한 설명으로 옳은 것은?

> 제31조 입법권은 국회가 행한다. 국회는 민의원과 참
> 의원으로써 구성한다.
> 제55조 대통령과 부통령의 임기는 4년으로 한다.
> 단, 재선에 의하여 1차 중임할 수 있다. 대통
> 령이 궐위된 때에는 부통령이 대통령이 되고
> 잔임 기간 중 재임한다.
> 부 칙 이 헌법 공포 당시의 대통령에 대하여는 제55
> 조 제1항 단서의 제한을 적용하지 아니한다.

① 계엄령 아래 국회의원의 기립 표결로 통과되었다.

② '사사오입'의 논리로 통과되었다.

③ 장면 내각이 수립되는 바탕이 되었다.

④ 반민족 행위자 처벌법 제정의 근거 조항이 마련되었다.

10 (가) 시기에 있었던 사실로 옳은 것은?

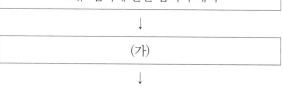

남북 사이의 화해와 불가침 및
교류·협력에 관한 합의서 채택

↓

(가)

↓

국제 통화 기금에 구제 금융 공식 요청

① 노사정 위원회가 설립되었다.

② 남북한이 유엔에 동시 가입하였다.

③ 국민 교육 헌장이 선포되었다.

④ 지방 자치제가 전면 실시되었다.

바로 채점하기   정답 및 해설 _약점 보완 해설집 p.65

| 01 | ④ | 02 | ② | 03 | ③ | 04 | ① | 05 | ③ |
| 06 | ③ | 07 | ② | 08 | ③ | 09 | ② | 10 | ④ |

맞은 개수: _____ 개 / 10개

마무리 OX 퀴즈

☑ 모의고사에 출제된 개념을 OX 퀴즈를 통해 한 번 더 점검해보세요.

(전근대사)

01 부여에서는 왕이 죽으면 노비 등을 함께 묻었다.　□ O □ X

02 고구려는 중국의 남북조로부터 금·은·모피류를 주로 수입하였다.　□ O □ X

03 고려 태조 왕건은 빈민 구제를 위해 흑창을 설치하였다.　□ O □ X

04 고려 경종은 처음으로 전시과 제도를 시행하였다.　□ O □ X

05 『삼국유사』는 『고기』의 내용을 인용하여 단군 신화를 수록하였다.　□ O □ X

06 홍문관은 은대(銀臺)·후원(喉院)이라고 불리었다.　□ O □ X

07 사간원은 5품 이하 관리 임명에 대한 동의권을 행사하였다.　□ O □ X

(근현대사)

08 독립 협회는 독립 공채를 발행하여 자금을 마련하였다.　□ O □ X

09 독립 협회는 러시아가 절영도 조차를 요구하자 이에 반대하였다.　□ O □ X

10 발췌 개헌안은 계엄령 아래 국회의원의 기립 표결로 통과되었다.　□ O □ X

11 사사오입 개헌은 장면 내각이 수립되는 바탕이 되었다.　□ O □ X

12 김영삼 정부 시기에 지방 자치제가 전면 실시되었다.　□ O □ X

정답 | 01 ○　02 X　03 ○　04 ○　05 ○　06 X　07 ○　08 X　09 ○　10 ○　11 X　12 ○

해설 | 02 금·은·모피류는 고구려의 주요 수출품이었다.　06 승정원에 대한 설명이다.　08 대한민국 임시 정부이다.　11 제3차 개헌안(1960)이다.

01 (가), (나) 유물이 제작된 시대에 대한 설명으로 옳은 것은?

(가)　　　　(나)

① (가) – 동굴이나 바위 그늘에서 살거나 막집을 짓고 살았다.

② (가) – 마을을 보호하기 위한 방어 시설이 만들어졌다.

③ (나) – 소를 이용한 밭갈이 농사가 시작되었다.

④ (나) – 탁자식과 바둑판식 형태의 고인돌이 축조되었다.

02 (가) 왕의 정책으로 옳은 것을 〈보기〉에서 모두 고른 것은?

○　[(가)] 4년에 국자감에 7재를 두어, 주역을 공부하는 곳을 여택, 상서를 공부하는 곳을 대빙 …… 춘추를 공부하는 곳을 양정, 무학을 공부하는 곳을 강예라 하였다.

○　[(가)]은/는 신앙이 돈독하여 복원관을 세워 도가 높은 참된 도사 10여 인을 받들었다.

〈보기〉

㉠ 빈민 구제 기구인 제위보를 설치하였다.

㉡ 여진을 정벌하고 동북 9성을 축조하였다.

㉢ 지방관이 없는 속군에 감무를 파견하였다.

㉣ 서경에 수서원이라는 도서관을 설치하였다.

① ㉠, ㉡　　　　② ㉠, ㉣

③ ㉡, ㉢　　　　④ ㉢, ㉣

03 조선 시대의 과거 제도에 대한 설명으로 옳지 않은 것은?

① 문과의 대과 합격자와 무과 합격자에게는 홍패가 지급되었다.

② 소과 초시 합격자 수는 각 도의 인구 비율에 따라 차등을 두었다.

③ 『경국대전』의 규정에 따라 서얼의 문과 응시가 제한되었으나 무과에는 응시할 수 있었다.

④ 식년시의 경우 문과의 대과는 초시-복시-전시의 과정을, 무과 및 잡과는 초시-복시의 과정을 거쳤다.

04 밑줄 친 '그'에 대한 설명으로 옳은 것은?

그는 중국으로 가서 부처의 교화를 보고자 하여 ○○와 함께 구도의 길을 떠났다. …… 처음 양주에 머무를 때 주장(州將) 유지인이 그를 초청하여 관아에 머물게 하고 성대하게 대접하였다. 얼마 후 종남산 지상사에 가서 지엄(智儼)을 뵈었다.

－「삼국유사」

---

① 유식학 경전의 주석서인 『해심밀경소』를 저술하였다.

② 인도와 중앙아시아를 순례하고 『왕오천축국전』을 지었다.

③ 『화엄일승법계도』를 저술하여 화엄 사상을 정리하였다.

④ 불교 경전을 폭넓게 이해하여 『대승기신론소』를 저술하였다.

05 다음과 같은 현상이 나타난 시기에 볼 수 있는 모습으로 옳지 않은 것은?

> 종전에 허다하게 주조한 돈이 결코 작년과 금년에 한꺼번에 써버렸을 리 없으며, 경외 각 아문의 예비 재정도 작년과 금년에 새로 창설한 것이 아닙니다. 작년과 금년에 전황이 극심한 것은 신의 생각에는 아마도 부상대고(富商大賈)들이 시기를 틈타서 화폐를 숨겨 두고 이익을 취하려는 것으로 보이는데, 그 폐단을 바로잡을 방책이 없습니다.

① 『감저보』를 저술하는 선비
② 토지의 수조권을 지급받는 관리
③ 지방 장시를 돌아다니며 물건을 파는 보부상
④ 상인 물주에게 자본을 조달받아 광산을 운영하는 덕대

07 다음과 같은 인식을 가진 정치 세력에 대한 설명으로 옳은 것은?

> 대체로 서양의 학문이 천리를 어지럽히고 인륜을 소멸시키는 것은 다시 말할 필요도 없습니다. 서양의 물건은 음탕한 것을 조장하고 욕심을 유도하며, 윤리를 망치고 사람의 정신을 어지럽히며, 천지에 거역하는 것들입니다. 서양의 학문과 물건은 귀로 들으면 내장이 뒤틀리고 눈으로 보면 창자가 뒤집히며 코로 냄새 맡거나 입술을 대면 마음이 바뀌어 본성을 잃게 됩니다.

① 흥선 대원군의 대외 정책을 지지하였다.
② 사회 진화론을 사상적 기반으로 하였다.
③ 메이지유신을 개혁 모델로 본받고자 하였다.
④ 동학 농민군의 요구를 수용하여 개혁을 추진하였다.

06 밑줄 친 '왕'의 업적으로 옳은 것은?

> • 왕 4년 여름 4월 처음으로 병부를 설치하였다.
> • 왕 18년 여름 4월 이찬 철부를 상대등으로 삼아 나랏일을 총괄하게 하였다. 상대등의 관직은 이때 처음 생겼다.

① 동시전을 설치하였다.
② 백관의 공복을 제정하였다.
③ 연호를 '개국'이라 하였다.
④ 분황사와 영묘사를 창건하였다.

08 다음을 발표한 운동에 대한 설명으로 옳은 것은?

> 이제 1,300만원의 빚은 바로 우리나라의 존망과 직결되는 것이다. 이것을 갚으면 나라가 살고, 갚지 못하면 나라가 망할 것은 필연적 사실이나, 오늘의 국고로는 도저히 상환할 능력이 없으니, 장차 3천리 강토는 내 나라, 내 민족의 소유가 못될 것이다. 그러므로 이 빚을 갚는 방법으로 2천만 백성들이 3개월 흡연을 금하고, 그 다음으로는 각 한 사람이 매달 20전씩 거둔다면 1,300만 원을 모을 수 있을 것이다.

① 조만식 등의 주도로 시작되었다.
② 민족주의 계열과 사회주의 계열이 함께 준비하였다.
③ 대한매일신보의 후원을 받아 전국적으로 확산되었다.
④ 일제가 화폐 정리 사업을 실시하는 계기가 되었다.

09 다음 사건들을 시기 순서대로 바르게 나열한 것은?

> ㉠ 참의부, 정의부, 신민부가 조직되었다.
> ㉡ 대한 독립군이 봉오동 전투에서 승리하였다.
> ㉢ 밀산부에서 대한 독립 군단이 결성되었다.
> ㉣ 일제가 중국 마적단을 매수하여 훈춘 사건을 일으켰다.

① ㉡ → ㉣ → ㉠ → ㉢
② ㉡ → ㉣ → ㉢ → ㉠
③ ㉣ → ㉡ → ㉢ → ㉠
④ ㉣ → ㉢ → ㉡ → ㉠

10 밑줄 친 '그'에 대한 설명으로 옳은 것은?

> 해방 직전, 조선 총독부 정무 총감 엔도 류사쿠는 그와 협상을 타결하였다. 그는 조선에 거주하던 일본인들의 안전한 귀환을 보장하는 대신에 '정치·경제범의 석방', '3개월간의 식량 보급', '치안 유지와 건국사업에 대한 총독부의 간섭 배제' 등을 요구하였다.

① 국민당을 조직하였다.
② 좌·우 합작 위원회에 참여하였다.
③ 독립 촉성 중앙 협의회를 조직하였다.
④ 평양에서 개최된 남북 협상 회의에 참석하였다.

마무리 OX 퀴즈

☑ 모의고사에 출제된 개념을 OX 퀴즈를 통해 한 번 더 점검해보세요.

전근대사

01 청동기 시대에는 마을을 보호하기 위한 방어 시설이 만들어졌다. ☐ O ☐ X

02 신라 법흥왕은 동시전을 설치하였다. ☐ O ☐ X

03 신라 진흥왕은 연호를 '개국'이라 하였다. ☐ O ☐ X

04 의상은 『화엄일승법계도』를 저술하여 화엄 사상을 정리하였다. ☐ O ☐ X

05 혜초는 인도와 중앙아시아를 순례하고 『왕오천축국전』을 지었다. ☐ O ☐ X

06 고려 예종은 지방관이 없는 속군에 감무를 파견하였다. ☐ O ☐ X

07 조선 시대 과거 제도에서 식년시의 경우 문과의 대과는 초시-복시-전시의 과정을, 무과 및 잡과는 초시-복시의 과정을 거쳤다. ☐ O ☐ X

근현대사

08 위정척사파는 흥선 대원군의 대외 정책을 지지하였다. ☐ O ☐ X

09 국채 보상 운동은 조만식 등의 주도로 시작되었다. ☐ O ☐ X

10 국채 보상 운동은 대한매일신보의 후원을 받아 전국적으로 확산되었다. ☐ O ☐ X

11 안재홍은 국민당을 조직하였다. ☐ O ☐ X

12 여운형은 평양에서 개최된 남북 협상 회의에 참석하였다. ☐ O ☐ X

정답 ┃ **01** O **02** X **03** O **04** O **05** O **06** O **07** X **08** O **09** X **10** O **11** O **12** X

해설 ┃ **02** 지증왕이다. **07** 무과도 '초시-복시-전시'의 과정을 거쳤다. **09** 물산 장려 운동이다. **12** 김구, 김규식, 김일성, 김두봉 등이다.

01 (가), (나) 국가에 대한 설명으로 옳은 것은?

> 왕자 대봉예가 (당 조정에) 문서를 올려, [(가)] 이/가 [(나)] 보다 윗자리에 있기를 청하였다. 이에 대해 대답하기를, "국명의 선후는 원래 강약에 따라 일컫는 것이 아니다. 조정 제도의 등급과 위엄을 지금 어찌 나라의 성하고 쇠한 것으로 인해 바꿀 수 있겠는가? 마땅히 이전대로 할 것이다."라고 하였다.

① (가) – 최고 교육 기관으로 국자감을 두었다.
② (가) – 당나라 제도를 수용하여 3성 6부제를 운영하였다.
③ (나) – 지방을 5부로 나누고 욕살을 파견하였다.
④ (나) – 중앙군으로 10위를 두어 왕궁과 수도의 경비를 맡겼다.

02 밑줄 친 '이번 문서'를 일본에 보낸 세력에 대한 설명으로 옳은 것은?

> • 이전 문서에서는 몽골의 연호를 사용했는데, 이번 문서에서는 사용하지 않았다.
> • 이전 문서에서는 몽골 덕에 귀부하여 군신의 예를 이루었다고 하였는데, 이번 문서에서는 강화로 천도한 지 40여 년이나 되었으며 오랑캐의 풍습을 따르는 것은 성현이 꺼린 것이라 하고 진도로 천도하였다고 한다.

① 귀주에서 몽골에 승리하였다.
② 승려 출신으로 구성된 항마군이 속해 있었다.
③ 최충헌이 집권 체제 강화를 위해 조직한 사병이었다.
④ 김통정의 지휘 아래 제주도로 근거지를 옮겨 항쟁하였다.

03 밑줄 친 '왕'의 업적으로 옳은 것은?

> 왕 재위 5년 봄 2월, 처음으로 초문사를 창건하고 순도를 두었으며, 또한 이불란사를 창건하고 아도를 두니, 이것이 해동 불법(佛法)의 시초였다.
>
> – 『삼국사기』

① 진대법을 제정하였다.
② 태학을 설립하였다.
③ 평양으로 천도하였다.
④ 후연을 격파하고 숙신을 정벌하였다.

04 조선 시대 한양에 대한 설명으로 옳지 않은 것은?

① 5부 52방으로 구획이 나뉘었으며, 한성부가 관할하였다.
② 조선 초에 경복궁 광화문 앞 대로에 육조 거리가 조성되었다.
③ 좌묘우사의 원칙에 따라 경복궁의 동쪽에는 종묘가, 서쪽에는 사직이 배치되었다.
④ 조선의 성곽 축조 기법 등을 보여주는 한양 도성은 유네스코 세계 유산에 등재되었다.

05 (가) 신분 계층에 관한 설명으로 옳은 것은?

> [가]은/는 본시 모두 사대부였는데 의(醫)에 들어가고, 역(譯)에 들어가 그 역할을 대대로 전하니 사람들이 서울 중촌(中村)의 오래된 집안이라고 불렀다. …… 비록 나라의 법전에 금지한 바는 없으나 자연히 명예롭고 좋은 관직으로의 진출은 막히거나 걸려 수백 년 원한이 쌓여 펴지 못한 한이 있고 이를 호소할 기약조차 없으니 이는 무슨 죄악이며 무슨 업보인가.
>
> ― 「상원과방」

① 철종 때 청요직 진출이 허용되었다.

② 시사에 참여하여 문예 활동을 하였다.

③ 장례원을 통하여 국가의 관리를 받았다.

④ 대표적인 인물로 유득공, 이덕무 등이 있다.

06 다음 역사서에 대한 설명으로 옳은 것은?

> 신(臣)이 이 책을 편수하여 바치는 것은 …… 중국은 반고로부터 금국에 이르기까지, 동국은 단군으로부터 본조(本朝)에 이르기까지 처음 일어나게 된 근원을 간책에서 다 찾아보아 같고 다른 것을 비교하여 요점을 취하고 읊조림에 따라 장(章)을 이루었습니다.

① 원 간섭기인 충렬왕 때 편찬되었다.

② 독자적인 삼한 정통론을 제시하였다.

③ 남북국이라는 용어를 처음 사용하였다.

④ 불교사를 중심으로 민간 설화 등을 수록하였다.

07 밑줄 친 '이 단체'에 대한 설명으로 옳은 것은?

> 이 단체는 풍기 광복단과 조선 국권 회복단이 중심이 되어 창립된 단체로, 일제의 감시를 피하기 위하여 비밀 결사의 형태로 조직을 이루었다. 이 단체는 일제와의 군사 대결을 통해 나라를 찾는다는 계획 아래 독립 전쟁을 수행하기 위한 군자금 모집 활동을 전개하였다.

① 공화정의 수립을 목표로 하였다.

② 자기 회사와 태극 서관을 운영하였다.

③ 임병찬이 고종의 밀지를 받아 조직하였다.

④ 사도하자, 대전자령 전투에서 일본군에 승리하였다.

08 다음 내용이 포함된 개혁에 대한 설명으로 옳은 것을 〈보기〉에서 모두 고른 것은?

> 4. 죄인 자신 이외의 일체의 연좌율을 폐지한다.
> 6. 남자 20세, 여자 16세 이하의 조혼을 금지한다.
> 7. 과부의 재혼은 귀천을 막론하고 자유에 맡긴다.
> 8. 공·사 노비법을 혁파하고 인신매매를 금지한다.

〈보기〉

㉠ 단발령을 실시하였다.

㉡ 친위대와 진위대를 설치하였다.

㉢ 신식 화폐 발행 장정을 반포하였다.

㉣ 군국기무처를 중심으로 추진되었다.

① ㉠, ㉡　　　② ㉠, ㉣

③ ㉡, ㉢　　　④ ㉢, ㉣

09 다음은 국권 피탈 과정에서 일본과 체결한 조약의 내용이다. 이를 시기 순으로 바르게 나열한 것은?

> ⊙ 대일본 제국 정부는 한국 황실의 안전을 위하여 전략상 필요한 지점을 수시로 사용할 수 있다.
> ⓛ 대한 제국의 군비를 정비하기 위하여 황궁 경호에 임할 육군 1개 대대를 존치하고 나머지를 해산한다.
> ⓒ 대한 제국 황제 폐하의 밑에 일본국 정부를 대표하는 1명의 통감을 두어 외교에 관한 사항을 관리한다.
> ⓔ 대한 제국 황제 폐하는 대한 제국 전부에 관한 모든 통치권을 완전 또는 영구히 일본국 황제 폐하에게 양여한다.

① ⊙ → ⓛ → ⓒ → ⓔ
② ⊙ → ⓒ → ⓛ → ⓔ
③ ⓒ → ⊙ → ⓔ → ⓛ
④ ⓒ → ⓛ → ⊙ → ⓔ

10 (가) 시기의 사실로 옳은 것을 〈보기〉에서 모두 고른 것은?

민족 자존과 통일 번영을 위한 특별 선언(7·7 선언) 발표
↓
(가)
↓
금강산 해로 관광 시작

〈보기〉
> ⊙ 제1차 남북 정상 회담이 개최되었다.
> ⓛ 소련 및 중국과 외교 관계를 수립하였다.
> ⓒ 핵 문제 해결을 위해 북·미 제네바 기본 합의서가 체결되었다.
> ⓔ 서울·평양 간 직통 전화가 개설되고, 남북 조절 위원회가 설치되었다.

① ⊙, ⓛ
② ⊙, ⓔ
③ ⓛ, ⓒ
④ ⓒ, ⓔ

마무리 OX 퀴즈

☑ 모의고사에 출제된 개념을 OX 퀴즈를 통해 한 번 더 점검해보세요.

전근대사

01 고구려 소수림왕은 태학을 설립하였다. ☐ O ☐ X

02 발해는 당나라 제도를 수용하여 3성 6부제를 운영하였다. ☐ O ☐ X

03 삼별초는 김통정의 지휘 아래 제주도로 근거지를 옮겨 항쟁하였다. ☐ O ☐ X

04 『제왕운기』에서 남북국이라는 용어를 처음 사용하였다. ☐ O ☐ X

05 조선의 성곽 축조 기법 등을 보여주는 한양 도성은 유네스코 세계 유산에 등재되었다. ☐ O ☐ X

06 조선 후기에 기술직 중인은 시사에 참여하여 문예 활동을 하였다. ☐ O ☐ X

근현대사

07 제1차 갑오개혁은 군국기무처를 중심으로 추진되었다. ☐ O ☐ X

08 제1차 갑오개혁 때 친위대와 진위대를 설치하였다. ☐ O ☐ X

09 대한 광복회는 임병찬이 고종의 밀지를 받아 조직하였다. ☐ O ☐ X

10 한국 독립군은 사도하자, 대전자령 전투에서 일본군에 승리하였다. ☐ O ☐ X

11 노태우 정부 시기에 소련 및 중국과 외교 관계를 수립하였다. ☐ O ☐ X

12 금강산 해로 관광이 시작된 이후에 제1차 남북 정상 회담이 개최되었다. ☐ O ☐ X

정답 | 01 O 02 O 03 O 04 X 05 X 06 O 07 O 08 X 09 X 10 O 11 O 12 O
해설 | 04 『발해고』이다. 05 한양 도성은 유네스코 세계 유산에 등재되지 않았다. 08 을미개혁 때이다. 09 독립 의군부이다.

01 (가), (나)에 해당하는 선사 시대의 유적지로 옳게 짝지어진 것은?

> (가) 이 유적지에서는 주먹 도끼, 긁개 등의 유물이 출토되었다. 특히 이 유적에서 동아시아 최초로 아슐리안형 주먹 도끼가 발견되면서, 구석기 문화를 동아시아와 아프리카·유럽으로 양분하던 모비우스의 학설이 무너지는 계기가 되었다.
>
> (나) 이 유적지에서는 돌도끼, 눌러찍기무늬 토기 등의 다양한 유물이 출토된 조개무지 유적이다. 이 유적에서는 특히 일본산 흑요석을 사용한 도구가 출토되어 당시에 우리나라가 일본과 교류한 사실을 알 수 있다.

	(가)	(나)
①	두루봉 동굴 유적	부산 동삼동 유적
②	연천 전곡리 유적	울산 검단리 유적
③	두루봉 동굴 유적	울산 검단리 유적
④	연천 전곡리 유적	부산 동삼동 유적

02 다음 자료를 저술한 인물에 대한 설명으로 옳은 것은?

> 심통성정도(心統性情圖) 중에서 하도(下道)는 이와 기를 합하여 말한 것이니, …… 예를 들면 사단의 정은 이가 발하고 기가 따르니, 본래 순선하여 악이 없으나, 반드시 이의 발함이 온전하게 이루어지기 전에 기에 가려진 연후에야 선하지 않게 됩니다. 칠정은 기가 발하고 이가 그것에 타는 것이니, 역시 선하지 않음이 없으나, 만약 기가 발하는 것이 절도에 맞지 않으면 그 이를 멸하게 되어 악이 됩니다.

① 제왕의 학문을 위해 『성학집요』를 저술하였다.
② 주자의 『가례』를 증보하여 『가례집람』을 편찬하였다.
③ 양명학에 대한 연구를 본격화하여 『존언』을 저술하였다.
④ 『천명도설』의 해석을 둘러싸고 기대승과 논쟁을 전개하였다.

03 (가) 왕의 재위 기간에 있었던 사실로 옳은 것을 〈보기〉에서 모두 고른 것은?

> 김치양이 변란의 마음을 품었음을 알고 왕이 곧장 서북면도순검사 강조에게 궁궐로 들어와 자신을 호위하게 했다. …… 궁을 장악한 군사들이 만세를 부르자 강조가 놀라 일어나 "다음 왕께서 오시지도 않았는데 이 무슨 소리인가?"라고 말했다. 잠시 후 황보유의 등이 (가) 을/를 모시고 도착하자 마침내 즉위식을 올리고, 선왕은 폐위시켰다. 또 강조는 군사를 보내 김치양 부자를 처형시키고, 태후 및 친족을 유배 보냈다.

〈보기〉
㉠ 초조대장경의 조판을 시작하였다.
㉡ 물가 조절 기구인 상평창을 설치하였다.
㉢ 5도 양계의 지방 제도를 확립하였다.
㉣ 서희가 외교 담판으로 거란군의 철수를 이끌어 냈다.

① ㉠, ㉡
② ㉠, ㉢
③ ㉡, ㉣
④ ㉢, ㉣

04 (가), (나) 자료가 발표된 사이 시기의 사실로 옳은 것은?

> (가) 1. 청에 의존하는 생각을 버리고 자주 독립의 기초를 세운다.
> 2. 종실, 외척의 정치 간섭을 용납하지 않는다.
> 6. 납세는 법으로 정하고 함부로 세금을 거두지 않는다.
> 9. 왕실과 관청의 1년 회계를 계획한다.
>
> (나) 1. 외국인에게 의지하지 말고, 관·민이 힘을 합하여 전제 황권을 견고하게 할 것
> 2. 외국과의 이권에 관한 조약은 각 대신과 중추원 의장이 합동 날인하여 시행할 것
> 3. 국가 재정은 탁지부에서 전관하고, 예산과 결산을 국민에게 공포할 것

① 아관 파천 단행
② 청·일 전쟁 발발
③ 통리기무아문 설치
④ 대한 제국 칙령 41호 반포

05 다음 그림이 출토된 무덤들의 고분 축조 양식에 대한 설명으로 가장 옳은 것은?

① 중국 남조의 영향을 받아 만들어졌다.

② 도굴이 어려워 많은 양의 부장품이 출토되었다.

③ 장군총, 석촌동 고분 등이 이 양식으로 만들어졌다.

④ 고구려, 백제, 신라 모두 이 양식의 무덤을 만들었다.

06 밑줄 친 '왕'이 재위하던 시기의 사실로 옳지 않은 것은?

> 대막리지가 왕에게 아뢰었다. "…… 엎드려 청하오니 당에 사신을 보내 도교를 구해 와서 나라 사람들을 가르치게 하소서." 왕이 그러하다고 여겨 국서를 보내어 청하였다. 중국 황제가 도사(道士) 숙달 등여덟 명을 보내고 동시에 노자의 『도덕경』을 보내 주었다. 왕이 기뻐하고 절을 빼앗아 이들을 머물게 하였다.

① 신라가 소부리주를 설치하였다.

② 김춘추가 고구려에 동맹을 제안하였다.

③ 백제 영토에 웅진 도독부가 설치되었다.

④ 고구려군이 안시성에서 당 태종의 군대를 물리쳤다.

07 다음 자료의 법령이 시행된 시기의 사실로 옳지 않은 것은?

> 제2조 국어를 상용하는 자의 보통 교육은 소학교령, 중학교령 및 고등 여학교령에 의함.
> 제3조 국어를 상용치 아니하는 자에게 보통 교육을 하는 학교는 보통학교, 고등 보통학교 및 여자 고등 보통학교로 함.
> 제5조 보통학교의 수업 연한은 소학교와 같이 6년으로 함.
> 제12조 전문 교육은 전문학교령에, 대학 교육 및 그 예비 교육은 대학령에 따른다. 단, 이들 칙령중 문부대신의 직무는 조선 총독이 시행한다.

① 조선어 학회 사건이 일어났다.

② 조선일보가 문자 보급 운동을 전개하였다.

③ 『신여성』, 『어린이』 등의 잡지가 발행되었다.

④ 정약용 서거 99주기를 맞아 조선학 운동이 전개되었다.

08 조선 후기의 경제 상황에 대한 설명으로 옳지 않은 것은?

① 객주, 여각 등이 포구를 중심으로 활발한 상업 활동을 하였다.

② 경강 상인은 운송업, 조선업 등에 종사하며 거상으로 성장하였다.

③ 상평통보가 널리 유통되고, 환·어음 등의 신용 화폐가 보급되었다.

④ 내상은 중강 후시나 책문 후시를 통해 청과의 사무역에 종사하였다.

09 다음 사실들을 시간 순으로 바르게 나열한 것은?

> ㉠ 조선 인민 공화국이 선포되었다.
> ㉡ 이승만이 정읍에서 남한만의 정부 수립을 주장하였다.
> ㉢ 민주주의 임시 정부 수립을 위해 제1차 미·소 공동 위원회가 개최되었다.
> ㉣ 유엔 총회에서 유엔 감시 하의 인구 비례에 의한 남북한 총선거 실시를 결의하였다.

① ㉠ → ㉡ → ㉢ → ㉣
② ㉠ → ㉢ → ㉡ → ㉣
③ ㉢ → ㉠ → ㉣ → ㉡
④ ㉢ → ㉣ → ㉠ → ㉡

10 다음 자료와 관련된 민주화 운동의 결과로 옳은 것은?

> 오늘 고 박종철 군을 고문·살인하고 은폐 조작한 거짓 정권을 규탄하고 국민의 여망을 배신한 4·13 폭거가 무효임을 선언하는 우리 국민들의 행진은 이제 거스를 수 없는 역사의 대세가 되었다. …… 민주화 의지로 사기 충전한 온 국민의 민주화 결의가 큰 강줄기를 형성하니 무엇이 두려운가.

① 대통령이 하야하였다.
② 직선제 개헌이 이루어졌다.
③ 긴급 조치 1호가 발동되었다.
④ 국가 보위 비상 대책 위원회가 설치되었다.

바로 채점하기 정답 및 해설 _약점 보완 해설집 p.74

01	④	02	④	03	②	04	①	05	④
06	①	07	①	08	④	09	②	10	②

맞은 개수: _____개 / 10개

마무리 OX 퀴즈

☑ 모의고사에 출제된 개념을 OX 퀴즈를 통해 한 번 더 점검해보세요.

전근대사

01 고구려 보장왕 재위 시기에 김춘추가 고구려에 동맹을 제안하였다. □ O □ X

02 고구려, 백제, 신라 모두 굴식 돌방무덤 양식의 무덤을 만들었다. □ O □ X

03 고려 현종은 5도 양계의 지방 제도를 확립하였다. □ O □ X

04 고려 현종은 물가 조절 기구인 상평창을 설치하였다. □ O □ X

05 이황은 『성학집요』를 저술하였다. □ O □ X

06 정제두는 양명학에 대한 연구를 본격화하여 『존언』을 저술하였다. □ O □ X

07 조선 후기에 내상은 중강 후시나 책문 후시를 통해 청과의 사무역에 종사하였다. □ O □ X

근현대사

08 홍범 14조와 헌의 6조 발표 사이에 아관 파천이 단행되었다. □ O □ X

09 제2차 조선 교육령 시행 시기에 『신여성』, 『어린이』 등의 잡지가 발행되었다. □ O □ X

10 제2차 조선 교육령 시행 시기에 조선어 학회 사건이 일어났다. □ O □ X

11 4·19 혁명의 결과 대통령이 하야하였다. □ O □ X

12 6월 민주 항쟁의 결과 직선제 개헌이 이루어졌다. □ O □ X

정답 | 01 ○ 02 ○ 03 ○ 04 X 05 X 06 ○ 07 X 08 ○ 09 ○ 10 X 11 ○ 12 ○

해설 | **04** 고려 성종이다. **05** 이이의 저술이다. **07** 만상에 대한 설명이다. **10** 제3차 조선 교육령 시행 시기의 사실이다.

01 밑줄 친 '이 나라'에 대한 설명으로 옳은 것은?

> 이 나라에서는 귀신을 섬겨 국읍에 각각 한 사람을 세워서 천신의 제사를 주관토록 했는데, 이를 '천군'이라 부른다. 또 여러 나라에는 각각 별읍이 있었는데 이를 '소도'라고 한다. 그곳에 큰 나무를 세우고 방울과 북을 매달고 귀신을 섬긴다. 다른 지역에서 그 지역으로 도망 온 자들은 죄인이라도 모두 돌려보내지 않았다.

① 5월과 10월에 제천 행사를 지냈다.
② 국왕의 장례에 옥갑(玉匣)을 사용하였다.
③ 대가들이 각기 사자 등의 관리를 거느렸다.
④ 형이 죽으면 형수를 아내로 삼는 풍습이 있었다.

02 밑줄 친 '왕'이 재위하던 시기의 사실로 옳은 것은?

> ○ 왕 6년 봄 정월, 국학의 여러 학업 과정에 박사와 조교를 두었다.
> ○ 왕 16년 3월에 중앙과 지방의 여러 관리에게 매달 주던 녹봉을 없애고 다시 녹읍을 지급하였다.

① 독서삼품과를 실시하였다.
② 9주의 명칭을 중국식으로 바꾸었다.
③ 수도에 서시와 남시 등의 시장을 설치하였다.
④ 김헌창이 웅주를 근거지로 반란을 일으켰다.

03 (가)에 들어갈 수 있는 기구로 옳은 것은?

> 고려의 통치 체제는 당·송의 제도를 받아들인 중국적인 요소와 신라 관제의 요소, 그리고 고려만의 독자적인 요소가 결합되어 형성되었다. (가) 등의 기구는 중국에서 유례를 찾을 수 없는 정치 기구로 고려의 독자성을 보여준다.

① 어사대   ② 삼사
③ 식목도감   ④ 중추원

04 다음 자료에 나타난 토지 제도에 대한 설명으로 가장 옳은 것은?

> 왕 원년 12월 문무 양반 및 군인들의 전시과를 고쳤다.
> 제1과는 전지 100결, 시지 70결
> 제2과는 전지 95결, 시지 65결
> ......
> 제18과는 전지 20결로 한다.
> 이 범위 안에 들지 못한 자에게는 모두 17결을 지급하고 이를 따라야 할 법식으로 삼았다.

① 별사전을 지급하였다.
② 산직을 지급 대상에서 배제하였다.
③ 경기 지방의 토지만을 지급하였다.
④ 인품을 배제하고 관직만을 고려하여 지급하였다.

05 다음 금석문이 제작된 시기 순서대로 바르게 나열한 것은?

> ㉠ 황초령비
> ㉡ 울진 봉평비
> ㉢ 광개토 대왕릉비
> ㉣ 해인사 묘길상탑기

① ㉡ → ㉠ → ㉢ → ㉣
② ㉡ → ㉢ → ㉣ → ㉠
③ ㉢ → ㉠ → ㉣ → ㉡
④ ㉢ → ㉡ → ㉠ → ㉣

06 다음 조항이 포함된 조약에 대한 설명으로 옳은 것은?

> 제1관 조선국은 자주의 나라이며, 일본과는 평등한 권리를 갖는다.
> 제7관 조선의 연해 도서는 지극히 위험하므로 일본의 항해자가 자유로이 해안을 측량함을 허가한다.

① 외국 상인들의 내지 통상이 허용되는 계기가 되었다.
② 부산, 원산, 인천이 개항되는 결과를 가져왔다.
③ 일본 공사관에 경비병을 주둔시킬 것을 허용하였다.
④ 양국 중 한 국가가 제3국의 압박을 받을 경우 서로 도와주기로 규정하였다.

07 다음 글을 쓴 인물에 대한 설명으로 옳은 것은?

> 실옹이 말하기를 …… "천체가 운행하는 것이나 지구가 자전하는 것은 그 세가 동일하니, 분리해서 설명할 필요가 없소. …… 세상 사람들이 천지를 말할 때 지구가 공중의 중앙에 위치해 있어서 삼광이 둘러싸여 있다고 보는 것 아니겠소?"하였다. 허자가 대답하기를 "칠정이 지구를 둘러싸고 있다는 것은 절후를 측정해 보면 증거가 있으니 지구가 우주의 가운데에 있다는 것은 의심이 없을 듯합니다."라고 하였다.

① 수령이 지켜야 할 지침들을 제시한 『목민심서』를 저술하였다.
② 우리나라와 중국의 문화를 정리하여 『성호사설』을 저술하였다.
③ 농업의 상업적 경영과 기술 혁신 등을 주장한 『우서』를 저술하였다.
④ 성인 남자에게 2결의 토지를 나누어 주자는 토지 개혁안 등을 담은 『임하경륜』을 저술하였다.

08 다음 자료와 관련된 운동에 대한 설명으로 옳은 것은?

> 우리의 빈약한 원인이 무엇인가를 말하고자 하노라. …… 즉 자급치 아니함이라 하노라. 환언하면 조선 물산을 장려치 아니함이니 고로 오인이 이에 대서 특서하고 절규 고창하는 바는 자작자급하자 함이니, 즉 조선 물산을 장려함이요 또 환언하면 보호 무역을 의미함이니, 이것이 조선인의 가장 큰 문제라 하노라.

① 신간회의 후원을 받아 전개되었다.
② 사회주의 세력이 운동을 주도하였다.
③ 평양에서 시작되어 전국으로 확산되었다.
④ 소련, 프랑스 등의 노동 단체로부터 격려 전문을 받았다.

09 다음의 사실들을 시기 순서대로 바르게 나열한 것은?

> ㉠ 서북 철도국이 설치되었다.
> ㉡ 한성 사범 학교가 설립되었다.
> ㉢ 박문국과 전환국이 설치되었다.
> ㉣ 육영 공원에 헐버트 등이 초빙되었다.

① ㉢ → ㉡ → ㉣ → ㉠
② ㉢ → ㉣ → ㉡ → ㉠
③ ㉣ → ㉠ → ㉢ → ㉡
④ ㉣ → ㉢ → ㉠ → ㉡

10 (가)에 들어갈 사건 이후의 사실로 옳은 것만을 〈보기〉에서 모두 고르면?

> 눈보라가 휘날리는 바람 찬 흥남 부두에
> 목을 놓아 불러봤다, 찾아를 봤다.
> 금순아 어디로 가고, 길을 잃고 헤매었던가.
> 피눈물을 흘리면서 (가) 이후 나 홀로 왔다.
>
> – 가요 「굳세어라 금순아」

〈보기〉

> ㉠ 애치슨 선언이 발표되었다.
> ㉡ 발췌 개헌안이 국회에서 통과되었다.
> ㉢ 여수·순천 10·19 사건이 일어났다.
> ㉣ 유엔군과 공산군 사이에 휴전 회담이 시작되었다.

① ㉠, ㉡
② ㉡, ㉢
③ ㉡, ㉣
④ ㉢, ㉣

마무리 OX 퀴즈

☑ 모의고사에 출제된 개념을 OX 퀴즈를 통해 한 번 더 점검해보세요.

전근대사

01 삼한에서는 국왕의 장례에 옥갑을 사용하였다. □ O □ X

02 효소왕은 수도에 서시와 남시 등의 시장을 설치하였다. □ O □ X

03 경덕왕은 9주의 명칭을 중국식으로 바꾸었다. □ O □ X

04 개정 전시과는 인품을 배제하고 관직만을 고려하여 지급하였다. □ O □ X

05 경정 전시과는 산직을 지급 대상에서 배제하였다. □ O □ X

06 홍대용은 성인 남자에게 2결의 토지를 나누어 주자는 토지 개혁안 등을 담은 『임하경륜』을 저술하였다. □ O □ X

07 정약용은 농업의 상업적 경영과 기술 혁신 등을 주장한 『우서』를 저술하였다. □ O □ X

근현대사

08 강화도 조약은 부산, 원산, 인천이 개항되는 결과를 가져왔다. □ O □ X

09 제물포 조약에서는 일본 공사관에 경비병을 주둔시킬 것을 허용하였다. □ O □ X

10 물산 장려 운동은 신간회의 후원을 받아 전개되었다. □ O □ X

11 원산 노동자 총파업 때 소련, 프랑스 등의 노동 단체로부터 격려 전문을 받았다. □ O □ X

12 1·4 후퇴 이후에 애치슨 선언이 발표되었다. □ O □ X

정답 | 01 X 02 O 03 O 04 O 05 O 06 O 07 X 08 O 09 O 10 X 11 O 12 X

해설 | 01 부여이다. 07 유수원이다. 10 광주 학생 항일 운동이다. 12 애치슨 선언(1950. 1.)은 1·4 후퇴(1951) 이전에 발표되었다.

01 (가), (나) 사이 시기의 백제에서 있었던 사실로 옳은 것은?

> (가) 왕이 신라에 사신을 보내 혼인을 요청하였다. 신라왕이 이찬 비지(比智)의 딸을 시집 보냈다. …… 고구려와 신라가 살수 벌판에서 싸웠다. 신라가 이기지 못하고 견아성으로 물러나 지키고 있었는데 …… 임금이 병사 3천 명을 보내 구원하여 포위를 풀었다.
>
> (나) 왕이 관산성을 습격하기 위하여 직접 보병과 기병 50명을 거느리고 밤에 구천에 이르렀는데, 신라의 복병이 나타나 그들과 싸우던 중 왕이 난병들에게 살해되었다.

① 익산에 미륵사를 창건하였다.

② 고구려의 평양성을 공격하였다.

③ 양나라에 사신을 보내 교류하였다.

④ 북위에 국서를 보내 원병을 요청하였다.

02 (가)의 내용으로 옳지 않은 것은?

> 왕이 대광 박술희를 내전으로 불러 친히 [(가)] 을/를 주며 말하길, "나는 평범한 가문 출신으로 추대되어 삼한을 통일하였고, 25년을 왕위에 있었다. 이제 내가 늙어 장차 후손들이 나라의 기강을 무너뜨릴까 근심스러우니, 그 염려를 담아 [(가)] 을/를 기술하여 후세에 전한다."라고 하였다.

① 거란의 복식과 제도를 받아들이지 말 것

② 서경을 중시하여 1년에 100일 이상 머무를 것

③ 도선이 정한 곳 외에 사찰을 함부로 세우지 말 것

④ 연등과 팔관으로 인한 노역이 번다하니 이를 감축할 것

03 다음 사실들을 시기 순으로 바르게 나열한 것은?

> ㉠ 별무반이 창설되었다.
> ㉡ 강동 6주를 획득하였다.
> ㉢ 강조가 정변을 일으켰다.
> ㉣ 금의 사대 요구를 수용하였다.
> ㉤ 개경에 외성인 나성이 완성되었다.

① ㉡ → ㉠ → ㉢ → ㉣ → ㉤

② ㉡ → ㉢ → ㉤ → ㉠ → ㉣

③ ㉢ → ㉡ → ㉤ → ㉠ → ㉣

④ ㉢ → ㉠ → ㉡ → ㉤ → ㉣

04 다음 주장에 가장 적합한 역사 서술은?

> 우리는 역사학에 과거를 재판하고 장래에 유익하도록 인류를 선도한다는 따위의 기능을 기대하여 왔다. 이 글은 그런 허황된 기능을 시도하는 것이 아니다. 단지 그것이 원래 어떻게 있었는가를 보이려 할 뿐이다.
> – 랑케(L. Ranke)

① 고구려는 요동 너머 천 리에 있는데, 사람들의 성품이 흉악하여 노략질하기를 즐겼다.

② 공주 덕만이 관대하고 어질었으며 두루 명민하자 나라 사람들이 모두 후계로 추대하였다.

③ 충렬왕 원년에 국자감을 국학으로 고치고, 34년에 충선왕이 다시 성균관으로 바꾸어 불렀다.

④ 최명길은 위험한 때에 앞장서고, 일에 임할 때에 분명히 처리하니 과연 한 시대를 구한 재상이었다.

05 다음 글을 작성한 인물에 대한 설명으로 옳은 것은?

> 옛사람이 이르기를 "나라는 멸망할 수 있으나 그 역사는 결코 없어질 수 없다"고 했으니, 이는 나라가 형체라면 역사는 정신이기 때문이다. 이제 우리나라의 형체는 없어져 버렸지만, …… 정신이 살아서 없어지지 않으면 형체도 부활할 때가 있을 것이다.

① 동아일보에 「5천 년간 조선의 얼」을 연재하였다.
②「유교구신론」을 발표하여 유교 개혁을 주장하였다.
③ 역사를 '아(我)와 비아(非我)의 투쟁'으로 해석하였다.
④ 보편적 역사 발전 법칙에 따라 역사를 기술한 『조선사회경제사』를 저술하였다.

06 조선 및 대한 제국의 궁궐과 관련된 역사적 사실로 옳지 않은 것은?

① 정도전은 유교 덕목을 반영하여 경복궁 근정전·강녕전 등의 전각 이름을 지었다.
② 광해군은 왜란으로 소실된 창덕궁을 중건하고, 도성 서쪽에는 경희궁을 창건하였다.
③ 최초로 전등이 설치된 경복궁 건청궁은 을미사변이 일어난 장소이기도 하다.
④ 영국인 하딩 등이 설계하여 준공된 덕수궁 석조전에서는 을사늑약이 체결되었다.

07 밑줄 친 '이 기구'에 대한 설명으로 옳은 것은?

> 재상으로서 이 일을 맡은 사람을 지변재상(知邊宰相)이라고 불렀습니다. 그러나 이 기구는 일시적인 전쟁 때문에 설치한 것으로서 국가의 중요한 모든 일들을 참으로 다 맡긴 것은 아니었습니다. 그런데 오늘에 와서는 큰 일이건 작은 일이건 중요한 것으로 취급되지 않는 것이 없습니다. …… 과거 시험에 대한 판정이나 비빈 간택 등의 일까지도 모두 여기를 경유하여 나옵니다.

① 3포 왜란을 계기로 설치되었다.
② 흥선 대원군 집권기에 강화되었다.
③ 국정 총괄 기구로 발전하여 도당이라 불리었다.
④ 의정부를 견제하여 왕권을 강화하는 기능을 하였다.

08 다음 법령이 시행되던 시기의 사실로 옳은 것은?

> 제1조 회사의 설립은 조선 총독의 허가를 받아야 한다.
> 제5조 회사가 본령이나 본령에 의거하여 발하는 명령과 허가 조건에 위반하거나 또는 공공질서와 선량한 풍속에 반하는 행위를 할 때, 조선 총독은 사업의 정지, 지점의 폐쇄 또는 회사의 해산을 명할 수 있다.

① 창씨개명이 강요되었다.
② 한국인에 한해 태형이 적용되었다.
③ 일본 상품에 대한 관세가 철폐되었다.
④ 한국인이 소학교에서 초등 교육을 받았다.

09 다음 자료에 나타난 사건의 결과로 옳은 것은?

> 한성의 영군들이 큰 소란을 피웠다. 갑술년 이후 대내의 경비가 불법으로 지출되고 호조와 선혜청의 창고도 고갈되어 한성의 관리들은 봉급을 못 받았으며, 5영의 병사들도 종종 결식을 하여 급기야 5영을 2영으로 줄이고 노병과 약졸들을 쫓아냈다. 내쫓긴 사람들은 발붙일 곳이 없으므로 팔을 끼고 난을 일으키려 했다.

① 일본에 조사 시찰단이 파견되었다.

② 묄렌도르프가 외교 고문으로 파견되었다.

③ 고종이 러시아 공사관으로 거처를 옮기게 되었다.

④ 청·일 양국은 조선에 파병할 때 서로 알릴 것을 약속하였다.

10 다음 사실들을 시기 순으로 바르게 나열한 것은?

> ㉠ 남북이 자주·평화·민족 대단결의 통일 원칙에 합의하였다.
> ㉡ 10·4 남북 공동 선언이 채택되었다.
> ㉢ 개성 공단 조성에 대한 합의가 이루어졌다.
> ㉣ 처음으로 이산가족 고향 방문이 이루어졌다.

① ㉠ → ㉣ → ㉡ → ㉢

② ㉠ → ㉣ → ㉢ → ㉡

③ ㉣ → ㉠ → ㉢ → ㉡

④ ㉣ → ㉡ → ㉠ → ㉢

마무리 OX 퀴즈

☑ 모의고사에 출제된 개념을 OX 퀴즈를 통해 한 번 더 점검해보세요.

전근대사

01 백제는 무령왕 시기에 양나라에 사신을 보내 교류하였다.　□ O □ X

02 훈요 10조에는 '연등과 팔관으로 인한 노역이 번다하니 이를 감축할 것'이라는 내용이 있다.　□ O □ X

03 강조가 정변을 일으킨 것은 고려가 강동 6주를 획득한 이후이다.　□ O □ X

04 정도전은 유교 덕목을 반영하여 경복궁 및 근정전·강녕전 등의 전각 이름을 지었다.　□ O □ X

05 비변사는 3포 왜란을 계기로 설치되었다.　□ O □ X

06 비변사는 국정 총괄 기구로 발전하여 도당이라 불리었다.　□ O □ X

근현대사

07 임오군란의 결과 묄렌도르프가 외교 고문으로 파견되었다.　□ O □ X

08 갑신정변의 결과로 청·일 양국은 조선에 파병할 때 서로 알릴 것을 약속하였다.　□ O □ X

09 무단 통치 시기에 한국인에 한해 태형이 적용되었다.　□ O □ X

10 문화 통치 시기에 일본 상품에 대한 관세가 철폐되었다.　□ O □ X

11 박은식은 역사를 '아(我)와 비아(非我)의 투쟁'으로 해석하였다.　□ O □ X

12 정인보는 동아일보에 「5천 년간 조선의 얼」을 연재하였다.　□ O □ X

정답 | 01 O　02 X　03 O　04 O　05 O　06 X　07 O　08 O　09 O　10 O　11 X　12 O

해설 | **02** 시무 28조의 내용이다.　**06** 고려 도병마사(도평의사사)에 대한 설명이다.　**11** 신채호이다.

01 다음 자료의 상황 이후에 일어난 사실로 옳은 것은?

> 만(滿)이 망명하여 호복(胡服)을 하고 동쪽의 패수를 건너 준왕에게 나아가 투항하였다. 만은 준왕을 설득하여 서쪽 경계에 거주토록 해주면 중국의 망명자를 거두어 이를 조선의 번병(藩屛)으로 삼겠다고 하였다. …… 마침내 그가 돌아와 준왕을 공격하였다.

① 부왕 등의 강력한 왕이 등장하였다.
② 연나라 장수 진개의 침입을 받았다.
③ 진(辰)과 한(漢) 사이에서 중계 무역을 전개하였다.
④ 청동기 문화의 발달로 비파형동검이 만들어지기 시작하였다.

02 삼국 시대의 정치 제도에 대한 설명으로 옳지 않은 것은?

① 삼국의 관등 및 관직 제도의 운영은 신분제의 제약을 받았다.
② 고구려의 수상인 대대로는 3년마다 귀족 회의를 통해 선출하였다.
③ 백제는 관리의 등급에 따라 자색·비색·청색의 공복을 입었다.
④ 신라는 위화부를 두어 관리의 부정이나 비리를 감찰하도록 하였다.

03 다음 사건을 시기 순으로 바르게 나열한 것은?

> ⊙ 명량에서 왜의 수군을 물리쳤다.
> ⓛ 충주 탄금대에서 왜군에 항전하였다.
> ⓒ 한산도 앞바다에서 왜의 수군을 격퇴하였다.
> ⓔ 행주 산성에서 관민이 합심하여 왜군을 물리쳤다.

① ⓛ → ⓒ → ⓔ → ⊙
② ⓛ → ⊙ → ⓒ → ⓔ
③ ⓒ → ⓛ → ⓔ → ⊙
④ ⓒ → ⊙ → ⓔ → ⓛ

04 다음 내용과 관련된 인물에 대한 설명으로 옳은 것은?

> ○ 그렇기 때문에 교(敎)를 배우는 사람들은 대개 안의 마음을 버리고 외면에서 구하는 경우가 많고, 선(禪)을 익히는 사람들은 인연을 잊고 안의 마음을 밝히기를 좋아한다. 모두 한쪽에 치우친 것으로 두 극단에 모두 막힌 것이다.
> ○ 선종 2년 을축 4월에 불법을 구하기 위해 배를 타고 가서 백파(百派)를 도입하니, 대소·시종·원돈 등 5교가 각각 그 자리를 얻어 다시 제자리로 돌아갔다.

① 성상융회 사상 주창하였다.
② 『십문화쟁론』을 저술하였다.
③ 무신 정권의 후원을 받았다.
④ 『신편제종교장총록』을 간행하였다.

05 밑줄 친 '부대'에 대한 설명으로 옳은 것은?

주석(主席)과 우리 부대의 총사령관이 계속 의논하는 것을 옆에서 들었기 때문에 더욱 일의 중대성을 절감하였다. 드디어 시기가 온 것이다! 독립 투쟁 수십 년에 조국을 탈환하는 결정적 시기가 온 것이다. 이때의 긴장감은 내가 일본 군대를 탈출할 때와는 다른 긴장감이었다. 목적은 같으나 그때는 막연한 미지의 세계에 뛰어드는 것이었지만 이번에는 분명히 조국으로 가는 것이 아닌가?

 ‒「장정」

① 중국 공산당의 팔로군과 연합하였다.
② 영릉가, 흥경성 전투에서 크게 승리하였다.
③ 청산리 전투 승리 이후 밀산부로 이동하였다.
④ 김원봉이 이끄는 조선 의용대 단원들이 합류하였다.

06 다음 자료가 발표될 당시에 볼 수 있는 모습으로 가장 옳은 것은?

"방금 들으니, 가설된 전차를 운행할 때 백성들 중 사상자가 많다고 하니, 매우 놀랍고 참혹하다. 내부(內部)에서 이러한 사례를 찾아내어 구휼금을 지급함으로써 조정의 뜻을 보여주도록 하라. …… 또한 법을 만들어 보호하고 거듭 타일러 반드시 사람들이 철길에 들어오지 않았는가 살펴서, 다시는 차에 치여 다치는 폐단이 없도록 하라."하셨는데, 이는 전차 개통식 이후 종로 거리에서 다섯 살 난 아이가 치어 죽는 등의 사고가 발생하여 내려진 조령이다.

① 훈련을 받고 있는 시위대 병사
② 울도(울릉도)의 군수로 임명된 관리
③ 만민 공동회에서 연설을 하고 있는 백정
④ 신문에 연재된 「혈의 누」를 읽고 있는 독자

07 (가), (나) 사이 시기의 사실로 옳은 것은?

(가) 경상도 유생인 생원 유세철 등 천여 명이 상소하기를, "…… 기해년의 일은 생각할수록 망극합니다. 그때 저들이 효종 대왕을 서자처럼 여겨 대왕대비의 상복을 기년복으로 낮추어 입도록 청했으니, 지금이라도 잘못된 일은 바로잡아야 하지 않겠습니까? ……"

(나) 왕세자가 성균관에 입학하였다. …… 전하께서 당(黨)의 습속을 일삼지 말라는 뜻으로 어필로 쓴 글을 주셨으니 '원만하여 편벽되지 않음을 곧 군자의 공심이요, 편벽되고 원만하지 않음은 바로 소인의 사심이다.' …… 이를 비(碑)에 새기라고 명하였다.

① 수령이 군현 단위의 향약을 직접 주관하게 되었다.
② 백두산 정계비가 세워져 청과의 국경선이 확정되었다.
③ 민간의 광산 채굴을 허용하는 설점수세제가 처음 실시되었다.
④ 기유약조가 체결되어 제한된 범위에서 일본과의 무역이 허용되었다.

08 (가) 단체에 대한 설명으로 옳은 것은?

[가] 는 우리 민족을 진정한 민주주의적 정권에로 재조직하기 위한 새 국가 건설의 준비 기관인 동시에 모든 진보적 민주주의적 세력을 집결하기 위하여 각층 각계에 완전히 개방된 통일 기관이요, 결코 혼잡된 협동 기관은 아니다.

① 좌·우 합작 7원칙을 결정하였다.
② 치안대를 조직하여 질서를 유지하였다.
③ 반민족 행위자 특별 조사 위원회를 조직하였다.
④ 송진우 등을 중심으로 임시 정부의 법통을 지지하였다.

09 (가)가 간행된 왕 대에 있었던 사실로 옳은 것은?

> [(가)]은/는 백운 스님이 선불교에 전해져 내려오는 이야기를 모아 만든 서적으로, 청주 흥덕사에서 금속 활자로 간행되었으며, 현재는 하권만 남아 있다. 구한 말 프랑스 공사 플랑시가 수집하여 가져갔고, 현재는 프랑스 국립 도서관에서 소장하고 있으며, 2001년에는 유네스코 세계 기록유산으로 등재되었다.

① 정동행성이 설치되었다.

② 왕이 나주로 피신하였다.

③ 치안 유지를 위해 야별초를 설립하였다.

④ 진포에서 화약 무기로 왜구를 물리쳤다.

10 (가)~(라) 시기의 사실로 가장 옳은 것은?

	(가)	(나)	(다)	(라)	
진보당 사건	장면 내각 출범	한·일 협정 체결	3선 개헌	3·1 민주 구국 선언 발표	

① (가) - 국민 방위군 사건이 일어났다.

② (나) - 국가 재건 최고 회의가 창설되었다.

③ (다) - 통일 주체 국민회의가 설치되었다.

④ (라) - 부·마 항쟁이 일어났다.

마무리 OX 퀴즈

☑ 모의고사에 출제된 개념을 OX 퀴즈를 통해 한 번 더 점검해보세요.

전근대사

01 위만 조선은 진(辰)과 한(漢) 사이에서 중계 무역을 전개하였다. ☐ O ☐ X

02 신라는 위화부를 두어 관리의 부정이나 비리를 감찰하도록 하였다. ☐ O ☐ X

03 원효는 『십문화쟁론』을 저술하였다. ☐ O ☐ X

04 고려 충렬왕 때 정동행성이 설치되었다. ☐ O ☐ X

05 고려 우왕 때 진포에서 화약 무기로 왜구를 물리쳤다. ☐ O ☐ X

06 의천은 성상융회 사상을 주창하였다. ☐ O ☐ X

07 조선 숙종 때 백두산 정계비가 세워져 청과의 국경선이 확정되었다. ☐ O ☐ X

근현대사

08 조선 혁명군은 영릉가, 흥경성 전투에서 크게 승리하였다. ☐ O ☐ X

09 한국광복군에는 김원봉이 이끄는 조선 의용대 단원들이 합류하였다. ☐ O ☐ X

10 조선 건국 준비 위원회는 송진우 등을 중심으로 임시 정부의 법통을 지지하였다. ☐ O ☐ X

11 제헌 국회는 반민족 행위자 특별 조사 위원회를 조직하였다. ☐ O ☐ X

12 국민 방위군 사건이 일어난 것은 진보당 사건 이후이다. ☐ O ☐ X

정답 | **01** O **02** X **03** O **04** O **05** O **06** X **07** O **08** O **09** O **10** X **11** O **12** X

해설 | **02** 신라는 사정부에서 관리의 부정이나 비리를 감찰하였다. **06** 균여이다. **10** 한국 민주당이다. **12** 국민 방위군 사건(1951)은 진보당 사건(1958) 이전에 일어났다.

01 밑줄 친 '왕'의 재위 시기에 있었던 사실로 옳은 것은?

> 왕 3년 봄 2월에 명령하여 순장을 금하였다. 전에는 국왕이 죽으면 남녀 각 5명씩 순장하였는데, 이때 이르러 금한 것이다. …… 3월에 주주(州主)와 군주(郡主)에게 각각 명하여 농사를 권장케 하였고, 처음으로 소를 부려 논밭갈이를 하였다.

① 국원소경을 설치하였다.
② 국호를 신라로 정하였다.
③ 상대등 제도를 시행하였다.
④ 이사부가 대가야를 정복하였다.

02 (가) 부대에 대한 설명으로 옳은 것은?

> 윤관이 아뢰기를, "신이 적의 기세를 보건대 예측하기 어려울 정도로 굳세니, 마땅히 군사를 쉬게 하고 군관을 길러서 후일을 기다려야 할 것입니다. 또 신이 싸움에서 진 것은 적은 기병(騎兵)인데 우리는 보병(步兵)이라 대적할 수가 없었기 때문입니다."라 하였다. 이에 그가 건의하여 처음으로 (가) 을/를 만들었다.

① 여진을 몰아내고 4군 6진을 개척하였다.
② 거란의 침입에 대비하기 위해 조직되었다.
③ 진도, 제주도 등으로 이동하며 몽골에 저항하였다.
④ 신기군, 신보군, 항마군으로 구성된 군사 조직이다.

03 (가), (나) 인물에 대한 설명으로 옳은 것은?

> (가) 이/가 연경의 사저에 만권당을 짓고 학문을 연구하는 것으로 즐거움을 삼았다. (가) 이/가 말하기를 "이곳에서 문학하는 선비는 모두 천하에서 뽑혔는데 나의 고려에는 그런 사람이 없으니 이는 나의 부끄러움이다."라고 하고는 (나) 을/를 수도 연경으로 불렀다. 학사 요수, 염복, 원명선, 조맹부 등이 모두 (가) 의 문하에서 교유하였는데, (나) 은/는 그들과 어울리면서 학문이 더욱 진보되었으므로 여러 학자들이 칭찬하였다.

① (가) – 삼군도총제부를 설치하였다.
② (가) – 원의 요청으로 일본 원정에 군대를 파견하였다.
③ (나) – 역사서인 『사략』을 편찬하였다.
④ (나) – 성균관에서 정몽주, 권근 등을 가르쳤다.

04 다음 문화재를 제작된 시기 순서대로 바르게 나열한 것은?

> ㉠ 미륵사지 석탑
> ㉡ 성덕 대왕 신종
> ㉢ 쌍봉사 철감선사 승탑
> ㉣ 칠지도

① ㉠ → ㉣ → ㉢ → ㉡
② ㉣ → ㉠ → ㉡ → ㉢
③ ㉣ → ㉠ → ㉢ → ㉡
④ ㉣ → ㉡ → ㉠ → ㉢

05 (가), (나) 국가에 대한 설명으로 옳은 것을 <보기>에서 모두 고른 것은?

> (가) 이 나라는 쑹화강 상류의 넓은 평야 지대에서 성장하였으며, 1세기경에는 왕권이 안정되고 영역도 사방 2000여 리에 달하였다. 농경과 목축을 주로 하였고 특산물로는 말, 주옥, 모피 등이 유명하였다.
>
> (나) 이 나라는 결혼 후에 신랑이 신부의 집 한 켠에 작은 집을 짓고 살다가 자식을 낳아 장성하면 가족을 데리고 남자의 집으로 돌아오는 혼인 풍습이 있었다. 이 나라는 산악 지대에 위치하여 양식이 부족하였기 때문에 정복 활동을 통해 식량 문제를 해결하였다.

<보기>
> ㉠ (가) - 왕 아래에 마가, 우가, 저가, 구가 등이 존재하였다.
> ㉡ (가) - 남의 물건을 훔쳤을 때는 50만 전을 배상하도록 하였다.
> ㉢ (나) - 동맹이라는 제천 행사가 있었다.
> ㉣ (나) - 연맹 왕국으로 성장하지 못하고 군장 국가 단계에서 멸망하였다.

① ㉠, ㉢
② ㉠, ㉣
③ ㉡, ㉢
④ ㉡, ㉣

06 밑줄 친 '그'의 활동으로 옳은 것은?

> 그는 1907년에 양기탁 등과 함께 비밀 결사로 신민회를 조직하였다. 1910년에는 1만여 석의 재산과 가옥을 처분하여 독립운동 자금을 마련한 후 6형제 50여 명의 가족과 함께 만주로 망명하였다. 그는 만주에서 독립운동과 이주 동포들의 정착을 위해 경학사를 세웠다. 또한 1918년에는 고종의 국외 망명을 계획하였으나 고종의 갑작스러운 죽음으로 실현하지 못하였다.

① 삼균주의를 주창하였다.
② 파리 강화 회의에 파견되었다.
③ 의열단을 창설하여 무장 투쟁을 전개하였다.
④ 신흥 강습소를 설립하여 독립군을 양성하였다.

07 (가), (나) 조약에 대한 설명으로 가장 옳은 것은?

> (가) 제7관 일본국 인민은 본국의 현행 여러 화폐로 조선국 인민이 소유한 물품과 교환할 수 있으며, 조선국 인민은 그 교환한 일본국의 여러 화폐로 일본국에서 생산한 여러 가지 상품을 살 수 있다.
>
> (나) 제6칙 조선국 항구에 거주하는 일본 인민은 양미와 잡곡을 수출, 수입할 수 있다.

① (가) - 일본인 범죄자에 대한 영사 재판권이 인정되었다.
② (가) - 일본에 대한 최혜국 대우가 인정되었다.
③ (나) - 일본 선박에 대한 항세가 면제되었다.
④ (나) - 제일은행권이 본위화로 인정되었다.

08 다음 법령이 실시된 기간에 있었던 사실로 옳은 것은?

> 제1조 국체를 변혁 또는 사유 재산제를 부인할 목적으로 결사를 조직하거나 그 뜻을 알고 이에 가입하는 자는 10년 이하의 징역 또는 금고에 처함
> 제2조 전조의 제1항의 목적으로 그 목적한 사항의 실행에 관하여 협의한 자는 7년 이하의 징역 또는 금고에 처함

① 토지 조사 사업이 전개되었다.
② 경찰범 처벌 규칙이 제정되었다.
③ 문관 출신의 조선 총독이 임명되었다.
④ 국민 정신 총동원 조선 연맹이 설치되었다.

09 다음 역사적 사건들을 순서대로 바르게 나열한 것은?

> ㉠ 소현 세자와 삼학사 등이 인질로 청에 끌려갔다.
> ㉡ 청의 요청으로 나선 정벌에 조총병을 파병하였다.
> ㉢ 일본 막부의 요청으로 국교를 재개하고 통신사를 파견하기 시작하였다.
> ㉣ 안용복이 일본에 건너가 울릉도와 우산도가 조선의 영토임을 확인 받고 돌아왔다.

① ㉠ → ㉡ → ㉢ → ㉣
② ㉠ → ㉢ → ㉣ → ㉡
③ ㉢ → ㉠ → ㉡ → ㉣
④ ㉢ → ㉠ → ㉣ → ㉡

10 다음 선언이 발표된 시기에 집권 중이던 정부가 추진한 정책으로 옳은 것은?

> ○ 여야 합의 하에 조속히 대통령 직선제 개헌을 하고 새 헌법에 의해 대통령 선거를 통해 평화적 정부 이양을 실현토록 해야겠습니다.
> ○ 직선제 개헌이라는 제도의 변경뿐만 아니라, 이의 민주적 실천을 위하여는 자유로운 출마와 공정한 경쟁이 보장되어 국민의 올바른 심판을 받을 수 있는 내용으로 대통령 선거법을 개정하여야 합니다.
> ○ 우리 정치권은 물론 모든 분야에 있어서의 반목과 대결이 과감히 제거되어 국민적 화해와 대단결을 도모하여야 합니다.

① 호주제를 폐지하였다.
② 서울 올림픽을 개최하였다.
③ 대학 입학 본고사를 실시하였다.
④ 프로 야구를 6개 구단으로 출범시켰다.

마무리 OX 퀴즈

☑ 모의고사에 출제된 개념을 OX 퀴즈를 통해 한 번 더 점검해보세요.

(전근대사)

01 부여는 왕 아래에 마가, 우가, 저가, 구가 등이 존재하였다. □ ○ □ X

02 신라 지증왕 때 상대등 제도를 시행하였다. □ ○ □ X

03 광군은 거란의 침입에 대비하기 위해 조직되었다. □ ○ □ X

04 별무반은 신기군, 신보군, 항마군으로 구성된 군사 조직이다. □ ○ □ X

05 충선왕은 원의 요청으로 일본 원정에 군대를 파견하였다. □ ○ □ X

06 이제현은 역사서인 『사략』을 편찬하였다. □ ○ □ X

(근현대사)

07 조·일 수호 조규 부록에 따라 일본에 대한 최혜국 대우가 있정되었다. □ ○ □ X

08 조·일 무역 규칙에 따라 일본 선박에 대한 항세가 면제되었다. □ ○ □ X

09 이회영은 삼균주의를 주창하였다. □ ○ □ X

10 김원봉은 의열단을 창설하여 무장 투쟁을 전개하였다. □ ○ □ X

11 치안 유지법이 실시되었던 기간에 국민 정신 총동원 조선 연맹이 설치되었다. □ ○ □ X

12 전두환 정부 시기에 프로 야구를 6개 구단으로 출범시켰다. □ ○ □ X

정답 | **01** ○ **02** X **03** ○ **04** ○ **05** X **06** ○ **07** X **08** ○ **09** X **10** ○ **11** ○ **12** ○

해설 | **02** 신라 법흥왕 때이다. **05** 충렬왕이다. **07** 일본에 대한 최혜국 대우가 인정된 것은 조·일 통상 장정 개정(1883)이다. **09** 조소앙이다.

01 밑줄 친 '왕'의 재위 기간의 사실로 가장 옳은 것은?

> 왕이 국서에서 다음과 같이 말하였다. " …… 열국(列國)을 거느리고 여러 번(蕃)을 총괄하면서, 고려의 옛 땅을 회복하고 부여의 습속을 지니고 있습니다. 그러나 다만 너무 멀어 길이 막히고 끊겨졌습니다. 어진 이와 가까이하며 우호를 맺고 옛날의 예에 맞추어 사신을 보내어 이웃을 찾는 것이 오늘에야 비롯하게 되었습니다."

① 해동성국이라는 칭호를 얻었다.
② 처음 당으로부터 발해 군왕에 책봉되었다.
③ 전륜성왕과 황상 등의 칭호를 사용하였다.
④ 당과 신라를 견제하기 위해 돌궐과 교류하였다.

02 (가) 왕에 대한 설명으로 옳은 것은?

> [가]은/는 …… 아우로서 왕위를 계승하였습니다. 후로 아래 사람을 접하는데 예가 있었으며, 밝은 관찰력으로 사람을 잘 알아보았습니다. 종친과 귀족이라 해서 사정을 두지 않았고, 항상 공신 세력을 억제하였으며 소원하고 천한 사람이라고 버리지 않았고, 의탁할 데 없는 백성들에게 혜택을 베풀었습니다. 그가 즉위한 해로부터 8년간 정치와 교화가 맑고 공평하였으며 형벌과 표창이 지나치지 않았습니다. 그러나 쌍기를 등용한 후로부터 문사를 존중하여 대접하는 것이 지나치게 후하였습니다.

① 노비환천법을 실시하였다.
② 전민변정도감을 설치하였다.
③ 흑창을 확대하여 의창을 설치하였다.
④ 균여를 귀법사의 주지로 삼고 불교를 정비하였다.

03 (가), (나)에 해당하는 정치 세력에 관한 설명으로 가장 옳지 않은 것은?

> (가) 계유정난의 공신 세력으로 대체로 서울에 거주하며 고위 관직을 독차지하였다.
> (나) 영남·기호 지방을 중심으로 성장한 세력으로, 성종 무렵부터 전랑과 3사 언관직에 진출하였다.

① (가)는 불교·도교·풍수지리·민간 신앙 등에 비교적 포용적이었다.
② (나)는 서원과 향약을 기반으로 세력을 확대하였다.
③ (나)는 부국강병과 중앙 집권적 정치 체제를 추구하였다.
④ (가)는 고려 말에 전면적인 토지 개혁을 주장한 사대부 세력에 기원을 두었다.

04 다음 주장을 한 인물에 대한 설명으로 옳은 것은?

> 우리나라가 아시아의 인후에 해당하는 지리적 위치는 유럽의 벨기에와 같고, 중국에 조공하던 처지는 터키에 조공하던 불가리아와 같다. 그런데 불가리아가 중립 조약을 체결한 것은 유럽의 여러 대국들이 러시아의 침략을 막으려는 목적에서 나온 것이었고, 벨기에가 중립 조약을 체결한 것은 유럽의 여러 대국들이 자국을 보전하려는 계책에서 나온 것이었다. 대저 조선이 아시아의 중립국이 된다면 러시아를 방어하는 큰 기틀이 될 것이고, 또한 아시아의 여러 대국들이 서로 보전하는 방책도 될 것이다.

① 「민족적 경륜」을 발표하였다.
② 대한매일신보의 발행인이었다.
③ 국문 연구소에서 국어 문법을 연구하였다.
④ 보빙사로 파견되어 『서유견문』을 저술하였다.

05 (가) 제도에 대한 설명으로 옳은 것을 〈보기〉에서 모두 고른 것은?

> 현물로 바칠 벌꿀 한 말의 값은 본래 목면 3필이지만, 모리배들은 이를 먼저 대납하고 4필 이상을 거두어 갑니다. 이런 폐단을 없애기 위해 [(가)]을/를 시행하면 부유한 양반 지주가 원망하고, 시행하지 않으면 가난한 농민이 원망한다는데, 농민의 원망이 훨씬 더 큽니다. 경기와 강원에서 이미 시행하고 있으니 충청과 호남 지역에도 하루빨리 시행해야 합니다.

〈보기〉
㉠ 결작미를 징수하는 계기가 되었다.
㉡ 풍흉을 고려하여 토지세를 거두었다.
㉢ 관리 기관으로 선혜청을 설치하였다.
㉣ 지역에 따라 베·포·동전 등으로 대납하기도 하였다.

① ㉠, ㉡
② ㉢, ㉣
③ ㉠, ㉡, ㉢
④ ㉡, ㉢, ㉣

06 (가) 조약이 체결된 결과에 대한 설명으로 옳은 것은?

> 짐은 최근 한국과 일본 사이에 체결된 [(가)]이/가 총검과 공갈하에 책정된 것이므로 전혀 무효임을 선언한다. 짐은 이에 동의한 일이 없으며 앞으로도 동의하지 않을 것이니 이 뜻을 미국 정부에 전달하기 바란다.

① 차관 정치가 시작되었다.
② 유인석, 이소응 등이 의병을 일으켰다.
③ 독도가 일본의 영토로 불법적으로 편입되었다.
④ 장지연이 황성신문에 이를 비판하는 사설을 게재하였다.

07 (가), (나) 사이 시기의 사실로 옳은 것은?

> (가) 내시지후 김찬과 내시녹사 안보린이 동지추밀원사 지녹연, 상장군 최탁, 오탁, 대장군 권수, 장군 고석 등과 함께 이자겸과 척준경을 암살하려고 시도하였으나 이루지 못하였다. 이자겸과 척준경이 군사를 동원하여 궁궐을 침범하였다.
>
> (나) 병진년 동북면병마사 간의대부 김보당이 동계에서 군사를 일으켜 전 왕을 복위시키고자 하였다. 동북면지병마사 한언국이 군사를 일으켜 이에 호응하였다.

① 대위국이 수립되었다.
② 교정도감이 설치되었다.
③ 동북 9성을 여진에 돌려주었다.
④ 최광수가 고구려 부흥을 목표로 봉기하였다.

08 밑줄 친 (가)의 사실을 보여주는 문화유산으로 옳은 것을 〈보기〉에서 모두 고른 것은?

> 국왕의 전사라는 국가적 위기를 타개하기 위해 4세기 후반에 고구려의 소수림왕은 중앙 집권화 및 체제 정비에 집중하였다. 이를 바탕으로 고구려는 4세기 말~5세기 후반에 적극적인 대외 확장 정책을 전개하였다. 특히 이 시기에 한반도 남부에 침입한 왜를 격파한 것을 계기로 (가) 고구려가 신라에 정치·군사적인 영향력을 행사하게 되었다.

〈보기〉
㉠ 이불병좌상
㉡ 석촌동 고분
㉢ 충주 고구려비
㉣ 천마총 출토 유리잔
㉤ 호우총 출토 청동 호우

① ㉠, ㉡
② ㉡, ㉤
③ ㉢, ㉣
④ ㉢, ㉤

09 (가), (나)가 발표된 사이 시기의 사실로 옳은 것을 〈보기〉에서 모두 고른 것은?

(가) 제2조 중국 관헌은 각 현에 명령하여 거류하는 조선인이 무기를 휴대하고 조선에 침입하는 것을 엄금한다. 위반하는 자는 이를 체포하여 조선 총독부 관헌에게 인도한다.
제3조 불령선인 단체를 해산하고 소유한 총기를 수색하여 이를 몰수하고 무장을 해제한다.

(나) 육군 특별 지원병령이 공포되고 이제 조선 교육령이 다시 개정되었으니 관민에게 그 깊은 뜻을 알리고자 한다. 대체로 조선 통치의 목표는 조선인들이 참된 황국 신민으로서의 본질에 철저하게 하여, 내선일체를 이루어 …… 동아의 일에 대처하도록 하는 것이다.

〈보기〉
㉠ 근우회 조직
㉡ 간도 참변 발생
㉢ 브나로드 운동 전개
㉣ 여자 정신대 근무령 공포

① ㉠, ㉡　　　　　② ㉠, ㉢
③ ㉡, ㉢　　　　　④ ㉢, ㉣

10 다음 헌법이 시행된 시기의 사실로 옳은 것은?

제47조 대통령의 임기는 6년으로 한다.
제53조 대통령은 필요하다고 인정할 때에는 이 헌법에 규정되어 있는 국민의 자유와 권리를 잠정적으로 정지하는 긴급 조치를 할 수 있고, 정부나 법원의 권한에 관하여 긴급 조치를 할 수 있다.
제59조 대통령은 국회를 해산할 수 있다.

① 한·일 협정이 조인되었다
② 향토 예비군이 창설되었다.
③ YH 무역 노동자들의 농성이 강경 진압되었다.
④ 대통령 선거인단에 의해 대통령이 선출되었다.

마무리 OX 퀴즈

☑ 모의고사에 출제된 개념을 OX 퀴즈를 통해 한 번 더 점검해보세요.

전근대사

01 호우총 출토 청동 호우는 고구려가 신라에 정치·군사적인 영향력을 행사하였음을 보여준다. ☐ O ☐ X

02 발해는 무왕 재위 기간에 당과 신라를 견제하기 위해 돌궐과 교류하였다. ☐ O ☐ X

03 고려 광종은 노비환천법을 실시하였다. ☐ O ☐ X

04 훈구는 사림에 비해 불교·도교·풍수지리·민간 신앙 등에 비교적 포용적이었다. ☐ O ☐ X

05 사림은 부국강병과 중앙 집권적 정치 체제를 추구하였다. ☐ O ☐ X

06 광해군은 대동법을 실시하며 관리 기관으로 선혜청을 설치하였다. ☐ O ☐ X

근현대사

07 유길준은 보빙사로 파견되어 『서유견문』을 저술하였다. ☐ O ☐ X

08 주시경은 국문 연구소에서 국어 문법을 연구하였다. ☐ O ☐ X

09 을사늑약이 체결됨에 따라 차관 정치가 시작되었다. ☐ O ☐ X

10 을사늑약이 체결되자 장지연이 황성신문에 이를 비판하는 사설을 게재하였다. ☐ O ☐ X

11 1927년에 여성 단체인 근우회가 조직되었다. ☐ O ☐ X

12 유신 헌법이 시행된 시기에는 대통령 선거인단에 의해 대통령이 선출되었다. ☐ O ☐ X

정답 | 01 ○ 02 ○ 03 X 04 ○ 05 X 06 ○ 07 ○ 08 ○ 09 X 10 ○ 11 ○ 12 X

해설 | **03** 고려 성종이다. **05** 훈구에 대한 설명이다. **09** 차관 정치가 시작된 것은 한·일 신협약(1907)과 함께 작성된 비밀 부수 각서 체결의 결과이다. **12** 통일 주체 국민회의에서 선출되었다.

해커스공무원
매일 하프모의고사 한국사

실전
모의고사

제1회~제3회

01 고조선 관련 기록에 대한 설명으로 옳은 것만을 모두 고르면?

> ㉠ 중국 역사서인 『한서』에는 고조선의 8조법 중 세 조항이 기록되어 있다.
> ㉡ 이규보의 『동명왕편』은 단군 신화의 내용이 기록된 가장 오래된 역사서이다.
> ㉢ 『동국통감』에는 요 임금 때인 기원전 2333년에 단군 조선이 건국되었다고 기록되어 있다.
> ㉣ 홍만종, 안정복 등의 학자들은 단군 조선을 인정하지 않고, 기자 조선만을 정통 국가로 보았다.

① ㉠, ㉢   ② ㉠, ㉣
③ ㉡, ㉢   ④ ㉢, ㉣

02 밑줄 친 '왕'이 재위하던 시기의 사실로 옳은 것은?

> 영동대장군 백제 사마<u>왕</u>은 나이가 62세 되는 계묘년 5월 임진일인 7일에 돌아가셨다. 을사년 8월 갑신일인 12일에 안장하여 대묘에 올려 모시며 기록하기를 이와 같이 한다.

① 웅진으로 수도를 옮겼다.
② 신라와 처음 동맹을 맺었다.
③ 지방에 22담로를 두고 왕족을 파견하였다.
④ 일본에 노리사치계를 보내 불경 등을 전했다.

03 (가), (나) 사건 사이에 있었던 사실로 옳은 것만을 〈보기〉에서 모두 고르면?

> (가) 노구교 사건을 계기로 중·일 전쟁이 일어났다.
> (나) 일본의 진주만 기습으로 태평양 전쟁이 일어났다.

> ───────〈보기〉───────
> ㉠ 지원병제가 실시되었다.
> ㉡ 치안 유지법이 제정되었다.
> ㉢ 국민 징용령이 공포되었다.
> ㉣ 제4차 조선 교육령이 공포되었다.

① ㉠, ㉢   ② ㉠, ㉣
③ ㉡, ㉢   ④ ㉢, ㉣

04 (가), (나) 기구에 대한 설명으로 가장 옳은 것은?

> • 국초에 [(가)] 을/를 설치하여 시중·평장사·참지정사·정당문학·지문하성사로 판사를 삼고, 판추밀 이하로 사를 삼아 일이 있을 때 모였는데, 간혹 합좌라는 이름으로 불리기도 하였다. 한 해에 한 번 모이기도 하고 여러 해 동안 모이지 않기도 하였다. …… 원에 사대한 이후 급한 일이 많아 항상 합좌하였다.
> • [(나)]에서 조사한 결과 대부경 왕희걸, 우사낭중 유백인, 예부낭중 최복규, 원외랑 이응년 등이 서경 분사(分司)에서 토지를 겸병하여 재물을 모으고 있음이 드러나 이를 탄핵하고 그들을 관직에서 파면할 것을 요청하니 왕이 이 제의를 따랐다.

① (가) - 서경권을 행사하였다.
② (가) - 재신과 낭사를 중심으로 구성되었다.
③ (나) - 왕명 출납과 군사 기밀을 관리하였다.
④ (나) - 발해의 중정대와 유사한 성격의 기구이다.

05 밑줄 친 '왕'이 재위하던 시기의 사실로 옳은 것은?

> <u>왕</u>이 이종무를 보내어 대마도를 정벌하였다. …… 세사미두와 세견선에 대한 약조를 정하였다. 대마도 도주에게는 매년 쌀과 콩 200섬을 주기로 하였고, 세견선은 50척으로 하되 부득이 보고할 일이 있으면 그 숫자 외에도 특송선을 보내게 해주었다.

① 정간보가 창안되었다.
② 『국조오례의』가 완성되었다.
③ 인지의와 규형이 제작되었다.
④ 주자소가 설치되고 계미자가 주조되었다.

06 다음은 고려 시대 토지 제도에 대한 설명이다. ⑦~②을 시행된 시기 순으로 바르게 나열한 것은?

> ⑦ 공신의 공로와 인품을 기준으로 토지를 지급하였다.
> ⓒ 관직만을 기준으로 전·현직 관리에게 토지를 지급하였다.
> ⓒ 무반에 대한 차별 대우가 개선되었으며 한외과가 소멸되었다.
> ② 4색 공복을 기준으로 문·무반과 잡업으로 나누어 토지를 지급하였다.

① ⑦ - ⓒ - ② - ⓒ
② ⑦ - ② - ⓒ - ⓒ
③ ② - ⑦ - ⓒ - ⓒ
④ ② - ⓒ - ⑦ - ⓒ

07 (가) 지역에 대한 역사적 사실로 옳은 것은?

> 금번에 (가) 의 난민이 소동을 일으킨 것은 오로지 전 우병사 백낙신이 탐욕을 부려서 수탈하였기 때문입니다. 환포와 도결 6만 냥을 집집마다 배정하여 억지로 받으려 하자 봉기하였습니다.

① 고려군이 고창 전투에서 승리를 거둔 곳이다.
② 조선 후기 송상의 활동 거점이었다.
③ 동학 농민군과 조선 정부가 화약을 맺은 곳이다.
④ 이학찬이 이곳에서 조선 형평사를 조직하였다.

08 다음 글을 쓴 인물에 대한 설명으로 옳은 것은?

> 이(理)가 아니면 기(氣)가 근거할 곳이 없고, 기가 아니면 이가 근거할 곳이 없다. 이미 둘이 아닌 즉, 하나도 아니다. …… 이와 기는 서로 떨어지지 않을 수 없으나 묘하게 결합된 가운데 존재한다.

① 소수 서원에 제향되었다.
② 『성학십도』를 저술하여 왕에게 바쳤다.
③ 기자의 행적을 정리한 『기자실기』를 저술하였다.
④ 서리의 폐단을 강력하게 비판한 서리망국론을 주장하였다.

09 (가) 나라에 대한 설명으로 옳지 않은 것은?

> 왕후가 왕의 궁궐로 점점 다가오자, 왕이 나가서 맞아들여 함께 궁궐로 들어갔다. …… 왕후가 왕에게 말하였다. "저는 아유타국의 공주로 이름은 허황옥입니다. 저희 부왕께서 황후와 함께 저에게 말씀하시기를, '…… 너는 여기서 얼른 부모와 작별하고 배필을 찾아 (가) 로 떠나거라'라고 하셨습니다. …… 그리하여 모습을 가다듬고 감히 용안을 뵙게 되었습니다."

① 신라 법흥왕에게 결혼 동맹을 요청하였다.
② 대표적인 문화유산으로 대성동 고분군이 있다.
③ 광개토 대왕의 신라 구원으로 위기를 맞았다.
④ 이 나라의 건국 설화가 『삼국유사』를 통해 전해진다.

10 (가), (나) 농법에 대한 설명으로 옳은 것은?

> (가) 김매기의 수고를 줄이는 것이 이 농법이 귀중한 첫 번째 이유이며, 두 땅의 힘으로 하나의 모를 서로 기르는 것이 두 번째 이유이다.
> (나) 작은 보습으로 이 이랑에다 고랑을 내는데 …… 그 뒤 고랑에 거름재를 두껍게 펴고, 구멍 뚫린 박에 조를 담고서 파종한다.
> – 『임원경제지』

① (가)는 조선 초기부터 정부에서 적극적으로 권장한 농법이었다.
② (나)의 실시로 벼와 보리의 이모작이 가능해졌다.
③ (가)의 확산으로 농민 간의 빈부 격차가 심화되었다.
④ (나)는 논 작물의 파종법으로 보습과 방한에 효과가 있었다.

11 다음 사건을 시기 순으로 바르게 나열한 것은?

> ㉠ 천리장성이 완성되었다.
> ㉡ 윤관의 건의로 별무반이 창설되었다.
> ㉢ 강감찬이 귀주에서 거란군을 물리쳤다.
> ㉣ 외적의 침입으로 황룡사 9층 목탑이 소실되었다.

① ㉠ - ㉢ - ㉡ - ㉣
② ㉢ - ㉠ - ㉡ - ㉣
③ ㉢ - ㉣ - ㉠ - ㉡
④ ㉣ - ㉢ - ㉠ - ㉡

12 다음 자료의 주장을 반박할 근거로 적절한 것만을 〈보기〉에서 모두 고르면?

> 속말말갈은 중원의 봉건 문화의 영향을 많이 받았다. …… 속말말갈의 대조영이 여러 부족을 통일하고 …… 이로부터 속말말갈의 호를 발해라고 하면서, 발해가 정식으로 당조에 편입되었다.
>
> – 『중국 고대사 교과서』

> ─────〈보기〉─────
> ㉠ 주작대로
> ㉡ 3성 6부와 주자감
> ㉢ 무왕·문왕의 대일본 국서
> ㉣ 정혜 공주묘의 천장 구조

① ㉠, ㉢   ② ㉡, ㉣
③ ㉢, ㉣   ④ ㉠, ㉢, ㉣

13 밑줄 친 '나'에 대한 설명으로 옳은 것은?

> 달은 하나이나 냇물의 갈래는 만 개가 된다. …… 나는 그 냇물이 세상 사람들이라는 것을 안다. 빛을 받아 비추어서 드러나는 것은 사람들의 상이다. 달이라는 것은 태극이요, 태극은 나이다.

① 장용영을 창설하였다.
② 신문고 제도를 부활시켰다.
③ 백두산 정계비를 건립하였다.
④ 『속대전』과 『동국문헌비고』를 편찬하였다.

14 밑줄 친 '전쟁'에 대한 설명으로 옳은 것은?

> 4월 15일 강화도 손돌목에 도달한 미군 함대에 대해 조선군 포대가 포격을 개시하며 무력 충돌이 일어났다. 미군은 포격에 대한 조선 측의 사죄를 요구하였으나, 조선 정부가 이를 거부하며 본격적인 전쟁이 시작되었다.

① 강화도 조약이 체결되는 계기가 되었다.
② 어재연 부대가 광성보 전투에서 항전하였다.
③ 서양인 선교사의 처형 사건을 구실로 일어났다.
④ 제너럴셔먼호 사건이 발생하는 배경이 되었다.

15 대한민국 임시 정부에 대한 설명으로 옳지 않은 것은?

① 국내와의 연락을 위해 만주의 이륭양행 등에 교통국을 설치하였다.
② 외교 운동을 전개하기 위해 미국, 일본, 중국 등에 위원부를 설치하였다.
③ 이승만 대통령 탄핵 이후 국무령 중심의 내각 책임제로 체제를 전환하였다.
④ 충칭에 정착한 이후 창설된 한국광복군은 초기에 중국 정부의 간섭을 받았다.

16 밑줄 친 '이 단체'에 대한 설명으로 옳은 것은?

> 장지연, 윤효정 등의 주도로 결성된 이 단체는 민족의 실력 양성과 민중의 계몽을 통해 독립의 기초를 마련하는 것을 목표로 하였다. 이를 위해 이 단체는 지방에 지회를 설치하고 월보를 간행하여 국민 교육과 식산의 흥업을 통한 자강의 중요성을 민중에게 알리고자 하였다. 또한 이 단체의 지도부는 당시 전개되었던 국채 보상 운동에 적극적으로 참여할 것을 결의하기도 하였다.

① 총독부에 의해 강제로 해산되었다.
② 고종 퇴위 반대 운동을 전개하였다.
③ 해외 독립 운동 기지를 건설하였다.
④ 일본의 황무지 개간권 요구를 철회시켰다.

17 밑줄 친 '그'에 대한 설명으로 옳은 것은?

> 우연히 광대들이 놀리는 큰 박을 얻었는데 그 모양이 괴이하였다. …… 그는 일찍이 이것을 가지고 수많은 촌락에서 노래하고 춤추며 교화하고 돌아오니 뽕나무 농사짓는 노인이나 옹기 장이, 무지몽매한 무리까지도 모두 부처의 이름을 알게 되어 나무아미타불을 부르게 되었으니 그의 교화가 컸다.

① 가지산파를 개창하여 선종을 보급하였다.
② 거조암, 길상사 등에서 결사 운동을 주도하였다.
③ 당나라에 유학하여 지엄의 문하에서 수학하였다.
④ 화쟁을 통해 유식과 중관의 대립을 극복하고자 하였다.

18 일본의 국권 침탈 과정을 시기 순으로 바르게 나열한 것은?

> ㉠ 대한 제국의 재정 고문으로 메가타가 임명되었다.
> ㉡ 대한 제국의 사법권 및 감옥 사무 처리권이 박탈당하였다.
> ㉢ 통감부가 설치되어 이토 히로부미가 초대 통감으로 취임하였다.
> ㉣ 일본과 미국이 한반도 및 필리핀에 대한 지배를 상호 인정하였다.

① ㉠ - ㉣ - ㉡ - ㉢
② ㉠ - ㉣ - ㉢ - ㉡
③ ㉣ - ㉠ - ㉡ - ㉢
④ ㉣ - ㉠ - ㉢ - ㉡

19 (가), (나)가 발표된 사이 시기의 사실로 옳은 것은?

> (가) 본관(本官)은 본관에게 부여된 태평양 방면 미국 육군 부대 총사령관의 권한으로써 이에 북위 38도 이남의 조선과 그 곳의 주민에 대하여 군정을 설립하고, 다음과 같은 점령 조항을 발표한다.
> 제1조 북위 38도 이남의 조선 영토와 조선 인민에 대한 모든 권한은 당분간 본관의 관할을 받는다. ……
> (나) 통일 정부를 고대하나 여의케 되지 않으니 우리는 남방만이라도 임시 정부 혹은 위원회 같은 것을 조직하여 38도선 이북에서 소련이 철퇴하도록 세계 공론에 호소해야 할 것이다.

① 건국 준비 위원회가 결성되었다.
② 좌·우 합작 위원회가 조직되었다.
③ 제2차 미·소 공동 위원회가 개최되었다.
④ 탁치 반대 국민 총동원 위원회가 결성되었다.

20 (가) 시기의 사실로 옳은 것은?

> 김종필·오히라 비밀 회담 개최
> ↓
> (가)
> ↓
> 개헌 청원 백만인 서명 운동 전개

① 한·미 원조 협정이 체결되었다.
② 연간 수출 총액이 늘어나 수출 100억 달러를 돌파하였다.
③ 베트남에 전투 부대를 파병하고 브라운 각서를 체결하였다.
④ 자유 무역이 확대되는 가운데 국제 통화 기금에 구제 금융을 요청하였다.

정답 및 해설 _약점 보완 해설집 p.92

01 고구려와 관련된 ㉠~㉣의 사건을 시기 순으로 바르게 나열한 것은?

> ㉠ 한성을 공격하여 아신왕을 굴복시켰다.
> ㉡ 흥안령 일대의 초원 지대를 장악하였다.
> ㉢ 귀족들의 반발을 물리치고 을파소를 국상으로 등용하였다.
> ㉣ 동옥저를 정복하고, 계루부 고씨의 왕위 세습을 확립하였다.

① ㉢ - ㉣ - ㉠ - ㉡
② ㉢ - ㉣ - ㉡ - ㉠
③ ㉣ - ㉡ - ㉢ - ㉠
④ ㉣ - ㉢ - ㉠ - ㉡

02 다음 정책을 실시한 왕대의 사실로 옳은 것은?

> ○ 6조 직계제를 실시하였다.
> ○ 중앙군인 5위를 정비하고, 보법을 실시하였다.

① 사간원을 독립시켰다.
② 비변사를 설치하였다.
③ 유향소를 혁파하였다.
④ 『경국대전』을 완성·반포하였다.

03 밑줄 친 '이 나라'에 대한 설명으로 옳은 것은?

> 이 나라는 고구려 개마대산의 동쪽에 있는데, 큰 바닷가에 접해 산다. 그 지형은 동북 방향은 좁고 서남 방향은 길어서 천 리 정도나 된다. …… 대군왕이 없으며, 읍락에는 각각 대를 잇는 장수(長帥)가 있다. …… 이 나라의 여러 읍락 우두머리는 스스로를 삼로라고 일컬었는데 ……

① 오녀산성을 근거로 성장하였다.
② 도둑질을 하면 12배를 배상하게 하였다.
③ 민며느리제라는 독특한 혼인 풍습이 있었다.
④ 죄를 지은 사람이 소도에 들어가면 잡아가지 못하였다.

04 다음 상소문을 올린 인물의 주장으로 옳지 않은 것은?

> 임금이 백성을 다스릴 때 집집마다 가서 날마다 그들을 살펴보는 것이 아닙니다. 그러므로 수령을 나누어 파견하여, 백성을 살피게 하는 것입니다. 우리 태조께서도 통일한 뒤에 외관을 두고자 하셨으나, 대개 초창기였기 때문에 일이 번잡하여 미처 그럴 겨를이 없었습니다. 이제 제가 살펴보건대, 지방 토호들이 늘 공무를 빙자하여 백성들을 침해하며 포악하게 굴어, 백성들이 명령을 견뎌내지 못합니다. 청컨데 외관을 두도록 하십시오.

① 모든 제도와 풍속은 중국의 것을 따를 것
② 임금은 겸손한 마음과 예의로써 신하를 대할 것
③ 연등회와 팔관회를 대폭 줄여 백성의 수고를 덜어줄 것
④ 양인과 천인의 법을 바로 세워 신분 질서를 엄격히 할 것

05 우리나라의 유네스코 세계 문화유산 및 기록유산에 대한 설명으로 옳은 것만을 모두 고르면?

> ㉠ 창덕궁은 광해군 때 중건된 궁궐로, 숙종 때는 후원에 대보단이 설치되기도 하였다.
> ㉡ 법주사 팔상전과 부석사 무량수전 등은 조선 후기의 화려한 사원 건축 양식을 보여준다.
> ㉢ 임진왜란 이전에는 『조선왕조실록』을 춘추관과 충주, 성주, 전주의 사고에 보관하였다.
> ㉣ 물산 장려 운동, 새마을 운동 등의 경제 운동 관련 기록물이 세계 기록유산으로 등재되어 있다.

① ㉠, ㉢
② ㉠, ㉣
③ ㉡, ㉢
④ ㉢, ㉣

06 (가) 왕에 대한 설명으로 옳은 것은?

> (가) 은/는 대부분의 말갈족을 복속시키고, 요동 지역으로 진출하였으며, 남쪽으로는 신라와 국경을 접할 정도로 넓은 영토를 차지하였다. 이렇게 전성기를 맞은 발해를 당시 중국에서는 해동성국이라고 불렀다.

① '천통'이라는 연호를 사용하였다.
② 수도를 중경 현덕부에서 상경 용천부로 옮겼다.
③ 산둥 지방에 장문휴를 파견해 당을 공격하였다.
④ 5경 15부 62주의 지방 행정 조직을 정비하였다.

07 조·청 상민 수륙 무역 장정에 대한 설명으로 옳은 것만을 모두 고르면?

> ㉠ 조선이 자주국임을 규정하였다.
> ㉡ 영선사가 파견되는데 영향을 주었다.
> ㉢ 조·미 수호 통상 조약보다 나중에 체결되었다.
> ㉣ 한성 및 양화진에서 청 상인의 무역이 허용되는 계기가 되었다.

① ㉠, ㉡
② ㉡, ㉢
③ ㉡, ㉣
④ ㉢, ㉣

08 밑줄 친 ㉠~㉣에 대한 설명으로 옳지 않은 것은?

> ㉠왕에게 건의하기를, "제가 보건대 ㉡서경 임원역의 땅은 ㉢풍수지리를 하는 사람들이 말하는 대화세(大華勢)입니다. 만약 이곳에 궁궐을 짓고 전하께서 옮겨 앉으시면 천하를 다스릴 수 있습니다. 또한 ㉣금이 공물을 바치고 스스로 항복할 것이고 주변의 36개 나라가 모두 머리를 조아릴 것입니다." …… 이에 ㉠왕이 궁궐을 새로 짓게 하였다.

① ㉠은 15개조 유신령을 발표하였다.
② ㉡에서 조위총이 이의방과 정중부를 제거하고자 반란을 일으켰다.
③ ㉢에 근거하여 문종 때 남경개창도감이 설치되었다.
④ ㉣은 ㉠의 재위 시기에 고려에 군신 관계를 요구하였다.

09 (가), (나) 사건 사이에 있었던 사실로 옳은 것만을 〈보기〉에서 모두 고르면?

> (가) 포도청에서 염탐하여 제천 땅에서 붙잡아 그의 문서를 수색하니, 장차 북경의 천주당에 통하려한 문서가 있었다. 문서에 흉악하고 참람한 말들로 가득하니, …… 하나는 서양국에 큰 선박 수백 척에 정예 병사 5~6만 명을 갖추어 보내고 대포 등 무서운 병기를 많이 싣고 와서 사교가 행해지도록 하기 위함이었다.
>
> (나) 의금부에서, "죄인 남종삼은 명백한 근거도 없이, 러시아에 변란이 있을 것이고 프랑스와 조약을 맺을 계책이 있다면서 사람들을 현혹하였습니다. 감히 나라를 팔아먹고자 몰래 외적을 끌어들이려 하였으니, 그 죄는 만 번을 죽여도 모자랍니다. 죄인이 자백하였습니다."라고 아뢰었다.

> ─────〈보기〉─────
> ㉠ 이승훈이 북경에서 세례를 받았다.
> ㉡ 정하상이 『상재상서』를 저술하였다.
> ㉢ 최제우가 경주에서 동학을 창시하였다.
> ㉣ 장길산이 황해도 지역 등에서 도적 활동을 벌였다.

① ㉠, ㉡
② ㉠, ㉢
③ ㉡, ㉢
④ ㉢, ㉣

10 다음 자료에 나타난 시기의 사실로 가장 옳은 것은?

> ○ 재상의 집에는 녹(祿)이 끊이지 않았다. 노비가 3천 명이나 되고 갑옷을 입은 병사와 소, 말, 돼지의 수도 그와 비슷하였다. 가축은 바다 가운데 있는 섬에 풀어 놓고 기르다가 필요할 때에는 활을 쏘아 잡아먹는다. 곡식을 남에게 빌려주고 이자를 받아 늘리는데, 기간 안에 갚지 못하면 노비로 삼아 일을 시켰다.
>
> ○ 도적이 서남쪽에서 일어나 붉은 바지를 입고 특이하게 굴어 …… 그들이 주현을 무찌르고 서울 서부 모량리까지 와서 민가를 약탈하여 갔다.

① 보우가 9산 선문의 통합을 주장하였다.
② 중앙에서 파견된 촌주가 촌락을 통제하였다.
③ 최승우 등의 6두품이 당나라 빈공과에 급제하였다.
④ 소의 주민들이 광물이나 수공업 제품을 생산하였다.

11 조선 시대의 정치 제도에 대한 사실로 옳지 않은 것은?

① 다섯 가구를 1통으로 편제하여 주민을 통제하였다.

② 4관 중 교서관은 외교 문서 작성에 대한 업무를 담당하였다.

③ 이조의 정랑과 좌랑에게 삼사의 관리를 추천·선발하는 권한이 주어졌다.

④ 지방관은 정해진 임기 동안 지방을 다스렸으며 출신지에는 임명될 수 없었다.

12 다음 글을 작성한 인물에 대한 설명으로 옳은 것은?

> 삼천만 자매형제여! 한국이 있어야 한국 사람이 있고 한국 사람이 있고야 민주주의도 공산주의도 또 무슨 단체도 있을 수 있는 것이다. …… 나는 통일된 조국을 건설하려다가 38선을 베고 쓰러질지언정 일신에 구차한 안일을 취하여 단독 정부를 세우는 데는 협력하지 아니하겠다.

① 진보당 사건으로 처형되었다.

② 조선 건국 동맹을 조직하였다.

③ 남북 대표자 회의의 소집을 요구하였다.

④ 대한민국 정부의 초대 부통령으로 선출되었다.

13 다음은 일제가 추진한 정책들이다. ㉠~㉢을 시기 순으로 바르게 나열한 것은?

> ㉠ 토지 조사령이 공포되었다.
> ㉡ 조선 농지령이 제정되었다.
> ㉢ 근로 보국대가 조직되었다.
> ㉣ 일본 상품에 대한 관세가 폐지되었다.

① ㉠ – ㉡ – ㉣ – ㉢

② ㉠ – ㉣ – ㉡ – ㉢

③ ㉡ – ㉠ – ㉢ – ㉣

④ ㉡ – ㉣ – ㉠ – ㉢

14 밑줄 친 '왕'대의 사실로 옳은 것은?

> 왕이 세상 일에 초연한 이를 높은 지위에 올림으로써 오래 묵은 폐습들을 혁신하려는 생각을 품게 되었다. …… 이에 신돈과 함께 모든 국정을 의논했다. 그는 정권을 잡은지 한 달 만에 대신들을 참소하여 헐뜯었으며 …… 왕에게 건의하여 전민변정도감을 설치하고 스스로 판사의 자리에 앉았다.

① 정동행성이 설치되었다.

② 이제현이 『사략』을 저술하였다.

③ 이성계가 황산에서 왜구를 격퇴하였다.

④ 삼별초가 진도에서 대몽 항쟁을 전개하였다.

15 현대의 시기별 교육 정책 변화에 대한 설명으로 옳은 것은?

① 이승만 정부는 6·3·3 학제를 처음 마련하였다.

② 박정희 정부는 유신 헌법 제정 이후 국민 교육 헌장을 선포하였다.

③ 신군부의 7·30 교육 개혁 조치로 중학교 무시험 진학 제도가 실시되었다.

④ 김영삼 정부는 대학 수학 능력 시험을 실시하고 국민학교의 명칭을 초등학교로 바꾸었다.

16 과전법에 대한 설명으로 옳지 않은 것은?

① 최대 150결에서 최하 10결의 전지가 지급되었다.

② 현직 관료는 물론 퇴직자에게도 토지가 지급되었다.

③ 죽은 관료의 가족들에게 생계 유지를 위한 구분전이 지급되었다.

④ 경기 지역 토지에 대한 수조권을 지급하여 관료의 경제적 기반을 보장하였다.

17 ㉠~㉢의 사건을 시기 순으로 바르게 나열한 것은?

㉠ 지청천이 이끄는 한국 독립군이 동경성 전투에서 승리하였다.

㉡ 서일을 총재로 한 대한 독립 군단이 러시아 자유시로 이동하였다.

㉢ 대한 독립군과 북로 군정서군이 백운평, 어랑촌 전투에서 대승을 거두었다.

㉣ 일제와 만주 군벌 사이에 '재만 한인 단속 방법에 관한 협약'이 체결되었다.

① ㉡ - ㉢ - ㉠ - ㉣

② ㉡ - ㉢ - ㉣ - ㉠

③ ㉢ - ㉡ - ㉣ - ㉠

④ ㉢ - ㉣ - ㉡ - ㉠

18 (가) 인물에 대한 설명으로 옳은 것은?

[가]은/는 호를 정밀하게 밝혀 계산하고, 신포를 고르게 징수하였다. 이 때문에 …… 신하들이 법의 시행을 막고자 "만약 이와 같이 하면 나라에서 충신과 공신을 포상 장려하고자 하는 깊은 뜻이 사라지게 됩니다."라고 말하였다. [가]은/는 "충신과 공신이 이룩한 사업도 나라와 백성을 위한 것이었다. 지금 그 후손이 면제를 받기 때문에 일반 평민이 법에 정해진 것보다 무거운 부담을 지게 된다면 충신의 본 뜻이 아닐 것이다."라고 대답하며 단호히 법을 시행하였다.

① 결작세를 신설하였다.

② 사창제를 실시하였다.

③ 『대전통편』을 편찬하였다.

④ 무위영과 장어영을 설치하였다.

19 다음 주장과 관련된 사건의 결과로 옳은 것은?

- 문벌을 폐지하여 인민 평등의 권리를 제정한다.
- 전국적으로 지조법을 개혁한다.
- 혜상공국을 혁파한다.
- 재정은 모두 호조에서 관할하게 한다.

① 중추원 관제가 반포되었다.

② 한성 사범 학교가 설립되었다.

③ 일본과의 한성 조약이 체결되었다.

④ 전라도 지역에 집강소가 설치되었다.

20 다음 글을 작성한 인물에 대한 설명으로 옳은 것은?

역사란 무엇이뇨? 인류 사회의 '아(我)'와 '비아(非我)'의 투쟁이 시간부터 발전하며 공간부터 확대하는 심적 활동의 상태의 기록이니, 세계사라 하면 세계 인류의 그리 되어 온 상태의 기록이며, 조선사라면 조선 민족의 그리 되어 온 상태의 기록이니라. 무엇을 '아'라 하며 무엇을 '비아'라 하느뇨? 깊이 팔 것 없이 얕게 말하자면, 무릇 주관적 위치에선 자를 아라 하고 그 외에는 비아라 하나니. ……

① 조선심을 강조하였다.

② 진단 학회를 조직하였다.

③ 「독사신론」을 연재하였다.

④ 사회·경제 사학을 연구하였다.

정답 및·해설 _약점 보완 해설집 p.96

01 청동기 시대에 볼 수 있는 모습으로 옳은 것은?

① 벼를 수확하여 빗살무늬 토기 등에 저장하였다.

② 주로 원형이나 모서리가 둥근 사각형의 움집에서 생활하였다.

③ 정복 전쟁이 활발해지며 환호와 목책 등의 방어 시설이 만들어졌다.

④ 청동기 시대 후기에 이르러 청동검의 형태가 세형에서 비파형으로 변화하였다.

02 밑줄 친 '왕'의 업적으로 옳은 것은?

> 『고기』에 이르기를 '백제는 개국 이래 문자로 사실을 기록한 적이 없다가, 이 왕 때에 이르러 박사 고흥이 처음으로 『서기』를 썼다'고 하였다.

① 단양이와 고안무를 일본에 파견하였다.

② 대야성을 비롯한 신라의 40여 성을 함락하였다.

③ 동진과 국교를 맺고 요서·산둥 지방으로 진출하였다.

④ 중앙에 22부를 두고 수도와 지방을 5부와 5방으로 정비하였다.

03 고려 시대의 신분 제도에 대한 설명으로 옳지 않은 것은?

① 공음전의 혜택을 받던 5품 이상의 관료가 귀족의 주류를 이루었다.

② 중인 계층인 남반은 궁중의 실무를 담당하는 내료직이었다.

③ 도살업이나 유기 제조업에 종사하는 이들을 백정이라고 불렀다.

④ 주인과 따로 살며 독립된 경제 생활을 영위하는 사노비가 있었다.

04 밑줄 친 '이곳'에 대한 설명으로 옳은 것은?

> 김규홍이 아뢰기를, "이미 수십 년 전부터 우리 백성이 이곳으로 이주하여, 이제는 수만 호에 십여 만 명이나 된다고 합니다. 그리하여 지난번에 이범윤을 파견하여 황제의 교화를 선포하고 호구를 조사하였습니다. …… 이범윤을 이곳에 계속 주재시키면서 사무를 관장하도록 하여 백성들의 생명과 재산을 보호하게 하는 것이 어떻겠습니까?"라고 하였다.

① 영국이 러시아의 남하를 견제하기 위해 이 지역을 2년여간 불법 점령하였다.

② 러시아가 저탄소 설치를 위해 이 지역의 조차를 요구하였으나 독립 협회의 반발로 무산되었다.

③ 일본이 러·일 전쟁 중에 시마네 현 고시 제40호를 통해 이 지역을 자신들의 영토로 강제 편입하였다.

④ 을사늑약 체결 이후 일본이 안봉선 철도 부설권을 얻는 대가로 이 지역을 청의 영토로 인정하였다.

05 다음의 군사 제도와 관련된 사실들을 시대 순으로 바르게 나열한 것은?

> ㉠ 중앙군인 10위가 왕궁과 수도의 경비를 담당하였다.
> ㉡ 방어 체계가 진관 체제에서 제승방략 제제로 변경되었다.
> ㉢ 김석주의 건의로 국왕 호위 및 수도 방위를 담당하는 금위영이 창설되었다.
> ㉣ 일반 행정 구역에는 주현군이, 군사 행정 구역에는 주진군이 설치되었다.

① ㉠ - ㉣ - ㉡ - ㉢

② ㉣ - ㉠ - ㉡ - ㉢

③ ㉠ - ㉣ - ㉢ - ㉡

④ ㉣ - ㉢ - ㉠ - ㉡

06 고대의 문화에 대한 설명으로 옳은 것은?

① 백제와 발해에서는 고구려의 영향을 받은 벽돌무덤이 만들어졌다.

② 경주의 돌무지덧널무덤에서는 천마총 등의 벽화가 발견되기도 하였다.

③ 사택지적비를 통해 신라 사회에 유학 교육의 중요성이 강조되었음을 알 수 있다.

④ 백제는 사비 도성의 방어 시설로 왕궁의 배후 산성을 두고 외곽에 나성을 쌓았다.

07 다음과 같은 내용을 주장한 인물의 저서로 옳은 것은?

> 아홉 도의 전답(田畓)을 고루 나누어 3분의 1을 취해서 아내가 있는 남자에 한해서는 각각 2결을 받도록 한다. 전원(田園) 울타리 밑에 뽕나무와 삼을 심도록 하며, 심지 않는 자에게는 벌로 베를 받는데 부인이 3명이면 베 1필, 부인이 5명이면 명주 1필을 상례로 정한다.

① 『곽우록』　　　② 『의산문답』

③ 『열하일기』　　④ 『아방강역고』

08 (가)~(라)의 시기에 있었던 사실로 옳은 것은?

	(가)	(나)	(다)	(라)	
정중부 집권		최충헌 집권	최우 집권	김준 집권	개경 환도

① (가) - 중방을 중심으로 국정이 운영되었다.

② (나) - 치안 유지를 위해 야별초가 조직되었다.

③ (다) - 명종이 폐위되고 신종이 옹립되었다.

④ (라) - 도방이 처음 설치되었다.

09 다음 교서를 발표한 왕 대의 사실로 옳은 것은?

> 과인이 위로는 하늘과 땅의 도움을 받고 아래로는 조상의 신령스러운 돌보심 덕분에 흉돌 등의 악이 쌓이고 죄가 가득 차서 그 음모가 탄로 나고 말았다.

① 정전을 지급하였다.

② 북한산비를 건립하였다.

③ 사치 금지령을 발표하였다.

④ 달구벌로 천도를 추진하였다.

10 임진왜란의 전개 과정에 대한 설명으로 옳지 않은 것은?

① 일본군이 쳐들어오자 부산 첨사 정발, 동래 부사 송상현 등이 항전하였으나 패배하였다.

② 곽재우, 정봉수, 이립 등의 의병들이 전국 각지에서 일본군에 맞서 활약하였다.

③ 명과 일본이 휴전 협상을 진행하는 동안 조선 정부는 훈련도감을 설치하고 속오군을 조직하였다.

④ 조선 수군이 철수하는 일본군을 노량에서 격파하였으나 이 전투에서 이순신이 전사하였다.

11 고려 시대의 불교에 대한 설명으로 옳지 않은 것은?

① 광종은 천태종과 법안종을 중심으로 각각 교종과 선종을 정리하고자 하였다.

② 의천의 불교 통합 사상은 원효가 주창한 '화쟁(和諍)'의 영향을 받았다.

③ 각훈은 무신 집권기에 역대 고승들의 일대기를 정리한 『해동고승전』을 저술하였다.

④ 지눌의 제자인 혜심은 성리학 수용의 토대를 마련하였다.

12 밑줄 친 '이 운동'에 대한 설명으로 옳은 것은?

> 조선 사람은 조선 사람이 만든 물건만 쓰고 살자고 하는 운동이 일어나고 있다. 그렇게 하면 조선인 자본가의 공업이 일어난다고 한다. …… 이 운동이 잘 되면 조선인 공업이 발전해야 하지만 아직 그렇지 않다. …… 이 운동을 위해 곧 발행된다는 잡지에 회사를 만들라고 호소하지만 말고 기업을 하는 방법 같은 것을 소개해야 한다.
> ─ 『개벽』

① 사회주의자들의 비판을 받았다.

② 회사령이 폐지되는 계기가 되었다.

③ 대구에서 시작되어 전국으로 확산되었다.

④ 일제가 경성 제국 대학을 설립하는데 영향을 주었다.

13 밑줄 친 '이 책'으로 옳은 것은?

> 우리 나라는 …… 산과 바다에는 무진장한 보화가 있고 풀과 나무에는 약재를 생산하여 무릇 민생을 기르고 병을 치료할 만한 것이 구비되지 아니한 것이 없으나, 다만 옛날부터 의학이 발달되지 못하여 약을 시기에 맞추어 채취하지 못하고, 가까운 것을 소홀히 하고 먼 것을 구하여, 사람이 병들면 반드시 중국의 얻기 어려운 약을 구하니 …… 지금부터 이 책으로 인하여 약을 먹어 효력을 얻고, 앓는 사람이 일어나고 일찍 죽는 것이 변하여 수명을 얻고 무궁토록 화기를 얻게 하는 것이 어찌 성조의 어진 마음과 어진 정치에서 나온 바임을 알지 못하리오.
> ─ 『세종실록』

① 『칠정산』   ② 『농사직설』

③ 『향약구급방』   ④ 『향약집성방』

14 다음 법령을 발표한 정부의 정책으로 옳지 않은 것은?

> 제1조 대한국은 세계 만국에 공인된 자주 독립 제국이니라.
> 제2조 대한국의 정치는 만세 불변할 전제 정치이니라.
> 제3조 대한국 대황제께서는 무한한 군권을 향유하시느니라.
> 제5조 대한국 대황제께서는 육·해군을 통솔하시고 계엄·해엄을 명하시느니라.

① 시위대와 진위대를 증강하였다.

② 화폐 제도를 은 본위제로 개혁하였다.

③ 상공 학교와 광무 학교를 설립하였다.

④ 지계아문을 두고 지주에게 지계를 발급하였다.

15 다음은 역대 헌법의 주요 내용이다. (가)~(라) 헌법이 적용되던 시기에 일어난 사건으로 바르게 연결한 것은?

> (가) 대통령 선거인단이 임기 7년의 대통령을 선출하였다.
> (나) 개헌 당시의 대통령에 한해 중임 제한이 철폐되었다.
> (다) 대통령에게 국회 해산권과 긴급 조치권이 부여되었다.
> (라) 임기 5년의 대통령을 양원 국회의 합동 회의에서 선출하였다.

① (가) ─ 서울 올림픽이 개최되었다.

② (나) ─ 한·미 상호 방위 조약이 체결되었다.

③ (다) ─ 3·1 민주 구국 선언이 발표되었다.

④ (라) ─ 한·일 기본 조약이 체결되었다.

16 조선 시대의 『의궤』에 대한 설명으로 옳지 않은 것은?

① 『의궤』의 발행을 위해 활자를 주조하기도 하였다.

② 국초부터 편찬되었으나 현재는 임진왜란 이후 편찬된 『의궤』만 전해진다.

③ 병인양요 때 반출된 외규장각 『의궤』는 현재 프랑스 국립 도서관에 소장되어 있다.

④ 국가 및 왕실 행사 이외에도 건물의 축조·수리에 대한 내용을 『의궤』로 정리하기도 하였다.

17 1930~1940년대 전개된 항일 독립운동에 대한 설명으로 옳지 않는 것은?

① 양세봉이 이끄는 조선 혁명군은 남만주를 중심으로 무장 투쟁을 전개하였다.

② 난징에서 민족 혁명당이 결성되자 김구 등은 한국 국민당을 창당하였다.

③ 김두봉이 이끄는 조선 의용군은 중국 관내에서 조직된 최초의 한인 무장 부대였다.

④ 한국광복군은 미 전략 정보국(OSS)과 협력하여 국내 진공 작전을 계획하였다.

18 (가), (나) 제도에 대한 설명으로 옳은 것을 〈보기〉에서 모두 고르면?

> 문극겸은 처음에 문하시랑 동중서문하평장사를 지낸 백부 문공인 덕분에 ⎡(가)⎦(으)로 산정도감판관에 임명되었다. 당시 국법에 남색의 관복을 입은 관리는 ⎡(나)⎦에 3번만 응시할 수 있었다. 문극겸이 여러 차례 ⎡(나)⎦에 응시하였으나 합격하지 못하였다. …… 이후 문극겸은 관직에 있으면서도 항상 학업을 그만두지 않아서 의종 때 드디어 ⎡(나)⎦에 급제하였다.
> ─ 『고려사』

〈보기〉
⊙ (가)의 혜택은 사위와 외손자 등에게도 주어졌다.
ⓒ (가)로 등용된 사람들은 고위 관직에 오르지 못했다.
ⓒ (나)의 잡과는 예종과 공양왕 시기 등에만 일시적으로 실시되었다.
ⓐ (나)에서 명경과보다 제술과가 더 중시되었다.

① ⊙, ⓒ   ② ⊙, ⓐ
③ ⓒ, ⓒ   ④ ⓒ, ⓐ

19 (가), (나) 사이 시기의 사실로 옳은 것은?

> (가) 영남 유생 도신징이 복제에 대해 논하기를, "대왕 대비께서 맏며느리를 위하여 기년복을 입어야 하는데, 오늘날의 국가의 복제는 도리어 대공복으로 정하였으니, 나라의 법을 어지럽히고 윤리를 전도시킴이 이보다 더 심한 것이 없습니다." …… 전하께서 예조 판서 등을 하옥하고 대공의 복제를 고쳐 기년으로 정하셨다.
>
> (나) 전하께서 하교하시길 "국운이 평안하고 태평함을 회복하여 중전이 복위하였으니, 백성에게 두 임금이 없는 것은 고금을 통한 의리이다. 장씨에게 내렸던 왕후의 지위를 거두고, 이어서 희빈의 옛 작호를 내려 주도록 하라. 다만 세자가 조석으로 문안하는 예는 폐하지 않도록 하라." 라고 하시었다.

① 허적과 윤휴 등이 처형되었다.

② 창덕궁 후원에 규장각이 설치되었다.

③ 정여립이 대동계를 조직하고 모반을 일으켰다.

④ 연잉군을 지지하던 김창집 등의 노론 4대신이 사사되었다.

20 ⊙~ⓐ을 시기 순으로 바르게 나열한 것은?

> ⊙ 금강산 관광이 시작되었다.
> ⓒ 남북이 유엔에 동시 가입하였다.
> ⓒ 평양에서 남북 정상 회담이 개최되었다.
> ⓐ 민족 자존과 통일 번영을 위한 7·7 선언이 발표되었다.

① ⓒ - ⓐ - ⓒ - ⊙

② ⓐ - ⓒ - ⊙ - ⓒ

③ ⓒ - ⓒ - ⊙ - ⓐ

④ ⓐ - ⓒ - ⓒ - ⊙

정답 및 해설 _약점 보완 해설집 p.100

해커스공무원 매일 하프모의고사 한국사 답안지

생 년 월 일

응 시 번 호

성명	
자필성명	본인 성명 기재
응시직렬	
응시지역	
시험장소	

컴퓨터용 흑색사인펜만 사용

[필적감정용 기재]

*아래 예시문을 옮겨 적으시오

본인은 OOO(응시자성명)임을 확인함

기재란

성 / 책

문번	1	2	3	4	열		문번	1	2	3	4	열
01	①	②	③	④			06	①	②	③	④	
02	①	②	③	④			07	①	②	③	④	
03	①	②	③	④			08	①	②	③	④	
04	①	②	③	④			09	①	②	③	④	
05	①	②	③	④			10	①	②	③	④	

해커스공무원 매일 하프모의고사 한국사 답안지

※ 시험감독관 사인
(사인 없을 경우 기재란 기재)

감독관 확인란

성명	본인 성명 기재
자필성명	
응시직렬	
응시지역	
시험장소	

생년월일

응시번호

[필적감정용 기재]
*아래 예시문을 옳게 작성하시오

본인은 OOO(응시자성명)임을 확인함

기재란

성 명	

문번	①	②	③	④
01	①	②	③	④
02	①	②	③	④
03	①	②	③	④
04	①	②	③	④
05	①	②	③	④
06	①	②	③	④
07	①	②	③	④
08	①	②	③	④
09	①	②	③	④
10	①	②	③	④

문번	①	②	③	④
01	①	②	③	④
02	①	②	③	④
03	①	②	③	④
04	①	②	③	④
05	①	②	③	④
06	①	②	③	④
07	①	②	③	④
08	①	②	③	④
09	①	②	③	④
10	①	②	③	④

문번	①	②	③	④
01	①	②	③	④
02	①	②	③	④
03	①	②	③	④
04	①	②	③	④
05	①	②	③	④
06	①	②	③	④
07	①	②	③	④
08	①	②	③	④
09	①	②	③	④
10	①	②	③	④

문번	①	②	③	④
01	①	②	③	④
02	①	②	③	④
03	①	②	③	④
04	①	②	③	④
05	①	②	③	④
06	①	②	③	④
07	①	②	③	④
08	①	②	③	④
09	①	②	③	④
10	①	②	③	④

문번	①	②	③	④
01	①	②	③	④
02	①	②	③	④
03	①	②	③	④
04	①	②	③	④
05	①	②	③	④
06	①	②	③	④
07	①	②	③	④
08	①	②	③	④
09	①	②	③	④
10	①	②	③	④

문번	①	②	③	④
01	①	②	③	④
02	①	②	③	④
03	①	②	③	④
04	①	②	③	④
05	①	②	③	④
06	①	②	③	④
07	①	②	③	④
08	①	②	③	④
09	①	②	③	④
10	①	②	③	④

해커스공무원 매일 하프모의고사 한국사 답안지

컴퓨터용 흑색사인펜만 사용

성명	
자필성명	본인 성명 기재
응시직렬	
응시지역	
시험장소	

[필적감정용 기재]
*아래 예시문을 옮겨 적으시오
본인은 OOO(응시자성명)임을 확인함

기재란

형

책

※ 시험감독관 서명
(성명을 정자로 기재할 것)

책임감독관 확인

생년월일

응시번호

문번					문번				
01	①	②	③	④	06	①	②	③	④
02	①	②	③	④	07	①	②	③	④
03	①	②	③	④	08	①	②	③	④
04	①	②	③	④	09	①	②	③	④
05	①	②	③	④	10	①	②	③	④

해커스공무원 매일 하프모의고사 한국사 답안지

※ 시험감독관 서명

(성명을 정자로 기재할 것)

책임감독관 확인란

생년월일

응시번호

성명	
자필성명	본인 성명 기재
응시직렬	
응시지역	
시험장소	

컴퓨터용 흑색사인펜만 사용

[필적감정용 기재]
*아래 예시문을 옮게 적으시오
본인은 OOO(응시자성명)임을 확인함

기 재 란

성	
책	

회

문번				
01	①	②	③	④
02	①	②	③	④
03	①	②	③	④
04	①	②	③	④
05	①	②	③	④
06	①	②	③	④
07	①	②	③	④
08	①	②	③	④
09	①	②	③	④
10	①	②	③	④
11	①	②	③	④
12	①	②	③	④
13	①	②	③	④
14	①	②	③	④
15	①	②	③	④
16	①	②	③	④
17	①	②	③	④
18	①	②	③	④
19	①	②	③	④
20	①	②	③	④

회

문번				
01	①	②	③	④
02	①	②	③	④
03	①	②	③	④
04	①	②	③	④
05	①	②	③	④
06	①	②	③	④
07	①	②	③	④
08	①	②	③	④
09	①	②	③	④
10	①	②	③	④
11	①	②	③	④
12	①	②	③	④
13	①	②	③	④
14	①	②	③	④
15	①	②	③	④
16	①	②	③	④
17	①	②	③	④
18	①	②	③	④
19	①	②	③	④
20	①	②	③	④

회

문번				
01	①	②	③	④
02	①	②	③	④
03	①	②	③	④
04	①	②	③	④
05	①	②	③	④
06	①	②	③	④
07	①	②	③	④
08	①	②	③	④
09	①	②	③	④
10	①	②	③	④
11	①	②	③	④
12	①	②	③	④
13	①	②	③	④
14	①	②	③	④
15	①	②	③	④
16	①	②	③	④
17	①	②	③	④
18	①	②	③	④
19	①	②	③	④
20	①	②	③	④

회

문번				
01	①	②	③	④
02	①	②	③	④
03	①	②	③	④
04	①	②	③	④
05	①	②	③	④
06	①	②	③	④
07	①	②	③	④
08	①	②	③	④
09	①	②	③	④
10	①	②	③	④

회

문번				
01	①	②	③	④
02	①	②	③	④
03	①	②	③	④
04	①	②	③	④
05	①	②	③	④
06	①	②	③	④
07	①	②	③	④
08	①	②	③	④
09	①	②	③	④
10	①	②	③	④

2022 최신판

해커스공무원
매일
하프모의고사
한국사

초판 1쇄 발행 2022년 4월 8일

지은이	해커스 공무원시험연구소
펴낸곳	해커스패스
펴낸이	해커스공무원 출판팀

주소	서울특별시 강남구 강남대로 428 해커스공무원
고객센터	1588-4055
교재 관련 문의	gosi@hackerspass.com
	해커스공무원 사이트(gosi.Hackers.com) 교재 Q&A 게시판
	카카오톡 플러스 친구 [해커스공무원강남역], [해커스공무원노량진]
학원 강의 및 동영상강의	gosi.Hackers.com

ISBN	979-11-6880-191-2 (13910)
Serial Number	01-01-01

최단기 합격 공무원학원 1위,
해커스공무원 gosi.Hackers.com

해커스공무원

- 시험에 나올 시대별 핵심 키워드를 정리한 **무료 시대별 막판 암기 점검 자료**
- 정확한 성적 분석으로 약점 극복이 가능한 **합격예측 모의고사**(교재 내 응시권 및 해설강의 수강권 수록)
- '회독'의 방법과 공부 습관을 제시하는 **해커스 회독증강 콘텐츠**(교재 내 할인쿠폰 수록)
- 해커스 스타강사의 **공무원 한국사 무료 동영상강의**
- **해커스공무원 학원 및 인강**(교재 내 인강 할인쿠폰 수록)

해커스공무원

2022 최신판

매일
하프모의고사
한국사

약점 보완 해설집

해커스공무원

해커스공무원

매일
하프모의고사
한국사

약점 보완 해설집

■ 정답 　　　　　　　　　p.8

01	② 선사 시대
02	④ 고대
03	① 고려 시대
04	④ 시대 통합
05	② 조선 전기
06	④ 근대
07	④ 일제 강점기
08	③ 일제 강점기
09	④ 조선 후기
10	② 현대

■ 취약시대 분석표

분류	시대	문항 수
전근대	선사 시대	/1
	고대	/1
	고려 시대	/1
	조선 전기	/1
	조선 후기	/1
근현대	근대	/1
	일제 강점기	/2
	현대	/1
통합	시대 통합	/1
총합		/10

* 취약시대 분석표를 이용해 틀린 문제가 있는 시대는 그 시대의 문제만 골라 해설을 다시 한번 꼼꼼히 학습하세요.

---

01 선사 시대 청동기 시대의 유적과 유물　난이도 하 ●○○

정답설명

② 바르게 연결한 것을 모두 고르면 ㉠, ㉢이다.

㉠ 여주 흔암리 유적은 청동기 시대의 유적으로, 바퀴날 도끼·반달 돌칼 등의 석제 농기구들이 출토되었다. 또한 흔암리 유적에서는 탄화미(米)가 발견되어 청동기 시대에 벼농사가 시작되었음을 보여준다.

㉢ 강화 부근리 유적은 청동기 시대의 유적으로, 청동기 시대의 대표적인 무덤 양식인 탁자식(북방식) 고인돌이 자리잡고 있다. 한편 부근리를 비롯한 강화의 고인돌 유적은 2000년에 유네스코 세계 문화유산으로 등재되었다.

오답분석

㉡ 의주 미송리 유적은 청동기 시대의 유적이 맞으나, 오수전·반량전·명도전 등의 중국 화폐는 철기 시대의 유적에서 발견되는 유물이다.

㉣ 돌을 정교하게 갈아서 만든 석기인 간돌검은 청동기 시대의 유물이 맞으나, 창원 다호리 유적은 붓이 발견된 철기 시대의 유적이다.

✌️이것도 알면 합격

청동기 시대의 주요 유적

의주 미송리	미송리식 토기 등 출토
강화 부근리	탁자식(북방식) 고인돌 발견
여주 흔암리	· 탄화미(米) 발견(청동기 시대에 벼농사가 시작되었다는 증거) · 반달 돌칼, 바퀴날 도끼 등 출토
부여 송국리	· 탄화미, 반달 돌칼, 홈자귀, 붉은 간 토기, 송국리식 토기, 비파형동검 등 출토 · 독무덤, 돌널무덤 발견
울산 검단리	환호로 둘러싸인 마을 터 발견

---

02 고대 진흥왕 재위 시기의 사실　난이도 중 ●●○

자료분석

이사부 + 가라(가야)국 공격 + 멸망(대가야 멸망) → 진흥왕

정답설명

④ 진흥왕은 고구려 영토였던 단양의 적성을 점령하고 단양 적성비를 세웠다.

오답분석

① **진덕 여왕**: 국가 재정 업무를 담당하던 품주를 집사부(국가 기밀 담당)와 창부(재정 담당)로 개편한 것은 진덕 여왕 때이다. 한편 품주는 진흥왕 때 설치되었다.

② **진덕 여왕**: 당나라의 태평성대를 기리는 내용의 오언태평송(五言太平頌)을 지어 당나라 고종에게 보낸 것은 진덕 여왕 때이다. 진덕 여왕은 김춘추를 당에 파견하여 나·당 동맹을 결성(648)하고, '오언태평송'을 보내 나·당 동맹을 더욱 강화하였다.

③ **지증왕**: 대군장을 의미하는 마립간 대신 왕이라는 중국식 칭호를 처음 사용한 것은 신라 지증왕 때이다.

✌️이것도 알면 합격

진흥왕의 정복 활동

한강 상류	고구려를 공격하여 단양 적성 점령 → 한강 상류 확보 → 단양 적성비 건립(순수비 X)
한강 하류	백제를 공격하여 한강 하류 장악 → 신주 설치, 북한산 순수비 건립
대가야 정복	낙동강 유역을 확보하여 창녕비 건립 → 대가야 정복
함경도 진출	고구려를 공격하여 함경도 진출 → 황초령비, 마운령비 건립

정답설명

① 고려 시대에는 중앙 고관을 출신지의 사심관으로 임명하고 관할 지역에 문제가 생겼을 경우에 연대 책임을 지도록 하여, 지방의 향리 세력을 견제하였다.

오답분석

② 지방관이 없는 속군·속현 등 말단 지방 행정 구역에 감무를 파견하기 시작한 것은 예종 때로, 감무는 일반 주현에 파견된 수령보다 낮은 직위의 지방관이었다. 한편 성종 때에는 지방의 주요 지역에 12목을 설치하고 지방관인 목사를 파견하였다.

③ 고려는 북방의 국경 지대에 동계·북계의 양계를 설치하고, 병마사를 파견하였다. 안찰사는 고려의 일반 행정 구역인 5도에 파견되었던 지방관이다.

④ 상수리 제도는 신라의 제도이다. 고려 시대에는 신라의 상수리 제도를 계승한 기인 제도를 마련하여 지방 향리의 자제를 일종의 인질인 기인으로 삼아 일정 기간 수도에 머무르게 하고, 출신 지방의 일에 대해 자문하게 하였다.

이것도 알면 합격

고려의 지방 행정 조직 정비 과정

성종	· 전국에 12목 설치 · 지방관(목사) 파견
현종	· 5도 양계, 4도호부 8목 설치 · 지방 제도 완비
예종	· 5도에 안찰사 파견 · 속군·속현·향·소·부곡 등 말단 행정 단위에 감무 파견

정답설명

④ 남한산성은 정묘호란이 아닌 병자호란 때 인조가 청의 공격을 피해 피난한 곳이다. 남한산성은 조선 시대에 한양을 방어하고 유사시에는 임시 수도 역할을 담당하였던 곳으로, 2014년에 유네스코 세계 문화유산으로 등재되었다.

오답분석

① 우리나라 최초의 서원인 백운동 서원은 명종 때 이황의 건의로 소수 서원이라는 편액을 하사받았다. 한국의 성리학과 관련된 문화적 전통과 역사적 변화 과정을 보여주는 소수 서원, 도산 서원 등의 9개 서원은 2019년에 유네스코 세계 문화유산에 등재되었다.

② 동궁과 월지(안압지), 첨성대 등은 경주 역사 유적 지구 중 월성 지구에 속한 문화유산이다. 경주 역사 유적 지구는 남산 지구, 월성 지구, 대릉원 지구, 황룡사 지구 등으로 구분되어 있으며 2000년에 유네스코 세계 문화유산에 등재되었다.

③ 영주 부석사는 화엄 사상을 정립하고 해동 화엄종을 창시하였던 신라의 승려 의상에 의해 창건되었으며, 해동 화엄종의 중심 사찰의 역할을 하였다. 영주 부석사는 양산 통도사, 보은 법주사 등과 함께 2018년에 유네스코 세계 문화유산에 등재되었다.

이것도 알면 합격

경주 역사 유적 지구(2000)

남산 지구	나정, 포석정, 용장사지 마애여래좌상 등
월성 지구	계림, 경주 월성, 동궁과 월지, 첨성대 등
대릉원 지구	미추왕릉, 경주 대릉원 일원, 재매정 등
황룡사 지구	황룡사지, 분황사 모전 석탑
산성 지구	명활산성

정답설명

② 순서대로 나열하면 ㉠ 주자소 설치, 계미자 주조(태종) → ㉢ 『향약집성방』, 『의방유취』 편찬(세종) → ㉡ 인지의, 규형 발명(세조) → ㉣ 『금양잡록』 편찬(성종)이다.

㉠ 주자소 설치, 계미자 주조: 태종 때 주자소가 설치되고 구리로 만든 계미자가 주조되었다. 이후 세종 때는 주자소에서 계미자의 단점을 보완한 경자자·갑인자 등의 금속 활자가 주조되기도 하였다.

㉢ 『향약집성방』, 『의방유취』 편찬: 세종 때 우리나라의 풍토에 맞는 약재와 치료 방법을 개발·정리한 『향약집성방』과, 동양 의학을 집대성한 의학 백과사전인 『의방유취』 등의 의서가 편찬되었다.

㉡ 인지의, 규형 발명: 세조 때 땅의 원근을 측량하는 기구인 인지의와, 땅의 원근과 높낮이를 측량하는 기구인 규형이 발명되어 토지 측량과 지도 제작에 활용되었다.

㉣ 『금양잡록』 편찬: 성종 때 강희맹이 금양(경기도 시흥)에서 직접 농사지은 경험을 토대로 한 농서인 『금양잡록』을 편찬하였다. 강희맹은 이 농서에서 80여 종의 작물이 가진 특성과 재배법 등을 논하였다.

정답설명

④ 병인양요는 병인박해 때 조선 정부가 프랑스 선교사를 처형한 것을 구실로 프랑스군이 조선을 침략한 사건이었다. 이때 한성근은 문수산성에서, 양헌수는 정족산성에서 항전하여 프랑스 군대를 격퇴하였다.

오답분석

① 오페르트 도굴 사건(1868)은 독일 상인인 오페르트가 조선에 통상을 요구하기 위해 흥선 대원군의 아버지인 남연군의 묘를 도굴하려다가 실패한 사건으로, 병인양요(1866) 이후에 발생하였다.

② 신미양요: 수(帥)자기가 약탈당한 것은 신미양요(1871) 때이다. 신미양요는 제너럴셔먼호 사건(1866. 7.)을 구실로 미국군이 통상을 요구하며 강화도를 침입한 사건이다. 이때 어재연이 이끄는 조선 수비대가 광성보에서 항전하였으나, 미국군에 어재연 장군기(수자기) 등의 전리품을 약탈당하였다.

③ 흥선 대원군에 의한 천주교 박해 정책은 병인양요가 일어나는 배경이 되었다. 흥선 대원군의 천주교 박해 정책으로 프랑스 선교사를 비롯한 신도들이 처형당한 사실(병인박해, 1866. 1.)이 프랑스에 알려지자, 프랑스는 이를 구실로 조선을 침략하였다(병인양요, 1866. 9.).

자료분석

만국 평화 회의에 밀사로 파견됨 + 신한 혁명당 조직을 협의 → 이상설

정답설명

④ 서간도 지역에서 신민회 인사를 중심으로 독립운동 단체인 경학사를 조직(1911)한 인물은 이회영, 양기탁 등이다.

오답분석

① 이상설은 이동녕 등과 함께 북간도 용정으로 망명하여, 항일 민족 교육 기관인 서전서숙을 설립하였다(1906).

② 이상설은 이범윤, 유인석, 홍범도 등과 함께 연해주 블라디보스토크에서 의병들을 규합하여 13도 의군을 조직하였다(1910).

③ 이상설은 유인석 등과 함께 연해주 블라디보스토크에 성명회를 조직(1910)하여 한·일 병합의 부당성을 각국 정부에 호소하였다.

이것도 알면 합격

이상설의 활동

· 북간도 용정에 서전서숙 설립(1906)
· 네덜란드 헤이그에서 열린 만국 평화 회의에 특사로 파견(1907)
· 연해주 블라디보스토크에 성명회(1910), 13도 의군 건설(1910), 권업회 조직(1911)
· 대한 광복군 정부의 정통령에 선임(1914)
· 박은식, 신규식 등과 함께 신한 혁명당 조직(1915)

정답설명

③ 순서대로 나열하면 ② 회사령(1910) → ⓒ 광업령(1915) → ⓒ 임야 조사령(1918) → ⓜ 관세 철폐(1923) → ③ 신은행령(1928)이다.

② 회사령: 1910년에 일제는 민족 자본의 성장을 억압하기 위해 회사령을 제정하였다. 일제는 이 법을 통해 회사의 설립을 허가제로 규정하고 회사의 해산을 총독이 명할 수 있게 하였다.

ⓒ 광업령: 1915년에 일제는 한반도의 광물 자원을 합법적으로 약탈하기 위해 조선 광업령을 제정하였다. 일제는 광업권에 대하여 허가제를 실시하였으며, 위반 시 벌금을 부과하고 허가를 취소하였다.

ⓒ 임야 조사령: 1918년에 일제는 조선 임야 조사령을 제정하여 대부분의 임야지를 총독부가 관리하는 국유지로 편입시켰다.

ⓜ 관세 철폐: 1923년에 일제는 한반도 시장을 장악하고, 무역 이익을 증대하기 위해 한국으로 들어오는 일본 상품에 대한 관세를 철폐하였다. 한편 1920년대 초에는 일본의 관세 철폐 움직임에 대항하여 물산 장려 운동이 일어나기도 하였다.

③ 신은행령: 1928년에 일제는 신은행령을 공포하여 은행의 설립 및 운영을 제한하고, 한국인이 소유한 중소 규모의 은행을 모두 일본 은행에 합병시켰다.

자료분석

모를 기르고 + 모가 4촌(寸) 이상 자라면 옮겨 심음 → 이앙법

정답설명

④ 조선 후기에는 쌀의 수요 증가와 이앙법의 발달로 쌀의 상품화가 활발해졌으며, 이로 인해 밭을 논으로 바꾸는 현상이 활발해졌다.

오답분석

① 이앙법을 통해 김매기(제초)에 드는 노동력이 크게 절감되어 적은 노동력으로도 많은 생산량을 얻을 수 있게 되었다. 이로 인해 한 농가가 경작 가능한 농지가 증가하면서 넓은 토지를 경작하는 광작이 성행하였다.

② 이앙법의 도입으로 일부 농민은 광작을 통해 부농층으로 성장한 반면에, 토지를 잃은 농민들은 임노동자로 전락하였다.

③ 이앙법의 시행으로 농사에 필요한 노동력이 절감되면서 지주들이 소작을 주는 대신 노비를 이용하거나 머슴을 고용하여 농토를 직접 경영하는 경우가 많아졌다.

자료분석

대한 제국과 일본 제국 간에 체결된 모든 조약 무효 + 대한민국 정부 → 한·일 기본 조약(한·일 협정, 1965)

정답설명

② 한·일 기본 조약에서는 위안부 문제가 논의되지 않았다. 한·일 기본 조약에서는 일본의 침략 사실 인정과 사죄가 선행되지 않았으며, 위안부 문제와 독도 문제 등이 논의되지 않아 국민들로부터 굴욕적인 외교 협정이라는 비판을 받았다.

오답분석

① 한·일 기본 조약의 체결을 위한 한·일 회담(1962)에서 논의된 사항들이 폭로되자 학생과 시민들은 '굴욕적 한·일 회담 반대', '민족적 민주주의의 장례식' 등을 외치며 6·3 항쟁을 전개하였다(1964). 이에 박정희 정부는 비상계엄령을 선포하고 무력으로 시위를 진압한 후 한·일 기본 조약을 체결하였다(1965).

③ 한·일 기본 조약의 부속 협정으로 '청구권·경제 협력에 관한 협정'이 체결되었다. 이를 통해 일본은 독립 축하금 명목의 무상 자금 3억 달러, 정부 차관 2억 달러, 민간 상업 차관 3억 달러를 박정희 정부에 공여하기로 하였다.

④ 한·일 기본 조약의 협의를 위해 1962년에 중앙정보부장 김종필과 일본 외무대신 오히라 마사요시가 비밀 회담을 가졌다. 이 회담에서 양측은 한국의 대일 청구권 자금과 경제 협력 자금 공여에 합의하였다(김종필·오히라 메모).

이것도 알면 합격

한·일 국교 정상화

배경	경제 개발을 위한 자금 필요, 미국의 압력
전개	· 한·일 회담(1962, 김종필·오히라 비밀 메모): 경제 개발에 필요한 자금을 마련하기 위해 대일 청구권 협정 진행 · 6·3 항쟁(1964): 학생들이 한·일 회담 반대 시위를 전개 · 한·일 기본 조약과 부속 협정 체결(1965): 정부는 군대를 동원하여 시위를 강제 진압하고 한·일 기본 조약 체결 → 한·일 국교 정상화
한계	독립 축하금 형식으로 차관 제공 → 식민지 지배에 대한 사과·배상, 위안부·징병·징용 피해자에 대한 배상, 약탈 문화재 문제 등은 언급되지 않음

📋 정답   p.12

01	④ 고대
02	③ 고려 시대
03	④ 고대
04	③ 조선 전기
05	③ 고려 시대
06	④ 시대 통합
07	① 근대
08	② 근대
09	② 일제 강점기
10	④ 현대

📋 취약시대 분석표

분류	시대	문항 수
전근대	선사 시대	/0
	고대	/2
	고려 시대	/2
	조선 전기	/1
	조선 후기	/0
근현대	근대	/2
	일제 강점기	/1
	현대	/1
통합	시대 통합	/1
총합		/10

* 취약시대 분석표를 이용해 틀린 문제가 있는 시대는 그 시대의 문제만 골라 해설을 다시 한번 꼼꼼히 학습하세요.

---

01 고대 근초고왕   난이도 하 ●○○

자료분석

백제 역시 요서, 진평의 두 군을 차지함 → 근초고왕

정답설명

④ 근초고왕은 강력한 왕권을 과시하기 위해 박사 고흥에게 역사서인 『서기』를 편찬하게 하였다.

오답분석

① 성왕: 국호를 남부여로 고친 왕은 성왕이다. 성왕은 수도를 웅진(공주)에서 사비(부여)로 옮기고 국호를 남부여로 변경하였다.

② 의자왕: 신라를 공격하여 대야성을 함락시킨 왕은 의자왕이다. 의자왕은 즉위 초에 신라를 공격하여 대야성을 비롯한 40여 개의 성을 빼앗았다.

③ 침류왕: 동진으로부터 전래된 불교를 수용·공인한 왕은 침류왕이다. 침류왕은 동진에서 온 인도 승려인 마라난타로부터 불교를 수용하였다.

✌️ 이것도 알면 합격

근초고왕의 업적

왕권 강화	부자 상속제 확립
정복 활동	마한 정벌, 고구려 평양성 공격(고국원왕 전사)
대외 관계	· 중국: 랴오시(요서)·산둥 지방까지 진출, 동진과 교류 · 일본: 규슈 지방까지 진출, 왜왕에게 칠지도 하사, 아직기·왕인 파견
문화 사업	역사서 『서기』(고흥) 편찬

---

02 고려 시대 이자겸   난이도 중 ●●○

자료분석

누이는 순종의 비 + 둘째 딸이 예종의 비 + 인종 때 셋째 딸을 왕비로 맞이해 줄 것을 청함 → 이자겸

정답설명

③ 여진이 금을 건국하고 고려에 군신 관계를 요구하자 당시 집권자였던 이자겸은 자신의 권력을 유지하기 위해 민생 안정을 명분으로 금의 군신 관계 요구를 받아들였다.

오답분석

① 최우: 정방을 설치하고 이를 통해 인사권을 행사한 인물은 최우이다. 최씨 무신 정권기에 집권한 최우는 자신의 사저에 인사 행정 기구인 정방을 설치하여 관리의 인사권을 장악하였다.

② 경대승: 무신 집권기에 정중부를 제거하고 권력을 장악하였던 인물은 경대승이다.

④ 묘청: 후대의 역사가인 신채호가 '일천년래 제일대사건'이라고 평가한 운동은 묘청이 일으킨 서경 천도 운동이다.

---

03 고대 고대 문화의 일본 전파   난이도 상 ●●●

정답설명

④ 옳은 것을 모두 고르면 ㉠, ㉢, ㉣이다.

㉠ 고구려의 승려 혜자는 영양왕 대에 일본으로 건너가 쇼토쿠 태자의 스승이 되었다.

㉢ 가야의 토기 제작 기술은 일본에 전해져 일본 스에키 토기에 영향을 주었다.

㉣ 고구려의 승려인 혜관은 영류왕 대에 일본으로 건너가 삼론종을 전파하여 일본 삼론종의 개조가 되었다.

ⓒ **왕인:** 일본에 건너가 『천자문』과 『논어』 등의 경서를 전달하고 가르쳤던 인물은 백제의 왕인이다. 백제의 승려 관륵은 일본에 천문, 역법, 지리, 방술 등을 전달하였다.

이것도 알면 합격

고대 문화의 일본 전파

고구려	· 혜자: 쇼토쿠 태자의 스승 · 담징: 유교의 5경과 그림을 가르침, 종이와 먹의 제조 방법 전달, 호류사 금당 벽화 제작 · 혜관: 일본 삼론종의 개조가 됨
백제	· 아직기: 일본 도도 태자의 스승 · 왕인: 『천자문』, 『논어』 등 경서 전달 · 단양이, 고안무: 5경 박사, 유학 전파 · 노리사치계: 불경과 불상 전달 · 관륵: 천문, 역법, 지리, 방술 등을 전달
신라	조선술, 축제술, 도자기, 음악 등 전파

04 조선 전기 사화와 붕당 정치의 전개 · 난이도 중 ●●○

③ 순서대로 나열하면 ⓒ 조광조의 개혁 정치(중종) → ⓛ 을사사화(명종) → ⓝ 서인과 동인의 분당(선조) → ⓔ 남인과 북인의 분당(선조)이다.

ⓒ **조광조의 개혁 정치:** 조광조는 중종 때 내수사 장리의 폐지, 소격서 폐지, 위훈 삭제 등을 주장하며 급진적인 개혁을 단행하였다. 이러한 조광조의 개혁에 반발한 훈구 세력에 의해 조광조 등의 신진 사림이 제거되는 기묘사화가 일어났다.

ⓛ **을사사화:** 명종 때 명종의 외척인 소윤(윤원형 일파) 세력과 인종의 외척인 대윤(윤임 일파) 세력 간에 다툼으로 대윤 세력이 숙청되고, 이에 연루된 사림 세력까지 피해를 입은 을사사화가 일어났다.

ⓝ **서인과 동인의 분당:** 선조 때 사림은 이조 전랑의 임명 문제 등을 둘러싸고 심의겸 일파 중심의 서인과 김효원 일파 중심의 동인으로 분화되었다. 심의겸 중심의 서인은 척신 정치 청산 문제에 소극적이었던 기성 사림이 주류를 이루었으며, 김효원 중심의 동인은 척신 정치의 청산을 적극적으로 주장하는 신진 사림이 주류를 이루었다.

ⓔ **남인과 북인의 분당:** 동인은 선조 때 건저 문제(세자 책봉 문제)로 탄핵된 서인 정철의 처벌 문제를 두고 강경파인 북인과 온건파인 남인으로 분열되었다.

05 고려 시대 고려 시대의 가족 제도 · 난이도 중 ●●○

남자가 장가들면 여자 집에 거주 + 장인과 장모의 은혜가 부모의 은혜와 똑같음 + 『동국이상국집』(이규보) → 고려 시대

③ 고려 시대에는 가정 내에서 여성의 지위가 남성과 거의 대등하였기 때문에 자녀들이 돌아가면서 불교식으로 제사를 지냈다.

① 고려 시대에는 여성의 재가가 가능하였고, 재가녀의 자식에 대한 사회적 차별도 거의 없었다.

② **조선 시대(후기):** 재산 상속을 할 때 장남이 우대를 받았던 것은 조선 후기의 사실이다. 고려 시대~조선 중기에는 남녀 차별 없이 재산을 자녀들에게 균분 상속하는 것이 일반적이었다.

④ **조선 시대(후기):** 지방 사족들이 부계 위주의 족보를 편찬하고 동성 마을을 형성하였던 것은 조선 후기의 사실이다.

06 시대 통합 독도 · 난이도 하 ●○○

울릉도를 울도라 개칭 + 울릉군청이 관할함 → 대한 제국 칙령 제41호 → ⓝ 독도

④ 일본은 러·일 전쟁 중인 1905년에 시마네 현 고시 제40호를 통해 울릉도와 독도를 불법적으로 강탈하였다.

① **제주도:** 네덜란드 상인인 하멜 일행이 표류하다가 도착한 곳은 제주도이다.

② **흑산도:** 신유박해 때 유배 간 정약전이 『자산어보』를 저술한 곳은 흑산도이다.

③ **거문도:** 영국이 러시아의 남하를 견제하기 위해 불법으로 점령한 곳은 거문도이다.

이것도 알면 합격

독도의 역사

고대	신라 지증왕 때 우산국 정복
조선 후기	숙종 때 안용복이 일본에 건너가 울릉도·독도 영유권 확인
대한 제국	칙령 제41호 반포(1900) → 독도가 울릉도의 관할 지역임을 명시
일본의 강점	시마네 현 고시 제40호(1905) → 러·일 전쟁 중 독도를 일본 영토로 불법 편입
현대	평화선 선언(1952)을 통해 독도 영유권 확인

07 근대 온건 개화파와 급진 개화파 · 난이도 중 ●●○

(가) 도(만고불변의 이치) + 기(외형적인 것) + 변혁을 꾀하는 것은 기이지 도가 아님 → 동도 서기론 → 온건 개화파

(나) 문호를 개방 + 이웃 나라와 친선을 도모 + 일본은 법을 변경(메이지유신) → 문명 개화론 → 급진 개화파

① 온건 개화파는 1880년대에 민씨 정권 하에서 요직을 차지하며 조선과 청의 전통적인 사대 관계를 인정하는 친청 외교 정책을 추진하였다.

② **위정척사파:** 기정진, 이만손 등은 위정척사파이다.

③ **동학 농민군:** 농민의 입장에서 토지 개혁을 주장한 것은 동학 농민군이다. 동학 농민군은 폐정 개혁안 12개조를 통해 농민의 입장에서 토지 개혁을 주장하였다.

④ 온건 개화파: 양무운동을 본받고자 한 것은 동도 서기론을 주장한 온건 개화파이다.

👀이것도 알면 합격

온건 개화파와 급진 개화파

구분	온건 개화파	급진 개화파
대표 인물	김홍집, 어윤중, 김윤식	김옥균, 박영효, 홍영식
개혁 방향	· 청의 양무운동 모방 · 동도 서기론 주장 · 점진적인 개혁 추구	· 일본의 메이지유신 모방 · 문명 개화론 주장 · 급진적인 개혁 추구

08 근대 활빈당　난이도 중 ●●○

자료분석

시장에 외국 상인의 출입을 엄금 + 다른 나라에 철도 부설권을 허용하지 말 것 + 방곡령을 실시하고 구민법을 채용 → 활빈당

정답설명

② 활빈당의 '활빈'은 '가난한 사람을 살린다'는 의미이며, 이는 조선 후기의 소설인 「홍길동전」에서 따온 이름이다.

오답분석

① 오적 암살단: 을사오적을 처단하기 위해 조직된 암살단은 나철, 오기호가 조직한 오적 암살단이다.

③ 일본이 벌인 '남한 대토벌 작전'(1909)으로 크게 타격을 받은 것은 정미의병 이후 전라도를 근거로 활동하던 의병 부대들이다. 한편 활빈당은 을사의병(1905) 세력에 흡수되었다.

④ 황국 중앙 총상회: 시전 상인이 중심이 되어 만든 단체는 황국 중앙 총상회(1898)이다. 황국 중앙 총상회는 외국 상인들의 국내 진출을 저지하고 국내 상인들의 권익을 보호하기 위한 활동을 전개하였으며, 독립 협회와 연대하여 자유·민권 운동을 전개하기도 하였다.

👀이것도 알면 합격

활빈당

조직	· 동학 농민 운동과 을미의병에 가담했던 농민군, 행상, 노동자, 걸인 등이 조직 · '활빈'은 '가난한 사람을 살린다'라는 의미이며, 「홍길동전」을 사상적 배경으로 함
활동	· 부호의 재물을 빼앗아 빈민에게 나누어 줌 · 대한 사민 논설(강령) 발표 → 외국의 철도 부설권 허용 금지, 외국 상인 활동 금지, 방곡령 실시 등을 주장 · 1905년 이후 의병 운동에 흡수

09 일제 강점기 무단 통치 시기의 모습　난이도 하 ●○○

자료분석

헌병은 치안 유지에 관한 경찰을 관장함 → 헌병 경찰제(1910~1919) → 무단 통치 시기(1910년대)

정답설명

② 독립 의군부는 무단 통치 시기인 1912년에 조직되었다. 독립 의군부는 임병찬이 고종의 밀명을 받아 의병과 유생들을 규합하여 조직한 비밀 결사 단체로, 복벽주의를 추구하였다.

오답분석

① 문화 통치 시기: 동아일보가 창간된 것은 문화 통치 시기인 1920년이다. 일제는 문화 통치 방침에 따라 한글 신문의 간행을 허용하였으나, 동시에 검열·삭제·정간 등을 강화하여 언론을 통제하였다. 이후 조선일보·동아일보 등의 한글 신문은 민족 말살 통치 시기인 1940년대에 강제로 폐간되었다.

③ 민족 말살 통치 시기: 보통학교의 명칭이 심상소학교로 바뀐 것은 민족 말살 통치 시기에 제정된 제3차 조선 교육령(1938)에 의해서이다. 무단 통치 시기에 한국인 학생들은 보통학교(수업 연한 4년)에 입학하였다.

④ 문화 통치 시기: 원산 총파업은 문화 통치 시기인 1929년에 일어났다. 원산 노동자 총파업은 영국인이 경영하는 원산의 라이징 선 석유 회사의 일본인 감독이 한국인 노동자를 폭행한 사건을 계기로 발생한 노동 운동으로, 3천여 명의 노동자가 참가한 일제 강점기 최대 규모의 파업 운동이었다.

👀이것도 알면 합격

무단 통치를 위한 악법

범죄 즉결례(1910)	재판 없이 3개월 이하의 징역 또는 구류 처분과 100원 이하의 벌금 부과 가능
경찰범 처벌 규칙(1912)	수상한 행동을 한 자를 경찰이 현행범으로 체포 가능
조선 형사령(1912)	일본 황족에 대한 불경을 범죄로 규정
조선 태형령(1912)	한국인에게만 재판 없이 태형 집행

10 현대 제3차 경제 개발 5개년 계획 시기의 사실　난이도 상 ●●●

정답설명

④ 제3차 경제 개발 5개년 계획(1972~1976)이 실시되었던 1973년에 포항 제철소 제1기 설비가 준공되었다. 제3차 경제 개발 5개년 계획이 추진된 1970년대에는 수출 주도형 중화학 공업 육성 정책이 실행되었는데, 이에 따라 포항 제철소, 울산·거제 조선소 등이 건설되었다.

오답분석

① 제3차 경제 개발 5개년 계획이 실시되었던 시기에는 화폐 개혁이 단행되지 않았다. 화폐 개혁은 이승만 정부 때인 1950년과 1953년, 5·16 군사 정변 이후 성립된 군사 정부 시기인 1962년에 실시되었다.

② 제1차 경제 개발 5개년 계획 시기: 브라운 각서가 체결된 것은 1966년으로, 제1차 경제 개발 5개년 계획 시기(1962~1966)이다. 박정희 정부는 베트남 추가 파병의 대가로 미국과 브라운 각서를 체결하여 한국군의 현대화를 위한 장비·기술 원조 및 추가적인 차관 제공 등을 약속 받았다.

③ 제4차 경제 개발 5개년 계획 시기: 제2차 석유 파동이 발생하였던 것은 1978년으로 제4차 경제 개발 5개년 계획 시기(1977~1981)이다. 제2차 석유 파동(1978~1980)으로 국내 경기 불황, 국제 수지 악화 등이 나타나 마이너스 경제 성장률을 기록하였고, 이로 인한 사회적 혼란은 유신 체제 몰락에도 영향을 끼쳤다.

정답

p.16

01	④	선사 시대
02	④	고려 시대
03	②	조선 후기
04	③	고대
05	①	고대
06	③	시대 통합
07	④	근대
08	②	일제 강점기
09	②	근대
10	③	현대

취약시대 분석표

분류	시대	문항 수
전근대	선사 시대	/1
	고대	/2
	고려 시대	/1
	조선 전기	/0
	조선 후기	/1
근현대	근대	/2
	일제 강점기	/1
	현대	/1
통합	시대 통합	/1
총합		/10

* 취약시대 분석표를 이용해 틀린 문제가 있는 시대는 그 시대의 문제만 골라 해설을 다시 한번 꼼꼼히 학습하세요.

---

01 선사 시대 단군 조선과 위만 조선   난이도 상 ●●●

자료분석

(가) 단군 조선 성립(기원전 2333) ~ 위만 집권(기원전 194) → 단군 조선 시기
(나) 위만 집권(기원전 194) ~ 왕검성 함락(기원전 108) → 위만 조선 시기

정답설명

④ 옳은 것을 고르면 ⓒ, ⓒ, ⓔ이다.
ⓒ 위만 조선 시기인 기원전 128년 고조선에 복속해 있던 예(濊)의 군장 남려가 우거왕에게 반기를 들고 한나라에 투항하였다. 이에 한은 이 지역에 창해군을 설치하여 위만 조선 진출의 발판으로 삼고자 하였다.
ⓒ 단군 조선은 기원전 4세기경부터 연나라와 요서(랴오시) 지역을 경계로 대립하였다. 기원전 3세기 초에는 연나라 장수 진개의 침략을 받아 랴오둥(요동) 지역을 상실하기도 하였다.
ⓔ 위만 조선 시기에 철기 문화가 본격적으로 수용되어 철제 무기와 농기구 등이 제작되었다. 한편 단군 조선은 청동기 문화를 토대로 성장하였는데, 이에 따라 청동기 시대의 유물·유적인 비파형동검과 북방식(탁자식) 고인돌, 미송리식 토기 등을 통해 단군 조선의 세력 범위를 짐작할 수 있다.

오답분석

ⓖ (나) 시기: 고조선이 보낸 군대에 요동도위 섭하가 살해된 것은 위만 조선 시기의 사실로, (나) 시기이다. 기원전 109년에 위만 조선에 왔던 한나라의 사신 섭하가 돌아가는 길에 조선비왕 장(長)을 살해하자, 위만 조선의 우거왕은 이에 대한 보복으로 군대를 보내 요동도위 섭하를 살해하였다.

👆이것도 알면 합격

단군 조선

건국	· 기원전 2333년에 단군왕검이 건국 · 세력 범위: 비파형동검, 북방식 고인돌, 거친무늬 거울, 미송리식 토기의 출토 지역을 통해 짐작 가능

발전	· 기원전 4세기경: 요서 지방을 경계로 연나라와 대립 · 기원전 3세기 초: 연나라 장수 진개의 침략으로 중심지가 이동(요동 → 대동강 유역)한 것으로 추정됨 · 기원전 3세기경: 부왕·준왕과 같은 강력한 왕이 등장하여 일시적으로 왕위 세습, 왕 밑에 상·경·대부·대신·장군·박사 등의 관직 마련

---

02 고려 시대 대몽 항쟁의 전개   난이도 중 ●●○

정답설명

④ 순서대로 나열하면 ⓔ 강동성 전투(1218~1219) → ⓒ 처인성 전투(1232) → ⓒ 재조대장경 조판 시작(1236) → ⓖ 개경 환도(1270)이다.
ⓔ 강동성 전투: 몽골에게 쫓겨 강동성에 포위된 거란군을 고려와 몽골이 연합하여 격퇴(1218~1219, 강동성 전투)하였으며, 이를 통해 고려가 몽골과 처음으로 접촉하게 되었다. 몽골은 이를 구실로 고려에 형제 관계의 체결과 막대한 공물을 요구하였다.
ⓒ 처인성 전투: 몽골의 2차 침입(1232) 때 승려 김윤후가 처인성(현재의 용인)에서 몽골 장수 살리타를 사살하였다.
ⓒ 재조대장경 조판 시작: 몽골의 3차 침입 때 고려는 불력으로 몽골을 물리치려는 염원을 담아 재조대장경(팔만대장경)의 조판을 시작(1236)하였으며, 1251년에 완성하였다.
ⓖ 개경 환도: 몽골과의 강화 체결 이후 고려 정부는 무신 정권을 몰아내고 개경으로 환도하였다(1270).

이것도 알면 합격

몽골의 침입

1차 침입 (1231)	몽골 사신 저고여가 국경 지대에서 피살된 것을 구실로 몽골군이 침입 → 박서가 귀주성에서 저항
2차 침입 (1232)	당시 무신 정권의 집권자인 최우가 강화도로 천도한 것을 구실로 몽골군이 재침입 → 승려 김윤후가 처인성에서 적장 살리타 사살(처인성 전투), 초조대장경 소실
3차 침입	황룡사 9층 목탑의 소실, 재조대장경(팔만대장경) 조판 시작
5차 침입 (1253)	김윤후와 하층민들이 충주성에서 몽골군을 물리침(충주성 전투)
6차 침입 (1254)	충주 다인철소 주민들이 몽골에 대항

---

03 조선 후기 영조
난이도 중 ●●○

자료분석

국초에 있었던 전례에 따라 신문고를 다시 설치 → 영조

정답설명

② 영조는 준천사를 설치하고 청계천 준설 사업을 추진하여 서민들에게 일자리를 제공하고 홍수에 대비하였다.

오답분석

① 순조: 관청에 소속된 노비 6만 6천여 명을 양인으로 해방(1801)시킨 왕은 순조이다. 순조는 노비의 도망과 합법적인 신분 상승으로 신공을 받아낼 수 없게 되자 공노비 해방을 추진하여 내수사와 궁방 및 각급 관청에 속한 공노비(관노비)를 해방시키도록 하였다.

③ 태종: 서얼차대법(서얼금고법)이 제정되어 서얼의 문과 응시가 제한된 것은 태종 때이다. 서얼차대법은 양반의 자손이라도 첩의 소생인 서얼의 경우 문과 응시를 하지 못하도록 한 제도이다. 한편 영조는 통청윤음(1772)을 내려 서얼들의 청요직 진출을 허용하였다.

④ 정조: 청으로부터 백과사전인 『고금도서집성』을 수입한 왕은 정조이다.

---

04 고대 자장
난이도 하 ●○○

자료분석

여자가 왕위에 있음(선덕 여왕) + 절 안에 9층 탑을 세움 → (가) 자장

정답설명

③ 자장은 선덕 여왕 때 대국통으로 임명되어 승려의 규범과 계율을 주관하고, 계율종을 개창하였다.

오답분석

① 김대문: 유명한 승려들의 전기인 『고승전』과 화랑들의 전기를 모은 『화랑세기』 등을 저술한 인물은 진골 출신 문장가인 김대문이다.

② 원측: 당에 들어가 독자적인 유식론을 발전시킨 인물은 원측이다.

④ 의상: 관음 신앙을 전파하였던 승려는 의상이다. 의상은 질병이나 재해 등 인간의 현실적인 문제점을 해결해주는 관음 보살을 신봉하는 관음 신앙을 전파하였다.

---

05 고대 통일 신라의 경제 상황
난이도 하 ●○○

정답설명

① 신라도는 발해와 통일 신라의 교역로로, 발해의 상경에서 동경과 남경을 거쳐 동해안을 따라 신라에 이르는 길이다.

오답분석

② 통일 이후 신라는 인구와 물자의 증가로 기존의 동시만으로는 상품 수요를 감당할 수 없게 되자 통일 신라 효소왕 때 수도인 경주에 서시와 남시가 추가로 설치되고, 이를 감독하는 기관인 서시전과 남시전이 설치되었다.

③ 통일 이후 신라에서는 16~60세의 남자를 대상으로 군역과 요역이 부과되었다.

④ 울산항은 통일 신라 시기의 대표적인 국제 무역항으로, 당과 일본의 상인뿐 아니라 아라비아(이슬람) 상인까지 왕래하였다.

---

06 시대 통합 평양
난이도 중 ●●○

자료분석

외국 군대 즉시 철수 + 통일적 총선거를 통한 국가 수립 + 단독 선거 결과를 인정하지 않을 것 → 남북 협상(1948) → (가) 평양

정답설명

③ 평양은 제너럴셔먼호 사건이 발생한 곳이다. 미국의 상선인 제너럴셔먼호가 대동강을 거슬러 평양까지 와서 통상을 요구하였고, 조선에서 이를 거부하자 제너럴셔먼호의 선원들은 약탈을 자행하고 조선인을 납치하는 등의 만행을 저질렀다. 이에 당시 평안도 관찰사였던 박규수와 평양 관민들은 제너럴셔먼호를 공격하여 불태웠다(1866. 7.). 이후 미국은 이 사건을 구실로 통상을 요구하며 신미양요(1871)를 일으켰다.

오답분석

① 지린(길림) 퉁화시: 고구려 유리왕이 천도한 곳은 국내성으로, 현재 중국 지린성 퉁화시이다. 동명왕(주몽·추모왕)의 뒤를 이어 즉위한 유리왕은 수도를 졸본에서 국내성으로 옮겼다.

② 서희의 활약을 통해 고려의 영토가 된 흥화진(의주), 곽주(정주), 철주(철산) 등의 강동 6주로, 이는 평양 이북 지역이다. 한편 평양(서경)은 국초부터 고려의 영토였으며, 태조 왕건이 북진 정책의 전진 기지로 삼기도 하였다.

④ 개성: 소련의 제안으로 유엔군과 공산군의 휴전 회담이 처음 열린 곳(1951. 7.)은 개성이다. 이후 판문점에서 전개된 2년여 간의 협상 끝에 비무장 지대 및 군사 분계선 설치, 중립국 감시 위원단 구성 등을 골자로 한 정전(휴전) 협정이 체결되었다(1953. 7.).

---

07 근대 독립 협회
난이도 중 ●●○

자료분석

서재필 + 영문판 + 순한글판 → 독립신문 → (가) 독립 협회(1896~1898)

정답설명

④ 독립 협회는 관민 공동회를 통해 결의한 헌의 6조(1898)에서 국가 재정은 탁지부에서 모두 관리하고, 예산과 결산을 인민에게 공포하도록 할 것을 주장하였다.

① 공·사 노비법을 혁파하여 신분제를 폐지하고, 인신매매를 금지한 것은 제1차 갑오개혁(1894) 때의 사실이다. 제1차 갑오개혁 때 동학 농민군의 주장 등을 반영하여 신분제를 폐지하였다.

② 왕실 사무와 국정 사무를 나누어 혼동하지 않도록 할 것은 제2차 갑오개혁(1894) 때 발표된 홍범 14조의 내용이다.

③ 혜상공국을 혁파할 것은 갑신정변(1884) 때 급진 개화파가 발표한 14개조 혁신 정강의 내용이다. 급진 개화파는 보부상을 총괄하는 기관인 혜상공국을 혁파하여 특권적 상업 체제를 폐지하고자 하였다.

🖐️이것도 알면 합격

헌의 6조(1898. 10.)의 주요 내용
- 외국인에게 의지하지 말고, 관·민이 힘을 합하여 전제 황권을 견고하게 할 것
- 외국과의 이권에 관한 조약은 각 대신과 중추원 의장이 합동 날인하여 시행할 것
- 국가 재정은 탁지부에서 전관하고, 예산과 결산을 국민에게 공포할 것
- 칙임관을 임명할 때에는 정부의 자문을 받아 다수의 의견에 따를 것

---

08 일제 강점기 안창호   난이도 하 ●○○

신민회 조직, 대성 학교 설립 + 국민 대표 회의 참여, 개조파로 활동 → (가) 안창호

② 안창호는 미국 샌프란시스코에서 재미 한인을 중심으로 흥사단을 창립(1913)하여 애국 계몽 운동을 전개하였다.

① **신채호:** 대한매일신보에 「독사신론」을 연재한 인물은 신채호이다. 한편 신채호는 임시 정부의 활동 방향을 위해 열린 국민 대표 회의에서 임시 정부를 해체하고 이를 대체할 새로운 정부 수립을 주장하는 창조파로 활동하였다.

③ **신규식·박은식 등:** 상하이에서 독립운동 단체인 동제사(1912)를 조직한 인물은 신규식·박은식 등이다. 동제사는 이후 중국 국민당 인사들과 연합을 위하여 신아 동제사로 개편되었으며, 청년 교육을 위해 박달 학원을 설립하기도 하였다.

④ **박용만:** 미주 하와이 지역에 대조선 국민 군단(1914)을 조직하여 독립군을 양성하였던 인물은 박용만이다. 한편 박용만은 국민 대표 회의에서 창조파로 활동하였다.

---

09 근대 외국과 체결한 근대적 조약   난이도 중 ●●○

② 순서대로 나열하면 ㉠ 조·일 수호 조규(강화도 조약, 1876) → ㉢ 조·미 수호 통상 조약(1882) → ㉡ 조·일 통상 장정 개정(1883) → ㉣ 조·불(프) 수호 통상 조약(1886)이 된다.

㉠ 조·일 수호 조규(강화도 조약, 1876)는 조선이 외국과 맺은 최초의 근대적 조약이다.

㉢ 조·미 수호 통상 조약(1882)은 조선이 서양 열강과 맺은 최초의 근대적 조약이다.

㉡ 조·일 통상 장정 개정(1883)은 조·일 무역 규칙(조·일 통상 장정, 1876)이 개정된 것으로, 일본에 대한 최혜국 대우 규정 등이 포함되어 있었다.

㉣ 조선 정부의 천주교 탄압으로 인한 프랑스와의 불화로, 프랑스와의 통상 조약은 다른 서양 국가들에 비해 비교적 늦게 체결되었다(조·불 수호 통상 조약, 1886).

---

10 현대 3·15 부정 선거   난이도 하 ●○○

투표 당일 투표함에 미리 넣어 놓음 + 야당 성향의 유권자를 위협함 → 3·15 부정 선거(1960)

③ 3·15 부정 선거가 단행되자 마산의 학생과 시민들은 이 선거를 규탄하는 반정부 시위를 일으켰다. 이때 시위에 참여하였던 김주열 학생의 시신이 발견되면서 4·19 혁명의 도화선이 되었다.

① **제3대 정·부통령 선거:** 부통령에 장면이 당선되었던 선거는 제3대 정·부통령 선거이다. 사사오입 개헌 이후 이루어진 제3대 정·부통령 선거(1956)에서는 민주당 후보였던 신익희의 급사로 대통령에는 이승만이 당선되었으며, 부통령에는 민주당(야당)의 장면이 자유당의 이기붕을 누르고 당선되었다. 한편 3·15 부정 선거로 자유당의 이승만과 이기붕이 80%에 가까운 득표율로 정·부통령에 당선되자 이를 규탄하는 시위가 확산되었다.

② 초대 대통령에 한해 중임 제한을 철폐한다는 내용의 사사오입 개헌(1954, 제2차 개헌)이 이루어진 것은 3·15 부정 선거가 실시되기 이전이다.

④ 조봉암을 비롯한 진보당 간부들이 구속된 진보당 사건(1958)이 발생한 것은 3·15 부정 선거가 실시되기 이전이다. 조봉암이 진보당을 창당하고 평화 통일론을 주장하여 국민들에게 많은 지지를 받자, 이에 위협을 느낀 이승만 정부는 조봉암을 비롯한 진보당 간부들을 북한의 간첩과 내통하였다는 혐의로 구속하였다(진보당 사건).

■ 정답   p.20

01	③ 고대
02	② 고려 시대
03	③ 고대
04	④ 조선 후기
05	② 시대 통합
06	④ 고려 시대
07	② 조선 전기
08	④ 근대
09	① 일제 강점기
10	④ 현대

■ 취약시대 분석표

분류	시대	문항 수
전근대	선사 시대	/0
	고대	/2
	고려 시대	/2
	조선 전기	/1
	조선 후기	/1
근현대	근대	/1
	일제 강점기	/1
	현대	/1
통합	시대 통합	/1
총합		/10

* 취약시대 분석표를 이용해 틀린 문제가 있는 시대는 그 시대의 문제만 골라 해설을 다시 한번 꼼꼼히 학습하세요.

---

01 고대 삼국 통일 과정   난이도 중 ●●○

정답설명

③ 순서대로 나열하면 ㉣ 백제 멸망(660) → ㉢ 계림 도독부 설치(663) → ㉠ 안승의 보덕국 왕 책봉(674) → ㉡ 기벌포 전투(676)가 된다.

㉣ 백제 멸망: 황산벌에서 백제 계백의 결사대를 격파(황산벌 전투, 660)한 신라는 당군과 연합하여 백제의 사비성을 함락시켰다(660, 백제 멸망).

㉢ 계림 도독부 설치: 당나라는 백제 멸망 이후 웅진(지금의 공주)에 웅진 도독부를 설치(660)하고, 신라의 경주에 계림 도독부를 설치하였다(663).

㉠ 안승의 보덕국 왕 책봉: 나·당 연합군에 의해 평양성이 함락되면서 고구려도 멸망(668)하였다. 이후 신라 문무왕은 당을 견제하기 위해 고구려 유민을 금마저(익산)에 머물게 한 뒤 금마저에 보덕국을 설치하고 안승을 보덕국왕으로 봉하였다(674).

㉡ 기벌포 전투: 나·당 전쟁이 일어나자 신라는 매소성 전투(675)·기벌포 전투(676)에서 당의 군대를 크게 물리치고 삼국 통일을 달성하였다.

---

02 고려 시대 고려 후기의 사회 모습   난이도 중 ●●○

자료분석

재상지종 + 종실의 여자에게 장가들고 딸은 왕비로 삼을 만함 → 충선왕의 복위 교서 → 고려 후기

정답설명

② 옳은 것을 모두 고르면 ㉠, ㉡이다.

㉠ 고려 후기 원 간섭기에 원으로 여러 자원을 수탈하기 위한 기관이 설치되었다. 결혼도감은 고려의 처녀들을 공녀로 징발하기 위한 기관이었다.

㉡ 원 간섭기에는 몽골과의 전쟁으로 황폐해진 토지를 개간할 목적으로 공신과 귀족들에게 사패전을 지급하였다. 사패전은 개간한 토지의 사적 소유를 허락하는 증표인 사패를 지급한 토지로, 권문세족들은 이러한 사패와 겸병을 통해 토지 소유를 확대하였다.

오답분석

㉢ 향도는 고려 초기에 불교 신앙 조직으로 불상이나 탑 등을 조성하였고, 위기가 닥칠 때를 대비하여 향나무를 땅에 묻는 매향 활동을 하였다. 고려 후기에 이르러 신앙적인 향도는 점차 자신들의 이익을 위한 조직으로 변모되어 마을 노역, 혼례와 상장례, 민속 신앙과 관련된 마을 제사 등 공동체 생활을 주도하는 농민 조직으로 발전하였다.

㉣ 조선 후기: 혼인 풍습이 남귀여가혼 대신 친영 제도로 변화하였던 시기는 조선 후기이다. 고려 시대~조선 중기에는 신랑이 신부 집에서 혼례를 치르고 자녀를 낳아 자녀가 성장하면 본가로 돌아오는 혼인 풍속인 남귀여가혼이 흔히 행해졌으며, 조선 후기에는 점차 혼인 후 곧바로 남자 집에서 생활하는 친영 제도가 정착하였다.

---

03 고대 장보고   난이도 중 ●●○

자료분석

무령군 소장 + 바다에 진영을 설치(청해진) → (가) 장보고

정답설명

③ 장보고는 완도에 청해진을 설치하고 해적을 소탕하여 해상 무역권을 장악하였으며, 외교 교섭을 위해 중국에는 견당 매물사, 일본에는 회역사라는 교역 사절을 파견하였다.

오답분석

① 견훤: 금산사에 유폐되었던 인물은 후백제의 견훤이다. 견훤이 넷째 아들 금강에게 왕위를 물려주려고 하자 큰 아들 신검은 견훤을 금산사에 유폐하였다(935). 견훤은 그 해 6월에 금산사를 탈출하여 고려에 투항하였고, 이후 후백제는 일리천 전투에서 고려에 패하며 멸망하였다.

② 궁예: 기훤, 양길의 휘하에서 세력을 키운 인물은 궁예이다. 궁예는 신라 하대의 초적 세력인 기훤과 양길의 부하로 있다가 자립하여 송악에서 후고구려를 건국하였다.

④ **김헌창**: 반란을 일으키고 국호를 '장안', 연호를 '경운'이라 하였던 인물은 김헌창이다. 김헌창은 그의 아버지인 김주원이 왕이 되지 못한 것에 불만을 품고 헌덕왕 때 웅주에서 반란을 일으켰으나 실패하였다.

이것도 알면 합격

장보고의 활동

당에서 활동	당나라에서 서주 무령군 소장 역임
청해진 설치	· 완도에 청해진 설치(828) · 당 – 신라 – 일본을 잇는 국제 무역 주도
무역 사절 파견	회역사(일본), 견당 매물사(당) 등의 교역 사절을 파견
법화원 건립	산둥 반도 적산촌에 법화원이라는 사찰 건립

---

04 조선 후기 박제가 　난이도 하 ●○○

자료분석

재물은 대체로 샘과 같다 → 우물론 → 박제가

정답설명

④ 박제가는 서얼 출신으로 조선 정조 때 유득공, 이덕무 등과 함께 규장각 검서관에 등용되어 활동하였다.

오답분석

① **박지원**: 청에 다녀온 후 『열하일기』를 저술한 인물은 박지원이다. 박지원은 『열하일기』에서 청나라의 선진 문물을 소개하고 상공업의 진흥을 강조하며, 수레와 선박 등을 이용할 것을 주장하였다.

② **정약용**: 요하네스 테렌츠의 『기기도설』을 참고하여 거중기를 설계한 인물은 정약용이다. 그가 제작한 거중기는 수원 화성을 건설할 때 사용되어 건축 기간을 단축시키는 데 공헌하였다.

③ **유형원**: 자영농의 육성을 위해 관리, 선비, 농민 등의 신분에 맞게 토지를 차등 분배할 것을 주장한 인물은 유형원이다.

이것도 알면 합격

박제가

상공업 중시	· 수레, 선박의 이용 주장 · 절약보다 소비 중시, 생산과 소비의 관계를 우물에 비유
대표 저서	· 『북학의』: 청의 문물 수용 주장, 신분 차별 타파, 소비 권장 · 『종두방서』: 정약용과 함께 종두법 연구

---

05 시대 통합 유네스코 세계 기록 유산 　난이도 하 ●○○

정답설명

② 모두 고르면 ㉠, ㉢, ㉣이다.

㉠ 『난중일기』는 2013년에 유네스코 세계 기록유산에 등재되었다. 『난중일기』는 이순신이 임진왜란 때 쓴 친필 일기로, 전투 양상과 이순신 개인의 소회는 물론 당시의 날씨와 백성의 생활 모습도 기록되어 있다.

㉢ 『승정원일기』는 2001년에 유네스코 세계 기록유산에 등재되었다. 『승정원일기』는 국왕의 비서 기관인 승정원에서 왕과 신하 간에 오고 간 문서는 물론 왕의 일상과 업무 내용을 일지 형식으로 기록한 것이다.

㉣ '이산 가족을 찾습니다.' 기록물은 2015년에 유네스코 세계 기록 유산에 등재되었다. 남한 내에서 흩어진 이산가족을 찾기 위해 방영된 KBS 특별 생방송과 관련된 녹화 원본 테이프, 업무 수첩, 신청서 등의 기록물이 포함되어 있다.

오답분석

㉡ 『비변사등록』은 조선 후기에 국가 최고 회의 기관이었던 비변사의 활동을 일기체로 기록한 것으로, 유네스코 세계 기록유산에 등재되지 않았다.

㉢ 동학 농민 혁명 기록물은 1894년에 일어난 동학 농민 혁명 당시 동학 농민군, 관군, 진압에 참여한 민간인, 일본측 등의 기록물로, 유네스코 세계 기록유산에 등재되지 않았다.

이것도 알면 합격

유네스코 세계 기록유산

『훈민정음(해례본)』, 『조선왕조실록』, 『직지심체요절』(하권), 『승정원일기』, 『의궤』, 고려대장경판 및 제경판, 『동의보감』, 『일성록』, 5·18 광주 민주화 운동 기록물, 『난중일기』, 새마을 운동 기록물, 한국의 유교 책판, '이산 가족을 찾습니다' 기록물, 조선 왕실 어보와 어책, 조선 통신사 기록물, 국채 보상 운동 기록물

---

06 고려 시대 무신 집권기의 사실 　난이도 중 ●●○

정답설명

④ 순서대로 나열하면 ㉣ 망이·망소이의 난(정중부 집권기, 1176) → ㉢ 도방 설치(경대승 집권기, 1179) → ㉠ 만적의 난(최충헌 집권기, 1198) → ㉡ 정방, 서방 설치(최우 집권기)이다.

㉣ **망이·망소이의 난**: 정중부 집권기에 망이·망소이가 공주 명학소에서 난을 일으켰다(1176). 고려의 특수 행정 구역인 소는 일반 군현에 비해 무거운 세금 납부와 신분적 차별 대우를 받았는데, 이러한 차별에 반발하며 망이·망소이가 봉기하였다. 이때 일시적으로 명학소가 충순현으로 승격되었는데, 이는 향·부곡·소가 해방되는 계기가 되었다.

㉢ **도방 설치**: 경대승 집권 시기에 도방이 처음 설치되었다. 경대승은 자신의 신변 보호를 위해 사병 집단인 도방을 조직하였다(1179). 도방은 경대승이 사망하면서 사실상 해체되었으나, 이후 최충헌에 의해 다시 설치되어 최씨 무신 정권의 군사적 기반이 되었다.

㉠ **만적의 난**: 최충헌 집권기에 그의 사노비였던 만적이 신분 해방과 정권 탈취를 목표로 봉기를 계획하였으나 사전에 발각되어 실패하였다(만적의 난, 1198).

㉡ **정방, 서방 설치**: 최우 집권기에 정방과 서방이 설치되었다. 최우는 본인의 사저에 인사 행정 기구인 정방을 설치하여 관리의 인사권을 장악하였으며, 문신들의 숙위 기구인 서방을 설치하고 행정 실무 능력을 갖춘 문신들을 숙위시켜 정책을 자문 하게 하였다.

정답설명

② 5도의 주현군과 양계의 주진군이 지방의 방위를 담당한 것은 고려 시대의 사실이다. 조선 초기에는 영진군이 지방 방위를 담당하였으며, 세조 때 지방 방위 체제가 진관 체제로 정비되었다.

오답분석

① 조선 시대에는 정규군 외에 일종의 예비군인 잡색군이 있었다. 잡색군은 서리, 잡학인, 신량역천인, 노비 등으로 편성(농민 제외)되었으며, 평상시에는 생업에 종사하면서 일정 기간 군사 훈련을 받아 유사시를 대비하였다.

③ 조선 시대에는 세조 때 보법이 실시되어 실제로 역에 복무하는 정군과 정군의 복무 비용을 부담하는 보인으로 군역을 편제하였다. 또한 세조 때 지역 단위 방위 체제인 진관 체제가 정비되었다. 진관 체제는 각 도에 한두 개의 병영을 두고, 병영 밑에 몇 개의 거진을 설치하여 거진의 수령이 그 지역의 군대를 통제하는 체제이다.

④ 조선 시대에는 16세 이상 60세 이하의 모든 양인 남자들이 군역을 지는 양인 개병제의 원칙에 따라 군사 제도가 운영되었다. 그러나 현직 관료와 학생, 향리 등은 군역을 면제받기도 하였다.

자료분석

시정 개선에 관한 충고 + 군사 전략상 필요한 지점을 이용 → 한·일 의정서

정답설명

④ 일본은 러·일 전쟁 발발 직후 대한 제국의 국외 중립을 선언을 무시하고 서울을 점령한 후 강제로 한·일 의정서를 체결하였다(1904). 이 조약을 통해 일본은 전쟁 수행을 위한 한반도의 군사적 요충지와 시설을 마음대로 이용할 수 있게 되었고, 대한 제국의 외교권을 제한하였다.

오답분석

① **한·일 신협약(정미 7조약):** 대한 제국 군대 해산 조치의 근거가 된 것은 한·일 신협약(정미 7조약, 1907)과 함께 작성된 비밀 부수 각서이다.

② **한·일 병합 조약:** 조선 총독부가 설치된 것은 한·일 병합 조약(1910) 이후이다.

③ **을사늑약(제2차 한·일 협약):** 민영환은 1905년 을사늑약(제2차 한·일 협약) 체결에 항거하며 자결하였다.

✍️ **이것도 알면 합격**

한·일 의정서

배경	한반도와 만주의 지배권을 둘러싸고 러·일 전쟁 발발(1904. 2.)
체결	일본은 대한 제국의 독립과 영토 안정을 보장한다는 이유로 강제 체결함(1904. 2.)
내용	일본이 대한 제국 내의 군사 기지 사용권 획득, 대한 제국의 국외 중립 선언 무효화, 조선이 일본과의 상의 없이 제3국과 조약을 체결할 수 없도록 함

자료분석

독립 항쟁 + 1919년 → ㉠ 3·1 운동

정답설명

① 인도의 비폭력·불복종 운동은 3·1 운동의 영향을 받아 전개되었다. 3·1 운동은 중국의 5·4 운동, 인도의 비폭력·불복종 운동 및 중동 지역의 반제 국주의 민족 운동에 영향을 미쳤다.

오답분석

모두 3·1 운동의 배경이다.

② 일본 도쿄에서 유학생들이 조선 청년 독립단을 조직하여 2·8 독립 선언서를 발표하였다(1919).

③ 미국의 윌슨 대통령은 파리 강화 회의에서 '어느 민족의 운명이나 미래를 그 민족이 스스로 결정하게 해야 한다'는 민족 자결주의를 제창하였다(1918).

④ 러시아 혁명을 전개한 레닌은 제국주의 하에서 고통 받는 약소 식민지 국가의 해방을 지원하겠다고 선언하였다(1917).

자료분석

군사 분계선을 확정함 + 비무장 지대를 설정함 → 정전 협정

정답설명

④ 정전 협정 체결에 반대한 이승만 정부가 거제도에 수용되었던 반공 포로를 석방(1953. 6.)한 것은 정전 협정이 체결(1953. 7.)되기 직전이다.

오답분석

① 유엔군과 중국군·북한군 대표자가 정전 협정문에 조인하였으며, 휴전에 반대한 이승만 정부는 협정문 조인에 참여하지 않았다.

② 휴전 회담은 개성에서 처음 시작되었으며, 이후 회담 장소가 판문점으로 옮겨졌고, 정전 협정도 판문점에서 체결되었다.

③ 정전 협정이 체결된 결과 군사 정전 위원회가 설치되고, 스웨덴·스위스·폴란드·체코슬로바키아의 4개국으로 구성된 중립국 감시 위원단이 구성되었다.

✍️ **이것도 알면 합격**

정전 협정

체결	1953년 7월 27일에 판문점에서 유엔군·중국군·북한군 대표가 협정문에 서명
합의 내용	비무장 지대와 군사 분계선 설치, 군사 정전 위원회 설치, 4개국 중립국 감시 위원단 구성 등 합의

정답
p.24

01	③ 선사 시대
02	② 고대
03	④ 고려 시대
04	② 고려 시대
05	③ 조선 전기
06	② 일제 강점기
07	④ 현대
08	④ 일제 강점기
09	④ 근대
10	① 현대

취약시대 분석표

분류	시대	문항 수
전근대	선사 시대	/1
	고대	/1
	고려 시대	/2
	조선 전기	/1
	조선 후기	/0
근현대	근대	/1
	일제 강점기	/2
	현대	/2
통합	시대 통합	/0
총합		/10

* 취약시대 분석표를 이용해 틀린 문제가 있는 시대는 그 시대의 문제만 골라 해설을 다시 한번 꼼꼼히 학습하세요.

---

01 선사 시대 동예
난이도 하 ●○○

자료분석

사람이 병들어 죽으면 집을 버리고 새 집을 지음 + 단궁, 바다표범 가죽(반어피), 과하마 → 동예

정답설명

③ 동예는 후·읍군·삼로 등의 군장이 자기 부족을 통치하는 군장 국가였다.

오답분석

① 옥저: 혼인 풍속으로 어린 신부를 남자 집에 데려와서 키우다가 장성하면 남자가 여자 집에 예물을 치르고 혼인하는 풍습인 민며느리제가 실시된 국가는 옥저이다.

② 부여: 왕 아래의 족장 세력인 가(加)들이 별도의 행정 구획인 사출도를 다스린 나라는 부여이다.

④ 삼한: 목지국의 지배자가 왕으로 추대되었던 나라는 삼한이다. 삼한 중 마한의 세력이 가장 컸으며, 마한의 소국 중 하나인 목지국의 지배자가 마한왕 또는 진왕으로 추대되어 삼한 연맹체를 주도하였다.

이것도 알면 합격

동예

정치	• 후, 읍군, 삼로 등의 군장이 통치하는 군장 국가 • 연맹 왕국으로 성장하지 못하고 군장 국가 단계에서 멸망
경제	• 특산물: 단궁(활), 과하마(키가 작은 말), 반어피(바다표범의 가죽) • 명주와 삼베를 짜는 등 방직 기술이 발달
풍습	• 족외혼: 배우자를 다른 부족에서 구하는 풍습 • 책화: 각 부족이 산천의 경계를 중시하여 다른 부족의 영역을 침범할 경우에 소나 말, 노비로 배상하는 풍습

---

02 고대 선덕 여왕
난이도 하 ●○○

자료분석

당 태종이 모란꽃 그림을 보냄 + 영묘사 → 선덕 여왕

정답설명

② 옳은 것을 모두 고르면 ㉠, ㉣이다.

㉠ 선덕 여왕 때 동양에서 현존하는 가장 오래된 천문 관측 시설인 첨성대가 건립되었다.

㉣ 백제 의자왕에 의해 대야성이 함락되자, 선덕 여왕은 고구려에 김춘추를 파견하여 군사를 요청하였으나 성과를 거두지 못하였다.

오답분석

㉡, ㉢ 법흥왕: 신라 최초로 건원이는 독자적인 연호를 사용하였으며, 금관가야를 복속하여 영토를 확장한 왕은 법흥왕이다. 한편 선덕 여왕은 인평이라는 연호를 사용하였다.

이것도 알면 합격

선덕 여왕 재위 기간의 사실

• 영묘사, 분황사 창건
• 자장의 건의로 황룡사 9층 목탑 건립
• 현존하는 동양 최고(最古)의 천문대인 첨성대 축조
• 비담·염종의 난 발생 → 진덕 여왕 즉위 후 김춘추, 김유신 등이 진압

---

03 고려 시대 충렬왕 재위 기간의 사실
난이도 하 ●○○

자료분석

홍자번, 백성을 편안하게 하는 18가지 안건(편민 18사) + 짐을 고로 고침(관제 격하) → 충렬왕

---

④ 충렬왕 때 원나라에 다녀온 안향이 『주자전서』와 더불어 공자·주자의 초상화 등을 들여오면서 우리나라에 성리학이 소개되었다.

오답분석

① 충선왕: 원의 수시력을 채택한 것은 충선왕 때이다. 고려 초기에는 당의 역법인 선명력을 사용하였으나, 충선왕 때에는 원의 수시력을 채택하여 수시력의 이론과 계산법을 사용하였다.

② 충선왕 이후: 입성책동 사건은 충선왕 때 처음 일어났다. 입성책동이란 고려의 친원파들이 고려를 원의 지방 행정 기구로 편입시킬 것을 주장한 사건으로, 충선왕 때부터 충숙왕, 충혜왕 대에 걸쳐 여러 차례 반복되었으나 실현되지는 않았다.

③ 공민왕: 기철을 비롯한 부원 세력을 숙청하고 자주적인 반원 개혁을 추진한 왕은 공민왕이다.

✍️ 이것도 알면 합격

충렬왕의 개혁 정치

· 전민변정도감 설치, 홍자번이 편민 18사를 올려 개혁 주장
· 도병마사를 도평의사사(도당)로 개편하여 국정을 총괄하게 함
· 성리학 수용(안향), 섬학전 설치, 경사교수도감 설치
· 원으로부터 동녕부(1290)와 탐라총관부(1301)를 반환 받음, 다루가치 폐지

---

04 고려 시대 고려 시대의 문화   난이도 상 ●●●

정답설명

② 순서대로 나열하면 ㉠ 균여의 「보현십원가」 저술(광종, 10세기 중엽) → ㉣ 서긍의 『고려도경』 저술(인종, 1123) → ㉢ 『상정고금예문』 금속 활자로 인쇄(고종, 1234) → ㉡ 『직지심체요절』 간행(우왕, 1377)이 된다.

㉠ 「보현십원가」 저술: 광종 때인 10세기 중엽에 균여는 불교의 교리를 널리 알리고 대중을 교화하기 위해 어려운 불경을 쉽게 풀어 쓴 『보현십원가』 등의 향가 11수를 지었다.

㉣ 『고려도경』 저술: 인종 때 고려에 사신으로 다녀간 송나라 사신 서긍은 고려에서 보고 들은 내용을 토대로 『고려도경』을 지어 황제에게 바쳤다(인종, 1123). 서긍은 이 책에서 고려 청자의 아름다움을 묘사하기도 하였다.

㉢ 『상정고금예문』 인쇄: 『상정고금예문』은 인종의 명으로 최윤의 등이 저술한 의례서로, 이후 몽골이 침입한 고종 때 강화도 천도 과정에서 이 책을 가지고오지 못하자 당시 집권자였던 최우의 소장본을 토대로 금속 활자로 인쇄하여 관청에 배부하였다는 기록이 남아있다(1234).

㉡ 『직지심체요절』 간행: 우왕 때 청주 흥덕사에서 금속 활자로 『직지심체요절』이 간행되었다(1377). 이는 현존하는 가장 오래된 금속 활자본으로, 현재 프랑스 국립 도서관에서 보관 중이다.

✍️ 이것도 알면 합격

고려 시대의 금속 활자 인쇄본

『상정고금예문』	· 편찬: 인종 때 최윤의 등이 편찬한 의례서 · 인쇄(간행): 몽골과 전쟁 중, 강화도에서 금속 활자로 인쇄(1234, 고종) · 의의: 서양의 금속 활자보다 200여 년 앞선 금속 활자본(현재는 전해지지 않으며, 『동국이상국집』에 기록으로만 존재)

『직지심체요절』	· 인쇄(간행): 고려 우왕 때 청주 흥덕사에서 간행(1377) · 의의: 현존하는 가장 오래된 금속 활자본(프랑스 국립 도서관에 보관, 2001년 유네스코 세계 기록유산으로 등재)

---

05 조선 전기 태종(이방원)의 업적   난이도 하 ●○○

자료분석

정도전 등이 참형을 당함 + 적장자인 영안군(정종)을 세자로 삼음 → 제1차 왕자의 난 → (가) 태종(이방원)

정답설명

③ 태종 때 왕명으로 혼일강리역대국도지도가 제작되었다. 혼일강리역대국도지도는 현존하는 동양 최고(最古)의 세계 지도로, 유럽·아프리카·일본 등이 그려져 있고, 중화 사상이 반영되어 중국과 우리나라의 크기를 실제보다 크게 그렸다.

오답분석

① 세조: 경연은 유교의 이상 정치를 실현하려는 목적으로 임금에게 유학의 경서를 강론하는 것이었으나, 실제로는 왕권의 행사를 규제하는 역할을 하기도 하였다. 이에 세조는 왕권 강화를 위해 경연을 폐지하였다.

② 세조: 조선의 최고 법전인 『경국대전』의 편찬 사업은 세조 때 시작되어 성종 때 완료·반포되었다.

④ 세종: 태종 때 제작된 계미자를 개량한 경자자·갑인자 등의 금속 활자를 주조하였던 왕은 세종이다.

✍️ 이것도 알면 합격

태종의 업적

왕권 강화책	6조 직계제 실시, 사간원 독립
경제 정책	양전 사업, 호적 작성
사회 정책	호패법 실시, 신문고 설치
문화 정책	『동국사략』(권근 등) 편찬, 혼일강리역대국도지도 제작, 주자소 설치(계미자 주조)

---

06 일제 강점기 의열단   난이도 중 ●●○

자료분석

관청을 폭파 + 관공리를 암살 + 단장 김원봉 → (가) 의열단(1919)

정답설명

② 의열단은 기존의 개별 의열 활동이 지닌 한계를 인식하고, 보다 적극적인 항일 무장 투쟁을 전개하고자 중국 국민당 정부의 지원 하에 조선 혁명 간부 학교를 설립하여 군사 간부를 양성하였다(1932).

오답분석

① 대동 단결 선언은 신규식, 박은식, 조소앙 등이 공화주의 임시 정부 성립의 필요성을 제기하며 발표(1917)한 것으로, 의열단과는 직접적인 연관이 없다.

③ 한인 애국단: 침체된 임시 정부의 활동에 활기를 불어넣기 위하여 조직된

단체는 한인 애국단(1931)이다. 김구는 임시 정부의 위상을 높이고 침체된 독립운동을 활성화하기 위해 한인 애국단을 조직하였는데, 대표적인 단원으로는 이봉창, 윤봉길이 있다.

④ **불령사**: 일본 황태자 암살을 시도하였던 박열이 소속된 단체는 불령사(1923)이다. 불령사는 박열 등이 일본에서 조직한 항일 운동 단체로, 이들은 관동 대지진 당시 일본 황태자의 결혼식에서 일왕 등 왕실 요인을 폭살하려 했다는 혐의로 구속되었다.

---

07 현대 카이로 회담

자료분석

적당한 시기에 한국을 자주·독립 → 카이로 선언 → 카이로 회담

정답설명

④ 카이로 회담(1943. 11.)은 제2차 세계 대전 중 처음으로 한국의 독립 문제가 언급된 국제 회담이었다.

오답분석

① **얄타 회담**: 미국, 영국, 소련이 참가한 회담은 얄타 회담(1945. 2.)이다. 한편 카이로 회담에는 미국, 영국, 중국이 참여하였다.

② **포츠담 회담**: 일본의 무조건 항복을 최종 요구하는 선언을 채택한 것은 포츠담 회담(1945. 7.)이다. 이 회담에서 미국, 영국, 중국은 일본에 무조건 항복을 권고하였다. 또한 3국의 정상들은 카이로 선언의 한국 독립 약속을 재확인한 포츠담 선언에 서명하였으며, 이후 소련도 이 선언에 서명하였다.

③ **모스크바 3국 외상 회의**: 최고 5년간 미·영·중·소 4개국에 의한 한반도의 신탁 통치를 결정한 것은 모스크바 3국 외상 회의(1945. 12.)이다. 모스크바 3국 외상 회의에서는 미국, 영국, 소련 3국의 외상이 '한국에 민주주의 임시 정부 수립, 미·소 공동 위원회 설치, 4개국에 의한 신탁 통치, 미·소 양국의 대표 회의 소집'을 내용으로 한 4개 항의 결의서를 결정하였다.

이것도 알면 합격

열강의 한반도 문제 논의

카이로 선언 (1943. 11.)	미국(루스벨트), 영국(처칠), 중국(장제스)이 서명, 최초로 한국의 독립을 약속
얄타 회담 (1945. 2.)	미국(루스벨트), 영국(처칠), 소련(스탈린)이 참가, 소련의 대일전 참전 결정, 루스벨트가 20~30년 간 한국을 신탁 통치할 것을 제안
포츠담 선언 (1945. 7.)	미국(트루먼), 영국(처칠 → 애틀리), 중국(장제스), 소련(스탈린)이 서명, 한국의 독립 약속을 재확인

---

08 일제 강점기 정인보

자료분석

조선의 '얼' → 「5천 년간 조선의 얼」 → 정인보

정답설명

④ 정인보는 1934년에 문일평, 안재홍 등과 함께 정약용의 저술을 모은 『여유당전서』를 간행하였으며, 이를 계기로 한글 및 실학 연구 등을 통해 우리 역사 및 문화의 고유성과 세계성을 연구하는 조선학 운동을 전개하였다.

오답분석

① 정인보는 양명학을 비판하지 않았다. 정인보는 양명학에 관심을 가졌으며,

『양명학연론』을 저술하여 중국과 한국의 양명학사를 정리하였다.

② **신채호**: 『을지문덕전』, 『이순신전』 등 우리나라 영웅들의 전기를 저술하여 민족의 자긍심을 높이고자 한 인물은 신채호이다.

③ **이병도 등**: 철저한 문헌 고증을 주장하며 진단 학회를 조직한 인물은 이병도, 이윤재 등의 실증주의 사학자들이다. 청구 학회의 한국사 왜곡에 맞서 진단 학회를 결성하고, 『진단학보』를 발행하는 등 실증 사학의 입장에서 객관적 연구 활동을 전개하였다.

---

09 근대 동학 농민 운동

자료분석

일본군이 경복궁 습격·점령 + 농민군의 삼례 집결 → 제2차 농민 봉기(1894. 9.)

(가) 고부 민란(1894. 1.) ~ 황토현 전투(1894. 4.)

(나) 황토현 전투(1894. 4.) ~ 교정청 설치(1894. 6. 11.)

(다) 교정청 설치(1894. 6. 11.) ~ 청·일 전쟁 발발(1894. 6. 23.)

(라) 청·일 전쟁 발발(1894. 6. 23.) ~ 우금치 전투(1894. 11.)

정답설명

④ 전주 화약 체결 이후 동학 농민군의 개혁 요구가 거세지고 있는 상황에서 정부는 개항 이후 발생했던 여러 가지 모순을 자주적으로 해결하기 위한 내정 개혁 기구로 교정청을 설치하였다. 그러나 일본은 조선 정부의 철병 요구에 불응하고 오히려 경복궁을 습격·점령한 뒤 청·일 전쟁을 일으켰다. 이러한 상황에서 위기 의식을 느낀 전봉준은 반외세의 기치를 내걸은 제2차 동학 농민 운동을 일으키고, 다른 지역의 농민군도 거병할 것을 촉구하는 통문을 돌렸다(1894. 9.).

---

10 현대 전두환 정부 시기의 경제 상황

자료분석

고문 살인 조작 + 호헌 철폐 → 6월 민주 항쟁(1987) → 전두환 정부

정답설명

① 전두환 정부 시기인 1980년대 중반에는 저유가, 저금리, 저달러의 3저 호황 현상이 나타나, 국내 물가가 안정되고 국제 무역 수지가 흑자로 전환되었다.

오답분석

② **이승만 정부**: 미국과 협정을 체결하여 잉여 농산물이 도입된 것은 이승만 정부 시기이다. 이승만 정부 시기에는 미국의 공법 480호(PL480, 1954)를 바탕으로 한·미 잉여 농산물 협정(1955) 등이 체결되어 미국으로부터 잉여 농산물이 도입되었다. 이에 따라 1950년대에는 미국으로부터 원조받은 잉여 농산물을 가공하는 이른바 제분(밀가루)·제당(설탕)·면방직(면화)의 삼백 산업이 발달하였다.

③ **박정희 정부**: 마산과 익산을 수출 자유 무역 지역으로 선정한 것은 박정희 정부 시기이다. 박정희 정부는 외국인의 투자 촉진을 통한 외자 유치, 고용 증대 등을 위해 마산(1970)과 익산(이리, 1973)을 수출 자유 무역 지역으로 선정하였다.

④ **미 군정 시기**: 대구에서 미곡 수집제 폐지를 주장하는 대규모 시위가 일어난 것은 1946년으로(대구 10·1사건), 미 군정 시기의 사실이다. 미 군정은 광복 후 쌀값이 폭등하는 등 식량 문제가 심화되자 1946년 여름부터 미곡 수집제를 실시하였다. 농민·노동자들은 이러한 미 군정의 강압적인 식량 정책에 대항하여 9월 총파업, 대구 10·1사건 등을 일으켰다.

☐ 정답　　　　　　　p.28

01	④ 고대
02	③ 고대
03	③ 근대
04	③ 조선 전기
05	④ 고려 시대
06	② 근대
07	② 고려 시대
08	② 일제 강점기
09	② 조선 후기
10	③ 현대

☐ 취약시대 분석표

분류	시대	문항 수
전근대	선사 시대	/0
	고대	/2
	고려 시대	/2
	조선 전기	/1
	조선 후기	/1
근현대	근대	/2
	일제 강점기	/1
	현대	/1
통합	시대 통합	/0
총합		/10

* 취약시대 분석표를 이용해 틀린 문제가 있는 시대는 그 시대의 문제만 골라 해
설을 다시 한번 꼼꼼히 학습하세요.

01 고대 발해사의 전개　　　난이도 중 ●●○

정답설명

④ 시기 순으로 나열하면 ② 무왕(719~737) → ⓒ 문왕(737~793) → ⑦ 선
왕(818~830) → ⓛ 대인선(926)이 된다.

② 발해 무왕(719~737) 때 당시 대립 관계였던 당과 신라를 견제하기 위해 일
본 및 돌궐과 국교를 맺고, 장문휴의 수군으로 하여금 당의 산둥 지방을 선
제 공격하도록 하였다.

ⓒ 발해 문왕(737~793) 때 중경 현덕부에서 상경 용천부로 도읍을 옮겼다. 이
후 문왕은 상경에서 일본과의 교통이 편리한 동경으로 다시 천도하였다.

⑦ 발해 선왕(818~830) 때 '건흥'이라는 독자적인 연호를 사용하였다. 한편 발
해 고왕(대조영)은 '천통', 발해 무왕은 '인안', 발해 문왕은 '대흥·보력' 등의
독자적인 연호를 사용하였다.

ⓛ 발해 대인선 때 부족 통합을 이룬 거란의 야율아보기가 발해를 침략하였다.
이때 발해는 수도인 홀한성(상경성)이 포위되었고, 결국 거란에 의해 멸망
하였다(926).

👆이것도 알면 합격

발해의 천도

문왕	· 중경 현덕부 → 상경 용천부(756년경)
	· 상경 용천부 → 동경 용원부(785년경)
성왕	동경 용원부 → 상경 용천부(794)

02 고대 신라의 역사적 사실　　　난이도 상 ●●●

정답설명

③ 관등 승진의 상한이 제10관등인 대나마까지였던 계층은 5두품이다. 6두
품은 제6관등인 아찬까지 승진할 수 있었다.

오답분석

① 일연은 『삼국유사』에서 신라의 역사를 시기별로 상고(上古)·중고(中古)·
하고(下古)로 나누었는데, 신라 하고는 태종 무열왕에서 경순왕까지로 분
류하였다. 한편 김부식은 『삼국사기』에서 신라의 역사를 시기별로 상대·중
대·하대로 나누고, 태종 무열왕에서 혜공왕까지를 중대로, 선덕왕에서 경
순왕까지를 하대로 분류하였다.

② 집사부는 신라의 최고 행정 기관으로, 집사부의 장관인 중시(시중)에는 진
골 귀족 출신만이 오를 수 있었다. 신라의 진골 귀족은 승진에 상한이 없어
모든 관직에 나갈 수 있었던 계층으로, 주로 중앙 관부의 장관직과 주요 지
방 관청의 장관직을 독점하였다. 한편 6두품은 주로 차관에 해당하는 집사
부 시랑 등에 임명되었다.

④ 4산 비문 중 하나인 「성주사낭혜화상백월보광탑비문」을 지은 인물은 최치원
으로, 최치원은 현존하는 최고(最古)의 개인 문집인 『계원필경』, 신라의 역
사를 연표 형식으로 정리한 『제왕연대력』 등을 저술하였다.

👆이것도 알면 합격

신라의 역사 구분

구분	박혁거세~ 지증왕	법흥왕~ 진덕 여왕	무열왕~ 혜공왕	선덕왕~ 경순왕
『삼국사기』	상대		중대	하대
『삼국유사』	상고	중고	하고	

자료분석

저들의 물화는 수공 생산품 + 우리의 물화는 땅에서 나는 것 → 최익현의 오불가소

정답설명

③ 최익현은 1870년대에 일본이 운요호 사건을 일으키며 개항을 요구하자 일본과 서양 세력은 다를 것이 없다는 왜양 일체론을 주장하면서 일본에 대한 개항을 반대하였다.

오답분석

① 박규수, 유홍기 등은 초기 개화 사상가들로, 이들의 영향을 받은 인물은 김옥균, 박영효, 유길준 등의 개화파 인물들이다.

② **민종식**: 의병을 일으켜 홍주성을 점령한 인물은 민종식이다. 민종식은 을사늑약이 체결되자 충남 정산에서 의병을 일으켜 홍주성을 점령하는 등의 활약을 하였다. 한편 최익현은 을사의병 때 전북 태인 등에서 의병 운동을 주도하였다.

④ **이항로**: 척화 주전론을 주장하였던 인물은 이항로이다. 이항로는 1860년대에 프랑스가 통상을 주장하며 강화도에 침입한 병인양요를 일으키자 척화 주전론을 주장하며 프랑스 등 서양과의 통상을 반대하였다.

✌️이것도 알면 합격

위정척사 운동의 전개

통상 반대 운동 (1860년대)	• 계기: 프랑스가 병인양요를 일으키며 통상을 요구 • 전개: 이항로, 기정진 등이 척화 주전론을 주장, 흥선 대원군의 통상 수교 거부 정책 지지
개항 반대 운동 (1870년대)	• 계기: 일본이 운요호 사건을 일으키며 개항을 요구 • 전개: 최익현, 유인석 등이 왜양 일체론과 개항 불가론 등을 주장
개화 반대 운동 (1880년대)	• 계기: 정부의 개화 정책 추진과 『조선책략』의 유포 • 전개: 이만손의 영남 만인소 등 유생들의 상소 운동, 개화 정책 및 미국과의 수교 반대
항일 의병 운동 (1890년대)	• 계기: 을미사변과 단발령 시행(을미개혁) • 전개: 유인석, 이소응 등이 일본의 침략에 저항하는 항일 의병 운동(을미의병) 전개

자료분석

「길례」, 「가례」, 「빈례」, 「군례」, 「흉례」 → ㉠ 『국조오례의』 → 성종

정답설명

③ 성종 때 서거정 등이 왕명을 받고 고조선부터 고려 말까지의 역사를 편년체로 정리한 『동국통감』을 완성·간행하였다.

오답분석

① **세종·고종**: 양반 지주를 중심으로 하는 향촌 자치적 구휼 제도인 사창제는 세종 때 실시되어 성종 때 혁파되었다가, 고종(흥선 대원군) 때 다시 실시되었다.

② **세조**: 간경도감을 설치한 왕은 세조이다. 세조는 간경도감을 설치하여 불교 경전을 한글로 번역·보급하고, 옛 흥복사의 터에 원각사와 원각사지 10층 석탑을 세우는 등 적극적인 불교 진흥 정책을 전개하였다. 한편 성종은 억불 정책에 따라 간경도감을 폐지하였다.

④ **세종**: 모범이 될만한 충신·효자·열녀의 행실을 모은 윤리서인 『삼강행실도』를 처음 편찬한 왕은 세종이다. 한편 성종 때에는 『삼강행실도』를 한글로 풀이한 언해본이 간행되었다.

자료분석

군사들이 곽주로 침입 + 양규가 흥화진으로부터 군사를 이끌고 옴 → ㉠ 거란

정답설명

④ 고려는 현종 때 거란이 침입해오자 부처의 힘으로 적을 물리치기를 기원하며 초조대장경을 제작하였다.

오답분석

① **여진**: 동북 9성을 축조한 것은 윤관이 여진을 정벌한 이후이다. 예종 때 윤관은 별무반을 이끌고 여진족을 토벌한 후 동북 지방 일대에 9성을 축조하였다(1107).

② **몽골**: 고려 정부가 강화도로 천도(1232)하여 항쟁한 것은 몽골의 침입 때이다. 고종 때 몽골의 1차 침입 이후, 집권자인 최우가 몽골의 과도한 조공 요구에 반발하며 강화도로 천도하자, 몽골은 고려의 환도를 요구하면서 고려에 2차 침입을 시도하였다.

③ **왜**: 고려 정부가 화통도감(1377)을 설치하고 화포를 제작한 것은 왜구의 침입에 대항하기 위해서이다. 고려 말 왜구의 침입이 잦아지자 이를 막기 위해 우왕 때 최무선의 건의에 따라 화약 및 화기의 제조를 담당하는 화통도감이 설치되었다. 여기서 제작된 화포는 진포 해전(1380)에서 왜구를 격퇴하는데 사용되었다.

정답설명

② 전환국은 화폐 주조를 위하여 1883년에 설치되었으며, 백동화는 전환국에서 1892년부터 1904년까지 발행되었으므로, 갑오·을미개혁 기간(1894~1896)에 볼 수 있는 모습이다.

오답분석

① 황성신문은 1898~1910년에 발행되었으므로, 갑오·을미개혁 기간(1894~1896)에 볼 수 없는 모습이다. 황성신문은 국한문 혼용체를 사용한 일간지로 주로 유생층의 계몽에 앞장섰던 신문이다. 한편 전등은 1887년 경복궁 건청궁에 최초로 설치되었으며, 1900년 한성 전기 회사에 의해 서울에 가로등이 설치되었다.

③ 제물포에서 노량진을 잇는 철도인 경인선이 개통된 것은 1899년으로 갑오·을미개혁 기간(1894~1896)에 볼 수 없는 모습이다. 경인선은 제물포에서 노량진을 잇는 우리나라 최초의 철도로, 미국인 모스에 의하여 착공되었으나, 일본에 의해 완성되었다.

④ 대한천일은행은 1899년에 설립된 근대의 민족 자본 은행으로, 갑오·을미개혁 기간(1894~1896)에 볼 수 없었던 모습이다. 한성은행(1897)과 대한천일은행(1899) 등은 대한 제국 시기에 일본 금융 업계의 경제적 침탈에 대항하기 위해 민족 자본으로 설립된 은행이다.

07 고려 시대 고려 시대 향리　　난이도 중 ●●○

정답설명

② 옳은 것을 모두 고르면 ㉠, ㉣이다.
㉠ 고려 시대의 향리는 지방관이 파견되지 않은 속현이나 특수 행정 구역인 향·부곡·소에서 행정 실무를 담당하며 지방에 대한 실질적인 권한을 행사하였다.
㉣ 고려 시대의 상층 향리들은 지방의 실질적 지배층으로, 과거를 통해 중앙 관료로 진출할 수 있었다.

오답분석

㉡ 고려 시대 향리는 직역에 대한 대가로 외역전을 지급받았다. 별사전은 승려와 지리업 종사자에게 지급되었던 토지이다.
㉢ 고려 시대에 지방 세력 통제를 위하여 지방의 중소 호족들을 호장과 부호장으로 편입하는 향리 직제가 마련된 것은 성종 때이다. 한편 현종 때에는 향리 정원제와 향리 공복제가 마련되었으며, 주현공거법이 시행되어 향리의 자제들에게도 과거 시험 응시의 기회가 부여되었다.

🖐️ 이것도 알면 합격

향리제의 정비

성종	· 유력 호족들을 호장, 부호장으로 개칭 · 호장·부호장 아래의 향직 개편
현종	· 지방 향리의 정원과 공복 제정 · 주현공거법 시행(향리 자제들에게 과거 응시 자격 부여)
문종	향리들의 9단계 승진 규정 마련(향리에 대한 중앙 통제 강화)

08 일제 강점기 일제 강점기 국외 독립운동　　난이도 하 ●○○

정답설명

② 여운형 등이 신한청년당(신한청년단)을 조직한 지역은 중국 상하이이다. 신한청년당은 독립 청원서를 작성하고, 김규식을 파리 강화 회의에 대표로 파견하여 국제적인 협조를 요청하였다.

오답분석

① 1918년 일본 도쿄에서 유학생들이 중심이 되어 조선 청년 독립단을 조직하였다. 조선 청년 독립단은 1919년 2·8 독립 선언을 발표하고 시위를 벌였는데, 이는 3·1 운동의 계기가 되었다.
③ 중광단은 1911년 북간도에서 서일 등 대종교 신자들이 중심이 되어 중광단을 조직하였다. 중광단은 대한 독립 선언서(1919)의 발표를 주도하였으며, 3·1 운동 이후에는 북로 군정서로 조직을 확대·개편(1919)하여 무장 투쟁을 전개하였다.
④ 연해주 지역에는 국권 피탈 이후 한인 집단촌으로 신한촌이 형성되었다. 신한촌에서는 자치 기관으로 권업회가 조직(1911)되었고, 권업회는 이상설과 이동휘를 정·부통령으로 하여 대한 광복군 정부를 수립하였다(1914).

09 조선 후기 효종 재위 기간의 사실　　난이도 중 ●●○

자료분석

어영군을 증치 → ㉠ 효종

정답설명

② 효종 때 서양식 역법인 시헌력이 채택되었다. 시헌력은 서양 선교사인 아담 샬이 중심이 되어 만든 역법으로, 조선에서는 김육 등이 약 60여 년간 노력한 끝에 효종 때 시헌력이 채택되었다.

오답분석

① 선조: 곤여만국전도가 우리나라에 처음 전래된 것은 선조 때이다. 1602년에 선교사 마테오리치가 제작한 곤여만국전도는 선조 때인 1603년에 북경에 파견되었던 이광정 등에 의해 우리나라에 전래되었다. 곤여만국전도와 같은 세계 지도가 전해짐으로써 조선 후기에는 보다 정확하고 과학적인 지도 제작이 이루어졌다.
③ 숙종: 『색경』, 『산림경제』 등의 농서가 편찬된 것은 숙종 때이다. 『색경』은 박세당의 저서로, 토질에 따른 재배 품종과 가축 사육의 방법 등 농가에서 필요한 상식들을 정리한 책이다. 『산림경제』는 홍만선의 저서로, 농업·임업·축산업·식품 가공 등을 망라한 일종의 농촌 생활 백과사전이었다. 한편 효종 때는 『농사직설』, 『금양잡록』 등 조선의 농서들을 집대성한 신속의 『농가집성』이 편찬되었다.
④ 세종: 화약 무기의 제작법과 사용법을 정리한 병서인 『총통등록』이 편찬된 것은 세종 때이다.

🖐️ 이것도 알면 합격

효종의 정책

북벌 정책	· 남한산성 복구, 어영청 확대 · 조총과 화포 개량(하멜)
산림 인사 중용	송시열, 송준길 등 산림 인사 등용
기타	· 시헌력 채택 · 설점 수세제 시행 · 상평통보 주조·유통 노력 · 『농가집성』 간행

10 현대 박정희 정부 시기의 사건　　난이도 중 ●●○

정답설명

③ 순서대로 나열하면 ㉢ 한·일 기본 조약 체결(1965) → ㉡ 브라운 각서 체결(1966) → ㉠ 유신 헌법 공포(1972) → ㉣ 3·1 민주 구국 선언 발표(1976) → ㉤ 김영삼 신민당 당수 국회 제명(1979)이 된다.
㉢ 한·일 기본 조약 체결: 박정희 정부는 경제 개발을 추진하기 위한 자본과 선진 기술을 확보하고자 한·일 기본 조약을 체결하였다(1965).
㉡ 브라운 각서 체결: 박정희 정부는 베트남 전쟁에 한국군을 추가 파병하는 대가로, 미국과 브라운 각서를 체결하였다(1966).
㉠ 유신 헌법 공포: 박정희 정부는 유신 헌법을 제정(제7차 개헌)하여 독재 체제를 강화하였다(1972).
㉣ 3·1 민주 구국 선언 발표: 김대중 등이 명동 성당에서 유신 체제에 반대하며 3·1 민주 구국 선언을 발표하였다(1976).
㉤ 김영삼 신민당 당수 국회 제명: YH 무역 사건을 계기로 유신 체제를 비판하던 신민당 당수 김영삼이 국회에서 제명당하였다(1979).

정답   p.32

01	② 선사 시대
02	④ 고대
03	② 고려 시대
04	① 고려 시대
05	① 일제 강점기
06	② 조선 전기
07	③ 현대
08	② 일제 강점기
09	② 근대
10	③ 현대

취약시대 분석표

분류	시대	문항 수
전근대	선사 시대	/1
	고대	/1
	고려 시대	/2
	조선 전기	/1
	조선 후기	/0
근현대	근대	/1
	일제 강점기	/2
	현대	/2
통합	시대 통합	/0
총합		/10

* 취약시대 분석표를 이용해 틀린 문제가 있는 시대는 그 시대의 문제만 골라 해설을 다시 한번 꼼꼼히 학습하세요.

01 선사 시대 고구려   난이도 하 ●○○

자료분석

대가 + 좌식자 + 하호 + 동맹 → 고구려

정답설명

② 진대법은 고구려 고국천왕이 시행한 것으로, 춘궁기에 백성들에게 곡식을 빌려주고 추수기에 갚도록 한 빈민 구휼 정책이었다.

오답분석

① 동예: 다른 마을을 함부로 침범하면 소, 말, 노비 등으로 배상하도록 한 책화의 풍습이 있었던 나라는 동예이다.
③ 고조선: 사회 규범으로 범금팔조(8조법)가 존재하였던 나라는 고조선이다.
④ 고구려는 국왕 중심의 중앙 집권 국가로 발전하였다. 중앙 집권 국가로 발전하지 못하고 주변 국가에 병합된 나라로는 고구려에 복속된 동예와 옥저, 연맹 국가 단계에서 멸망한 가야 등이 있다.

02 고대 진흥왕의 업적   난이도 하 ●○○

자료분석

국사 + 거칠부 → 『국사』 편찬 → 진흥왕

정답설명

④ 진흥왕은 청소년 교육 집단이었던 화랑도를 국가적 조직으로 개편하여 인재를 양성하였다.

오답분석

① 신문왕: 국학을 설립한 왕은 신문왕이다. 국학은 유교 정치 이념을 확립시키기 위해 설립되었으며, 이후 경덕왕 때 태학(감)으로 개칭되었다가 혜공왕 시기에 다시 국학으로 변경되었다.

② 지증왕: 국호를 '왕의 덕업이 날로 새로워져서 널리 사방을 망라한다'라는 뜻의 신라로 정한 왕은 지증왕이다.
③ 법흥왕: 군사권을 장악하기 위해 중앙 부서에 병부를 설치한 왕은 법흥왕이다. 이외에도 법흥왕은 백관의 공복을 제정하고, 율령을 반포하여 통치 체제를 정비하였다.

03 고려 시대 고려의 정치 제도   난이도 중 ●●○

자료분석

2군(응양군, 용호군) 6위(좌우위, 신호위, 흥위위, 금오위, 천우위, 감문위)로 중앙군을 구성 → 고려

정답설명

② 고려에서는 중서문하성의 낭사를 어사대의 관원과 함께 대간이라 불렀다. 대간은 왕의 잘못을 논하거나 올바른 정책을 제시하는 간쟁, 잘못된 왕명을 시행하지 않고 돌려보내는 봉박, 관리의 임명 및 법령의 개정이나 폐지 등에 동의하는 서경의 권한을 지니고 있었다.

오답분석

① 발해: 중정대가 관리의 감찰을 담당하였던 나라는 발해이다. 고려의 관리 감찰 기구는 어사대이다.
③ 통일 신라: 지방을 견제하기 위해 지방관을 감찰하는 외사정을 파견한 나라는 통일 신라이다.
④ 조선: 삼사가 권력의 독점과 부정을 방지하고 잘못된 정책에 대해 비판하는 언론 기관의 역할을 하였던 나라는 조선이다. 고려의 삼사는 화폐와 곡식의 출납 및 회계를 담당하였던 관청이었다.

이것도 알면 합격

고려의 중앙 통치 조직

중서문하성	・중앙 최고 관서로 재신(2품 이상, 국가의 중요 정책 심의, 6부의 판사 겸임)과 낭사(3품 이하, 정책 비판)로 구성 ・문하시중(수상)이 국정 총괄
6부	이부·병부·호부·형부·예부·공부 → 실제 행정 업무 담당
중추원	추밀(2품 이상, 군사 기밀 관장, 6부 상서 겸임), 승선(3품, 왕명 출납, 숙위 담당)으로 구성
어사대	관리를 감찰하고 정치의 잘잘못을 논하는 임무
도병마사	국방·군사 문제를 담당하는 회의 기구(고려 후기에 도평의사사로 확대·개편)
식목도감	법의 제정 및 각종 시행 규정을 제정하는 입법 기구
한림원	왕의 교서와 외교 문서 작성 담당

04 고려 시대 고려 시대의 문화   난이도 중 ●●○

정답설명

① 옳은 것을 모두 고르면 ㉠, ㉢이다.
㉠ 화려한 빛깔의 고려 청자는 왕실과 귀족 계층에서 주로 사용되었다. 청자는 자기를 만들 수 있는 흙과 연료가 풍부한 지역에서 많이 생산되었는데, 특히 전라도 강진과 부안이 청자 생산지로 유명하였다.
㉢ 충목왕 때 대리석으로 건립된 경천사지 10층 탑은 원의 영향을 받은 석탑이다. 이후 조선 세조 때 이 석탑을 본뜬 원각사지 10층 석탑이 건립되었다.

오답분석

㉡ 고려 대몽 항쟁기에 승려 수기가 강화도의 대장도감에서 재조대장경(팔만대장경)의 판각과 교정을 주도한 것은 맞지만, 재조대장경이 보관된 합천 해인사 장경판전은 조선 전기인 15세기에 축조되었다.
㉣ 만월대 궁궐터는 고려의 수도였던 개성(개경)에 있다. 개성 만월대 궁궐에는 제한된 공간에 계단식으로 많은 건물이 배치되어 왕궁의 위엄을 드러냈을 것으로 보인다.
㉤ 영주 부석사 무량수전은 팔작 지붕과 주심포 양식의 배흘림 기둥이 어우러진 건축물이 맞지만, 우리나라에 현존하는 가장 오래된 목조 건물은 안동 봉정사 극락전이다.

05 일제 강점기 신채호   난이도 중 ●●○

자료분석

민중 직접 혁명 + 폭력, 암살, 파괴 → 「조선혁명선언」 → 신채호

정답설명

① 신채호는 우리 민족 고유의 낭가 사상을 민족 정신으로 강조하였다.

오답분석

② 이병도 등: 랑케 사관(실증주의)을 토대로 역사학의 순수 학문화를 표방한 인물은 진단 학회를 조직한 이병도, 손진태 등이다.
③ 정인보 등: 『여유당전서』를 발간하여 조선 후기의 실학자들을 재평가한 인물은 조선학 운동을 전개한 정인보, 문일평, 안재홍 등이다.

④ 백남운: 한국사의 발전 과정을 사회·경제 사학의 관점에서 서술한 인물은 백남운이다.

이것도 알면 합격

신채호

・대한매일신보 주필로 활동, 「조선혁명선언」 작성
・낭가 사상 강조·
・「독사신론」, 『조선사연구초』, 『조선상고사』 등 저술

06 조선 전기 갑자사화와 을사사화 사이 시기의 사실   난이도 중 ●●○

자료분석

○ 윤씨 폐비 사건 → 갑자사화(연산군, 1504)
○ 소윤 + 윤임 등 대윤 숙청 → 을사사화(명종, 1545)

정답설명

② 『신찬팔도지리지』는 갑자사화 이전인 세종 때 편찬된 인문 지리서이다. 『신찬팔도지리지』는 현전하지는 않으나, 이 책을 바탕으로 편찬된 『세종실록』 「지리지」를 통해 전국 8도의 지리·역사·정치·사회·경제·산업·군사·교통 등이 수록되어 있던 서적이었음을 유추할 수 있다.

오답분석

모두 중종 때의 사실로 (가) 시기에 해당한다.
① 중종 때 윤리서인 『이륜행실도』가 간행되었다. 『이륜행실도』는 연장자와 연소자(장유유서), 친구 사이(붕우유신)에서 지켜야 할 윤리를 강조하는 내용을 담고 있다.
③ 중종 때 최세진에 의해 어린이들의 한자 학습서인 『훈몽자회』가 저술되었다.
④ 중종 때 지리서인 『신증동국여지승람』이 간행되었다. 『신증동국여지승람』은 성종 때 편찬된 『동국여지승람』을 증보해 편찬되었으며, 각 군현의 위치·역사·면적·인구·특산물 등의 상세한 정보를 다루었고, 울릉도와 독도가 표기된 지도인 팔도총도가 수록되었다.

07 현대 농지 개혁법   난이도 상 ●●●

자료분석

농가가 아닌 자의 농지를 매수 + 소유권의 명의가 분명하지 않은 농지는 정부에 귀속 → 농지 개혁법(1949년 제정, 1950년 시행)

정답설명

③ 이승만 정부는 농지 개혁을 통해 매수한 토지에 대한 대가로 현물이 아닌 지가 증권을 지급하였다. 지가 증권에는 평년 농지 생산량의 1.5배(정부가 1년에 30%씩 5년간 현금으로 상환)에 해당하는 액수가 기재되었고, 지주들이 이를 기업 투자에 사용할 수 있도록 하였다. 이를 통해 이승만 정부는 지주층의 토지 자본을 산업 자본으로 전환하려 하였으나, 지가 증권의 현금화가 제대로 이루어지지 않아 산업 자본으로의 전환에 실패하였다.

오답분석

① 농지 개혁법은 제헌 국회에서 제정한 제헌 헌법의 제86조에 의거하여 제정되었다.
② 농지 개혁법에서는 토지 소유의 상한선을 3정보 이내로 규정하였다.

④ 농지 개혁법에서는 농지를 분배받은 농민에게 평년 생산량의 30%씩을 5년 간(총 1년 생산량의 1.5배) 상환하도록 하였다.

🔖이것도 알면 합격

농지 개혁

배경	북한의 토지 개혁 실시 → 남한에서 토지 개혁에 대한 요구 증가 → 농지 개혁법 제정
내용	· 경자유전의 원칙 → 유상 매입·유상 분배, 1가구당 농지 소유 면적을 3정보로 제한 · 토지를 판매한 지주는 지가 증권을 받음 · 농지를 분배받은 사람은 연평균 수확량의 30%씩 5년간 분할 상환
의의	소작농 감소, 자영농 증가
한계	· 토지 개혁 대상을 농지에 한정(과수원, 임야 등 제외) · 지주들이 농지 개혁 시행 이전에 미리 땅을 처분 → 농지 개혁 대상 토지 축소

---

08 일제 강점기 대일 선전 성명서 발표 시기의 모습 난이도 상 ●●●

자료분석

하나의 전투 단위로서 추축국에 선전 → 대일 선전 성명서(1941, 대한민국 임시 정부)

정답설명

② 일본 관리가 지원병을 모집하는 모습은 대한민국 임시 정부가 대일 선전 성명서를 발표(1941)한 시기에 볼 수 있는 사실이다. 중·일 전쟁이 발발 (1937)하자 일제는 1938년에 지원병 제도를 실시하여 한국인을 전쟁에 동원하였다. 이후 일제는 학도 지원병제(1943), 징병제(1944) 등을 실시 하여 더 많은 한국인을 동원하였다.

오답분석

모두 대일 선전 성명서 발표 이전의 사실이다.
① 조선 태형령(1912~1920)에 따라 한국인에 한해 태형이 적용된 것은 무단 통치 시기(1910년대)의 사실이다.
③ 우리나라 최초의 현대 장편 소설인 이광수의 「무정」이 매일신보에 연재 (1917. 1.~6.)된 것은 무단 통치 시기(1910년대)의 사실이다.
④ 토산 애용 부인회(1923)는 물산 장려 운동을 주도한 여성 단체로, 문화 통치 시기인 1920년대 초반에 활동을 전개하였다.

---

09 근대 을미개혁 난이도 중 ●●○

자료분석

친위(중앙군) + 진위(지방군) → 을미개혁(1895)

정답설명

② 을미개혁 때에는 제1차 갑오개혁 때부터 사용하던 '개국 기년'을 폐지하고, 연호를 '건양'으로 제정하였다.

오답분석

① 광무개혁: 금 본위제를 실시하려고 한 것은 광무개혁 때이다. 광무개혁 당시 대한 제국 정부는 금 본위제 실시를 시도하였으나, 재정 부족과 차관 도입 실패로 성공하지 못하였다. 금 본위제는 이후 메가타가 주도한 화폐 정리 사업(1905)을 통해 실시되었다.
③ 제2차 갑오개혁: 교육 입국 조서를 반포한 것은 제2차 갑오개혁 때이다.
④ 제1차 갑오개혁: 회계와 출납 등 재정에 관한 모든 사무를 탁지아문으로 일원화시킨 것은 제1차 갑오개혁 때이다.

🔖이것도 알면 합격

을미개혁

정치	· 건양 연호 사용 · 군제 개편: 중앙군은 친위대, 지방군은 진위대로 편성
사회	· 단발령 시행, 종두법 실시, 태양력 사용 · 소학교 설치

---

10 현대 7·4 남북 공동 성명 난이도 중 ●●○

자료분석

자주적 + 평화 + 민족적 대단결 → 7·4 남북 공동 성명(1972)

정답설명

③ 옳은 것을 모두 고르면 ㉡, ㉢이다.
㉡ 7·4 남북 공동 성명 이후 합의 사항들을 추진하고 통일 문제를 해결할 목적으로 남북 조절 위원회가 설립되었다(1972. 11.).
㉢ 7·4 남북 공동 성명은 남북의 독재 체제 강화에 이용되었다. 성명 발표 직후 남한에서는 긴급 조치권이 포함된 유신 헌법이 제정되었고, 북한에서는 국가 주석제를 내포한 사회주의 헌법이 제정되었다.

오답분석

㉠ 6·15 공동 선언 등: 남북의 정상이 만나 합의한 문서는 김대중 정부 시기의 6·15 공동 선언(2000)과 노무현 정부 시기의 10·4 남북 공동 선언(2007), 문재인 정부 시기의 4·27 판문점 선언(2018)이다.
㉣ 남북 기본 합의서: 남북한이 유엔에 동시 가입한 직후 발표한 문서는 노태우 정부 시기에 채택된 남북 기본 합의서(1991)이다.

🔖이것도 알면 합격

7·4 남북 공동 성명

내용	· 자주·평화·민족 대단결의 통일 원칙 천명 · 서울·평양 간 상설 직통 전화 개설과 남북 조절 위원회 설치
의의	통일에 관해 남북이 최초로 합의한 내용을 공동 성명 형식으로 동시 발표
한계	공동 성명 직후 남측은 10월 유신을 단행하고 북측은 사회주의 헌법을 제정하여 남북 대화를 독재 체제 강화에 이용

정답

p.36

01	③ 고대
02	② 고대
03	① 고려 시대
04	③ 조선 전기
05	③ 일제 강점기
06	② 고려 시대
07	③ 근대
08	③ 근대
09	② 일제 강점기
10	④ 현대

취약시대 분석표

분류	시대	문항 수
전근대	선사 시대	/0
	고대	/2
	고려 시대	/2
	조선 전기	/1
	조선 후기	/0
근현대	근대	/2
	일제 강점기	/2
	현대	/1
통합	시대 통합	/0
총합		/10

* 취약시대 분석표를 이용해 틀린 문제가 있는 시대는 그 시대의 문제만 골라 해설을 다시 한번 꼼꼼히 학습하세요.

---

01 고대 진성 여왕 재위 시기의 사실 난이도 중 ●●○

자료분석

원종과 애노가 사벌주에서 반란(889) → 진성 여왕

정답설명

③ 진성 여왕 때 6두품 출신 유학자인 최치원이 왕에게 시무책 10여 조를 건의하였으나, 진골 귀족들의 반대로 받아들여지지 않았다. 이에 최치원은 산 중에 은거하며 저술에 몰두하였다.

오답분석

① 신문왕: 녹읍이 혁파된 것은 신문왕 때의 사실이다. 신문왕은 조세 수취는 물론 노동력 징발까지 가능했던 녹읍을 혁파하여 귀족들의 경제적 기반을 약화시켰다.

② 무열왕~문무왕: 백제 부흥 운동(660~663)이 전개된 것은 삼국 통일 시기로, 무열왕~문무왕 때의 사실이다.

④ 대승 불교의 사상과 체계를 이해하기 쉽게 풀이한 『대승기신론소』를 저술한 승려는 원효(617~686)로, 원효는 진평왕~신문왕 때 활동한 승려이다.

👆 이것도 알면 합격

진성 여왕 재위 기간(887~897)의 사실

· 각간 위홍과 대구화상이 『삼대목』을 편찬함(888)
· 최치원이 시무 10여 조를 올림(894)
· 원종과 애노의 난(889), 적고적의 난(896) 등의 농민 반란이 발생함

---

02 고대 발해 난이도 중 ●●○

자료분석

고구려의 북쪽 땅을 병합 + 신라와 경계 → (가) 발해

정답설명

② 발해는 최고 교육 기관으로 주자감을 두어 유교 교육을 장려하였다.

오답분석

① 백제: 지방에 방령을 파견한 나라는 백제이다. 방령은 백제의 지방 행정 단위인 방(方)의 장관으로, 각 방의 행정 책임자인 동시에 군사 지휘관이기도 하여 각각 700~1,200여 명의 군사를 거느렸다.

③ 고려: 중서문하성의 문하시중이 국정을 총괄한 나라는 고려이다. 발해에서는 정당성(상서성)의 대내상이 국정을 총괄하였다.

④ 10정은 통일 신라의 지방군이다. 발해의 중앙군은 10위로 왕궁과 수도 경비를 담당하였고, 지방군은 촌락 단위로 구성된 농병 일치의 군사 조직이었다.

---

03 고려 시대 지눌 난이도 하 ●○○

자료분석

불교의 타락상을 비판 + 승려 본연의 자세로 돌아가기를 강조 → 『권수정혜결사문』 → 지눌

정답설명

① 지눌은 내가 곧 부처라는 깨달음을 얻기 위한 노력과 함께 꾸준한 수행으로 깨달음을 확인할 것을 강조한 돈오점수와 선과 교학이 근본적으로 둘이 아니라는 정혜쌍수를 주장하였다.

오답분석

② 혜심: 유·불 일치설을 주장하여 유교와 불교의 통합을 꾀하고, 심성의 도야를 강조한 인물은 혜심이다. 혜심의 유·불 일치설을 통해 성리학이 고려 사회에 수용될 수 있는 사상적 토대가 마련되었다.

③ 의천: 교종을 중심으로 선종을 통합하고자 한 인물은 의천이다. 한편 지눌은 선종을 중심으로 교종을 통합하고자 하였다.

④ **요세:** 자신의 행동을 진정으로 참회하는 법화 신앙을 강조한 인물은 요세이다. 요세는 강진의 만덕사(백련사)를 중심으로 법화 신앙에 중점을 둔 백련 결사 운동을 전개하였다.

04 조선 전기 **조선 전기의 사건** 난이도 중 ●●○

자료분석

(가) 조선 건국(1392) ~ 제1차 왕자의 난(태조, 1398)

(나) 제1차 왕자의 난(태조, 1398) ~ 『농사직설』 편찬(세종, 1429)

(다) 『농사직설』 편찬(세종, 1429) ~ 계유정난(단종, 1453)

(라) 계유정난(단종, 1453) ~ 무오사화(연산군, 1498)

정답설명

③ 수신전과 휼양전이 폐지된 것은 (라) 시기인 세조 때이다. 세조는 관리에게 지급할 토지가 부족해지자 죽은 관료의 가족들에게 지급·세습되던 수신전과 휼양전을 폐지하고, 현직 관리에게만 수조권을 지급하는 직전법을 실시하였다(1466).

오답분석

① (가) 시기인 태조 때 정도전이 『조선경국전』, 『경제문감』 등의 사찬 법전을 편찬하였다. 이후 정도전은 제1차 왕자의 난 때 숙청되었다.

② (나) 시기인 정종 때 도평의사사가 의정부로 개편되었다.

④ (라) 시기인 성종 때 홍문관에 경연과 학술·언론 기능이 부여되면서 홍문관이 집현전의 기능을 계승한 언론 기관의 역할을 하게 되었다.

05 일제 강점기 **민립 대학 설립 운동** 난이도 중 ●●○

자료분석

고등 교육 + 최고 학부가 가장 필요함 → 민립 대학 설립 운동

정답설명

③ 민립 대학 설립 운동은 이상재 등이 조직한 조선 민립 대학 기성회(1923)를 중심으로 전개되었다. 이들은 '한민족 1천만이 한 사람 1원씩'이라는 구호 아래 대학 설립을 위한 모금 운동을 전개하며 일제의 식민지 차별 교육 정책에 저항하였다.

오답분석

① 제2차 조선 교육령의 공포는 민립 대학 설립 운동이 본격적으로 전개되는 계기가 되었다. 3·1 운동 이후 문화 정치의 일환으로 공포된 제2차 조선 교육령(1922)을 통해 대학 설립에 대한 규정이 신설되어 한국에도 대학이 설치될 수 있게 되었다. 이에 이상재 등이 조선 민립 대학 기성회를 설립하여 민립 대학 설립 운동을 본격화하였다.

② 민립 대학 설립 운동이 시작된 것은 1920년대 초반의 사실로, 광주 학생 항일 운동(1929)과 관련이 없다.

④ 언론사 중심의 농촌 계몽 운동이 전개된 것은 1920년대 후반~1930년대 초반의 사실로, 1920년대 초반에 전개된 민립 대학 설립 운동과 관련이 없다. 언론사의 주도로 전개된 대표적인 농촌 계몽 운동으로는 조선일보의 주도하에 전개된 문자 보급 운동, 동아일보의 주도로 전개된 브나로드 운동 등이 있다.

06 고려 시대 **고려 시대의 경제 상황** 난이도 하 ●○○

자료분석

차와 술을 파는 점포(다점, 주점)에서 철전(건원중보)을 씀 → 고려 시대

정답설명

② 고려 시대에는 외국과의 교류가 활발해지면서 예성강 하구의 벽란도가 국제 무역항으로 번성하였다.

오답분석

① **조선 전기:** 평시서가 시전의 물가를 조절한 것은 조선 시대이다. 고려 시대에 시전의 상행위를 감독하고 물가를 조절하였던 기구는 경시서이다. 경시서는 조선 세조 때 평시서로 개편되었다.

③ **통일 신라 시기:** 촌주가 인구·토지 면적 등을 문서로 기록한 신라 촌락 문서(민정 문서)가 작성된 것은 통일 신라 시기이다.

④ **조선 후기:** 민간 수공업자들이 상인·공인으로부터 물품 주문과 함께 자금과 원자재를 미리 받아 제품을 만드는 선대제 수공업이 성행하였던 것은 조선 후기이다.

07 근대 **을사의병** 난이도 중 ●●○

자료분석

10월에 강제로 조인 + 종묘사직이 하룻밤 사이에 망함 → 을사늑약(최익현의 격문) → 을사의병(1905)

정답설명

③ 을사의병 때 신돌석 등의 평민 출신 의병장이 활약하였다.

오답분석

① 일본이 남한 대토벌 작전(1909)을 벌여 의병들을 탄압한 것은 정미의병(1907) 이후이다. 남한 대토벌 작전 이후 의병 세력은 간도와 연해주 등으로 이동하여 항전을 지속하였다.

② **을미의병:** 아관 파천(1896) 이후 단발령 철회 및 고종의 해산 조칙을 계기로 대부분 해산된 것은 을미의병(1895)이다.

④ **정미의병:** 일부 의병 부대가 동대문 인근까지 진출한 것은 정미의병이다. 정미의병(1907) 때 이인영, 허위 등을 중심으로 의병 연합 부대인 13도 창의군이 결성되어 서울 진공 작전(1908)을 전개하였고, 허위가 이끄는 부대가 동대문 인근까지 진출하였으나 일본군에 패배하였다.

이것도 알면 합격

을사의병의 의병장

신돌석	최초의 평민 의병장, 태백산맥 일대를 근거지로 활약
최익현	• 위정척사파의 대표적 인물 • 흥선 대원군의 하야를 건의하는 상소를 올림 • 왜양 일체론, 5불가소 등을 주장하며 개항 반대 운동 전개 • 을사의병을 전개하다가 체포되어 대마도에서 순국

08 근대 제너럴셔먼호 사건과 오페르트 도굴 사건 사이의 사실 난이도 중 ●●○

자료분석

제너럴셔먼호 사건(1866. 7.) → (가) → 오페르트 도굴 사건(1868)

정답설명

③ (가) 시기에 병인박해(1866. 1.)를 빌미로 강화도에 침입한 프랑스군을 한성근·양헌수 등의 활약으로 격퇴하였다(병인양요, 1866. 9.). 그러나 프랑스군은 퇴각 과정에서 강화도의 외규장각에 보관되어 있던 『의궤』 등의 도서를 약탈하였다.

오답분석

모두 오페르트 도굴 사건 이후의 사실이다.

① 원산과 인천이 개항된 것은 1876년에 체결된 강화도 조약에 따른 것으로, 오페르트 도굴 사건 이후의 사실이다. 조선은 강화도 조약(조·일 수호 조규)을 통하여 부산 외에 2개 항구를 개항하기로 하였다. 이에 원산(1880), 인천(1883)이 차례로 개항되었다.

② 조선에서 천주교의 포교권이 인정된 것은 1886년에 체결된 조·불(프)수호 통상 조약에 따른 것으로, 오페르트 도굴 사건 이후의 사실이다.

④ 어재연이 이끄는 조선군이 광성보에서 결사 항전한 것은 1871년 신미양요 때로, 오페르트 도굴 사건 이후의 사실이다. 신미양요 때 어재연이 이끄는 조선군의 결사 항전으로 미국군이 퇴각하였지만, 이 과정에서 어재연이 전사하고, 수(帥)자기를 약탈당했다.

09 일제 강점기 1920~1930년대의 역사적 사실 난이도 상 ●●●

자료분석

(가) 3·1 운동(1919)~자유시 참변(1921)
(나) 자유시 참변(1921)~6·10 만세 운동(1926)
(다) 6·10 만세 운동(1926)~만주 사변(1931)
(라) 만주 사변(1931)~중·일 전쟁 발발(1937)

정답설명

② 대한민국 임시 정부가 국무위원 중심의 집단 지도 체제로 개편된 것은 제3차 개헌(1927)에 따른 것으로, (다) 시기이다. (나) 시기에는 임시 정부가 제2차 개헌을 통해 국무령 중심의 내각 책임제로 개편되었다(1925).

오답분석

① (가) 시기에 의열단원인 박재혁이 부산 경찰서에 폭탄을 투척하였다(1920).

③ (다) 시기에 전개된 3부 통합 운동의 결과 참의부, 정의부, 신민부의 3부가 혁신 의회(북만주, 1928)와 국민부(남만주, 1929)로 재편되었다. 이후 혁신 의회 인사들은 한국 독립당(한국 독립군)을, 국민부 인사들은 조선 혁명당(조선 혁명군)을 조직하였으며, 이들은 만주 사변 이후 만주 지역의 중국군과 한·중 연합 작전을 전개하였다.

④ (라) 시기에 중국 내 독립운동 조직을 통합하기 위해 의열단을 중심으로 조선 혁명당·신한 독립당·한국 독립당 등 민족주의 계열과 사회주의 계열이 통합된 민족 혁명당이 결성되었다(1935).

10 현대 반민족 행위 처벌법 난이도 상 ●●●

자료분석

한·일 합병에 협력한 자 + 일본 정부로부터 작위를 받은 자 + 독립 운동자를 박해한 자 → 반민족 행위 처벌법(1948. 9.)

정답설명

④ 반민족 행위 처벌법에 의해 이광수, 노덕술, 최린, 최남선 등이 실형을 선고 받았다. 그러나 반민족 행위 특별 조사 위원회의 조사를 받은 680여 명 중 실형을 선고받은 사람은 매우 적었으며, 실형을 선고받은 사람들도 대부분 1년도 안 되어 석방되었다.

오답분석

① 일제의 잔재를 청산하기 위한 반민족 행위 처벌법은 6·25 전쟁 발발 이전인 1948년 9월에 제헌 국회에서 제정되었다.

② 반민족 행위 처벌법에 의한 형 집행은 6·25 전쟁 이전에 끝났다. 친일파 청산에 미온적인 태도를 보이던 이승만 정부는 반민족 행위 처벌법 개정을 통해 공소 시효를 1년(~1949. 8.)으로 단축시키고, 반민특위 및 특별 재판부 등도 해체시켰다.

③ 반민족 행위 처벌법은 차관 도입과 관련이 없다. 한편 이승만 정부 때부터 일본 자본을 도입하기 위한 목적으로 수 차례 한·일 회담이 이루어졌으나, 양국 간의 의견 차이와 4·19 혁명 등의 정치 상황 변동으로 중단되었다. 이후 박정희 정부 시기에 한·일 기본 조약이 체결(1965)되면서 한·일 국교를 정상화하고, 일본으로부터 차관을 들여왔다.

정답
p.40

01	① 선사 시대
02	④ 고려 시대
03	② 조선 후기
04	②.근대
05	② 시대 통합
06	④ 조선 전기
07	④ 일제 강점기
08	① 현대
09	④ 고려 시대
10	② 일제 강점기

취약시대 분석표

분류	시대	문항 수
전근대	선사 시대	/1
	고대	/0
	고려 시대	/2
	조선 전기	/1
	조선 후기	/1
근현대	근대	/1
	일제 강점기	/2
	현대	/1
통합	시대 통합	/1
총합		/10

* 취약시대 분석표를 이용해 틀린 문제가 있는 시대는 그 시대의 문제만 골라 해설을 다시 한번 꼼꼼히 학습하세요.

01 선사 시대 청동기 시대
난이도 하 ●○○

자료분석

직사각형 집터 + 화덕이 움집 한쪽 벽으로 옮겨짐 → (가) 청동기 시대

정답설명

① 반달 돌칼은 청동기 시대의 대표적인 석제 농기구이다. 청동기 시대에는 반달 돌칼을 이용하여 곡식의 이삭을 수확하였다.

오답분석

② 신석기 시대: 실을 뽑는 가락 바퀴는 신석기 시대의 유물이다. 신석기 시대에는 가락 바퀴와 뼈바늘 등을 이용하여 옷이나 그물을 만드는 원시적인 수공업이 이루어졌다.

③ 신석기 시대: 조개 껍데기 가면은 신석기 시대 유적인 동삼동 패총에서 출토된 유물로, 제사에 사용되었을 것으로 추측된다.

④ 철기 시대: 명도전은 철기 시대에 사용된 중국 화폐로, 당시 우리나라가 중국과 교류하였음을 보여주는 유물이다.

02 고려 시대 묘청
난이도 중 ●●○

자료분석

천개라는 연호 + 충의군 → 묘청의 난(1135) → 묘청

정답설명

④ 서경 천도 운동을 추진한 묘청 등 서경파 세력은 인종에게 서경에 새로운 궁궐(대화궁·임원궁)을 짓고 그 안에 팔성당을 설치할 것을 건의하였다. 팔성당은 여덟 신, 즉 팔성에게 제사를 지내는 곳이었는데, 이는 도교의 신선 사상 및 불교 사상·민간 토착 신앙에 사상적 근거를 두고 있었다.

오답분석

① 김부식: 개경 중심의 문벌 귀족 세력의 대표적인 인물은 김부식이다. 묘청은 서경(평양)에 근거를 둔 신진 세력이었다.

② 이자겸: 예종과 인종 때 왕실과 중첩된 혼인 관계를 맺어 외척으로서의 지위를 이용하여 권력을 독점한 인물은 이자겸이다.

③ 최충헌 등: 진주의 대농장을 경제적 기반으로 삼은 인물은 최충헌, 최우 등이다. 희종을 옹립시킨 최충헌은 진강후에 책봉되어 진주 지방을 식읍으로 받게 되었다. 이후 진주의 대농장은 최씨 무신 집권자들의 경제적 기반이 되었다.

이것도 알면 합격

개경파와 서경파

구분	개경파	서경파
성격	보수 세력	개혁 세력
대표 인물	김부식	묘청, 정지상
계승 의식	신라 계승 의식	고구려 계승 의식
주장	금과의 사대 관계 유지	서경 천도, 금국 정벌, 칭제 건원
사상적 기반	유교 사상	풍수지리 사상

03 조선 후기 균역법
난이도 하 ●○○

자료분석

백골징포, 황구첨정 + 변통론 → (가) 양역의 폐단 → 균역법

② 영조 때 균역법의 시행으로 부족해진 재정을 보충하기 위해 선무군관포가 신설되었다. 선무군관포는 지방의 토호나 부유한 집안의 자제에게 선무군 관이라는 칭호를 수여하고 1년에 군포 1필을 징수한 것이다.

오답분석

① 군포는 토지가 아닌 군역을 지는 양인 남성에게 부과된 것이었다. 영조 때 양역의 폐단을 개선하기 위한 방안으로 보유한 토지 결 수에 따라 군포를 부과하자는 결포론이 제기되기도 하였으나, 기존의 군포 징수액을 절반으로 줄이는 방식(감필론)의 균역법이 실시되었다.

③, ④ 대동법: 숙종 때 전국적으로 확대·실시된 것은 대동법이다. 대동법은 광해군 때 경기도에서 처음 실시되었으며 이후 숙종 때 이르러 전국적으로 확대·실시되었다. 한편 대동법의 실시로 국가에서 돈을 받아 관청에 필요한 물품을 대신 구매하여 납품하는 어용 상인인 공인이 등장하였다.

이것도 알면 합격

균역법(1750, 영조)

배경	· 백골징포, 황구첨정, 족징, 인징 등 군포의 폐단 발생 · 납속과 공명첩 발행으로 양반이 되어 면역되는 자가 증가하여 농민의 군포 부담이 증가
내용	1년에 2필씩 내던 군포를 1필로 감면

결과	· 일시적으로 농민의 군포 부담 감소
	· 재정 부족의 보충책
	  – 결작: 토지 소유자에게 1결당 미곡 2두 부과
	  – 선무군관포: 일부 상류층에게 선무군관이라는 칭호를 수여한 후 1년에 군포 1필 징수
	  – 잡세: 어장세, 염세, 선박세 등 잡세 수입을 국고로 전환

04 근대 1880~1890년대 열강과의 관계 난이도 중 ●●○

자료분석

(다) 사람들이 (나)가 남하하여 침략할까 봐 이 섬에 군사와 군함을 주둔시킴
→ (가) 거문도 사건, (나) 러시아, (다) 영국

정답설명

② 삼국 간섭을 통해 일본을 견제한 국가는 러시아, 프랑스, 독일이다. 청·일 전쟁 이후 체결된 시모노세키 조약으로 일본이 청으로부터 랴오둥(요동) 반도를 할양받게 되자, 러시아와 독일, 프랑스는 일본에 랴오둥 반도를 청에 반환할 것을 요구하였다(1895).

오답분석

①, ④ 갑신정변(1884) 이후 청의 간섭이 심해지자, 이를 벗어나기 위해 조선 정부는 러시아와의 비밀 교섭을 전개하였다. 이로 인한 러시아의 남하 움직임은 영국이 거문도를 점령(1885)하는 배경이 되었다. 이렇게 한반도를 둘러싼 열강의 대립이 격화되자 유길준과 독일 영사 부들러 등은 조선의 중립화(한반도 중립화)를 주장하였다.

③ 아관 파천(1896) 이후 열강의 이권 침탈이 본격화되면서 영국은 은산의 금광 채굴권 등을 차지하였다(1900).

05 시대 통합 공주 난이도 상 ●●●

자료분석

동학 농민군이 관군·일본군과 최후의 격전 →우금치 → 공주

정답설명

② 이괄의 난 때 인조는 한양을 떠나 공주의 공산성으로 피난하였다.

오답분석

① 논산: 계백의 결사대가 참여한 황산벌 전투가 벌어졌던 지역은 충청남도 논산이다. 계백의 결사대는 황산벌에서 신라군에 대항하였으나, 신라군의 총공세에 결국 대패하였다.

③ 부여: 목탑 양식의 흔적이 남아있는 정림사지 5층 석탑이 있는 지역은 충청남도 부여이다.

④ 담양: 이연년 형제가 백제 부흥을 표방하며 난을 일으킨 지역은 전라남도 담양이다.

06 조선 전기 세종 난이도 중 ●●○

자료분석

육조의 직무를 먼저 의정부에 품의 → 의정부 서사제 → (가) 세종

정답설명

④ 세종은 토지 비옥도를 기준으로 토지의 등급을 나누는 전분 6등법과, 풍흉을 기준으로 조세 징수액에 차등을 두는 연분 9등법의 공법을 시행하였다.

오답분석

① 태종, 세조: 향촌 자치 기구인 유향소를 폐지한 왕은 태종과 세조이다. 유향소는 태종 때 폐지되었다가 세종 때 복립되었으며, 이후 세조 때 이시애의 난을 계기로 다시 폐지되었다가 성종 때 복립되었다.

② 태종: 언론 기관인 사간원을 독립시켜 대신들을 견제한 왕은 태종이다.

③ 정조: 초계문신제를 실시하여 관리를 재교육한 왕은 정조이다. 초계문신제는 37세 이하의 당하관 중 젊고 유능한 문신들을 선발하여 규장각에 맡겨 교육하고, 40세가 되면 졸업시키는 제도였다.

이것도 알면 합격

세종의 정책

집현전 개편	집현전을 궁궐 안에 다시 설치하고 정책·학술 연구 기관으로 개편
의정부 서사제 실시	6조 직계제 대신 의정부 서사제 실시
사가 독서 제도 실시	유능한 젊은 문신들에게 휴가를 주어 독서에 전념할 수 있도록 한 사가 독서 제도 실시
공법 실시	전분 6등법(토지 비옥도 기준), 연분 9등법(풍흉 기준)의 공법 실시
형벌 제도 개선	· 삼복법을 제정하여 사형수에 대해 3심을 거치도록 함 · 노비에 대한 주인의 사적인 사형을 금지

자료분석

『한글』 잡지를 내게 됨 + 1932년 → 조선어 학회(1931~1942)

정답설명

④ 일제는 한글 연구로 민족 의식이 고취되는 것을 막기 위해 조선어 학회를 독립운동 단체로 간주하고, 치안 유지법을 적용하여 강제로 해산시켰다 (조선어 학회 사건, 1942).

오답분석

① **조선 민립 대학 기성회**: 민립 대학 설립 운동을 주도한 단체는 조선 민립 대학 기성회(1923)이다.

② **국문 연구소**: 주시경, 지석영을 중심으로 조직된 단체는 국문 연구소 (1907)이다. 국문 연구소는 대한 제국의 학부에 설치되었던 연구 기관이다. 이후 1920년대에 국문 연구소를 계승한 조선어 연구회가 결성(1921)되었으며, 이는 다시 조선어 학회로 개편되었다(1931).

③ **한글 학회**: 일제의 탄압으로 조선어 학회가 해산되면서 중단되었던 『우리 말 큰사전』 편찬 사업은 광복 이후 조선어 학회를 계승한 한글 학회(1949)에 의해 완성되었다.

✌️이것도 알면 합격

조선어 학회(1931)

조직	조선어 연구회를 계승
활동	· 한글 맞춤법 통일안 제정, 표준어 제정, 외래어 표기법 통일안 발표 · 『우리말 큰사전』 편찬 시도 → 실패
탄압	일제가 조선어 학회를 독립운동 단체로 간주하여 회원들을 체포·투옥, 강제 해산
영향	해방 이후 한글 학회(1949)로 계승

자료분석

과도 정부(신군부) + 무력 탄압 + 계엄령 + 구속 중인 민주 인사(김대중)를 석방 + 민주 정부 수립 요구 → 5·18 민주화 운동(1980)

정답설명

① 12·12 사태(1979)를 통해 정권을 장악한 전두환 등 신군부 세력이 전국에 비상 계엄을 선포하자, 1980년 광주에서 계엄령 철폐·신군부 퇴진 등을 요구하며 5·18 민주화 운동이 일어났다. 5·18 민주화 운동 당시 시위대는 시민군을 조직하여 계엄군에 맞섰으나, 신군부는 시민군을 무력 진압하였다.

오답분석

② **4·19 혁명**: 장면 내각이 출범하는 계기가 된 민주화 운동은 4·19 혁명 (1960)이다.

③ **6월 민주 항쟁**: '호헌 철폐, 독재 타도, 민주 헌법 쟁취' 등은 전두환 정부가 일체의 개헌 논의를 금지시키는 4·13 호헌 조치를 발표한 것이 원인이 되어 발생한 6월 민주 항쟁(1987)의 구호이다.

④ 군사 혁명 위원회는 5·16 군사 정변(1961)으로 정권을 장악한 박정희 군부가 조직한 기구이다. 군사 혁명 위원회는 5·16 군사 정변의 이념과 성격을 밝힌 6개항의 혁명 공약(반공, 경제 발전 등)을 발표하였다.

정답설명

④ 일어난 순서대로 나열하면 ⓒ 사심관 제도 실시(태조 왕건) → ㉠ 과거제 실시(광종) → ㉢ 국자감 설치·정비(성종) → ㉡ 구제도감 설치(예종)가 된다.

ⓒ **사심관 제도 실시**: 태조 왕건은 지방 향리 세력을 견제하기 위해 중앙의 고관을 출신지의 사심관으로 임명하여 관할 지역에 문제가 생겼을 경우에 연대 책임을 지도록 하는 사심관 제도를 실시하였다. 최초의 사심관은 후삼국 통일기에 고려에 귀부(935)한 김부(경순왕)였다.

㉠ **과거제 실시**: 광종은 중국 후주에서 귀화한 쌍기의 건의를 받아들여 과거제를 시행하였다(958).

㉢ **국자감 설치·정비**: 성종은 유학 교육 기관으로 개경에 일종의 국립 대학인 국자감을 설치·정비하였다.

㉡ **구제도감 설치**: 예종은 개경에 전염병이 크게 유행하여 다수의 사망자가 발생하고 시체가 방치되자, 병자의 치료와 병사자 처리, 빈민 구제를 위해 임시 구호 기관인 구제도감을 설치하였다(1109).

자료분석

선서인 윤봉길 → (가) 한인 애국단

정답설명

② 한인 애국단은 임시 정부의 침체를 극복하기 위해 김구가 중국 상하이에서 조직하였다(1931). 한인 애국단의 활동에는 도쿄에서 일왕 히로히토의 마차에 폭탄을 투척한 이봉창의 의거와 상하이 훙커우 공원에서 개최한 전승 축하식에 폭탄을 투척한 윤봉길의 의거 등이 있다.

오답분석

① **대한 애국 청년당**: 친일파를 제거하기 위해 경성 부민관에서 열린 아세아 민족 격려 대회장에 폭탄을 설치하여 의거(1945)를 일으킨 단체는 대한 애국 청년당이다. 이 사건은 일제 강점기의 마지막 항일 의거 사건으로 평가된다.

③ **의열단**: 서울 종로 경찰서에 투탄을 감행(1923)한 김상옥은 의열단 소속이었다.

④ **노인 동맹단**: 남대문에서 사이토 총독에게 폭탄을 던지는 의거(1919)를 일으킨 강우규는 노인 동맹단 소속이었다.

📋 정답
p.44

01	④ 선사 시대
02	② 고대
03	① 고려 시대
04	④ 근대
05	③ 조선 후기
06	③ 고려 시대
07	① 현대
08	① 조선 전기
09	① 일제 강점기
10	④ 현대

📋 취약시대 분석표

분류	시대	문항 수
전근대	선사 시대	/1
	고대	/1
	고려 시대	/2
	조선 전기	/1
	조선 후기	/1
근현대	근대	/1
	일제 강점기	/1
	현대	/2
통합	시대 통합	/0
총합		/10

* 취약시대 분석표를 이용해 틀린 문제가 있는 시대는 그 시대의 문제만 골라 해설을 다시 한번 꼼꼼히 학습하세요.

01 선사 시대 **신석기 시대**
난이도 하 ●○○

자료분석

갈돌과 갈판 + 뼈바늘 → 신석기 시대

정답설명

④ 신석기 시대에는 빗살무늬 토기, 이른 민무늬 토기, 덧무늬 토기 등을 제작하여 식량을 저장하고 음식물을 조리하는 데 사용하였다.

오답분석

① **청동기 시대:** 벼농사를 짓기 시작한 것은 청동기 시대의 사실이다.
② **청동기 시대:** 사유 재산 제도가 등장한 것은 청동기 시대의 사실이다.
③ **철기 시대:** 중국과의 교류를 통해 한자가 전래되어 붓이 사용된 것은 철기 시대이다. 철기 시대 유적인 창원 다호리에서는 붓이 출토되었다.

02 고대 **미천왕~장수왕 사이의 사실**
난이도 중 ●●○

자료분석

(가) 서안평을 공격 + 낙랑군을 공격 → 미천왕의 서안평 점령(311)과 낙랑군 공격(313)
(나) 고구려 왕 거련(장수왕)이 침입 + 한성을 함락시키고 백제 왕 부여경(개로왕)을 죽임 → 장수왕의 한성 함락(475)

정답설명

② 옳은 것을 모두 고르면 ⓒ, ⓒ이다.
ⓒ 황해도 지역을 둘러싸고 백제와 대립하던 고구려 고국원왕은 평양성에서 백제 근초고왕의 공격을 받아 전사하였다(371).
ⓒ 고구려는 광개토 대왕 재위 시기(391~413)에 영락이라는 독자적인 연호를 사용했다.

오답분석

ⓒ **(나) 이후:** 역사서인 『신집』이 편찬(600)된 것은 영양왕 재위 시기로, (나) 이후이다. 『신집』 5권은 이문진이 영양왕의 명을 받아 『유기』 100권을 간추려 편찬한 역사서이다.
ⓒ **(가) 이전:** 위나라 관구검의 침입으로 고구려의 환도성이 함락(246)된 것은 동천왕 재위 시기로, (가) 이전이다.

✍️ 이것도 알면 합격

고구려의 위기(고국원왕)

전연의 침입	랴오둥 지방을 놓고 전연과 대립 → 전연 모용황의 침입을 받아 수도 함락(342)
백제의 침입	황해도 지역을 놓고 백제와 대립 → 백제 근초고왕의 공격으로 평양성 전투에서 전사(371)

03 고려 시대 **공민왕 재위 시기의 사실**
난이도 하 ●○○

자료분석

성균관을 다시 지음 + 이색을 성균관 대사성으로 삼음 → 공민왕

정답설명

① 공민왕은 왕권을 강화하기 위해 인사권을 관장하고 있던 정방을 폐지하였다.

오답분석

② **공양왕:** 과전법이 시행된 것은 고려 말 공양왕 때이다. 과전법은 전·현직 관리에게 경기 지방에 한정하여 전지만 지급했던 제도로, 과전법 시행의 결과, 신진 사대부의 경제적 기반이 확충되었다.

③ **충선왕**: 권세가의 농장 확대로 인한 문란을 시정하기 위해 전농사를 설치한 것은 충선왕 때이다. 한편 공민왕은 전민변정도감을 설치하여 강제로 빼앗긴 토지를 원래 주인에게 돌려주고 억울하게 노비가 된 자들을 풀어주어 권문세족의 세력을 약화시키고자 하였다.

④ **우왕**: 명이 철령위를 설치한다고 고려에 통보한 것은 우왕 때이다. 이에 반발하여 최영 등이 요동 정벌을 단행하였으나, 이성계의 위화도 회군으로 실패하였다.

✌️이것도 알면 합격

공민왕의 개혁 정치

반원 자주 정책	· 기철 등 친원 세력 제거, 정동행성 이문소 폐지 · 원의 연호와 풍습 폐지, 관제 복구
왕권 강화 정책	· 정방 폐지(인사권 회복), 내재추제 신설 · 성균관 정비(유교 교육 강화), 전민변정도감 설치

---

04 근대 **동학 농민 운동**   난이도 중 ●●○

④ 시기 순으로 바르게 나열하면 ② 교조 신원 운동(복합 상소, 1893) → ⓒ 백산 봉기(1894. 3.) → ㉠ 전주 화약(1894. 5.) → ⓒ 우금치 전투(1894. 11.)가 된다.

② **교조 신원 운동**: 손병희 등의 동학 교도들은 한양 궁궐 앞에서 동학 교조 최제우의 명예를 회복하기 위한 복합 상소 운동을 전개하였다(교조 신원 운동, 1893. 2.).

ⓒ **백산 봉기**: 고부 민란의 수습을 위해 파견된 안핵사 이용태가 농민들을 탄압하자, 전봉준·손화중 등이 이끄는 동학 농민군은 백산에 집결하여 봉기하고, 격문과 4대 강령을 발표하였다(1894. 3.).

㉠ **전주 화약**: 동학 농민 운동 진압을 위한 조선 정부의 요청에 응하여 청이 조선에 군대를 파견하자, 텐진 조약에 따라 일본도 조선에 군대를 파견하였다. 이에 위기 의식을 느낀 조선 정부와 동학 농민군은 청과 일본의 철군과 폐정 개혁을 조건으로 전주 화약을 체결하였다(1894. 5.).

ⓒ **우금치 전투**: 일본이 경복궁을 점령하자 동학군은 반외세를 기치로 재봉기하였다(제2차 농민 봉기). 그러나 동학군은 공주 우금치 전투에서 관군과 일본군의 연합 부대에게 패배하였다(1894. 11.).

✌️이것도 알면 합격

동학 농민 운동의 전개

고부 민란 → 안핵사 이용태 파견, 고부 민란 관련자 탄압 → 무장 봉기 → 백산 집결, 창의문 및 4대 강령 발표 → 황토현 전투 → 황룡촌 전투 → 전주성 점령 → 청·일군 파병 → 전주 화약, 폐정 개혁안 12개조 건의, 집강소 설치 → 일본군 경복궁 점령, 청·일 전쟁 발발 → 동학 농민군의 재봉기 → 우금치 전투 → 농민군 패배, 전봉준 체포

---

05 조선 후기 **정조 재위 시기의 사실**   난이도 하 ●○○

환어행렬도(화성 행차) + 『일성록』 → 정조

③ 정조는 신해통공을 반포하여 육의전을 제외한 시전 상인의 금난전권을 폐지하고 사상의 자유로운 상업 활동을 보장하였다.

① **인조**: 풍흉에 관계없이 전세를 토지 1결당 4~6두로 고정하는 영정법이 처음 시행된 것은 인조 때이다.

② **영조**: 붕당 정치의 폐단을 없애기 위해 공론의 주재자로 인식되던 산림의 존재를 부정하고 서원을 대폭 정리한 것은 영조 때이다.

④ **고종**: 『대전회통』은 흥선 대원군 집권 시기인 고종 때 편찬된 법전이다. 정조 때에는 왕조의 통치 규범을 전반적으로 재정리한 법전인 『대전통편』이 편찬되었다.

---

06 고려 시대 **무신 집권기의 봉기**   난이도 하 ●○○

운문의 김사미 + 초전의 효심 → 김사미·효심의 난(1193)

(가) 정중부 집권기(1170~1179)
(나) 경대승 집권기(1179~1183)
(다) 이의민 집권기(1183~1196)
(라) 최충헌 집권기(1196~1219)

③ (다) 시기인 이의민 집권기에 김사미·효심의 난이 발생(1193)하였다. 김사미는 운문, 효심은 초전에서 신라 부흥을 표방하며 봉기하였다. 이들은 점차 규모를 확장하여 경상도 전역을 장악하였으나 1년여 만에 진압되었다.

✌️이것도 알면 합격

무신 집권기의 시기별 반란

정중부 집권기	김보당의 난(1173), 조위총의 난(1174), 망이·망소이의 난(1176)
경대승 집권기	전주 관노의 난(1182)
이의민 집권기	김사미·효심의 난(1193)
최충헌 집권기	만적의 난(1198), 최광수의 난(1217)
최우 집권기	이연년 형제의 난(1237)

---

07 현대 **1960년대의 경제 상황**   난이도 중 ●●○

한국군의 현대화 + 주월(주베트남) 한국군에 소요되는 물자는 한국에서 구매 + 추가 차관을 제공 → 브라운 각서(박정희 정부, 1966)

① 박정희 정부 시기인 1964년에 울산 정유 공장이 준공되었다. 박정희 정부는 제1·2차 경제 개발 5개년 계획 시기(1962~1971)에 산업 구조 개편과 에너지원 확보, 사회 간접 자본 확충 등을 위해 비료, 시멘트, 정유 산업을 육성하였다.

(오답분석)

② 이승만 정부: 제헌 국회에서 귀속 재산 처리법이 제정된 것은 이승만 정부 시기인 1949년이다. 귀속 재산 처리법에 근거하여 일본인 소유였던 공장과 주택 등이 민간에 불하되었으며, 이 과정에서 정경 유착이 발생하면서 재벌이 형성되기도 하였다.

③ 김영삼 정부: 우루과이 라운드(UR)가 타결된 것은 김영삼 정부 시기인 1994년이다.

④ 박정희 정부: 박정희 정부는 1970년대에 제3·4차 경제 개발 5개년 계획 (1972~1981)을 추진하며 수출 주도형의 중화학 공업을 적극적으로 육성하였고, 그 결과 1977년에 처음으로 연간 수출 100억 달러를 돌파하였다.

08 조선 전기 이황과 이이   난이도 중 ●●○

자료분석

(가) 주리론 + 『성학십도』 → 이황

(나) 주기론 + 『성학집요』 → 이이

정답설명

① 이황의 사상은 임진왜란 이후 일본에 전해져 일본 성리학 발전에 큰 영향을 미쳤다.

오답분석

② 정제두: 실천적 성격의 양명학을 수용한 대표적인 인물은 정제두이다. 그는 양명학을 학문적으로 체계화하고 강화 학파를 형성하였다. 한편 이황은 『전습록논변』에서 양명학을 사문난적(유교적 질서와 학문을 어지럽히는 사람)으로 비판하며 이단으로 간주하였다.

③ 이황: 『주자서절요』를 저술한 인물은 이황이다. 『주자대전』의 일부를 추려 만든 『주자서절요』는 일본에 전해져 일본 성리학 발전에 영향을 주었다.

④ 박세무: 아동용 수신서인 『동몽선습』을 편찬한 인물은 박세무이다. 한편 이이는 아동용 수신서로 『격몽요결』을 저술하였다.

이것도 알면 합격

이황과 이이

퇴계 이황	율곡 이이
·주리론 주장, 동인에 영향을 줌 ·백운동 서원 사액 건의, 도산 서당에서 후학 양성, 예안 향약 실시 ·『주자서절요』, 『성학십도』, 『전습록논변』 등을 저술함 ·임진왜란 이후 일본 성리학 발전에 영향을 줌	·주기론 주장, 서인에 영향을 줌 ·10만 양병설·수미법 주장, 해주 향약 실시 ·『격몽요결』, 『동호문답』, 『성학집요』, 『기자실기』, 『만언봉사』 등을 저술함 ·아홉 차례의 과거 시험에 모두 장원하여 '구도장원공'이라는 별칭을 얻음

09 일제 강점기 문화 통치 시기의 사실   난이도 하 ●○○

자료분석

총독 임용 범위 확장 + 지방 자치 제도 실시 → 문화 통치 시기(1920년대)

(정답설명)

① 옳은 것을 모두 고르면 ⓒ, ②이다.

ⓒ 문화 통치 시기에 일제는 일본 기업의 조선 진출을 위해 회사령을 폐지 (1920)하여, 회사 설립을 허가제에서 신고제로 바꾸었다.

② 문화 통치 시기에 일제는 민립 대학 설립 운동을 무마시키기 위해 서울에 관립 대학인 경성 제국 대학을 설립하였다(1924).

(오답분석)

㉠ 민족 말살 통치 시기: 일제가 초등 교육 기관인 소학교의 명칭을 국민학교로 변경(1941)한 것은 민족 말살 통치 시기이다.

ⓒ 무단 통치 시기: 서울과 원산을 잇는 경원선 철도가 개통(1914)된 것은 무단 통치 시기이다.

10 현대 남북 기본 합의서와 6·15 남북 공동 선언 사이의 사실   난이도 상 ●●●

자료분석

남북 기본 합의서(1991. 12. 13., 노태우 정부) → (가) → 6·15 남북 공동 선언 (2000, 김대중 정부)

정답설명

④ 노태우 정부 때 남북 기본 합의서가 채택된 직후, 남북한은 한반도에 평화를 정착시키자는 취지로 한반도 비핵화 공동 선언을 채택하였다(1991. 12. 31.).

오답분석

① 6·15 남북 공동 선언 이후: 개성 공단 건설 사업은 김대중 정부 시기에 6·15 남북 공동 선언(2000)의 결과로 합의되었으며, 이후 노무현 정부 시기에 개성 공단 착공식이 열렸다(2003).

② (가) 시기에는 이산가족 상봉이 이루어지지 않았다. 최초로 이산가족 상봉 (1985)이 이루어진 것은 전두환 정부 시기의 사실이다. 이후 중단되었던 남북 이산가족 상봉은 김대중 정부 시기에 6·15 남북 공동 선언이 발표된 이후 다시 시작되었다(2000).

③ 남북 기본 합의서 이전: 전두환 정부 시기인 1982년에 '남북 대표가 통일 헌법을 제정하고 이에 따라 총선거를 실시하여 통일 국회와 통일 정부를 구성하자'는 민족 화합 민주 통일 방안이 제시되었다.

이것도 알면 합격

노태우 정부 시기의 통일 노력

7·7 선언 (1988)	·민족 자존과 통일 번영을 위한 특별 선언 ·남북 관계를 선의의 동반자이며 함께 번영해야 할 민족 공동체 관계로 규정
한민족 공동체 통일 방안 (1989)	자주·평화·민주의 3대 원칙 아래 민족 공동체 헌장을 채택 → 통일 민주 공화국 건설
남북 기본 합의서 (1991)	·남북 고위급 회담 시작(1990) → 남북 유엔 동시 가입(1991. 9.) ·남북 기본 합의서(1991. 12.) 채택: 상호 체제 존중, 화해와 불가침 및 교류·협력 확대에 합의
한반도 비핵화 공동 선언 (1991)	한반도를 비핵화하여 핵 전쟁의 위험을 제거하고, 평화 통일의 기반을 다지기 위해 채택(1991. 12., 발효 1992. 2.)

정답
p.48

01	② 선사 시대
02	② 조선 전기
03	③ 고려 시대
04	③ 일제 강점기
05	③ 고려 시대
06	① 고대
07	② 근대
08	④ 현대
09	④ 조선 전기
10	③ 현대

취약시대 분석표

분류	시대	문항 수
전근대	선사 시대	/1
	고대	/1
	고려 시대	/2
	조선 전기	/2
	조선 후기	/0
근현대	근대	/1
	일제 강점기	/1
	현대	/2
통합	시대 통합	/0
총합		/10

* 취약시대 분석표를 이용해 틀린 문제가 있는 시대는 그 시대의 문제만 골라 해설을 다시 한번 꼼꼼히 학습하세요.

01 선사 시대 부여와 동예
난이도 하 ●○○

자료분석

(가) 장마, 가뭄 + 왕을 바꾸거나 죽임 → 부여
(나) 10월이면 하늘에 제사를 지냄 + 무천 → 동예

정답설명

② 부여에는 남의 물건을 훔쳤을 때 물건값의 12배를 배상하게 하는 1책 12법이 있었다.

오답분석

① 삼한: 제사장인 천군이 신성 지역인 소도를 관할한 국가는 삼한이다.
③ 고구려: 혼인 후 신랑이 처가에 지은 서옥에 머무르다가, 자녀가 성장하면 신랑 집으로 돌아가는 서옥제의 풍습이 있던 국가는 고구려이다.
④ 삼한(변한): 철이 많이 생산되어 낙랑과 왜에 수출한 국가는 삼한 중 변한이다.

02 조선 전기 조선 전기의 경제 상황
난이도 중 ●●○

자료분석

몽유도원도 + 고사관수도 → 조선 전기

정답설명

② 옳은 것을 모두 고르면 ⓒ, ⓔ이다.
ⓒ 조선 전기에 일부 남부 지방에서 모내기법(이앙법)이 실시되었으며, 조선 후기에는 모내기법이 전국적으로 확산되었다.
ⓔ 조선 전기에 시비법의 발달로 매년 농사를 짓는 상경이 일반화되었다. 고려 시대부터 녹비법, 퇴비법 등 시비법의 발달이 이루어져 휴경지가 점차 감소하였으며, 그 결과 고려 말~조선 전기에 이르러 경작지를 묵히지 않고 계속 농사를 지을 수 있게 되었다.

오답분석

㉠ 조선 후기: 상평통보가 발행·유통된 것은 조선 후기의 사실이다. 상평통보는 인조 때 주조되어 개성을 중심으로 통용되었고, 숙종 때에는 상평통보가 법화(공식 화폐)로 채택되어 전국적으로 유통되었다.
㉢ 조선 후기: 총액제 방식의 수취 제도가 확산된 것은 조선 후기의 사실이다. 총액제는 국가 재정의 총액을 미리 정해놓고 각 도별 총액을 할당하여 군현 단위로 부담하게 하는 제도로, 조선 후기에는 총액제 방식의 비총제(전정)·군총제(군정)·환총제(환곡)가 시행되었다.

이것도 알면 합격

조선 전기의 농업 기술 발달

밭농사	· 2년 3작의 윤작법 널리 보급(조, 보리, 콩) · 과수 재배 확대, 목화 재배의 전국화
논농사	일부 남부 지방에서 제한적으로 이앙법 실시
농법	· 시비법이 발달하여 연작이 가능해지면서 휴경지 소멸 · 농기구 개량, 저수 시설 확충 · 『농사직설』, 『금양잡록』 등의 농서 간행

03 고려 시대 최충헌 집권 시기의 사실
난이도 하 ●○○

자료분석

이의민을 소탕 + 열 가지 조목(봉사 10조) → (가) 최충헌

정답설명

③ 최충헌 집권기에 그의 사노비였던 만적은 신분 해방과 정권 탈취를 목표로 반란을 모의하였으나, 사전에 발각되었다(1198).

오답분석

① **정중부 집권기**: 경주에서 의종이 살해(1173)된 것은 정중부 집권기의 사실이다. 정중부 집권기에 의종의 복위와 무신 정권의 타도를 주장하며 김보당 등이 난을 일으키자 이의민은 의종을 살해하고 난을 진압하였다.

② **정중부 집권기**: 공주 명학소에서 망이·망소이가 신분 차별에 반발하여 봉기(망이·망소이의 난, 1176)한 것은 정중부 집권기의 사실이다.

④ **경대승 집권기**: 전주 주현군의 죽동 등이 관노와 농민들을 모아 반란(전주 관노의 난, 1182)을 일으킨 것은 경대승 집권기의 사실이다. 이들 지방관의 횡포에 저항하며 봉기해 한때 전주를 점령하였으나 40여 일 만에 진압되었다.

04 일제 강점기 신간회   난이도 중 ●●○

자료분석

정치·경제적 각성 + 단결 + 기회주의 부인 → 신간회 강령

정답설명

③ 신간회는 동양 척식 주식회사 등 한국인 착취 기관 폐지를 주장하였다.

오답분석

① 6·10 만세 운동은 신간회 설립(1927) 이전인 1926년에 전개되었다. 한편 6·10 만세 운동을 계기로 민족 유일당 운동이 전개된 결과, 신간회가 창립되었다(1927).

② **신민회**: 대한매일신보를 기관지로 활용한 단체는 신민회(1907)이다.

④ **동아일보**: 브나로드 운동은 동아일보를 중심으로 전개되었다. 브나로드 운동(1931~1934)은 문맹 퇴치와 미신 타파 등을 목적으로 '배우자! 가르치자! 다 함께 브나로드!'라는 구호 아래 전개된 농촌 계몽 운동이다.

🖐 이것도 알면 합격

신간회의 활동

일제에 대한 저항	한국인 착취 기관 철폐, 조선인 본위의 교육 시행 주장
사회 운동 지원	원산 노동자 총파업 지원, 소작 쟁의 지원 등
학생 운동 후원	광주 학생 항일 운동에 대한 진상 조사단 파견
민중 계몽 운동	노동 야학 참여, 교양 강좌 설치 등 민중 계몽 운동 전개

05 고려 시대 시정 전시과   난이도 하 ●○○

자료분석

산관 + 인품을 가지고 등급을 결정 → (가) 시정 전시과(경종)

정답설명

③ 시정 전시과에서는 광종 시기에 제정된 자·단·비·녹색의 4색 공복을 기준으로 관리의 등급을 구분하고, 이를 다시 문반·무반·잡업 등으로 분류하여 토지를 지급하였다.

오답분석

① **경정 전시과**: 무반에 대한 차별 대우가 완화된 것은 경정 전시과(문종)이다. 경정 전시과에서 실직이 없는 산관은 토지 분급 대상에서 제외되어 현직 관리에게만 토지가 지급되었으며, 이전에 비하여 무반에 대한 차별 대우를 시정하여 무반에게도 관직에 맞는 토지를 지급하였다.

② **녹과전**: 경기 8현의 토지에 한하여 지급한 고려의 토지 제도는 녹과전(고종·원종)이다. 전시과는 전국의 토지를 대상으로 토지를 지급하였다.

④ **과전법**: 권문세족을 약화시키고, 신진 사대부의 경제적 기반을 마련하기 위하여 실시된 토지 제도는 과전법(공양왕)이다.

🖐 이것도 알면 합격

전시과 제도의 변천

제도	지급 대상	특징
시정 전시과 (경종)	전·현직 관리	· 관품과 인품 반영 · 4색 공복+문·무반·잡업으로 나눠 지급
개정 전시과 (목종)	전·현직 관리	· 인품을 배제하고 관품만 고려 · 현직자 우대, 한외과 설치 · 토지 지급량 축소
경정 전시과 (문종)	현직 관리	· 산직 배제, 공음전, 한인전, 구분전 정비 · 무관 차별 완화, 별정 전시과 정비, 한외과 폐지

06 고대 신문왕과 혜공왕 사이 시기의 사실   난이도 중 ●●○

자료분석

○ 감은사를 세움 + 대나무 피리(만파식적)를 만들어 불면 천하가 화평 → 신문왕

○ 김지정이 반란 + 김양상과 김경신의 진압 + 왕과 왕비가 살해됨 → 김지정의 난(780) → 혜공왕

정답설명

① 옳은 것을 모두 고르면 ㉠이다.

㉠ (가) 시기인 성덕왕 때 백성들에게 정전이 지급되었다(722). 성덕왕은 일반 백성들에게 정전을 지급함으로써 백성의 안정적인 생활을 보장하고, 농민과 토지에 대한 국가의 지배력을 강화하였다.

오답분석

㉡ (나) 이후 시기: 적고적의 난(896) 등의 농민 반란이 일어난 것은 진성 여왕 때로, (나) 이후 시기의 사실이다.

㉢ (나) 이후 시기: 독서삼품과를 실시하여 유교 교육을 진흥시킨 것은 원성왕 때로, (나) 이후 시기의 사실이다. 독서삼품과는 국학의 학생들을 대상으로 하여 유교 경전의 이해 정도를 시험한 제도로, 독서 능력에 따라 등급을 구분하여 이를 관리 임용에 참고하였다.

㉣ 신라 중대에 2단 기단의 삼층 석탑이 유행한 것은 맞지만, 승탑은 신라 하대에 선종과 함께 유행하였다. 한편 신라 하대에는 3단 기단의 삼층 석탑 외에도 다양한 형태의 석탑이 건립되었으며, 탑신에 불상 등을 부조하는 양식도 유행하였다.

07 근대 제2차 갑오개혁   난이도 중 ●●○

자료분석

독립 서고문 + 국정 개혁의 기본 강령 → (가) 홍범 14조(1894. 12.) → 제2차 갑오개혁

④ 『경국대전』이 반포된 것은 성종 때로, (나) 이후 시기의 사실이다. 『경국대전』은 조선의 기본 법전으로, 세조 때 편찬이 시작되어 성종 때 완성·반포되었다.

오답분석

모두 (가), (나) 사이 시기의 사실이다.

① 세종 때 이종무가 왜구의 근거지인 대마도(쓰시마 섬)를 정벌하였다.

② 문종 때 고조선에서 고려 말까지의 전쟁을 정리한 병서인 『동국병감』이 편찬되었다.

③ 세종 때 최윤덕과 김종서가 4군과 6진을 개척하고 압록강과 두만강을 경계로 하는 오늘날의 국경선을 확보하였다.

---

10 현대 현대사의 전개 난이도 중 ●●○

정답설명

③ 순서대로 나열하면 ㉣ 4·19 혁명(1960) → ㉠ 6·3 항쟁(1964) → ㉢ 5·18 민주화 운동(1980) → ㉡ 6월 민주 항쟁(1987)이 된다.

㉣ 4·19 혁명: 4·19 혁명은 이승만 정부의 장기 독재와 3·15 부정 선거가 원인이 되어 발생하였다. 마산에서 시위 도중 숨진 김주열의 시신이 발견되면서 분노한 시민들의 시위가 전국적으로 확산되었고, 결국 이승만 대통령이 하야하였다(1960).

㉠ 6·3 항쟁: 박정희 정부 시기에 일본과의 외교 협상 과정에서 식민 지배에 대한 사과 문제 등이 충분히 논의되지 않은 것이 알려지자 학생들과 시민들은 굴욕적인 일본과의 국교 정상화 추진 정책을 비판하며 반대 시위를 벌였다(1964).

㉢ 5·18 민주화 운동: 12·12 사태(1979)로 실권을 장악한 전두환 등의 신군부 세력이 전국에 비상 계엄을 확대하고 김대중을 비롯한 정치 인사들을 구속하자, 광주 지역의 학생들과 시민들이 이에 반발하여 민주화 운동을 전개하였다(5·18 민주화 운동, 1980). 이때 시위대는 시민군을 조직하여 계엄군에 맞섰으나, 신군부는 시민군을 무력 진압하였다.

㉡ 6월 민주 항쟁: 전두환 대통령이 대통령 간선제를 유지하겠다는 4·13 호헌 조치를 발표하자, 이에 반대한 국민들은 6월 민주 항쟁을 전개하였다(1987). 그 결과 여당인 민주 정의당의 대통령 후보였던 노태우가 대통령 직선제를 주요 내용으로 하는 6·29 민주화 선언을 발표하였고, 이후 5년 단임의 대통령 직선제를 골자로 하는 제9차 개헌이 이루어졌다.

정답설명

② 제2차 갑오개혁 때 지방 행정 제도가 8도에서 23부로 개편되었다.

오답분석

①, ③ 제1차 갑오개혁: 폐단이 많던 과거제를 폐지하고, 공·사 노비 제도(신분제)를 폐지한 것은 제1차 갑오개혁 때이다. 또한 이때 조혼, 연좌법 등의 봉건적 악법 등이 폐지되었다.

④ 광무개혁: 양전 사업을 실시하여 지계(근대적 토지 소유권 증명서)를 발급한 것은 대한 제국 시기에 실시된 광무개혁의 내용이다.

🖐️이것도 알면 합격

제2차 갑오개혁의 정치 개혁

일본식 내각제 도입	의정부와 8아문을 내각과 7부로 개편
지방 행정 개편	전국 8도를 23부 337군으로 개편
신식 재판소 설립	· 재판소를 설치하여 사법권을 행정권에서 분리 · 체포·구금·재판 업무는 경찰관과 사법관이 담당

---

08 현대 시기별 북한과의 관계 난이도 중 ●●○

자료분석

(가) 베트남 파병 시작(1964)~10·26 사태(1979)

(나) 10·26 사태(1979)~서울 올림픽 개최(1988)

(다) 서울 올림픽 개최(1988)~IMF 외환 위기(1997)

(라) IMF 외환 위기(1997)~제1차 남북 정상 회담(2000)

정답설명

④ (라) 시기인 1998년에 정주영 현대 그룹 회장은 소 1000마리와 함께 북한을 방문하여 남북한의 화해 분위기 조성에 기여하였다. 이러한 방문의 성과로 현대 그룹은 북한과 금강산 관광 사업에 대해 합의하였고, 그 결과 금강산 해로 관광이 시작(1998)되었다.

오답분석

① (나) 시기: 아웅산 폭탄 테러 사건(1983)은 당시 미얀마를 방문 중이던 전두환 대통령을 대상으로 벌어진 북한 공작원의 폭탄 테러 사건으로, (나) 시기의 사실이다. 이 사건으로 부총리, 비서실장 등 주요 인사와 기자 등의 민간인이 사상을 입었다.

② (가) 시기: 북한이 원산항 앞 공해상에서 미 해군 정보 수집함인 푸에블로호를 납치한 사건(1968)이 일어난 것은 박정희 정부 시기인 (가) 시기의 사실이다.

③ (라) 시기 이후: 경의선 철로 복원 사업이 시작(2000)된 것은 김대중 정부 시기로 (라) 시기 이후의 사실이다. 제1차 남북 정상 회담을 통해 발표된 6·15 공동 선언의 결과 남북 간의 교류가 더욱 확대되어 경의선 복구가 시작되었다.

---

09 조선 전기 태종과 세조 사이 시기의 사실 난이도 중 ●●○

자료분석

(가) 이슬람 지도학의 영향 + 유럽과 아프리카까지 그려짐 → 혼일강리역대국도지도(태종)

□ 정답
p.52

01	② 고대
02	① 고려 시대
03	③ 고려 시대
04	① 고대
05	④ 조선 후기
06	④ 근대
07	② 일제 강점기
08	④ 근대
09	④ 일제 강점기
10	① 현대

□ 취약시대 분석표

분류	시대	문항 수
전근대	선사 시대	/0
	고대	/2
	고려 시대	/2
	조선 전기	/0
	조선 후기	/1
근현대	근대	/2
	일제 강점기	/2
	현대	/1
통합	시대 통합	/0
총합		/10

* 취약시대 분석표를 이용해 틀린 문제가 있는 시대는 그 시대의 문제만 골라 해설을 다시 한번 꼼꼼히 학습하세요.

---

01 고대 광개토 대왕의 신라 구원과 개로왕의 국서 사건 사이 시기의 사실 난이도 상 ●●●

자료분석

(가) 백제를 토벌 + 병사를 보내 신라를 구원 → 광개토 대왕의 신라 구원(400)

(나) 북위에 사신 + 고구려(장수왕)가 백제를 압박 + 위례성(한성) 함락 위험 → 개로왕의 국서 사건(472)

정답설명

② (가)와 (나) 사이 시기인 427년에 고구려의 장수왕은 강력한 남하 정책을 추진하기 위해 평양으로 천도하고, 백제를 압박·공격하였다. 이에 백제 개로왕은 북위에 원병을 요청하는 국서를 보냈으나(472), 장수왕의 공격으로 한성이 함락되면서 전사하였다(475).

오답분석

① (가) 이전: 고구려가 대방군을 축출(314)한 것은 미천왕 재위 시기로, (가) 이전 시기의 사실이다. 미천왕은 활발한 대외 정책을 펼쳐 서안평을 점령(311)하고, 낙랑군을 한반도에서 완전히 축출(313)하였다. 이후 대방군까지 축출(314)하면서 대동강 유역을 차지하였다. 이를 통해 고구려는 압록강 중류 지역을 벗어나 남쪽으로 진출할 수 있는 발판을 마련하였다.

③ (나) 이후: 백제와 신라가 혼인 동맹을 처음 맺은(493) 것은 (나) 이후 시기의 사실이다. 고구려 장수왕이 백제의 수도인 한성을 함락시킨 이후에도 남하 정책을 지속해나가자, 백제 동성왕과 신라 소지 마립간은 혼인 동맹을 체결하여 나·제 동맹을 더욱 강화하였다.

④ (가) 이전: 신라에서 박·석·김씨가 번갈아 가며 왕위에 오른 것은 (가) 이전 시기의 사실이다. 신라는 4세기 내물 마립간에 의해 김씨가 독점적으로 왕위를 계승하기 전까지 박·석·김씨가 교대로 왕위를 계승하였다.

---

02 고려 시대 고려 시대의 승려 난이도 중 ●●○

정답설명

① 순서대로 나열하면 ㉠ 균여(고려 초기) → ㉡ 의천(고려 중기) → ㉢ 지눌(무신 집권기) → ㉣ 보우(고려 말기)가 된다.

㉠ 균여: 균여는 고려 초기의 승려로, 광종의 후원을 받아 창건된 귀법사의 주지가 되어 화엄 사상을 정비하였다. 그는 성상융회를 주장하여 교종 내의 대립을 해소하고자 하였다.

㉡ 의천: 의천은 고려 중기의 승려로, 화엄종을 중심으로 교종을 통합한 뒤, 국청사를 창건하고 해동 천태종을 창시하여 교종을 중심으로 선종을 통합하고자 하였다. 의천은 교종과 선종의 사상적 통합을 위해 교관겸수와 내외겸전 등을 제창하였다.

㉢ 지눌: 지눌은 고려 무신 집권기의 승려로, 불교계의 타락상을 비판하며 수선사 결사 운동을 주도하였고, 선종을 중심으로 교종 사상을 통합하고자 하였다.

㉣ 보우: 보우는 고려 말의 승려로, 원 간섭기 이후 심화된 불교계의 부패를 시정하기 위하여 9산 선문의 통합을 추진하였다. 또한 보우가 원에서 도입한 임제종은 이후 조선 시대 선종 불교의 주류로 발전하기도 하였다.

---

03 고려 시대 광종 난이도 하 ●○○

자료분석

공복 제정 + 과거제 실시 → 광종

정답설명

③ 광종은 광덕, 준풍 등의 독자적인 연호를 사용하였다.

① **태조 왕건**: 자신의 근거지인 송악(개경)으로 천도한 왕은 태조 왕건이다. 궁예를 몰아내고 고려를 세운 태조 왕건은 철원에서 송악으로 수도를 옮겼다.

② **현종**: 강조의 정변을 계기로 즉위한 왕은 현종이다. 강조의 정변은 서북면 도순검사 강조가 김치양의 반역을 빌미로 목종을 폐위시키고 대량원군 순(현종)을 왕위에 옹립한 사건(1009)이다.

④ **성종**: 지방의 주요 지역에 12목을 설치하고, 지방관인 목사를 파견한 왕은 성종이다.

🖐️이것도 알면 합격

광종의 정책

주현공부법	주현 단위로 공물과 부역을 책정하여 해마다 징수
노비안검법	불법으로 노비된 자들을 양민으로 해방
과거 제도	후주에서 귀화한 쌍기의 건의를 받아들여 실시
백관 공복 제정	자·단·비·녹색으로 공복 색을 정하여 위계 질서 확립

04 고대 발해 난이도 하 ●○○

좌사정·우사정 + 충부·인부·의부·지부·예부·신부(6부, 유교식 명칭) → 발해

① 발해에서는 3성 중 최고의 통치 기관인 정당성의 장관 대내상이 국정을 총괄하였다. 정당성 아래에는 좌사정이 충·인·의 3부를, 우사정이 지·예·신 3부를 나누어 관할하는 이원적인 구조였다.

② **조선**: 지방 행정의 말단 조직으로 면·리·통을 두던 국가는 조선이다. 한편, 발해의 지방 말단 행정 구역은 촌이었으며, 토착 세력인 촌장이 관리하였다.

③ **통일 신라**: 흑금서당은 통일 신라의 중앙군인 9서당 중 말갈인으로 구성된 부대이다. 통일 신라는 민족 융합 정책의 일환으로 고구려·백제·말갈인을 포함하여 중앙군인 9서당을 편성하였다. 발해의 중앙군은 10위이다. 한편 발해의 주민은 고구려 유민과 말갈인으로 구성되었으며, 지배층은 대부분 고구려 유민들이었고 다수의 말갈인은 대체로 피지배층을 형성하였다.

④ **고려**: 송의 관제를 모방한 회계 기관인 삼사를 둔 국가는 고려이다. 화폐와 곡식의 출납과 회계 등을 담당한 고려의 삼사는 송의 제도를 참고한 것이었으나 조직 및 기능에서는 차이가 있었다.

🖐️이것도 알면 합격

발해의 3성 6부

3성	· 정당성(국가 최고 회의 기구, 정책 집행), 선조성(정책 심의), 중대성(정책 수립)
6부	· 좌사정: 충부(문관 인사), 인부(조세·재정), 의부(의례·교육) · 우사정: 지부(국방·무관 인사), 예부(법률·형법), 신부(건설·토목)
기타	중정대(관리 감찰), 문적원(서적 관리), 주자감(국립 대학)

05 조선 후기 숙종 재위 시기의 사실 난이도 중 ●●○

서쪽은 압록, 동쪽은 토문 → (가) 백두산 정계비 → 숙종

④ 숙종 때 서인은 남인인 허적의 서자 허견이 역모 사건을 꾀하였다고 고발하여 경신환국(1680)을 일으켰다. 이후 서인은 남인 처벌에 대한 입장에 따라 강경파인 노론과 온건파인 소론으로 분열되었다.

① **인조**: 남한산성과 경기 남부의 방어를 위하여 수어청이 설치된 것은 인조 때이다. 숙종 때에는 왕실 호위 및 수도 방어를 위해 금위영이 설치되었다.

② **선조**: 훈련도감이 신설된 것은 임진왜란 중인 선조 때이다. 숙종 때에는 금위영이 설치되면서 중앙군의 5군영 체제가 완비되었다.

③ **효종**: 청의 요청으로 나선 정벌에 조총병이 파견된 것은 효종 때이다.

06 근대 흥선 대원군 난이도 하 ●○○

47곳의 서원 외에는 향사를 멈추고 사액한 것을 철폐 → (가) 흥선 대원군

④ 흥선 대원군은 왕실의 권위를 회복하기 위하여 임진왜란 때 소실되었던 경복궁의 중건을 추진하였다.

① **정조**: 『대전통편』을 편찬하여 법전을 정리한 인물은 정조이다. 한편 흥선 대원군은 『대전회통』과 『육전조례』 등을 편찬하여 통치 체제를 정비하였다.

② **이만손**: 영남 만인소를 작성하여 통상 개방과 개화 정책에 반대한 인물은 이만손이다.

③ **박규수**: 삼정이정청은 철종 때 임술 농민 봉기의 진상 조사를 위해 안핵사로 파견된 박규수의 건의로 설치되었다.

07 일제 강점기 일제 강점기의 문화와 종교 난이도 상 ●●●

② 1920년대에 도쿄 유학생을 중심으로 신극 운동 단체인 극단 토월회가 결성되었다(1923). 토월회는 지방을 순회하며 민중 계몽과 독립 의식 고취를 위한 작품들을 공연하였다.

① 1930년대에 신사 참배 거부 운동을 주도한 것은 개신교이다. 동학이 개편된 천도교는 자주 독립 선언문을 발표(1922)하며 제2의 3·1 운동을 계획하였으며, 여성·소년 운동 등의 대중 운동을 전개하기도 하였다.

③ 신경향파 문인들이 카프(KAPF)를 결성(1925)한 것은 1920년대의 사실이다. 사회주의의 영향을 받은 신경향파는 문학의 사회적 기능과 계급 의식의 고취 등을 강조하였다.

④ 나운규의 영화 아리랑이 발표(1926)된 것은 일제가 조선 영화령을 제정(1940)하기 이전의 사실이다. 1920년대에 민족의 비애를 담은 나운규의 영화 아리랑이 종로 단성사에서 개봉하면서 대중들에게 큰 호응을 얻었다. 한편 일제는 1940년대에 조선 영화령을 제정하여 민족 의식을 고취하는 영화 작품을 탄압하고, 영화를 전시 체제를 옹호하는 선전 수단으로 이용하였다.

08 근대 교육 입국 조서와 한성 사범 학교 난이도 하 ●○○

자료분석

교육은 실로 국가를 보존하는 근본이 됨 + 정부에 명령하여 널리 학교를 세움 → 교육 입국 조서(1895, 제2차 갑오개혁)

정답설명

④ 제2차 갑오개혁 때 고종이 근대적 교육의 중요성을 강조하며 발표한 교육 입국 조서에 따라 한성 사범 학교가 설립되었다(1895).

오답분석

모두 교육 입국 조서가 발표되기 이전에 설립된 교육 기관이다.
① 육영 공원(1886)은 1880년대에 설립된 최초의 근대적 공립 학교로, 헐버트·길모어 등의 외국어 교사를 초빙하여 상류층 자제를 대상으로 외국어와 근대 학문을 가르쳤다.
② 연무 공원(1888)는 1880년대에 설립된 학교로, 신식 군대와 장교 양성을 위해 조선 정부가 설립한 사관 양성 기관이다.
③ 이화 학당(1886)은 1880년대에 선교사 스크랜턴이 설립한 우리나라 최초의 여성 전문 교육 기관이다.

09 일제 강점기 한국광복군 난이도 중 ●●○

자료분석

수많은 지대가 각 전선에서 활동 + 조국 광복 전쟁 + 중국 항일군과 연합 + 정치·경제·교육의 평등(삼균주의) → (가) 한국광복군(1940)

정답설명

④ 한국광복군은 영국군의 요청에 따라 인도·미얀마 전선에 참전하여 일본군을 상대로 포로 심문, 암호문 번역 등을 수행하였다(1943).

오답분석

① 한국 독립군: 쌍성보(1932), 사도하자·대전자령(1933) 전투 등에서 일본군을 물리친 것은 한국 독립군이다.
② 대한 독립 군단: 러시아 적색군과의 갈등으로 자유시에서 참변(1921)을 당한 것은 대한 독립 군단이다.
③ 조선 의용대: 중국 관내에서 창설된 최초의 한국인 군사 조직은 조선 의용대(1938)이다.

✌️이것도 알면 합격

한국광복군의 활동

대일 선전 포고	태평양 전쟁이 일어나자 일본에 선전 포고를 하고 연합군의 일원으로 참전
미얀마·인도 전선에 파견	영국군과 연합 작전을 수행하였고, 전선에서 포로 심문, 선전 전단의 작성, 암호문 번역 등 담당
국내 진공 작전 계획	• 미군 전략 정보국(OSS)의 도움을 받아 국내 정진군을 편성하여 특수 훈련을 실시하고, 비행대까지 편성 • 실행 직전에 일본의 무조건 항복으로 무산

10 현대 제4차 개헌안 난이도 중 ●●○

자료분석

3월 15일에 실시된 선거와 관련하여 부정 행위를 한 자를 처벌 + 반민주 행위를 한 자의 공민권 제한 → 제4차 개헌안(1960. 11., 소급 입법 개헌)

정답설명

① 4·19 혁명 이후 제정된 제3차·제4차 개헌안에는 내각 책임제와 양원제가 규정되었다.

오답분석

② 제1차·제2차 개헌: 직접 선거를 통한 임기 4년의 정·부통령 선출을 규정한 개헌안은 이승만 정부 시기의 제1차 개헌(발췌 개헌, 1952)과 제2차 개헌(사사오입 개헌, 1954)이다. 이승만 정부는 국회에서 치르는 간선제로는 대통령 재선이 힘들다고 판단하여, 대통령 직선제를 골자로 하는 발췌 개헌안을 임시 수도인 부산에서 강압적으로 통과시켰다. 이후 직접 선거에 의한 정·부통령(임기 4년) 선출 방식은 이승만 대통령의 중임 제한 철폐를 골자로 한 제2차 개헌안에도 그대로 반영되었다.
③ 제7차 개헌: 대통령이 사실상 국회의원의 3분의 1을 지명하도록 규정한 개헌안은 박정희 정부 시기의 제7차 개헌안(유신 헌법, 1972)이다.
④ 제8차 개헌: 대통령 선거인단이 간접 선거로 대통령을 선출하도록 규정한 개헌안은 전두환의 신군부가 추진한 제8차 개헌안(1980)이다.

✌️이것도 알면 합격

역대 정권 변동 및 개헌 과정

제1 공화국	1948 이승만 정부 수립, 대통령 간선제(4년) 1951 자유당 창당 1952 발췌 개헌(제1차 개헌): 간선제 → 직선제 1954 사사오입 개헌(제2차 개헌): 초대 대통령의 중임 제한 철폐 1960 4·19 혁명으로 이승만 하야
제2 공화국	허정 과도 정부: 내각 책임제, 양원제, 대통령 간선제 (제3차 개헌) 장면 내각: 소급 특별법(제4차 개헌)
군사 정치	1961 5·16 군사 정변 1962 직선제, 단원제(제5차 개헌)
제3 공화국	1963 제3공화국 출범 1969 3선 연임 허용(제6차 개헌)
제4 공화국	1972 유신 헌법(제7차 개헌): 통일 주체 국민회의에서 간선제로 대통령 선출, 임기 6년, 중임 제한 철폐 1979 부·마 항쟁, 10·26 사태
제5 공화국	1979 12·12 사태 1980 5·18 민주화 운동 → 대통령 간선제, 7년 단임제 (제8차 개헌) → 전두환 당선
제6 공화국	1987 6월 민주 항쟁 → 6·29 선언(직선제, 5년 단임제, 제9차 개헌) → 노태우 당선

정답

p.56

01	④ 선사 시대
02	③ 고대
03	② 고려 시대
04	① 조선 전기
05	② 근대
06	② 고려 시대
07	① 일제 강점기
08	② 현대
09	③ 일제 강점기
10	③ 현대

취약시대 분석표

분류	시대	문항 수
전근대	선사 시대	/1
	고대	/1
	고려 시대	/2
	조선 전기	/1
	조선 후기	/0
근현대	근대	/1
	일제 강점기	/2
	현대	/2
통합	시대 통합	/0
총합		/10

* 취약시대 분석표를 이용해 틀린 문제가 있는 시대는 그 시대의 문제만 골라 해설을 다시 한번 꼼꼼히 학습하세요.

01 선사 시대 옥저
난이도 하 ●○○

자료분석

10살 전에 혼인 약속 + 신랑 집에서 길러 아내로 삼음 → 민며느리제 → 옥저

정답설명

④ 옥저에는 사람이 죽으면 시체를 가매장한 다음 뼈만 추려 가족 공동 무덤인 목곽에 안치하는 골장제의 풍습이 있었다.

오답분석

① 부여: 은력 정월(12월)에 영고라는 제천 행사를 열었던 나라는 부여이다.

② 동예: 단궁이라는 활과, 작은 말인 과하마, 바다표범 가죽인 반어피가 많이 생산되어 특산물로 유명하였던 나라는 동예이다. 부여의 특산물로는 말, 주옥, 모피 등이 있다.

③ 고구려: 제가 회의를 통해 중대 범죄를 행한 자를 사형에 처한 나라는 고구려이다.

02 고대 백제사의 전개
난이도 중 ●●○

자료분석

(가) 평양성 전투(371)~한성 전투(475, 개로왕 전사)

(나) 한성 전투(475)~관산성 전투(554, 성왕 전사)

(다) 관산성 전투(554)~황산벌 전투(660, 백제 멸망)

(라) 황산벌 전투(660)~기벌포 전투(676)

정답설명

③ 백제가 사비로 수도를 옮긴 것은 성왕(523~554) 때로, (나) 시기의 사실이다. 성왕은 대외 진출이 용이한 사비로 천도하고 국호를 남부여로 개칭하였다. 한편 백제는 (다) 시기인 무왕(600~641) 때 익산으로 천도를 시도하기도 하였다.

오답분석

① 백제는 (가) 시기인 침류왕(384~385) 때 동진에서 온 인도 승려 마라난타를 통하여 불교를 수용·공인하였다(384).

② 백제는 (나) 시기인 성왕(523~554) 때 중앙 관청을 22부로 확대·정비하였다. 성왕은 왕실 사무를 맡는 내관(궁내부) 12부와 중앙 정무 기관인 외관(중앙 관청) 10부로 구성된 22부를 정비하였다.

④ 백제는 (라) 시기인 660년에 나·당 연합군에 의해 멸망하였다. 이후 당나라에 의해 웅진(공주)에 웅진 도독부가 설치되었다.

03 고려 시대 고려의 대외 관계
난이도 중 ●●○

자료분석

고구려의 옛 영토를 놓고 대립 + ㉠ 고려의 고구려 계승 주장 → (갑) 소손녕과 (을) 서희의 담판(거란의 1차 침입) → ㉠ 고려, ㉡ 거란, ㉢ 여진

정답설명

② 고려는 정종 때 거란에 대항하기 위해 광군을 창설하였다.

오답분석

① 거란과의 외교 담판에서 서희의 활약을 통해 고려가 확보한 지역은 강동 6주이다. 한편 고려는 윤관의 별무반을 보내 여진을 토벌하고 동북 지역의 9성을 확보하였다.

③ 상경(용천부)-동경(용원부)-동해로 이어지는 교역로는 '일본도'로, 발해가 일본과 교역하였던 대외 교통로였다.

④ 고려의 공민왕이 안동(복주)으로 피난한 것은 홍건적의 2차 침입 때문이었다. 한편 거란의 2차 침입 때는 현종이 나주로 피난하였다.

🔖 이것도 알면 합격

거란의 침입

1차 (993)	· 전개: 옛 고구려 땅을 내놓을 것과 송과의 외교 관계 단절 및 거란과의 수교를 요구하며 침입 → 서희의 외교 담판 · 결과: 강동 6주를 획득하여 국경 확장
2차 (1010)	· 전개: 강조의 정변을 구실로 침입 → 양규의 활약(흥화진 전투) · 결과: 현종의 입조를 조건으로 강화 체결
3차 (1018)	· 전개: 현종의 입조 약속 불이행 → 거란의 침입 → 강감찬 의 귀주 대첩(1019) · 결과: 귀주에서 거란군 크게 격파

---

04 조선 전기 조선 시대의 성리학자   난이도 상 ●●●

정답설명

① 옳은 것을 모두 고르면 ㉠, ㉡이다.
㉠ 이황은 향촌 사회의 도덕적 질서 확립을 위해 안동의 예안 지방에 향약을 보급하였다(예안 향약).
㉡ 조식은 심신 단련의 수단으로 도교 서적을 읽는 등 노장 사상에 비교적 포용적인 태도를 보였으며, 현실 생활과 관련된 잡학(천문, 지리, 의학 등)에도 관심을 가졌다.

오답분석

㉢ 서경덕: 철학 사상을 정리하여 '기'를 근본적인 것으로 보는 독자적인 기일원론을 제창한 인물은 서경덕이다. 이언적은 '기'보다는 '이' 중심의 이론을 제시한 주리론자이다.
㉣ 정제두: 강화 학파를 형성하여 양명학의 학풍을 발전·계승시킨 인물은 정제두이다. 윤휴는 교조화된 성리학을 비판하고, 독자적인 경전의 해석을 시도하다가 사문난적으로 몰린 학자이다.

🔖 이것도 알면 합격

서경덕·조식·이언적

서경덕	· 주기론 주장, '이'를 '기' 속에 포함시켜 '이'와 '기'를 둘로 보지 않는 이기일원론 제시(기일원론) · 불교와 노장 사상에 개방적
조식	· 노장 사상에 개방적 · 학문의 실천성 강조, 절의와 기개를 중시
이언적	'기'보다는 '이' 중심의 이론을 제시한 주리론의 선구자

---

05 근대 강화도 조약(조·일 수호 조규)   난이도 중 ●●○

자료분석

일본 배가 조선 영해를 지나감 + 조선 군사들이 포를 발사함 → 운요호 사건 (1875) → 강화도 조약(조·일 수호 조규, 1876)

정답설명

② 옳은 것을 모두 고르면 ㉠, ㉢이다.
㉠ 강화도 조약에는 조선이 자주국임이 명시되어 있다. 이를 통해 일본은 조선에 대한 청의 종주권을 부인하고, 일본과 조선의 문제에 청이 개입하는 것을 방지하고자 하였다.
㉢ 『심행일기』는 신헌이 강화도 조약 체결의 전말을 기록한 공무 일기이다.

오답분석

㉡ 부산포, 제포(진해), 염포(울산)가 개방된 것은 3포 개항(1426, 세종)으로, 강화도 조약과는 관련이 없다. 한편 강화도 조약의 체결 결과 개항된 곳은 부산(1876)과 원산(1880), 인천(1883)이다.
㉣ 강화도 조약에는 최혜국 대우가 규정되어 있지 않다. 조선은 조·미 수호 통상 조약(1882)에서 최혜국 대우를 처음으로 규정하였으며, 이후 일본은 조·일 통상 장정 개정(1883)을 통해 최혜국 대우를 보장 받았다.

---

06 고려 시대 『삼국사기』   난이도 중 ●●○

자료분석

신라·고구려·백제 + 본기·열전(기전체) → 『삼국사기』(김부식)

정답설명

② 『삼국사기』에는 신라 계승 의식이 반영되어 있다. 『삼국사기』의 본기에는 삼국의 역사가 비교적 공평한 분량으로 서술되어 있으나, 지와 열전 등은 신라사에 치중되어 있다.

오답분석

① 고려 고종 때 편찬된 역사서로는 각훈이 편찬한 『해동고승전』 등이 있다. 『삼국사기』는 김부식이 인종의 명을 받아 편찬한 역사서이다.
③ 유교적 합리주의 사관에 근거해 『삼국사기』를 저술한 김부식은 단군 신화를 서술하지 않았고, 고조선이나 삼한 등의 역사도 배제하였다.
④ 『고려왕조실록』: 임진왜란으로 소실된 역사서는 『고려왕조실록』이다. 『고려왕조실록』의 내용들은 조선 시대에 편찬된 『세종실록』「지리지」, 『고려사』, 『고려사절요』 등에 인용되어 전해진다. 한편 『삼국사기』는 우리나라에 현존하는 최고(最古)의 역사서이다.

🔖 이것도 알면 합격

『삼국사기』

편찬	고려 중기, 인종(1145) 때 김부식이 편찬
특징	· 유교적 합리주의 사관에 기초하여 기전체(본기, 연표, 지, 열 전)로 서술 · 신라 계승 의식 반영
한계	· 고대 설화에 대해 비판적, 고조선·삼한·발해사 서술 소홀 · 신라에 대해서 유리하게 서술
의의	현존하는 우리나라 최고(最古)의 역사서

---

07 일제 강점기 독립 의군부   난이도 하 ●○○

자료분석

임병찬 + 국권 반환 요구서 제출 시도 → (가) 독립 의군부(1912)

---

① 독립 의군부는 임병찬이 고종의 밀명을 받아 조직한 비밀 결사로, 왕정의 복고를 목표(복벽주의)로 의병 전쟁을 계획하였다.

② **대한 광복회**: 박상진을 중심으로 풍기 광복단(대한 광복단)과 조선 국권 회복단의 일부 인사가 통합하여 만들어진 단체는 대한 광복회이다.

③ **송죽회**: 평양 숭의 여학교 교사와 학생들을 중심으로 조직된 단체는 송죽회이다. 송죽회는 여성 계몽 운동을 전개하고, 해외에 독립운동 자금을 지원하기도 하였다.

④ 독립 의군부는 1910년대에 국내에서 결성된 비밀 결사 단체이다.

---

08 현대 6·25 전쟁 　　　　　　　　　난이도 중 ●●○

② 시간 순으로 나열하면 ㉡ 인천 상륙 작전(1950. 9.) → ㉣ 흥남 철수 작전(1950. 12.) → ㉢ 반공 포로 석방(1953. 6.) → ㉠ 정전 협정 체결(1953. 7.)이 된다.

㉡ **인천 상륙 작전**: 유엔군은 총사령관 맥아더의 지휘하에 인천 상륙 작전에 성공하였고, 이어서 서울을 수복하였다(1950. 9.).

㉣ **흥남 철수 작전**: 서울 수복 이후 국군과 유엔군은 38선 이북으로 진격하여 평양을 탈환(1950. 10.)하였으나, 중국군의 참전으로 다시 후퇴하고 서울을 빼앗기게 되었다(1·4 후퇴, 1951). 이러한 후퇴 과정에서 군인과 민간인을 포함한 대규모 인원을 피신시키기 위한 흥남 철수 작전이 전개되기도 하였다(1950. 12.).

㉢ **반공 포로 석방**: 이승만 정부는 휴전 반대 의사를 표명하고자 거제도 등에서 수용 중이던 반공 포로들을 전격 석방하였다(1953. 6.).

㉠ **정전 협정 체결**: 전쟁이 확대될 것을 우려한 소련의 제의로 휴전 회담이 진행되었고, 약 2년에 걸쳐 협상이 진행된 결과 판문점에서 정전(휴전) 협정이 체결되었다(1953. 7.).

✍️ 이것도 알면 합격

6·25 전쟁 전개 과정

6·25 전쟁 발발(1950. 6. 25.) → 국군 낙동강 유역까지 후퇴(1950. 6.~9.), 유엔군 참전(1950. 7.) → 인천 상륙 작전(1950. 9. 15.) → 서울 수복(1950. 9. 28.) → 평양 탈환(1950. 10. 19.) → 중국군 참전(1950. 10. 25.) → 국군과 유엔군 서울 철수(1951. 1. 4.) → 서울 재수복(1951. 3.) → 휴전 회담 시작(1951. 7.) → 정전 협정 체결(1953. 7.)

---

09 일제 강점기 만보산 사건과 민족 혁명당 결성 사이의 사실 　난이도 중 ●●○

(가) 한국 농민과 중국 농민들이 토지 개발과 수로 공사 문제로 갈등 → 만보산 사건(1931)

(나) 민족 유일당 건설을 제창 + 난징에서 회의를 열고 독립운동 정당 창건 → 민족 혁명당 결성(1935)

③ (가)와 (나) 사이 시기인 1933년에 조선 혁명군은 중국 의용군과 연합하여 흥경성 전투에서 일본군에 승리하였다.

---

① **(나) 이후**: 중·일 전쟁이 일어난 것은 1937년으로, (나) 이후 시기의 사실이다.

② **(나) 이후**: 국가 총동원법이 제정된 것은 1938년으로, (나) 이후 시기의 사실이다. 국가 총동원법은 일제가 전쟁 수행에 필요한 인적, 물적 자원을 원활하게 확보하기 위해 제정한 법률이다.

④ **(가) 이전**: 의열단의 나석주가 동양 척식 주식회사에 폭탄을 투척한 것은 1926년으로, (가) 이전 시기의 사실이다.

---

10 현대 김영삼 정부 시기의 사실 　　　　　난이도 하 ●○○

조선 총독부 철거 → 역사 바로 세우기 운동 → 김영삼 정부(1993~1998)

③ 김영삼 정부 시기인 1993년에 금융 거래에 거래 당사자의 실제 이름을 쓰도록 한 금융 실명제와 고위 공직자들의 재산을 공개하는 고위 공직자 재산 공개 제도가 실시되었다.

① **전두환 정부**: 저달러, 저금리, 저유가의 3저 현상을 바탕으로 경제 호황을 누린 것은 전두환 정부 시기의 사실이다.

② **이승만 정부**: 미국의 원조 물자를 바탕으로 제분, 제당, 면방직의 삼백 산업이 발달한 것은 이승만 정부 시기의 사실이다.

④ **노무현 정부**: 우리나라 최초의 자유 무역 협정인 한·칠레 자유 무역 협정(FTA)이 체결(2004)된 것은 노무현 정부 시기의 사실이다.

✍️ 이것도 알면 합격

김영삼 정부 시기의 사실

· 금융 실명제 실시: 금융 거래의 투명성 확보
· 지방 자치제 전면 실시: 지방 자치 단체장 선거 실시
· 역사 바로 세우기 운동: 총독부 건물 철거, 국민학교를 초등학교로 개칭, 전두환과 노태우 구속
· 세계 무역 기구(WTO) 출범, 경제 협력 개발 기구(OECD) 가입
· 외환 위기: 국제 통화 기금(IMF)에 구제 금융 지원 요청

□ 정답

p.60

01	① 고대
02	② 조선 후기
03	① 고대
04	③ 조선 후기
05	③ 근대
06	② 조선 후기
07	① 근대
08	③ 고려 시대
09	② 일제 강점기
10	② 현대

□ 취약시대 분석표

분류	시대	문항 수
전근대	선사 시대	/0
	고대	/2
	고려 시대	/1
	조선 전기	/0
	조선 후기	/3
근현대	근대	/2
	일제 강점기	/1
	현대	/1
통합	시대 통합	/0
총합		/10

* 취약시대 분석표를 이용해 틀린 문제가 있는 시대는 그 시대의 문제만 골라 해설을 다시 한번 꼼꼼히 학습하세요.

---

01 고대 선덕왕과 진성 여왕 사이의 사실
난이도 중 ●●○

자료분석

(가) (김)양상 + 내물왕 10대손 + 패강 이남 주·군을 위로 → 선덕왕(780~785)
(나) 위홍 + 대구화상 + 향가를 수집하고 정리 → 『삼대목』편찬(888) → 진성 여왕

정답설명

① (가)와 (나) 사이 시기인 흥덕왕 때 장보고의 건의로 완도에 해군 기지이자 무역 기지인 청해진이 설치(828)되었다. 장보고는 청해진을 거점으로 해적을 소탕하고 해상 무역권을 장악하였다.

오답분석

② (가) 이전: 지방 세력의 감찰을 위해 지방에 외사정이 파견(673)된 것은 (가) 이전 시기인 문무왕 때의 사실이다.
③ (나) 이후: 궁예가 축출되고 왕건이 왕으로 추대(918, 고려 건국)된 것은 (나) 이후의 사실로, 이 시기의 신라 왕은 경명왕이다.
④ (가) 이전: 김흠돌의 난(681)이 일어난 것은 (가) 이전 시기인 신문왕 때의 사실이다.

---

02 조선 후기 남인과 서인(기해예송)
난이도 하 ●○○

자료분석

(가) 3년의 상복 + 임금의 예는 보통 사람과 다름(왕자례부동사서) → 남인
(나) 1년의 상복 + 천하의 예는 모두 같은 원칙에 따라야 함(천하동례) → 서인

정답설명

② 서인은 이이와 성혼의 학맥을 계승한 붕당이었다. 남인은 이황과 조식의 학맥을 계승한 이들이 주류를 이루었다.

오답분석

① 호락 논쟁은 노론(서인) 내부에서 전개되었다. 호서(충청도) 지역의 노론 세력은 인간과 사물의 본성이 다름을 주장(인물성이론, 호론)한 반면, 낙하(서울·경기) 지역의 노론 세력은 인간과 사물의 본성이 동일하다고 주장(인물성동론, 낙론)하였다.
③ (나) 서인: 숙종 때 갑술환국(1694)으로 정권을 장악한 붕당은 (나) 서인이다. 남인은 기사환국(1689)으로 정권을 장악하였다.
④ (가) 남인: 갑인예송(제2차 예송)의 결과 (가) 남인의 주장이 채택되었다. 효종비가 사망한 후 발생한 갑인예송에서 서인은 자의 대비가 9개월 동안 상복을 입어야 한다고 주장하였다. 이에 비해 남인은 자의 대비가 1년간 상복을 입어야 한다고 주장하였고, 결국 남인의 주장이 채택되었다.

✍️ 이것도 알면 합격

예송 논쟁

1차 예송 (기해예송)	· 원인: 효종의 죽음 → 계모인 자의 대비의 복상 기간에 대한 논쟁 · 입장: 서인(기년설, 1년설) VS 남인(3년설) - 서인은 왕실도 사대부와 같은 예법을 따라야 한다고 주장(신권 강화의 입장) - 남인은 왕실과 사대부는 다른 예법을 따라야 한다고 주장(왕권 강화의 입장) · 결과: 서인이 승리하여 정권 장악
2차 예송 (갑인예송)	· 원인: 효종비의 죽음 → 자의 대비의 복상 기간에 대한 논쟁 · 입장: 서인(대공설, 9개월설) VS 남인(기년설, 1년설) · 결과: 남인이 승리하여 정권 장악

자료분석

시조는 이진아시왕 + 가야산신 정견모주가 뇌질주일(이진아시왕)과 뇌질청예(수로왕, 금관가야)를 낳음 → 대가야

정답설명

① 대가야는 6세기 초에 호남 동부의 남원 일대까지 세력을 확장하였다.

오답분석

② 금관가야: 대표적인 유적으로 김해 대성동 고분군이 있는 나라는 금관가야이다. 대가야의 대표적인 유적은 고령의 지산동 고분군이다.

③ 고구려: 전연 모용황의 침입으로 수도가 함락되었던 나라는 고구려(고국원왕)이다.

④ 신라: 지배층의 묘제로 주로 돌무지덧널무덤을 사용한 나라는 신라이다. 가야의 고분은 널무덤, 돌널무덤, 돌방무덤, 덧널무덤, 돌덧널무덤 등의 형태였다.

🖕이것도 알면 합격

가야 연맹

전기 가야 연맹	· 성립: 금관가야를 중심으로 3세기경 결성 · 발전: 낙랑과 대방, 규슈 지방을 연결하는 중계 무역 전개 · 해체: 4세기 초 백제와 신라의 팽창, 4세기 말~5세기 초에 고구려 광개토 대왕의 남하로 전기 가야 연맹이 해체, 금관가야 약화
후기 가야 연맹	· 성립: 대가야를 중심으로 5세기 후반에 형성 · 발전: 중국 남제와 수교, 6세기 초 호남 동부 지역까지 진출, 신라 법흥왕과 결혼 동맹 체결(522)
멸망	· 금관가야 멸망(532): 구해왕(구형왕, 김구해)이 신라 법흥왕에게 항복 · 대가야 멸망(562): 신라 진흥왕이 보낸 이사부의 공격으로 멸망

자료분석

황초령비와 흡사 + 진흥(왕)의 진 + 무학대사비라고 하는 설이 깨짐 → 북한산비가 진흥왕 순수비임을 밝힘 → 김정희의 『금석과안록』

정답설명

③ 김정희는 세한도, 부작란도(불이선란도) 등의 수준 높은 문인화 작품을 남겼다.

오답분석

① 박제가 등: 정조에 의해 규장각 검서관으로 임명된 인물은 박제가, 유득공, 이덕무 등의 서얼 출신 학자들이다.

② 한치윤: 기전체 역사서인 『해동역사』를 저술한 인물은 한치윤이다. 『해동역사』는 한치윤이 500여 종의 중국 및 일본 자료를 참고하여 고조선부터 고려 말까지의 역사를 기전체로 저술한 역사서이다.

④ 이익: 화폐가 백성에게 불이익을 끼친다며 화폐의 사용을 중지하자는 폐전론을 주장한 대표적인 인물은 중농주의 실학자인 이익이다. 반면 중상주의 실학자인 박지원 등은 화폐의 사용을 찬성하는 용전론을 주장하였다.

자료분석

중추원의 의관의 절반은 정부에서 추천 + (나머지) 절반은 인민 협회에서 투표 선거 → 중추원 관제(1898) → 대한 제국

정답설명

③ 궁내부 산하의 내장원은 황실 재정을 담당하는 기관으로, 대한 제국의 고종 황제는 탁지부 관할이던 화폐 주조·광산·홍삼 전매 및 각종 잡세 수입을 내장원으로 이관하는 등 그 기능을 확대하여 황실 재정을 강화하였다. 이를 바탕으로 고종은 군대 양성, 공장 건립과 같은 황실 주도의 광무개혁을 추진하였다.

오답분석

모두 대한 제국이 선포(1897)되기 이전의 사실이다.

① 독립신문이 창간된 것은 1896년이다. 독립신문은 우리나라 최초의 민간 신문으로, 한글판과 영문판으로 간행되었으며, 대중을 계몽하고 외국인에게 국내 사정을 알리는 역할을 담당하였다.

② 개국 기년이 사용된 것은 제1차 갑오개혁(1894) 때이다. 대한 제국 시기에는 '광무' 등의 연호가 사용되었다.

④ 신식 재판소를 설치하고 사법권을 행정권에서 분리시켜 국민의 체포·구금·재판 업무는 경찰관과 사법관만이 담당할 수 있도록 개혁한 것은 제2차 갑오개혁(1894~1895) 때이다.

🖕이것도 알면 합격

대한 제국의 정책

정치	교전소(입법) 설치, 대한국 국제 반포, 궁내부·내장원 확대(황실 재정 강화)
경제	양전 사업 실시, 식산 흥업 정책, 금 본위제 시도, 도량형 개정
군사	원수부 설치, 시위대·친위대 등의 군사 수 증강, 무관 학교 설립
외교	한·청 통상 조약 체결(1899)

자료분석

향교에 다니는 자들, 향약을 주관하는 자들 + 투쟁(신향과 구향의 대립) → 향전 → 조선 후기

정답설명

② 조선 후기에 향촌 사회에서는 수령의 권한이 강화되면서 관권의 실무를 맡고 있던 향리의 영향력도 함께 강해졌다.

오답분석

① 조선 후기에는 부를 축적한 농민이나 상인이 자신의 지위를 높이거나 역의 부담을 모면하기 위해 족보를 매매·위조하였다. 그 결과 양반의 수는 늘어나고, 상민과 노비의 수는 감소하였다.

③ 종래에 재지 사족인 양반의 이익을 대변해왔던 향회가 조선 후기에는 수령이 세금을 부과할 때 의견을 물어보는 자문 기구로 전락하였다.

④ 조선 후기에는 부계 중심의 가족 제도가 확립되어 아들이 없을 경우 양자를 입양하는 현상이 확산되었다. 이때 같은 성씨를 가진 부계 친척의 자식을 입양하는 것이 일반적이었다.

07 근대 열강의 이권 침탈 　난이도 중 ●●○

자료분석

『조선책략』 → (가) 러시아(조선에게 러시아를 막는 일보다 중요한 일이 없음), (나) 중국(친중국), (다) 일본(결일본), (라) 미국(연미국)

정답설명

① 러시아는 압록강 일대의 자국민을 보호한다는 명분으로 용암포 및 압록강 하구 일대를 강제로 점령하고, 러시아의 조차지로 인정해 줄 것을 요구하였다(1903). 이 사건은 이후 러·일 전쟁이 발발하는 계기가 되었다.

오답분석

② (다) 일본: 경부선 부설권을 확보한 나라는 일본이다.

③ (라) 미국: 운산 금광 채굴권을 차지한 나라는 미국이다.

④ (나) 중국(청): 한성과 양화진의 점포 개설권을 얻은 나라는 중국(청)이다. 임오군란 이후 체결된 조·청 상민 수륙 무역 장정(1882)을 통해 청 상인은 한성과 양화진에 점포를 개설할 수 있게 되었으며, 허가만 받으면 내지에서도 통상을 할 수 있게 되었다.

🖐️이것도 알면 합격

열강의 이권 침탈

러시아	경원·종성 광산 채굴권, 압록강·두만강·울릉도 삼림 채벌권
일본	경부선·경원선 부설권, 직산 금광 채굴권
미국	경인선 부설권(일본에 양도), 운산 광산 채굴권, 전등·전차·전화 부설권
영국	은산 광산 채굴권

08 고려 시대 공민왕 　난이도 하 ●○○

자료분석

기철 등(친원 세력)을 처단 → 공민왕

정답설명

③ 공민왕은 원의 관제 격하 정책에 따라 첨의부로 통폐합되었던 중서문하성과 상서성을 복구하는 등의 반원 자주 정책을 실시하였다.

오답분석

① 충선왕: 퇴위 이후 원의 수도인 연경(베이징)에 학문 연구소인 만권당을 설립하고, 고려 학자들을 원의 학자들과 교류하게 한 왕은 충선왕이다.

② 충목왕: 정치도감을 설치한 왕은 충목왕이다. 충목왕은 정치도감을 설치하여 부패한 정치 문화와 토지 제도를 개혁하고자 하였다.

④ 충렬왕: 도병마사를 도평의사사로 개편한 왕은 충렬왕이다. 도병마사는 충렬왕 때 도평의사사로 개편되면서 국정 전반의 중요 사항을 담당하는 최고 정무 기구가 되었다.

09 일제 강점기 박은식 　난이도 중 ●●○

자료분석

유교계 3대 문제 + 개량, 구신 → 「유교구신론」 → 박은식

정답설명

② 박은식은 상하이에서 신규식 등과 동제사를 조직하였다(1912). 동제사는 박달 학원을 설립하는 등 청년 교육에 주력하였다.

오답분석

① 김구: 대한민국 임시 정부에서 주석을 역임한 인물은 김구이다. 김구는 임시 정부의 제4차 개헌(1940, 주석제) 이후 광복(1945) 때까지 주석을 역임하였으며, 제5차 개헌(1944)으로 주석·부주석 체제로 개편되면서 부주석에는 김규식이 취임하였다. 한편 박은식은 임시 정부의 제2대 대통령에 취임하여 제1차 개헌(국무령 중심의 내각 책임제, 1925)을 주도하였다.

③ 신채호: 의열단의 활동 지침인 「조선혁명선언」을 저술한 인물은 신채호이다.

④ 안재홍: 『신민족주의와 신민주주의』를 저술한 인물은 신민족주의 사학자인 안재홍이다. 안재홍은 협력과 공존의 새로운 민족주의를 지향하면서 『신민족주의와 신민주주의』를 저술하였다.

🖐️이것도 알면 합격

박은식의 활동

· 1898년 독립 협회에 참가하였고, 황성신문 주필 담당
· 1904년 대한매일신보 주필
· 1910년 조선 광문회 활동 전개
· 1912년 신규식, 조소앙 등과 동제사 조직
· 1925년 대한민국 임시 정부 제2대 대통령 취임
· 주요 저술: 「유교구신론」, 『한국통사』, 『한국독립운동지혈사』

10 현대 유신 헌법 제정과 5·18 민주화 운동 사이의 사실 　난이도 중 ●●○

자료분석

(가) 대통령은 통일 주체 국민회의에서 선거 → 유신 헌법(1972. 12.)

(나) 계엄 당국이 18일 오후부터 공수 부대를 투입 + 학생, 젊은이 + 살상을 자행함 → 5·18 민주화 운동(1980)

정답설명

② (가), (나) 사이 시기에는 제1차 석유 파동(1973~1974)으로 인한 경제 위기가 발생하였으나, 중동 건설 사업 진출 등을 통해 이를 극복하였다.

오답분석

① (나) 이후: 4·13 호헌 조치가 발표(1987. 4.)된 것은 (나) 이후의 사실이다. 전두환 정부는 국민들의 대통령 직선제 요구를 거부하고 기존의 대통령 간선제를 고수하겠다는 취지의 4·13 호헌 조치를 발표하였다.

③ (가) 이전: 7·4 남북 공동 성명이 채택(1972. 7.)된 것은 (가) 이전 시기이다. 7·4 남북 공동 성명 이후 남한에서는 유신 헌법이 제정되고 북한에서는 사회주의 헌법이 공포되며 남북의 독재 체제가 강화되었다.

④ (가) 이전: 전태일 분신 사건이 발생(1970)한 것은 (가) 이전 시기이다. 전태일은 근로 기준법의 준수 및 노동자의 권리 보장을 요구하며 분신하였다.

정답

p.64

01	① 선사 시대
02	③ 고대
03	② 고려 시대
04	② 조선 후기
05	④ 일제 강점기
06	② 근대
07	④ 고려 시대
08	② 일제 강점기
09	④ 시대 통합
10	③ 현대

취약시대 분석표

분류	시대	문항 수
전근대	선사 시대	/1
	고대	/1
	고려 시대	/2
	조선 전기	/0
	조선 후기	/1
근현대	근대	/1
	일제 강점기	/2
	현대	/1
통합	시대 통합	/1
총합		/10

* 취약시대 분석표를 이용해 틀린 문제가 있는 시대는 그 시대의 문제만 골라 해
설을 다시 한번 꼼꼼히 학습하세요.

---

01 선사 시대 고조선
난이도 하 ●○○

자료분석

서로 죽이면 곧 죽임 + 상하게 하면 곡식으로 배상 + 도둑질을 한 자는 노비로
삼음 → 8조법 → 고조선

정답설명

① 고조선은 왕 밑에 상, 경, 대부, 장군 등의 관직 체계를 갖추어 국가를 운영
하였다.

오답분석

② 고구려: 지배층의 집에 부경이라는 작은 창고가 있었던 나라는 고구려이다.

③ 진한, 변한: 사람이 죽으면 큰 새의 깃털을 사용하여 장사를 지낸 나라는 삼
한 중 진한과 변한이다.

④ 동예: 다른 부족의 영역을 침범하면 노비나 소, 말로 변상하는 책화의 풍속
이 있던 나라는 동예이다.

---

02 고대 원효
난이도 중 ●●○

자료분석

일심의 법이 요체가 됨 + 일심과 하나가 됨 → 원효

정답설명

③ 옳은 것을 모두 고르면 ⓒ, ⓔ이다.

ⓒ 원효는 불교 내의 분파 의식과 대립을 극복하기 위해 화쟁 사상을 주장하
고, 『십문화쟁론』을 저술하였다.

ⓔ 원효는 『화엄경』의 내용을 쉽게 이해할 수 있도록 노래 형태로 지은 무애
가를 부르며 백성을 교화시켜 불교의 대중화에 기여하였다.

오답분석

㉠ 의상: 영주 부석사를 창건한 승려는 의상이다.

㉢ 의상: 문무왕이 도성 정비 공사를 하려 하자 이를 만류한 승려는 의상이다.
의상은 문무왕이 전쟁이 끝난 지 얼마 지나지 않았음에도 도성 정비를 위해
공사를 일으키려 하자 백성들을 위해 이를 만류하였다.

✌️이것도 알면 합격

원효

불교 이해 기준 확립	당시 존재하던 거의 모든 불교 서적에 대한 폭넓은 이해를 바탕으로 『대승기신론소』, 『금강삼매경론』 등 저술
종파 융합에 기여	일심 사상을 바탕으로 사상적 대립을 조화시키고 분파 의식을 극복하기 위해 『십문화쟁론』 저술
불교 대중화에 기여	나무아미타불만 염불하면 누구나 극락왕생할 수 있다는 아미타 신앙 전파, 무애가를 지음

---

03 고려 시대 고려 시대의 과거 제도
난이도 상 ●●●

정답설명

② 고려 시대의 귀족들은 경학보다 문학을 더욱 숭상하였다. 이 때문에, 과거
제도 운영에 있어 유교 경전에 대한 지식을 평가하는 명경업보다 문학적
재능을 평가하는 제술업이 더욱 중시되었다.

오답분석

① 고려 시대에는 법적으로 양인 이상이면 과거에 응시할 수 있었다. 다만 여
러 제한 때문에 귀족이나 지방 유력 향리의 자제 등이 문과에 해당하는 제
술업과 명경업에 응시하였으며, 일반 서민들은 주로 잡업에 응시하였다.

③ 국자감시는 고려 과거 시험의 최종 시험인 예부시의 예비 시험에 해당하는데, 국자감시에는 계수관시(향시)에 합격한 향공, 국자감의 학생, 사학 12도의 학생 등이 응시할 수 있었다.

④ 고려 시대에는 과거제 운영 과정에서 시험관인 지공거(좌주)와 합격자(문생) 간에 사제 관계가 형성되었으며, 이는 부모와 자식 관계에 비교될 만큼 중시되었다. 이러한 좌주·문생의 결속은 정치 세력화 되어 이후의 관직 생활에까지 큰 영향을 주었다.

04 조선 후기 정약용 난이도 중 ●●○

자료분석

1여 + 함께 농사 + 노동량에 따라 분배 → 여전론 → 정약용

정답설명

② 정약용은 홍역(마진)에 대한 의서를 종합하여 『마과회통』을 저술하였으며, 이 책에서 천연두 치료법인 종두법을 소개하기도 하였다.

오답분석

① 홍대용: 『의산문답』을 저술하여 지전설과 무한 우주론을 주장한 인물은 홍대용이다.

③ 이익: 『곽우록』을 저술하여 나라를 좀먹는 여섯 가지 폐단(6좀)을 지적한 인물은 이익이다.

④ 한백겸: 『동국지리지』를 저술하여 우리나라의 역사 지리를 고증한 인물은 한백겸이다. 한편 정약용은 역사 지리서인 『아방강역고』를 저술하여 백제의 첫 도읍지가 서울 지역에 있었다는 사실 등을 고증하였다.

✌️이것도 알면 합격

정약용의 토지 개혁론과 저서

토지 개혁론	마을 단위로 공동 경작하여 노동량에 따라 수확물을 차등 분배할 것을 주장(여전론) → 이후 타협안으로 정전론을 주장
저서	『경세유표』, 『목민심서』, 『흠흠신서』, 「기예론」, 『마과회통』

05 일제 강점기 3·1 운동 난이도 하 ●○○

자료분석

아(我) 조선의 독립국임과 조선인의 자유민임을 선언 → 기미 독립 선언서 → 3·1 운동(1919)

정답설명

④ 좌·우 합작의 신간회가 창립(1927)되는 배경이 된 사건은 6·10 만세 운동(1926)이다.

오답분석

① 일제는 3·1 운동을 계기로 1920년대에는 기존의 무단 통치를 대신하여 이른바 '문화 통치'를 실시하였다.

② 3·1 운동은 중국의 5·4 운동, 인도의 비폭력·불복종 운동 및 중동 지역의 반제국주의 민족 운동 등에 영향을 미쳤다.

③ 3·1 운동을 계기로 보다 조직적이고 체계적인 독립운동을 추진할 단체의 필요성이 대두되었고, 그 결과 상하이에서 대한민국 통합 임시 정부가 수립되었다(1919).

✌️이것도 알면 합격

3·1 운동

배경	미국 대통령 윌슨의 민족 자결주의 발표, 일본 유학생들의 2·8 독립 선언 발표, 고종의 서거 등
전개	민족 대표들이 태화관에서 독립 선언서를 낭독하였고, 탑골 공원에서는 학생과 시민들이 만세 시위 전개 → 지방 도시를 중심으로 만세 시위 확산 → 농촌으로 확산 → 만주, 연해주, 미주 등지에서도 만세 시위 전개
의의 및 영향	상하이에 대한민국 임시 정부가 수립되는 계기, 무단 통치에서 문화 통치로 일제의 통치 방식 변화, 중국의 5·4 운동, 인도의 비폭력·불복종 운동, 서아시아 지역의 민족 운동 등 해외 반제국주의 운동에 영향을 미침

06 근대 조·미 수호 통상 조약 난이도 하 ●○○

자료분석

대조선국 군주 + 다른 나라에게 베푼 은혜를 미합중국의 관원·백성이 균점함 → 최혜국 대우 → 조·미 수호 통상 조약(1882)

정답설명

② 2차 수신사로 일본에 다녀온 김홍집이 '조선이 미국과 수교해야 한다'는 주장이 담긴 『조선책략』을 가져오면서 조선 조정 내에서 미국과의 수교에 대한 관심이 일어났다. 이런 상황에서 러시아와 일본을 견제하려는 청의 알선으로 조·미 수호 통상 조약이 체결되었다.

오답분석

① 개정된 조·일 통상 장정: 방곡령 선포의 근거가 된 조약은 개정된 조·일 통상 장정(1883)이다.

③ 조·일 무역 규칙(조·일 통상 장정): 수출입 상품에 대한 무관세가 규정된 조약은 조·일 무역 규칙(1876)이다. 조·미 수호 통상 조약에는 관세 조항이 명시되어 있었다.

④ 조·일 수호 조규(강화도 조약): 조선이 외국과 맺은 최초의 근대적 조약은 조·일 수호 조규(1876)이다. 조·미 수호 통상 조약은 조선이 서양 국가와 맺은 최초의 조약이다.

✌️이것도 알면 합격

조·미 수호 통상 조약

배경	『조선책략』 유포, 청의 알선
주요 내용	영사 재판권, 관세 부과, 최혜국 대우, 거중조정
의의	서구 열강과 맺은 최초의 조약
결과	· 공사 파견(미국: 푸트, 조선: 박정양) · 보빙사 파견(1883, 민영익, 홍영식)

자료분석

대광현(발해 왕자) + 도망쳐 옴 + 후하게 대접하고 왕계라는 성명을 내림 → 태조 왕건

정답설명

④ 태조 왕건은 『정계』와 『계백료서』를 지어 관리가 지켜야 할 규범을 제시하고, 이를 통해 왕에 대한 관리들의 도리와 예의를 강조하였다.

오답분석

① 혜종 때 일어난 왕규의 난은 왕식렴 등에 의해 진압되었다. 왕규는 혜종을 시해하고 자신의 외손자인 광주원군을 왕으로 옹립하려 하였다. 이에 혜종의 이복동생인 왕요(정종)가 서경의 왕식렴 세력을 불러들여 왕규를 제거하고, 혜종의 뒤를 이어 왕위에 올랐다.

② **성종**: 상평창을 설치한 왕은 성종이다. 물가 조절 기구인 상평창은 개경과 서경, 그리고 지방의 중요 지역인 12목에 설치되었다.

③ **광종**: 주현마다 중앙에 바쳐야 할 공물량을 정하여 주는 주현공부법을 실시한 왕은 광종이다. 광종은 지방 호족의 백성 수탈을 막고, 국가 재정을 확보하기 위해 주현공부법을 실시하였다.

자료분석

(소련)공산당 서기장(스탈린) + 조선인들을 중앙아시아로 강제 이주(1937) → (가) 연해주

정답설명

② 연해주 신한촌에는 한인 자치 기관인 권업회가 조직(1911)되었으며, 이후 권업회의 주도로 이상설과 이동휘를 정·부통령으로 하는 대한 광복군 정부가 조직되었다(1914).

오답분석

① **북간도**: 서전서숙(이상설)과 명동 학교(김약연) 등이 설립된 지역은 북간도이다.

③ **일본**: 관동 대지진(1923) 이후 한국인들이 대거 학살된 지역은 일본이다.

④ **미주**: 박용만, 이승만 등을 중심으로 대한인 국민회가 조직된 지역은 미주이다.

🖍️이것도 알면 합격

1910년대 연해주 지역의 독립 운동	
성명회(1910)	한·일 합병의 부당함을 각국 정부에 호소
권업회(1911)	권업신문 발간, 한민 학교, 대전 학교 설립
대한 광복군 정부 (1914)	이상설, 이동휘를 정·부통령으로 하여 수립, 사관 학교 건립, 임시 정부 탄생의 계기가 됨

자료분석

모든 역사는 현재의 역사 + 역사가가 현재의 요구 및 상황을 반영 → 기록으로서의 역사(크로체)

정답설명

④ 고려 태조 왕건 때 제정된 역분전에 대한 역사가의 주관적인 평가나 생각 등이 들어가 있지 않고, 객관적인 역분전의 지급 기준만을 서술하고 있으므로 '사실로서의 역사'에 해당한다.

오답분석

모두 '기록으로서의 역사'에 해당한다.

① 『삼국사기』의 내용으로, 백제 말기의 도덕적 평가와 함께 백제의 멸망을 당연시하는 역사가(김부식)의 주관적인 해석이 반영되어 있다.

② 묘청의 서경 천도 운동 및 김부식의 진압을 '낭가와 불교의 싸움'이며, '1천년 간 가장 큰 사건'이라고 하는 역사가(신채호)의 해석과 평가가 반영되어 있다. 민족주의 사학자인 신채호는 민족 문화의 우수성과 한국사의 주체적 발전을 강조하였으며, 이를 통해 민족의식을 고취하고자 하였다.

③ 『조선왕조실록』 중 임꺽정이 활동한 명종 때의 기록으로, 도적이 등장할 수밖에 없던 당시 시대상에 대한 사신(사관)의 평가 및 해석이 반영되어 있다.

정답설명

③ 4·19 혁명은 이승만 대통령이 하야하는 계기가 되었으며, 이후 허정 과도 정부의 주도하에 내각 책임제 개헌이 이루어졌다(제3차 개헌, 1960). 그 결과 장면 내각이 출범하게 되었다.

오답분석

① 부산 정치 파동은 발췌 개헌(1952) 과정에서 일어난 사건으로, 4·19 혁명과는 직접적인 관련이 없다.

② 긴급 조치가 발동된 것은 유신 헌법 시행 시기(1972~1980)의 사실이다.

④ **6월 민주 항쟁**: 이한열 최루탄 피격 사건으로 시위가 전국으로 확대된 민주화 운동은 6월 민주 항쟁(1987)이다. 한편 4·19 혁명 당시에는 마산 의거 도중 실종되었던 김주열의 시신이 최루탄이 박힌 상태로 발견되면서 이승만 정부를 규탄하는 시위가 전국적으로 확대되었다.

🖍️이것도 알면 합격

4·19 혁명	
배경	· 이승만의 장기 독재와 부정부패 · 미국의 원조 축소로 경제난 가중, 도시 빈민 증가 · 3·15 부정 선거
전개	마산 의거 → 고려대 학생들의 시위 전개 → 귀교 도중 폭력배들의 습격을 받음 → 4·19 혁명 발발 + 학생과 시민들이 중앙청까지 진입 → 이승만 정부는 시민들을 향해 무차별 총격, 계엄령 선포 → 서울 시내 대학 교수단의 시국 선언문 발표
결과	이승만의 하야와 허정 과도 정부 수립 → 제3차 개헌

■ 정답

p.68

01	④ 고대
02	③ 고려 시대
03	① 조선 전기
04	③ 근대
05	④ 조선 전기
06	③ 근대
07	④ 현대
08	③ 조선 후기
09	② 일제 강점기
10	④ 현대

■ 취약시대 분석표

분류	시대	문항 수
전근대	선사 시대	/0
	고대	/1
	고려 시대	/1
	조선 전기	/2
	조선 후기	/1
근현대	근대	/2
	일제 강점기	/1
	현대	/2
통합	시대 통합	/0
총합		/10

* 취약시대 분석표를 이용해 틀린 문제가 있는 시대는 그 시대의 문제만 골라 해
  설을 다시 한번 꼼꼼히 학습하세요.

01 고대 지증왕

난이도 중 ●●○

자료분석

'신라'를 나라 이름으로 삼음 + '국왕'이라는 칭호를 올림 → 지증왕

정답설명

④ 지증왕은 이찬 이사부를 파견하여 우산국(울릉도)을 정벌하였다.

오답분석

① 법흥왕: 신라에서 처음 연호를 사용한 왕은 법흥왕(건원)이다.
② 진흥왕: 고구려 승려 혜량을 승통(국통)으로 삼은 왕은 진흥왕이다. 진흥왕
   은 불교 교단을 국통(승통)·주통·군통으로 정비하였다. 한편 불교가 신라에
   처음 전래된 것은 눌지 마립간 때의 사실이나, 지증왕 이후인 법흥왕 때에
   이르러 불교가 공인되었다.
③ 소지 마립간: 처음으로 경주에 시장(시사)을 설치하고, 공문서 송달을 위해
   사방에 우역(역참)을 설치한 왕은 소지 마립간이다. 한편 지증왕 때는 동시
   와 더불어 시장 감독 기관인 동시전이 설치되었다.

이것도 알면 합격

지증왕의 업적

한화 정책	국호를 신라로 정하고, 왕호를 마립간에서 왕으로 개칭
행정 구역 정비	주·군을 정비, 주에 군주 파견, 아시촌 소경 설치
우산국 정벌	이사부를 파견하여 우산국 복속
산업 발전	• 농업 생산력 증대: 우경 장려, 수리 사업 전개 • 동시(시장)와 동시전(감독 기관) 설치
순장 금지	농업 노동력 확보를 위해 순장 금지

02 고려 시대 이자겸

난이도 중 ●●○

자료분석

금 + 송을 멸망시키고 나날이 강해짐 + 사신을 보내어 예를 닦는 것이 옳음 →
금의 사대 요구 수용 → 이자겸

정답설명

③ 이자겸은 대표적이 고려 시대의 문벌 귀족으로, 왕자·외척·공신에게 주어
   지던 작위 중 가장 높은 관작인 국공의 자리에 올라 막강한 권력을 행사하
   였다. 또한 그는 자신의 집을 의친궁이라 불렀으며, 왕의 생일에만 붙일 수
   있던 '절(節)'을 자신의 생일에 붙여 인수절이라 부르기도 하였다.

오답분석

① 최명길(조선 후기): 척화 주전론을 주장한 김상헌과 논쟁을 벌인 인물은 주
   화론을 주장한 최명길이다. 조선 후기 인조 때 청나라의 군신 관계 요구 등
   을 둘러싸고 (척화)주전론자와 주화론자 사이에 논쟁이 발생하였고, 주전
   론이 우세해지자 청나라는 조선을 침입하였다(병자호란, 1636).
② 묘청 등: 개경의 땅의 덕이 쇠약해졌다는 지덕쇠왕설을 근거로 서경(평양)
   으로의 도읍 이전을 주장한 인물은 묘청, 정지상 등의 서경파 인물이다.
④ 이인임: 명나라의 실록 및 법전에 이성계의 조상으로 기록되어 있던 인물은
   원 간섭기의 대표적인 권문세족인 이인임이다. 조선 정부는 국초부터 명에
   이 기록에 대한 정정을 여러 차례 요구하였으며, 이는 결국 조선과 명 간의
   외교 문제로 붉어졌다(종계변무 문제). 이 문제는 이후 선조 때에 이르러서
   야 해결되었다.

03 조선 전기 유향소

난이도 중 ●●○

자료분석

토성 출신·도성에 사는 관리 모임(경재소) + 고향에 거주하는 토성 중에서 명
석한 자를 (가)에 두어 풍속을 바로잡음 + 세조 대에 폐지 → (가) 유향소

① 지방 사족 중심의 향촌 자치 기구인 유향소는 수령을 보좌하고 향리의 비리를 규찰하며, 지역의 풍속을 바로잡는 역할을 하였다.

② 유향소는 고려 말~조선 초기에 향촌에서 자발적으로 조직된 것으로 추정되며, 이후 태종 때 중앙 집권화 정책이 추진되는 과정에서 혁파되었다가 세종 때 복립되었다. 이후 세조 때 다시 폐지되었던 유향소는 성종 때 재복립되었다.

③ **수령**: 지방의 행정·사법·군사권을 행사한 것은 지방관인 수령이다.

④ **향약**: '덕업상권, 과실상규, 예속상교, 환난상휼'의 4대 강령 아래 운영된 것은 향약이다. 향약은 중종 때 조광조의 건의로 보급되기 시작하였으며, 이후 이황(예안 향약)과 이이(서원 향약, 해주 향약)에 의해 더욱 발전하였다.

✌️ **이것도 알면 합격**

유향소와 경재소

유향소	· 지방 사족들의 향촌 자치 기구 · 수령 보좌·향리 규찰·풍속 교정 등을 담당 · 좌수와 별감 등을 임원으로 선출
경재소	· 해당 지방 출신의 중앙 관리들로 구성 · 유향소를 통제하는 역할 담당(유향소와 정부 사이 연락 담당) · 향촌 사회에 대한 중앙 정부의 통제 강화에 기여

04 근대 일본의 국권 침탈 과정   난이도 중 ●●○

③ 시기 순으로 나열하면 (나) 포츠머스 조약(1905. 9.) → (다) 을사늑약(1905. 11.) → (가) 고종의 강제 퇴위(1907. 7.) → (라) 한·일 병합 조약(1910)이 된다.

(나) **포츠머스 조약**: 러·일 전쟁에서 승리한 일본은 러시아와 포츠머스 조약을 체결하여 한반도에 대한 지배권을 인정받았다(1905. 9.).

(다) **을사늑약**: 가쓰라·태프트 밀약(미국), 제2차 영·일 동맹, 포츠머스 조약(러시아)을 통해 한반도에 대한 지배를 국제적으로 인정받은 일본은 을사늑약을 강제로 체결하였다(1905. 11.). 그 결과 통감부가 설치되고, 대한 제국의 외교권이 박탈당하였다.

(가) **고종의 강제 퇴위**: 고종은 을사늑약이 무효임을 알리기 위해 헤이그 만국 평화 회의에 이상설·이준·이위종을 특사로 파견하였다. 일본은 이를 빌미로 고종을 강제 퇴위시키고, 한·일 신협약을 체결하였다(1907).

(라) **한·일 병합 조약**: 일본은 한·일 병합 조약으로 대한 제국을 강제 병합하고, 식민 통치 기구로 조선 총독부를 설치하였다(1910).

05 조선 전기 조선 시대 토지 제도의 변천   난이도 중 ●●○

④ 시기 순으로 나열하면 (다) 과전법 실시(고려 공양왕, 1391) → (나) 직전법 실시(세조, 1466) → (가) 관수 관급제 실시(성종, 1470)가 된다.

(다) **과전법**: 고려 공양왕 때 신진 사대부들의 경제적 기반을 마련하기 위해 전·현직 관리들에게 경기 지방 토지의 수조권을 지급하는 과전법이 실시되었다. 과전법 하에서는 사망한 관리의 아내나 자식들에게 수신전과 휼양전을 지급하였다.

(나) **직전법**: 과전법 실시 이후 토지 세습 등으로 관리들에게 지급할 토지가 부족해지자, 세조 때 수신전·휼양전을 폐지하고 현직 관리에게만 수조권을 지급하는 직전법이 실시되었다.

(가) **관수 관급제**: 직전법 시행 이후 관리들의 자의적인 조세 징수가 심해지자, 성종 때 이 문제를 해결하기 위해 국가가 조세를 걷어 관리에게 나누어주는 관수 관급제가 실시되었다.

✌️ **이것도 알면 합격**

관수 관급제 실시와 직전법 폐지

관수 관급제 실시 (성종)	· 국가가 직접 농민으로부터 세금을 거둔 뒤 관리에게 지급 · 양반들이 수조권을 빌미로 토지와 농민을 지배하는 방식이 사라지고, 국가의 토지 지배력 강화 · 관리들의 토지 소유 욕구를 더욱 자극하여 농장이 확대됨 → 소작농 증가
직전법 폐지 (명종)	· 수조권 제도의 유명무실화 → 직전법을 폐지하고 관리들에게 녹봉만 지급 · 수조권에 입각한 토지 지배 관계가 해체되고, 소유권에 바탕을 둔 지주 전호제가 더욱 확대

06 근대 독립 협회   난이도 하 ●○○

영은문 유지에 독립문을 새로이 세움 + 독립관 → (가) 독립 협회

③ 독립 협회는 자유 민권 운동과 국민 참정권 운동을 전개하는 등 민중을 중심으로 근대적인 자주 독립 국가를 건설하고자 하였다.

① **국채 보상 기성회**: 대한 제국의 경제적 자주권을 지키기 위해 국채 보상 운동(1907)을 주도한 단체는 국채 보상 기성회이다.

② **황국 협회**: 황권 강화를 위해 조직된 보부상 중심의 단체는 황국 협회로, 독립 협회의 활동을 방해할 목적으로 조직된 어용 단체이다.

④ **보안회**: 일본의 황무지 개간권 요구에 맞서 반대 운동을 벌인 단체는 보안회이다.

07 현대 노태우 정부 시기의 사실   난이도 중 ●●○

남과 북 + 핵무기 사용을 아니 함 → 한반도 비핵화 공동 선언(1991) → 노태우 정부(1988~1993)

④ 6월 민주 항쟁(1987) 이후 전국적으로 많은 노동 조합이 결성되는 등 노동 운동이 활발해졌다. 노태우 정부는 이러한 흐름에 발맞춰 1991년에 국제 노동 기구(ILO)에 가입하였다.

① **김대중 정부**: 여성부가 설치(2001)된 것은 김대중 정부 시기의 사실이다.

② **박정희 정부**: YH 무역 사건(1979)이 일어난 것은 박정희 정부 시기의 사실이다. 가발 제조 업체인 YH 무역의 여성 노동자들이 회사 운영의 정상화와 노동자의 생존권 보장을 요구하며 야당인 신민당 당사에서 농성을 전개하였다. 이 사건을 계기로 신민당 총재 김영삼이 국회에서 제명되자 이에 대한 반발로 부·마 민주 항쟁이 일어났으며, 이는 유신 체제가 붕괴되는 결정적인 계기가 되었다.

③ **장면 내각**: 경제 개발 5개년 계획이 처음 마련된 것은 장면 내각(1960~1961) 시기의 사실이다. 그러나 이 계획은 5·16 군사 정변으로 실시되지 못하였고, 박정희 군사 정부에 의해 본격적으로 추진되었다(1962, 제1차 경제 개발 계획).

08 조선 후기 영조
난이도 중 ●●○

자료분석

혹독한 형벌을 없앰 + 정포(군포)를 고루 줄임(균역법) → 영조

정답설명

③ 영조는 『경국대전』 시행 이후에 공포된 법령들을 정리·증보한 통일 법전인 『속대전』을 편찬하였다.

오답분석

① **숙종**: 임진왜란 당시 조선을 도와준 명나라 신종 등의 제사를 지내기 위해 만동묘를 설치한 왕은 숙종이다.

② **정조**: 호조의 사례집인 『탁지지』를 편찬한 왕은 정조이다.

④ **순조**: 서영보 등에게 『만기요람』을 편찬하도록 한 왕은 순조이다. 『만기요람』에는 18세기 후반부터 19세기 초에 이르는 조선 왕조의 재정과 군정에 대한 내용이 정리되어 있다.

이것도 알면 합격

영조의 정책

탕평 정책	완론 탕평, 탕평비 건립, 서원 정리, 이조 전랑의 권한 축소
개혁 정책	균역법 실시(군포 1년에 2필 → 1필), 준천사 설치, 가혹한 형벌(압슬형, 낙형) 폐지, 삼복법(삼심제) 시행, 신문고 제도 부활
편찬 사업	『속대전』, 『동국문헌비고』, 『속오례의』, 『속병장도설』 등 편찬

09 일제 강점기 한국 독립군
난이도 중 ●●○

자료분석

사도하 + 일본군 격파(사도하자 전투, 1933) → 한국 독립군

정답설명

② 한국 독립군은 지청천의 지휘 아래 쌍성보 전투(1932), 동경성 전투·대전자령 전투(1933) 등에서 일본군에 승리하였다.

오답분석

① **조선 혁명군**: 중국 의용군과 연합하여 영릉가 전투(1932), 흥경성 전투(1933) 등에서 일본군을 물리친 독립군 부대는 조선 혁명군이다. 한국 독립군은 중국 호로군 등과 한·중 연합 작전을 전개하였다.

③ **동북 항일 연군**: 보천보 전투(1937)에 참여한 것은 동북 항일 연군 소속의 한국인 유격대이다.

④ **조선 의용대**: 조선 민족 전선 연맹의 산하 군대로 창설된 독립군 부대는 조선 의용대이다(1938).

이것도 알면 합격

1930년대 한·중 연합 작전

한국 독립군	· 한국 독립당의 산하 부대, 북만주 일대에서 활동 · 총사령 지청천, 중국 호로군 등과 연합 작전 수행 · 쌍성보(1932)·사도하자(1933)·동경성(1933)·대전자령(1933) 전투에서 승리
조선 혁명군	· 조선 혁명당의 산하 부대, 남만주 일대에서 활동 · 총사령 양세봉, 중국 의용군과 연합 작전 수행 · 영릉가(1932)·흥경성(1933) 전투에서 승리

10 현대 이승만
난이도 하 ●○○

자료분석

무기 휴회된 공위(제1차 미·소 공동 위원회) + 남방만이라도 임시 정부를 조직 → 정읍 발언(1946. 6.) → 이승만

정답설명

④ 제2대 총선(1950)에서 야당 인사들이 대거 당선되자, 기존의 국회 간선제로는 재선이 어려울 것이라고 판단한 이승만은 대통령 직선제·양원제 등을 골자로 한 발췌 개헌안을 국회에 제출하였다(1952).

오답분석

① **김구, 김규식 등**: 남북 협상을 추진한 인물은 김구, 김규식 등이다. 유엔 소총회(1948. 2.)에서 투표 가능한 지역(남한)에서의 총선거 실시가 결의되자, 이에 반발한 김구와 김규식 등의 제의로 평양에서 남북 협상이 개최되었다(1948. 4.).

② **송진우, 김성수 등**: 한국 민주당은 송진우, 김성수 등을 중심으로 조직된 우파 정당이다. 결성 초기에 임시 정부 지지를 표방하고 미 군정과 긴밀한 관계를 유지하였던 한국 민주당은 이후 헌법 제정 과정 등에서 이승만 계열과 갈등을 빚으며 제1 야당의 역할을 하게 되었다.

③ **여운형**: 국내에서 조선 건국 동맹을 결성(1944)하여 일제의 패망과 광복에 대비한 인물은 여운형이다. 이를 바탕으로 여운형은 광복 이후 안재홍 등과 함께 조선 건국 준비 위원회를 결성하였다(1945).

📋 정답

p.72

01	③	선사 시대
02	②	조선 전기
03	②	시대 통합
04	③	근대
05	④	고려 시대
06	④	일제 강점기
07	①	고대
08	③	조선 후기
09	③	고려 시대
10	②	현대

📋 취약시대 분석표

분류	시대	문항 수
전근대	선사 시대	/1
	고대	/1
	고려 시대	/2
	조선 전기	/1
	조선 후기	/1
근현대	근대	/1
	일제 강점기	/1
	현대	/1
통합	시대 통합	/1
총합		/10

* 취약시대 분석표를 이용해 틀린 문제가 있는 시대는 그 시대의 문제만 골라 해설을 다시 한번 꼼꼼히 학습하세요.

01 선사 시대 선사 시대

난이도 하 ●○○

정답설명

③ 시기 순으로 나열하면 ⓒ 구석기 시대 → ⓛ 신석기 시대 → ⓝ 청동기 시대 → ⓔ 철기 시대가 된다.

ⓒ **구석기 시대:** 구석기 시대에는 주먹 도끼, 찍개, 찌르개 등의 뗀석기가 사냥에 활용되었다.

ⓛ **신석기 시대:** 신석기 시대에는 조, 피, 수수 등의 잡곡을 재배하는 농경이 시작되었다.

ⓝ **청동기 시대:** 청동기 시대에는 농업 생산력이 증가함에 따라 사유 재산과 빈부의 격차가 나타났고, 이로 인해 계급이 분화되었다.

ⓔ **철기 시대:** 철기 시대에는 덧띠 토기 등이 만들어졌으며 보다 다양한 형태의 민무늬 토기가 제작되었다. 또한 철기 시대에는 청동으로 만들어진 반량전, 명도전 등의 화폐를 사용하여 중국과 교역하였다.

02 조선 전기 조광조

난이도 중 ●●○

자료분석

기묘의 실패 → 기묘사화 → (가) 조광조

정답설명

② 조광조는 추천을 통한 인재 등용 제도인 현량과의 실시를 주장하였다. 조광조는 중앙과 지방의 관리들이 천거한 능력 있는 인재를 모아 왕이 보는 가운데 정책과 관련한 대책 시험을 보게 하는 현량과를 통해 신진 사림을 등용하고자 하였다.

오답분석

① **정도전:** 한양 도성을 설계하며 사대문 및 경복궁 근정전 등 궁궐의 이름을 지은 인물은 정도전이다.

③ **이익:** 최소한의 생활 유지를 위한 영업전에 토대를 둔 한전론의 실시를 주장한 인물은 조선 후기의 실학자인 이익이다.

④ **신숙주:** 세종 때 일본 사행에 참가하였던 경험을 토대로, 성종 때 『해동제국기』를 저술한 인물은 신숙주이다.

✍️ 이것도 알면 합격

조광조의 개혁 정치

성리학적 도학 정치	· 현량과 실시(신진 사림 등용), 소격서 폐지 주장
	· 향약 실시, 『이륜행실도』·『소학』 등 보급
민생 안정	· 내수사의 장리 폐지 주장
	· 토지 겸병 반대, 균전제 실시 주장
	· 방납의 폐단 시정을 위해 수미법 실시 주장

03 시대 통합 원산

난이도 중 ●●○

자료분석

일제 강점기 최대 규모의 노동 쟁의 + 라이징 선 석유 회사 + 한국인 노동자 폭행 → 원산 노동자 총파업(1929) → 원산

정답설명

② 원산과 관련된 역사적 사실을 고르면 ⓔ, ⓜ이다.

ⓔ 원산은 강화도 조약(조·일 수호 조규, 1876)에 따라 개항되었다. 조선은 강화도 조약을 통하여 부산 외에 2개 항구를 개항하기로 하였다. 이에 따라 1876년에 부산이 먼저 개항되고, 이후 원산(1880)과 인천(1883)이 추가로 개항되었다.

ⓜ 원산에 우리나라 최초의 근대식 사립 학교인 원산 학사(1883)가 설립되었다. 원산 학사는 덕원 부사 정현석과 덕원·원산 주민들이 공동으로 설립한 학교로, 근대 학문과 무술 교육을 실시하였다.

(오답분석)

㉠ **평양**: 원 간섭기에 동녕부가 설치되었던 지역은 평양(서경)이다. 원은 고려의 영토를 지배하기 위해 서경에 동녕부(자비령 이북 관할)를, 화주(영흥)에 쌍성총관부(철령 이북 관할), 제주에 탐라총관부를 설치하였다. 이중 동녕부와 탐라총관부 관할 지역은 충렬왕 때 반환되었고, 쌍성총관부의 관할 지역은 공민왕 때 무력으로 수복하였다.

㉡ **의주**: 임진왜란 때 선조가 피난하였던 지역은 의주이다. 임진왜란이 일어나자 빠르게 북상하는 왜군을 저지하기 위해 신립의 정예 부대가 충주 탄금대 전투에서 항선하였으나 패배하였다. 이에 선조는 개성과 평양을 거쳐 의주까지 피난하였다.

㉢ **의주**: 조선 후기에 대청 무역을 전개한 만상의 근거지였던 지역은 의주이다. 의주의 만상은 중강 후시나 책문 후시를 통해 청과의 사무역에 종사하여 부를 축적하였다.

04 근대 제1·2차 동학 농민 운동 난이도 중 ●●○

(자료분석)

㉠ 고부 민란 이후 흩어짐 + 군대를 봉기 → 제1차 동학 농민 운동(1894. 3.)
㉡ 전주 화약 이후 + 다시 군대를 일으킴 → 제2차 동학 농민 운동(1894. 9.)

(정답설명)

③ 제2차 동학 농민 운동 시기에 전봉준의 남접군과 손병희의 북접군이 논산에서 합류(1894. 10.)하여 연합 부대를 형성하였다.

(오답분석)

① 집강소를 근거로 활동한 것은 전주 화약 체결(1894. 5.) 이후의 사실이다. 동학 농민군은 전주 화약 체결 이후, 폐정 개혁을 실현할 목적으로 전라도 53개 군현에 농민 자치 기구인 집강소를 설치하였다.
② **제2차 동학 농민 운동**: 공주 우금치에서 관군 및 일본군과 교전을 벌인 것은 우금치 전투(1894. 11.)로, 제2차 동학 농민 운동 시기의 사실이다.
④ 단발령은 을미개혁 때인 1895년에 선포된 것으로, 동학 농민 운동이 종결된 이후에 시행되었다.

05 고려 시대 성종의 정책 난이도 하 ●○○

(자료분석)

봉사 + 시정의 잘잘못을 논함 + 최승로(시무 28조) → 성종

(정답설명)

④ 성종은 최승로의 시무 28조를 수용하여 국가 재정을 낭비하는 연등회와 팔관회 등의 불교 행사를 축소·폐지하였다.

(오답분석)

① **현종**: 주현공거법을 실시하여 향리의 자제들에게 과거 응시의 기회를 부여한 왕은 현종이다.
② **광종**: 노비안검법을 시행한 왕은 광종이다. 성종은 노비안검법으로 해방된 이들 중 일부를 노비로 되돌리는 노비환천법을 실시하였다.
③ **목종**: 개정 전시과 제도를 도입한 왕은 목종이다. 목종은 인품을 배제하고 전·현직 관리의 관직만을 고려하여 수조권을 지급하는 개정 전시과를 시행하였다.

06 일제 강점기 토지 조사 사업 난이도 중 ●●○

(자료분석)

토지의 조사 및 측량 + 임시 토지 조사 국장에게 통보 → 토지 조사 사업(1912~1918)

(정답설명)

④ 일제는 지세를 안정적으로 확보하여 조선 총독부의 재정 수입을 증대시키려는 목적으로 토지 조사 사업을 실시하였다.

(오답분석)

① 토지 조사 사업에서는 소작 농민이 전통적으로 누려왔던 도지권 등의 관습적인 권리를 부정하였다.
② **농지 개혁**: 경자유전 원칙의 실현을 목표로 추진된 것은 광복 이후 이승만 정부 때 실시된 농지 개혁이다(1950).
③ 동양 척식 주식회사는 토지 조사 사업 실시 이전인 1908년에 설립되었다.

✍️ 이것도 알면 합격

토지 조사 사업의 결과

토지의 약탈	· 미신고 토지, 신고 주체가 애매한 공유지 등이 총독부에 귀속됨 · 수탈한 토지는 동양 척식 주식회사와 일본 이주민에게 싼값에 불하
농민의 몰락	경작권, 입회권, 도지권 등 관습적인 권리 상실 → 기한부 계약에 의한 소작농으로 전락
지주의 권한 강화	지주의 소유권만을 인정하여 지주층을 식민지 체제 내로 포섭
지세 수입의 증가	대한 제국 시기에 비해 지세 수입이 2배 가까이 증가(총독부 지세 수입 증가)

07 고대 신라 촌락 문서(민정 문서) 난이도 중 ●●○

(자료분석)

일본 도다이지 쇼소인 + 지역의 명칭, 가구, 인구, 말과 소, 토지, 수목 등을 기록 → (가) 신라 촌락 문서(민정 문서)

(정답설명)

① 중앙에서 파견한 지방관이 20년마다 작성한 것은 조선 시대의 양안(토지 대장)이다. 한편 신라의 촌락 문서는 지역의 토착 세력인 촌주가 3년마다 기록한 것으로 추정된다.

(오답분석)

② 신라 촌락 문서에는 서원경(지금의 청주) 부근에 위치한 사해점촌, 살하지촌 등 4개의 자연 촌락의 경제 상황이 기재되어 있다.
③ 신라 촌락 문서에 기록된 토지에는 일반 농민이 소유한 토지인 연수유전답, 내시령이라는 관료에게 지급된 토지인 내시령답, 촌주에게 지급된 토지인 촌주위답 등이 포함되어 있었다.
④ 신라 촌락 문서에 호(戶)는 사람(또는 재산)의 많고 적음에 따라 상상호에서 하하호까지 9등급으로 나누어 정리되어 있다.

👆 이것도 알면 합격

신라 촌락 문서(민정 문서)

발견	일본 도다이지 쇼소인(1933)
작성	촌주가 매년 변동 사항을 조사하여 3년마다 작성
내용	・조사 대상: 각 촌락의 호 수, 인구 수, 우마 수, 토지 크기 등 ・인구: 남녀를 각각 연령에 따라 6등급으로 구분 ・호(戶): 사람의 다소(多少)에 따라 9등급으로 구분 ・토지: 논, 밭 및 촌주위답, 연수유전답, 내시령답, 관모전답, 마전 등의 총면적 기재

---

08 조선 후기 **정조의 정책**   난이도 중 ●●○

자료분석

윤지충 + 신주를 태움 + 사특한 교리(천주교)를 신봉 → 진산 사건(신해박해, 1791) → 정조

정답설명

③ 정조는 이덕무, 박제가, 백동수 등에게 명하여 종합 무예서인 『무예도보통지』를 편찬하도록 하였다. 『무예도보통지』에는 24가지의 전투 기술이 수록되어 있으며 전투 동작을 그림과 글로 설명한 것이 특징이다.

오답분석

① **숙종**: 금위영을 설치하여 조선 후기의 5군영 체제를 완성한 왕은 숙종이다. 한편 정조는 왕권을 뒷받침하기 위하여 장용영을 설치하였다.

② **영조**: 도성 수비에 관한 명령인 『수성윤음』을 반포한 왕은 영조이다. 영조는 한양 내에 거주하는 백성들을 거주지에 따라 훈련도감, 금위영, 어영청의 군영에 각각 배속하고, 유사시 도성을 수비하도록 하여 수도 방어 체계를 강화하였다.

④ **순조**: 중앙 관청의 일부 공노비를 해방시킨 왕은 순조이다. 공노비의 도망과 합법적인 신분 상승으로 신공을 받아낼 수 없게 되자 순조는 중앙 관청의 노비들을 양인으로 해방시켰다.

👆 이것도 알면 합격

정조의 왕권 강화 정책

초계문신제 시행	신진 인물이나 중·하급 관리 중 유능한 인사 재교육
규장각 설치	자신의 개혁을 뒷받침할 수 있는 정치 기구로 육성
장용영 설치	국왕의 친위 부대로 왕권을 뒷받침하는 군사적 기반 마련
수령 권한 강화	수령이 향약을 직접 주관하게 하여 지방 사족의 향촌 지배력을 줄이고 수령의 권한을 강화

---

09 고려 시대 **후삼국 통일 과정**   난이도 중 ●●○

정답설명

③ 시기 순으로 나열하면 ⓒ 후백제 건국(900) → ㉠ 공산 전투(927) → ㉣ 고창 전투(930) → ⓛ 신라 항복(935)이 된다.

ⓒ **후백제 건국**: 신라 하대의 혼란을 틈타 견훤이 무진주(광주)에서 세력을 키운 뒤, 완산주(전주)에서 후백제를 건국하였다(900).

㉠ **공산 전투**: 후백제의 견훤이 신라를 침공하자, 신라는 고려 왕건에게 구원 요청을 하였다. 이에 고려군은 공산에서 후백제군을 공격하였으나 크게 패하였다(927).

㉣ **고창 전투**: 고려군은 고창(안동) 전투에서 후백제군에 승리함으로써 후삼국의 주도권을 장악하였다(930).

ⓛ **신라 항복**: 신라 경순왕은 국가 유지가 어려워지자, 결국 친신라적이었던 고려 왕건에게 항복하였다(935).

👆 이것도 알면 합격

후삼국 통일 과정

신라 경애왕이 살해됨(927) → 공산 전투(927) → 고창(안동) 전투(930) → 운주(홍성) 전투(934) → 견훤의 금산사 유폐, 경순왕 항복(935) → 일리천(선산) 전투(936) → 후백제 멸망, 후삼국 통일(936)

---

10 현대 **김대중 정부 시기의 사실**   난이도 중 ●●○

자료분석

여야 간 민주적 정권 교체 + 국민의 정부 → 김대중 정부(1998~2003)

정답설명

② 김대중 정부 시기에 경의선 복구 사업이 실시되었다. 김대중 정부는 6·15 공동 선언(2000)을 통한 남북 간의 교류 확대로 경의선과 동해선 철도 연결에 합의하였다. 이후 2000년 9월에 경의선 복구 기공식이 열려 복구 사업이 실시되었으며, 노무현 정부 시기인 2003년 6월에는 군사분계선에서 남북의 경의선 철도 연결식이 거행되었다. 동해선의 경우 2002년 9월에 철도 복구 기공식이 열렸다.

오답분석

① **노태우 정부**: 남북 기본 합의서가 채택(1991)된 것은 노태우 정부 시기의 사실이다. 노태우 정부는 남북 기본 합의서를 통해 상호 불가침, 교류·협력의 확대 등을 규정하였고, 상호 체제 및 남북이 국가와 국가의 관계가 아닌 특수한 관계임을 인정하는 것에 대해 합의하였다.

③ **노무현 정부**: 금강산 육로 관광이 시작(2003)된 것은 노무현 정부 시기의 사실이다. 김대중 정부 시기에는 해로를 통한 금강산 관광이 처음 시작되었다(1998).

④ **노태우 정부**: '한민족 공동체 통일 방안'이 발표(1989)된 것은 노태우 정부 시기의 사실이다. 이 통일 방안은 이후 김영삼 정부 때 '민족 공동체 통일 방안'으로 구체화되었다(1994).

📋 정답 p.76

01	② 고대
02	③ 근대
03	② 고려 시대
04	③ 조선 후기
05	③ 고대
06	③ 일제 강점기
07	② 근대
08	④ 고려 시대
09	③ 일제 강점기
10	③ 현대

📋 취약시대 분석표

분류	시대	문항 수
전근대	선사 시대	/0
	고대	/2
	고려 시대	/2
	조선 전기	/0
	조선 후기	/1
근현대	근대	/2
	일제 강점기	/2
	현대	/1
통합	시대 통합	/0
총합		/10

* 취약시대 분석표를 이용해 틀린 문제가 있는 시대는 그 시대의 문제만 골라 해설을 다시 한번 꼼꼼히 학습하세요.

01 고대 고국천왕　난이도 중 ●●○

자료분석

봄~가을에 곡식을 꿔주는 법식(진대법) → (가) 고국천왕

정답설명

② 고국천왕은 기존의 형제 상속제를 대신하여 왕위의 부자 상속제를 확립하였다.

오답분석

① 소수림왕: 중국 전진과 수교하고, 전진의 승려 순도를 통해 불교를 받아들인 왕은 소수림왕이다.

③ 광개토 대왕: 신라(내물 마립간)의 요청으로 신라를 공격한 왜구를 격퇴한 왕은 광개토 대왕이다.

④ 미천왕: 랴오둥(요동)의 서안평을 공격하여 점령한 왕은 미천왕이다. 미천왕은 낙랑군과 대방군을 축출하기도 하였다.

02 근대 임오군란　난이도 하 ●○○

자료분석

일본에 배상금 지급 + 일본 공사관 경비를 위한 군사의 주둔 → 제물포 조약 → 임오군란(1882)

정답설명

③ 임오군란에는 정부의 개화 정책에 반대하는 서울의 하층민들도 참여하였다.

오답분석

① 위정척사 운동 및 의병 항쟁: 최익현 등 유생들에 의해 주도된 것은 위정척사 운동과 의병 항쟁(을미의병)이다. 최익현은 일본이 운요호 사건(1875)을 일으키며 개항을 요구하자 왜양 일체론을 주장하며 개항 반대 운동을 전개하였다. 이후 최익현은 을사늑약(1905)에 반발하며 의병 항쟁을 주도하기

도 하였다(을사의병).

② 제1차 동학 농민 운동: '나라를 보호하고 백성을 평안하게 한다'는 보국안민과 '폭정을 제거하고 백성을 구한다'는 제폭구민을 내세우며 봉기한 것은 제1차 동학 농민 운동(1894)이다. 안핵사 이용태가 고부 민란에 참여한 농민들을 가혹하게 탄압하자 전봉준 등은 창의문을 발표하여 보국안민과 제폭구민을 위해 봉기에 참여해 줄 것을 호소하였다.

④ 갑신정변: 청·프 전쟁으로 조선에 주둔하던 청군이 일부 철수한 것을 틈타 발생한 사건은 갑신정변(1884)이다.

✌ 이것도 알면 합격

임오군란의 결과

일본의 요구	· 제물포 조약: 조선 정부는 일본 정부에 배상금을 지불, 일본 공사관의 경비 병력 주둔 허용, 3차 수신사 파견 · 조·일 수호 조규 속약: 일본 상인의 활동 범위 확대
청의 요구	· 군대 주둔: 위안스카이가 지휘하는 군대를 상주시킴 · 조·청 상민 수륙 무역 장정: 조선을 속방으로 규정하여 청의 종주권 확인, 청나라 상인의 내지 통행이 가능해짐 · 고문 파견: 내정 고문(마젠창)과 외교 고문(묄렌도르프)을 파견하여 조선 내정에 대한 간섭 강화

03 고려 시대 강화 천도 시기의 사실　난이도 상 ●●●

자료분석

(가) 최우가 강화로 천도(고종, 1232, 몽골의 1차 침입 이후)

(나) 옛 수도(개경)로 돌아옴(원종, 1270)

정답설명

② (가)와 (나) 사이 시기인 몽골의 5차 침입(1253) 때 김윤후가 충주 전투에서 몽골군을 격퇴하였다. 김윤후는 몽골의 2차 침입(1232) 때 처인성 전투에서 몽골 장수 살리타를 사살하기도 하였다.

오답분석

① (나) 이후: 고려가 몽골과 연합하여 일본 원정에 참여한 것은 충렬왕 시기로, (나) 이후의 사실이다.

③ (가) 이전: 귀주에서 박서가 승리를 거둔 것은 몽골의 1차 침입(1231) 때로, (가) 이전의 사실이다.

④ (가) 이전: 고려가 몽골과 연합하여 강동성에서 거란족을 몰아낸 것(1218~1219)은 몽골의 1차 침입 이전으로, (가) 이전의 사실이다. 몽골은 이 사건을 계기로 고려에 형제 관계의 체결과 막대한 공물을 요구하였다.

---

04 조선 후기 광해군 재위 기간의 사실 · 난이도 중 ●●○

자료분석

강홍립 + 신중히 처신 → 중립 외교 정책 → 광해군

정답설명

③ 3포(부산포·제포·염포)를 개항하고, 일본과 계해약조를 체결한 것은 세종 때이다. 광해군 때에는 일본과 기유약조를 체결하고, 부산포로 교역 장소를 제한하였다.

오답분석

①, ②, ④ 광해군 때 허준의 『동의보감』이 완성·간행되었고, 공물 대신 토지 결수에 따라 쌀 등을 거두는 대동법이 경기도에서 처음 실시되었다. 또한 광해군 때 유몽인이 지은 야담집인 『어우야담』과 이수광이 지은 백과사전류 서적인 『지봉유설』을 통해 마테오 리치가 지은 천주교 교리서인 『천주실의』의 내용이 조선에 소개되었다.

이것도 알면 합격

광해군의 전란 수습책

부국책	토지 대장과 호적 정리, 대동법 실시(경기도)
강병책	성곽과 무기 수리, 군사 훈련 실시
문화 시책	『동의보감』(허준) 편찬, 5대 사고 정비
대외 정책	명과 후금 사이에서 중립 외교 전개

---

05 고대 발해 문왕 · 난이도 중 ●●○

자료분석

대흥·보력(연호) + 대왕(칭호) → 발해 문왕(정효 공주 묘)

정답설명

③ 발해 문왕은 일본에 보낸 국서에서 고려 국왕을 자칭하여 발해가 고구려를 계승한 나라임을 표방하였다.

오답분석

① 고왕: 국호를 발해로 바꾼 왕은 고왕(대조영)이다. 당으로부터 발해 군왕으로 책봉된 고왕은 국호를 진국에서 발해로 바꾸었다.

---

② 성왕: 수도를 동경 용원부에서 상경 용천부로 옮긴 왕은 성왕이다.

④ 무왕: 장문휴의 수군을 보내 산둥 지방을 공격한 왕은 무왕이다.

이것도 알면 합격

발해 문왕의 업적

대외 관계 개선	· 당: 당과 친선 관계를 유지하고, 문물을 수용하여 체제 정비
	· 신라: 신라도(상설 교통로)를 통해 신라와 교류
체제 정비	· 당의 체제를 받아들여 3성 6부제 정비
	· 교육 기관인 주자감 설치
천도	중경 현덕부 → 상경 용천부 → 동경 용원부

---

06 일제 강점기 국민 대표 회의 · 난이도 중 ●●○

자료분석

회의 + 독립운동의 방향 확립 + 통일적 기관 → 국민 대표 회의(1923)

정답설명

③ 국민 대표 회의에서 창조파와 개조파의 대립이 격화되자, 현상 유지파였던 내무총장 김구가 국민 대표 회의의 해산을 명하는 내무부령을 발표하였다.

오답분석

① 국민 대표 회의는 신채호 등의 창조파 인사들의 요구로 개최되었다.

② 민족 유일당 운동은 국민 대표 회의가 해산된 이후인 1920년대 중엽부터 본격화되었다. 중국에서 국민당·공산당의 1차 합작(1924)이 이루어진 상황에서 안창호 등의 노력으로 독립 유일당 북경 촉성회가 창립(1926)되며 민족 유일당 운동에 대한 논의가 본격화되었다.

④ 대한민국 임시 정부가 대일 선전 포고문을 발표(1941)한 것은 국민 대표 회의가 해산된 이후인 1940년대의 사실이다.

이것도 알면 합격

국민 대표 회의의 노선 구분

창조파	· 임시 정부 해체와 새로운 정부 수립 주장
	· 무력 항쟁 강조
	· 박용만, 신채호 등
개조파	· 임시 정부의 개혁과 존속 주장
	· 실력 양성을 우선으로 하면서 외교 활동 강조
	· 안창호 등
현상 유지파	· 임시 정부를 그대로 유지하자고 주장
	· 김구, 이동녕 등

자료분석

신교육·신학술·신모범·신개혁 + 신국가를 건설 → 신민회(1907)

정답설명

② 신민회는 일제가 총독 암살 미수 사건을 조작하여 신민회 회원과 민족 운동가들을 체포하고 105인에게 유죄 판결을 내린 105인 사건(1911)으로 와해되었다.

오답분석

① 찬양회: 순성 여학교를 설립(1899)한 단체는 찬양회이다. 신민회는 오산 학교(1907)와 대성 학교(1908)를 설립하여 근대 교육을 추진하였다.

③ 대한 자강회: 월보를 간행하고 전국에 지회를 설치하여 애국 계몽 운동을 전개한 단체는 대한 자강회(1906)이다.

④ 독립 협회: 입헌 군주제에 입각한 의회 설립을 지향한 단체는 독립 협회(1896)이다. 신민회는 공화정체를 지향하였다.

이것도 알면 합격

신민회

조직	안창호, 윤치호, 신채호 등을 지도부로 사회 각계각층의 인사들을 망라하여 조직된 비밀 결사 단체
목표	실력 양성을 통한 국권 회복과 공화 정치 체제의 근대 국가 수립
활동	· 대성 학교(평양), 오산 학교(정주) 조직 · 자기 회사 설립(평양), 태극 서관 운영(평양, 대구) · 대한매일신보 발간, 조선 광문회 후원 · 남만주 삼원보에 신흥 강습소(신흥 무관 학교) 설립
해산	일본이 날조한 105인 사건으로 와해

자료분석

큰 모임이 됨 + 보현도량 + 『법화경』 + 참회케 함 → (가) 요세

정답설명

④ 요세는 강진의 만덕사(백련사)에서 자신의 행동을 진정으로 참회하는 법화 신앙을 중심으로 한 백련 결사 운동을 전개하였다.

오답분석

① 원광(신라): 젊은이들에게 세속 5계를 교육한 인물은 신라의 원광이다.

② 의천: 국청사를 창건하고 해동 천태종을 창시한 인물은 의천이다.

③ 지눌: 『목우자수심결』을 지어 마음의 수양을 강조한 인물은 지눌이다. 지눌은 『목우자수심결』을 지어 선 수행의 요체인 '마음을 닦는 비결(수심결)'로 선과 교학을 나란히 수행하되 선을 중심으로 교학을 포용하자는 정혜쌍수와, 단번에 깨달은 바를 꾸준히 수행하자는 돈오점수를 내세웠다.

자료분석

5파괴 + 7가살 → 의열단(1919)

정답설명

③ 개별 투쟁의 한계를 인식한 의열단은 중국 항일 세력과의 연대와 조직적인 무장 투쟁을 추진하였다. 이를 위해 김원봉을 비롯한 일부 단원들은 황푸 군관 학교에 입학하여 군사 훈련을 받았다(1926).

오답분석

① 민족 혁명당: 중국 난징에서 결성된 단체는 민족 혁명당(1935)이다. 민족 혁명당은 의열단, 조선 혁명당, 한국 독립당, 신한 독립당 등이 통합되어 결성되었다.

② 한국 국민당(1935)은 김구가 중심이 되어 창당한 정당이다. 의열단을 중심으로 민족 혁명당이 결성되자, 이에 불참한 김구 등의 임시 정부 인사들이 한국 국민당을 창당하고 임시 정부의 유지를 옹호하였다.

④ 신한청년당: 독립 청원서를 제출하기 위해 파리 강화 회의에 김규식을 파견(1919)한 단체는 신한청년당(상하이)이다.

이것도 알면 합격

의열단

배경	3·1 운동 이후 무장 투쟁의 필요성 인식
조직	1919년 김원봉, 이종암, 윤세주 등을 중심으로 만주의 신흥 무관 학교 출신 청년들과 함께 만주 지린(길림)에서 결성
목표	· 5파괴: 조선 총독부, 동양 척식 주식회사, 매일신보사, 경찰서, 기타 식민 기관 파괴 · 7가살: 조선 총독 이하 고관, 매국노, 친일파 거두 등 암살

정답설명

③ 시기 순으로 나열하면 ② 제2차 경제 개발 5개년 계획 시작(1967) → ㉠ 경부 고속 도로 완공(1970) → ㉡ 수출 100억 달러 돌파(1977) → ㉢ 제2차 석유 파동(1978)이 된다.

② 제2차 경제 개발 5개년 계획 시작: 박정희 정부 시기에 제2차 경제 개발 5개년 계획(1967~1971)이 시작되었다. 박정희 정부는 제2차 경제 개발 5개년 계획을 통해 비료·시멘트·정유 산업 등을 육성하여 사회 간접 자본을 확충하고 산업 구조를 개편하는 데 주력하였다.

㉠ 경부 고속 도로 완공: 경부 고속 도로는 박정희 정부 시기인 1968년에 착공하여 1970년에 완공·개통되었다.

㉡ 수출 100억 달러 돌파: 박정희 정부 시기인 1970년대에 수출 주도의 경제 성장 정책이 추진되며 수출 100억 달러를 돌파하였다(1977).

㉢ 제2차 석유 파동: 박정희 정부 시기에 제2차 석유 파동(1978~1980)으로 경제적 위기에 직면하였다. 이로 인한 사회적 혼란은 10·26 사태(1979)가 일어나는 배경이 되었다.

정답   p.80

01	④ 고대
02	① 고대
03	① 고려 시대
04	④ 근대
05	③ 조선 전기
06	② 조선 후기
07	③ 근대
08	③ 일제 강점기
09	② 일제 강점기
10	① 현대

취약시대 분석표

분류	시대	문항 수
전근대	선사 시대	/0
	고대	/2
	고려 시대	/1
	조선 전기	/1
	조선 후기	/1
근현대	근대	/2
	일제 강점기	/2
	현대	/1
통합	시대 통합	/0
총합		/10

* 취약시대 분석표를 이용해 틀린 문제가 있는 시대는 그 시대의 문제만 골라 해설을 다시 한번 꼼꼼히 학습하세요.

---

01 고대 금관가야   난이도 하 ●○○

자료분석

김해 구지봉 + 황금색 알 여섯 개 + 맏이를 왕에 추대 → 금관가야

정답설명

④ 낙동강 하류의 김해를 중심으로 성장한 금관가야는 풍부한 철의 생산과 해상 교통에 유리한 입지 조건을 이용하여 낙랑·대방군과 일본 규슈 지역을 연결하는 중계 무역을 전개하였다.

오답분석

① 신라: 울릉도를 정복한 나라는 신라이다. 신라는 지증왕 때 이사부를 파견하여 우산국(울릉도)을 복속하였다.

② 대가야: 신라 진흥왕에 의해 멸망한 나라는 대가야이다. 금관가야는 법흥왕 때 신라에 병합되었다.

③ 고구려: 10월에 동맹이라는 제천 행사를 치렀던 나라는 고구려이다.

---

02 고대 삼국의 항쟁과 통일 과정   난이도 중 ●●○

자료분석

(가) 당의 공격 + 안시성 + 토산 → 안시성 전투(645)

(나) 당 황제 + 안동 도호부를 둠 → 고구려 멸망(668) 이후

정답설명

① (가), (나) 사이 시기인 663년에 백제 부흥군은 왜의 수군과 연합하여 백강에서 나·당 연합군에 맞서 전투를 벌였으나 패배하였다.

오답분석

② (가) 이전: 백제 의자왕이 신라의 대야성을 공격하여 함락시킨 것은 642년으로, (가) 시기 이전이다. 이에 위기를 느낀 선덕 여왕은 김춘추를 고구려에 파견하여 동맹을 시도하였으나, 실패하였다.

③ (가) 이전: 고구려(영양왕)의 을지문덕이 살수에서 수나라 군대를 물리친 것은 612년으로, (가) 시기 이전이다.

④ (나) 이후: 신라가 매소성 전투에서 이근행이 이끄는 당의 20만 대군을 격파하고 큰 승리를 거둔 것은 675년으로, (나) 시기 이후이다. 이후 신라는 나·당 전쟁의 주도권을 장악하며 삼국 통일을 완수하였다(676).

이것도 알면 합격

나·당 전쟁

원인	당이 웅진 도독부(660)·계림 도독부(663)·안동 도호부(668)를 설치하며 한반도 지배 야욕을 드러냄
전개 과정	· 매소성 전투(675): 매소성에서 당나라 이근행의 20만 대군 격파 · 기벌포 전투(676): 기벌포에서 당나라 설인귀의 수군을 섬멸
결과	신라가 대동강에서 원산만을 경계로 삼국 통일 달성(676)

---

03 고려 시대 충선왕 재위 시기의 사실   난이도 하 ●○○

자료분석

염분을 모두 관에 납입(소금 전매제) + 의염창 → (가) 충선왕

정답설명

① 충선왕은 사림원을 설치하고 신진 관료를 등용하여 왕명 출납을 담당하게 하였다.

오답분석

②, ③ 공민왕: 쌍성총관부를 공격하여 철령 이북 지역을 수복하였으며, 내정을 간섭하던 정동행성 이문소를 혁파한 것은 공민왕 때이다.

④ **우왕:** 명이 철령위 설치를 시도한 것은 우왕 때이다. 명은 '철령 이북의 땅이 원에 속했던 것이므로 요동에 귀속시켜야 한다'는 이유를 내세워 고려에 철령위 설치 계획을 통보해 왔다. 이에 고려의 최영 등이 요동 정벌을 단행하였으나, 위화도 회군으로 중단되었다.

👆 **이것도 알면 합격**

충선왕의 개혁 정치

정치 개혁	· 정방 폐지 시도 · 사림원(왕명 출납 담당) 설치
재정 개혁	· 전농사 설치: 농장과 불법적 노비 조사 · 의염창 설치: 소금의 전매제(각염법)를 실시
기타	· 왕실과 혼인할 수 있는 가문인 재상지종을 발표 · 원의 수도인 연경(베이징)에 학문 연구소인 만권당 설치

04 근대 을사늑약 체결과 안중근 의거 사이 시기의 사실 난이도 중 ●●○

자료분석

㉠ 이등(이토 히로부미) + 일본의 보호 → 을사늑약 체결(1905. 11.)
㉡ 의병 중장의 자격으로 그(이토 히로부미)를 제거 → 안중근 의거(1909)

정답설명

④ ㉠, ㉡ 사이 시기인 1908년에 허위가 이끄는 13도 창의군의 선발 부대가 동대문 인근까지 진격하였으나 일본군의 강한 반격으로 후퇴하였다(정미의병).

오답분석

① ㉠ 이전: 러·일 전쟁(1904~1905. 9.)이 일어난 것은 ㉠ 이전의 사실이다. 러·일 전쟁에서 승리한 일본은 을사늑약을 강제로 체결하여 대한 제국의 외교권을 박탈하고, 통감부를 설치하여 대한 제국을 일본의 보호국으로 만들었다.
② ㉡ 이후: 일제가 토지 조사 사업 실시를 위한 사전 준비로 임시 토지 조사국을 설치(1910)한 것은 ㉡ 이후의 사실이다. 한·일 병합 이후 1910년대에 일본은 토지 조사 사업(1912~1918)을 전개하여 토지를 약탈하고 세원을 확보하였다.
③ ㉠ 이전: 명성 황후 시해 사건(을미사변, 1895)이 일어난 것은 ㉠ 이전의 사실이다. 민비(명성 황후)가 일본을 견제하기 위해 친러 정책을 추진하자 일본은 을미사변을 일으켰다.

05 조선 전기 수령 7사 난이도 하 ●○○

자료분석

현령(현의 수령) + 칠사 → 수령 7사

정답설명

③ 수령 7사에는 백성에게 부역을 시키는 데 차별 없이 공평하고 균등하게 부과할 것이 강조되어 있다(부역균).

👆 **이것도 알면 합격**

수령 7사

1. 농사철에 맞추어 씨를 뿌리게 할 것(농상성)
2. 유생에게 경전을 교육하고 제술을 시험하여 유학 및 문학에 정진을 도모할 것(학교흥)
3. 법을 잘 지켜 백성에게 올바름을 보여 줄 것(사송간)
4. 용모를 잘 관찰하여 간사스럽고 교활한 자를 없앨 것(간활식)
5. 때를 맞춰 군사 훈련을 실시하고 기강을 엄히 할 것(군정수)
6. 백성들을 편하게 일하면서 살 수 있게 하여 사람들이 모여늘게 할 것(호구증)
7. 부역을 시키는 데 차별 없이 공평하고 균등하게 부과할 것(부역균)

06 조선 후기 안정복 난이도 상 ●●●

자료분석

정통은 단군·기자·마한·신라 문무왕 9년(삼국 통일) 이후·고려 태조 19년(후삼국 통일) 이후 + 무통(삼국이 병립할 때) → 안정복의 삼한 정통론(『동사강목』)

정답설명

② 보수적인 성향의 남인 학자인 안정복은 당시 정약용, 정약전 등 남인 소장 학자들이 서학 서적을 가까이하는 것을 안타깝게 여겨 그들의 미혹을 깨우치고자 천주교의 교리를 비판한 『천학문답』과 『천학고』를 저술하였다.

오답분석

① 『지봉유설』은 이수광이 저술한 백과사전류 서적으로, 그는 이 책에서 마테오 리치의 『천주실의』를 소개하는 등 서구 문화를 폭넓게 다루었다.
③ 『지구전요』는 최한기가 저술한 서적으로, 그는 이 책에서 천문과 세계 각국의 지리·문화 등을 설명하였으며, 코페르니쿠스의 지구 자전설 및 공전설 등을 소개하기도 하였다.
④ 『연려실기술』은 이긍익이 저술한 역사서로, 400여 종의 야사를 참고하여 조선 시대의 정치·문화를 객관적·실증적으로 서술한 기사본말체의 역사서이다.

07 근대 흥선 대원군 난이도 중 ●●○

자료분석

화폐를 주조 + 물가 상승 → ㉠ 당백전 → (가) 흥선 대원군

정답설명

③ 흥선 대원군은 명나라 신종과 의종의 제사를 지내던 만동묘를 없애고, 전국 600여 개의 서원을 47개소만 남기고 철폐하였다.

오답분석

① 정조: 흉년을 당해 걸식하거나 버려진 아이들을 구휼하기 위한 법령집인 『자휼전칙』을 반포한 것은 정조이다.
② 고종: 통리기무아문을 설치한 것은 고종이다. 흥선 대원군 실각(1873) 이후 고종은 개화 정책 추진 기구로 통리기무아문을 설치(1880)하였다.
④ 선조~순조: 일본의 요청으로 통신사가 파견된 것은 선조(1607)~순조(1811) 때의 사실이다. 임진왜란 이후 성립된 일본 에도 막부는 조선에 국교 재개를 요청하였고, 이에 따라 통신사가 파견되었다.

흥선 대원군의 서원 철폐	
내용	• 만동묘(명나라 신종·의종의 위패를 모시고 제사 지내던 곳) 철폐 • 사액 되지 않은 서원에 납세하도록 명령 • 600여 개소의 서원 가운데 47개소만 남기고 철폐·정리
결과	서원에 딸린 전지와 노비를 몰수하여 국가 재정을 확충하고 왕권을 강화, 민생 안정에 기여

백남운의 활동
• 민립 대학 설립 운동에 참여 • 광복 이후 좌익 단체인 남조선 신민당, 민주주의 민족 전선 등을 결성 • 주요 저술: 『조선사회경제사』, 『조선봉건사회경제사』, 「조선 민족의 진로」

08 일제 강점기 신간회   난이도 중 ●●○

자료분석

전환기에 도달 + 민족주의적 세력에 대하여 + 적극적으로 제휴 → 정우회 선언 (1926. 11.) → 신간회(1927~1931)

정답설명

③ 신간회는 노동 운동과 연계하여 최저 임금제 시행 등 노동자들의 권익 향상을 요구하였고, 원산 노동자 총파업(1929)을 적극 지원하기도 하였다.

오답분석

① 물산 장려 운동은 신간회와 관련이 없다. 1920년대 초반에 한·일 간 관세 철폐 움직임이 일어나자 조만식 등의 민족 자본가들이 평양에서 조선 물산 장려회를 조직하고 물산 장려 운동을 전개하였다.

② 신간회는 자치 운동을 배격하였다. 이광수 등의 타협적 민족주의자들이 일제의 지배 체제 안에서 정치적 실력을 양성하여 참정권을 얻자는 자치 운동을 전개하자, 이에 위협을 느낀 비타협적 민족주의계는 사회주의계와의 연계를 추진하였고, 그 결과 신간회가 결성되었다.

④ 의열단: 민중의 직접 폭력 혁명을 통한 독립을 지향한 단체는 김원봉을 중심으로 결성된 의열단이다. 이러한 의열단의 독립운동 방향은 신채호가 작성한 「조선혁명선언」에 잘 나타나 있다.

09 일제 강점기 백남운   난이도 중 ●●○

자료분석

조선 경제사 + 아시아적 봉건 사회 → 『조선사회경제사』 → 백남운

정답설명

② 백남운은 유물 사관에 입각하여 한국사를 세계사적 보편성 위에서 체계화하였으며, 이를 통해 식민 사학의 정체성론을 반박하였다.

오답분석

① 정인보: 민족 정신으로 '얼'을 강조하며 조선학 운동을 주도한 인물은 정인보이다.

③ 최남선 등: 조선사 편수회에 참여한 인물은 최남선 등이다. 조선사 편수회는 한국사를 왜곡하기 위해 설립된 총독부 산하 기관으로, 식민 사관을 토대로 『조선사』를 편찬하였다.

④ 문일평: 대외 관계사를 연구하여 『대미 관계 50년사』를 저술한 인물은 문일평이다. 문일평은 민족 정신으로 '조선심'을 강조하였다.

10 현대 6·25 전쟁 기간의 사실   난이도 중 ●●●

자료분석

인천 상륙 작전(1950. 9.) → (가) → 정전 협정 체결(1953. 7.)

정답설명

① 옳은 것을 모두 고르면 ㉠, ㉡이다.

㉠ (가) 시기인 1951년에 이승만 정부는 지지 기반을 형성하고 반대파를 탄압하기 위해, 임시 수도 부산에서 여러 우익 단체를 규합하여 자유당을 창당(1951)하였다.

㉡ (가) 시기인 1952년에 임시 수도 부산에서 발췌 개헌(제1차 개헌, 직선제 개헌)이 이루어졌다.

오답분석

㉢ 인천 상륙 작전 이전: 반민특위 습격 사건이 일어난 것은 1949년 6월로, 인천 상륙 작전 이전의 사실이다. 제헌 국회는 친일파 청산을 위해 반민족 행위 처벌법을 제정(1948. 9.)하고, 반민족 행위 특별 조사 위원회를 설치(1948. 10.)하였다. 그러나 이승만 정부의 미온적인 태도와 국회 프락치 사건 및 반민특위 습격 사건 등으로 제대로 된 성과를 거두지 못하였고, 결국 반민특위는 시효가 만료(1949. 8.)되어 해체되었다.

㉣ 정전 협정 체결 이후: 미군이 한반도에 주둔할 것과 한국군의 작전 지휘권을 유엔군 사령부에 양도할 것 등을 주요 내용으로 하는 한·미 상호 방위 조약이 체결된 것은 1953년 10월로, 정전 협정 체결 이후의 사실이다.

📋 정답   p.84

01	③ 고대
02	④ 조선 전기
03	④ 고려 시대
04	① 근대
05	② 고려 시대
06	④ 일제 강점기
07	② 조선 후기
08	② 현대
09	② 근대
10	③ 현대

📋 취약시대 분석표

분류	시대	문항 수
전근대	선사 시대	/0
	고대	/1
	고려 시대	/2
	조선 전기	/1
	조선 후기	/1
근현대	근대	/2
	일제 강점기	/1
	현대	/2
통합	시대 통합	/0
총합		/10

* 취약시대 분석표를 이용해 틀린 문제가 있는 시대는 그 시대의 문제만 골라 해설을 다시 한번 꼼꼼히 학습하세요.

---

01 고대 견훤   난이도 중 ●●○

자료분석

상주(사벌주) + 아자개 + 무진주(광주)를 습격하고 왕이 됨 → 견훤

정답설명

③ 견훤은 완산주(전주)에서 후백제를 세우고, 중국의 오월·후당과 일본 등에 사신을 보내 교류하는 적극적인 외교 정책을 전개하였다.

오답분석

① 궁예: 광평성은 궁예가 세운 마진(후에 태봉)의 내정을 총괄하던 중앙 기관이다. 이후 고려 초기까지 광평성·순군부·내봉성 등과 같은 태봉의 중앙 관제가 존속되었다.

② 최언위는 신라 6두품 출신 인물로, 견훤과 결탁하지 않았다. 최언위는 경순왕이 태조 왕건에게 귀부한 이후 고려에서도 관리로 일하였다. 한편 견훤과 결탁한 6두품 출신 인물로는 최승우가 있다.

④ 태조 왕건: 거란이 보낸 낙타들을 만부교 아래에 묶어 굶겨 죽이는 등 거란에 대한 강경책을 전개한 인물은 고려의 태조 왕건이다.

---

02 조선 전기 한산도 대첩과 행주 대첩 사이의 사실   난이도 중 ●●○

자료분석

(가) 왜적 + 한산 + 학익진 → 한산도 대첩(1592. 7.)
(나) 왜적 + 모두 패하고 달아남 + 권율 → 행주 대첩(1593. 2.)

정답설명

④ (가), (나) 사이 시기에 진주 목사 김시민이 이끄는 조선군과 의병이 진주성에서 일본군을 맞아 항전하였으나, 전투 과정에서 김시민이 전사하였다(1592. 10., 진주 대첩).

오답분석

① (나) 이후: 선조가 한양으로 환도(1593. 10.)한 것은 (나) 이후의 사실이다. 행주 대첩 이후 명나라와 일본 간의 휴전 협상이 진행되면서 일본군이 남쪽으로 철수하고 조·명 연합군이 한양을 수복하였다(1593. 4.). 이후 의주로 피난하였던 선조는 한양으로 돌아왔다.

② (나) 이후: 칠천량에서 원균이 패배(1597. 7.)한 것은 (나) 이후 시기의 사실이다. 명나라와 일본 간의 휴전 협상이 결렬되자 일본군이 조선을 재침입한 정유재란이 발발(1597)하였고, 이에 원균이 일본 수군을 상대하였지만 칠천량에서 크게 패배하였다.

③ (가) 이전: 이순신이 옥포 해전에서 승리(1592. 5.)한 것은 (가) 이전 시기의 사실이다. 이순신이 이끄는 수군은 옥포에서 일본군에 첫 승리를 거두었다.

✍️ 이것도 알면 합격

임진왜란과 정유재란의 주요 전투

1592년	4월	임진왜란 발발(부산포) → 충주 탄금대 전투 패배(신립 전사)
	5월	20여 일 만에 한성 함락, 옥포 해전(이순신의 등장) 승리, 사천 해전(거북선 최초 이용) 승리
	6월	당포·당항포 해전 승리
	7월	한산도 대첩(학익진 전법) 승리
	10월	진주 대첩 승리(1차, 김시민 전사)
1593년	1월	조·명 연합군의 평양성 탈환
	2월	행주 대첩 승리(권율 지휘, 관군과 농민 합세)
1597년	1월	3년 여에 걸친 휴전 협정 결렬 → 일본군의 재침(정유재란 발발)
	7월	칠천량 전투에서 조선군 대패(원균)
	9월	직산 전투에서 승리, 명량 해전 승리
1598년	11월	일본군 철수, 노량 해전 승리(이순신 전사)

자료분석

사노비 만적 + 천적을 불태울 것 → 만적의 난 → (가) 최충헌

정답설명

④ 최충헌은 교정도감이라는 최고 권력 기구를 설치하고, 스스로 교정도감의 장관인 교정별감의 자리에 올라 국정을 총괄하였다.

오답분석

① 정중부 집권기: 서경유수 조위총이 반란을 일으킨 것은 정중부 집권 시기이다.

② 경대승 집권기: 사병 집단인 도방이 처음으로 조직된 것은 경대승 집권 시기이다. 도방은 경대승이 병사한 후 사실상 해체되었으나, 이후 최충헌에 의해 다시 설치되어 최씨 무신 정권의 군사적 기반이 되었다.

③ 최우 집권기: 대몽 항쟁을 위해 강화도로 천도한 것은 최우 집권 시기이다.

정답설명

① 시기 순으로 나열하면 ⓒ 거류지(개항장) 무역(1870년대) - ⓔ 외국 상인의 내지 통상 허용(1880년대) - ⓙ 일본의 경인선·경부선 부설권 획득(1890년대) - ⓛ 일본의 차관 강제 제공(1900년대)이 된다.

ⓒ **1870년대:** 조·일 수호 조규(1876)에 따라 개항이 이루어지고, 조·일 수호 조규 부록에 의해 일본 상인의 거류지 범위(개항장 10리 이내)가 설정되면서, 일본 상인들이 개항장 및 거류지를 중심으로 무역을 전개하였다. 이때 일본 상인들은 주로 영국산 면직물을 조선에 팔고, 곡물이나 금 등을 매입하였다. 한편 이 시기에는 조선인 객주, 보부상 등이 개항장의 일본 상인과 내륙의 조선 상인을 이어주는 중개 활동을 활발하게 전개하였다.

ⓔ **1880년대:** 임오군란을 계기로 조·청 상민 수륙 무역 장정(1882)이 체결되며 청 상인의 내륙 통상이 가능해진 것을 시작으로 외국 상인들의 내륙 통상이 허용되었다. 이에 따라 기존에 중개 무역을 전개하던 객주, 보부상 등의 조선 상인이 몰락하였다.

ⓙ **1890년대:** 고종의 아관파천(1896) 이후 열강의 경제적 이권 침탈이 심화되던 상황에서 미국이 경인선 부설권(1896)을, 일본이 경부선(1898) 부설권을 획득하였다. 그중 미국이 획득하였던 경인선 부설권은 다음 해에 일본에 양도(1897)되었고, 결국 일본에 의해 경인선(1899)과 경부선(1905)이 개통되었다.

ⓛ **1900년대:** 제1차 한·일 협약(1904)의 체결로 대한 제국의 재정 고문으로 임명된 메가타는 화폐 정리 사업을 비롯한 시설 개선을 명목으로 강제로 일본의 차관을 도입하였다. 이렇게 도입된 자금은 대부분 대한 제국을 식민지화하는데 활용되었다.

자료분석

주전도감에서 은병을 발행(숙종) → (가) → 이자겸과 척준경 등이 금의 사대 요구를 수용(인종)

정답설명

② (가) 시기인 예종 때 관학 진흥을 위하여 국학(국자감)에 장학 재단인 양현고가 설치되었다.

오답분석

① 인종 이후: 7품 이하의 관리를 교육하는 경사교수도감을 설치한 것은 충렬왕 때로, 인종 이후의 사실이다.

③ 숙종 이전: 지방 향교에 경학 박사와 의학 박사가 파견되기 시작한 것은 성종 때로, 숙종 이전의 사실이다.

④ 인종 이후: 기술학부를 분리하여 성균관을 순수한 유교 교육 기관으로 개편한 것은 공민왕 때로 인종 이후의 사실이다.

✌️ 이것도 알면 합격

고려의 관학 진흥책

숙종	국자감에 서적포 설치, 기자 사당 건립
예종	· 전문 강좌인 관학 7재 설치, 장학 재단인 양현고 설치 · 청연각·보문각 등 설치
인종	국학의 교육 과정을 경사 6학으로 정비, 지방에 향교 증설
충렬왕	· 공자 사당인 문묘 건립 · 양현고를 보강하기 위해 교육 기금인 섬학전 설치
공민왕	성균관을 순수한 유교 교육 기관으로 개편

자료분석

광주 조선 학생 동지의 학살 + 조선 학생에 대한 압살적 시위 → 광주 학생 항일 운동(1929)

정답설명

④ 광주 학생 항일 운동 때 신간회는 사건의 진상을 규명하고자 광주에 조사단을 파견하였으며, 대규모의 민중 대회를 개최하려 하였으나 일제의 방해로 실패하였다.

오답분석

① 3·1 운동: 중국의 5·4 운동에 영향을 준 것은 3·1 운동(1919)이다.

②,③ 6·10 만세 운동: 순종의 인산일을 계기로 대규모 만세 운동을 전개하였으며, 민족 유일당 운동이 전개되는 계기가 된 것은 6·10 만세 운동(1926)이다. 6·10 만세 운동 준비 과정에서 사회주의 계열과 민족주의 계열이 연대하면서 민족 유일당 운동이 전개되는 계기가 되었다.

✌️ 이것도 알면 합격

6·10 만세 운동과 광주 학생 항일 운동

구분	6·10 만세 운동(1926)	광주 학생 항일 운동(1929)
공통점	한국인 본위의 교육 주장	
특징	· 순종의 인산일(장례일)을 계기로 전개 · 신간회 성립에 영향	· 동맹 휴학 → 가두 시위로 발전 · 신간회가 진상 조사단을 파견

07 조선 후기 정약용과 박지원   난이도 중 ●●○

자료분석

(가) 「기예론」 + 거중기 + 배다리 → 정약용

(나) 『과농소초』 + 「양반전」 → 박지원

정답설명

② 옳은 것을 모두 고르면 ㉠, ㉢이다.

㉠ 정약용은 『경세유표』를 저술하여 중앙과 지방 정치 세도의 개혁과, 토지 제도의 개혁 등을 주장하였다.

㉢ 박지원은 청에 다녀온 후 기행문인 『열하일기』를 저술하여 수레와 선박의 이용 및 화폐 유통의 필요성 등을 주장하였다.

오답분석

㉡ 유형원: 『반계수록』을 저술하여 관리, 선비, 농민 등에게 신분에 따라 차등 있게 토지를 지급하는 균전론을 주장한 인물은 유형원이다.

㉣ 박제가: 『북학의』를 저술하여 생산과 소비의 관계를 우물에 비유하며 적극적인 소비를 강조한 인물은 박제가이다.

✌️이것도 알면 합격

박지원의 대표 저서

『열하일기』	청의 문물 소개, 상공업의 진흥 강조
『과농소초』, 「한민명전의」(부록)	영농 방법의 혁신, 상업적 농업의 장려, 한전론 주장
「양반전」, 「호질」, 「허생전」	양반 문벌 제도의 모순 비판

08 현대 6·15 남북 공동 선언   난이도 중 ●●○

자료분석

남측의 연합제 안과 북측의 낮은 단계의 연방제 안이 서로 공통성이 있다고 인정 → 6·15 남북 공동 선언(김대중 정부, 2000)

정답설명

② 6·15 남북 공동 선언에 남북은 이산가족 상봉의 시기를 구체화하고, 이산가족 문제 및 비전향 장기수 문제를 인도적 차원에서 조속히 해결할 것을 명시하였다. 그 결과 같은 해 광복절에 15년 만에 이산가족 방문단 교환이 이루어졌다(2000).

오답분석

① 6·15 남북 공동 선언은 평양에서 열린 제1차 남북 정상 회담을 통해 채택되었다. 남북 고위급 회담을 통해 채택된 대표적인 통일 관련 문서는 노태우 정부 시기의 남북 기본 합의서(1991)이다.

③ 7·4 남북 공동 성명: 자주, 평화, 민족 대단결의 3대 통일 원칙에 대한 합의가 처음 이루어진 것은 박정희 정부 시기에 채택된 7·4 남북 공동 성명(1972)이다.

④ 6·15 남북 공동 선언을 통해 남북이 경제 및 사회·문화 등의 협력과 교류를 활성화할 것을 약속한 것은 맞지만, 금강산 관광이 시작된 것은 6·15 남북 공동 선언이 채택되기 이전의 사실이다. 김대중 정부의 햇볕 정책을 통해 남북한의 교류·협력 사업이 확대되면서 금강산 해로 관광이 시작되었다(1998). 이후 노무현 정부 시기에는 금강산 육로 관광이 시작되었다(2003).

09 근대 애국 계몽 운동의 전개   난이도 중 ●●○

자료분석

(가) 자강의 방법 + 교육 진작 + 식산 흥업 → 대한 자강회(1906)

(나) 일본 + 황무지에 대한 권리 청구 → 보안회(1904)

(다) 새 지식 + 학교 설립 + 국외 무관 학교 설립 → 신민회(1907)

정답설명

② 시기 순으로 나열하면 (나) 보안회(1904) - (가) 대한 자강회(1906) - (다) 신민회(1907)가 된다.

(나) 보안회는 일본이 대한 제국 정부에 황무지 개간권을 요구하자 이에 반대하며 송수만 등을 중심으로 결성되었다(1904).

(가) 대한 자강회는 헌정 연구회의 후신으로 설립되었다(1906). 대한 자강회는 전국 각지에 지회를 설치하고, 교육 진흥, 월보 간행 등의 활동을 전개하였다.

(다) 신민회는 안창호, 이승훈, 양기탁 등을 중심으로 결성되었다(1907). 신민회는 공화 정치 체제의 근대 국가 수립을 목표로 민족 교육 추진, 민족 산업 육성, 국외 독립운동 기지 건설 등의 활동을 전개하였다.

10 현대 좌·우 합작 위원회   난이도 중 ●●○

자료분석

좌·우 합작으로 민주주의 임시 정부를 수립 + 토지의 몰수, 유조건 몰수, 체감 매상 → 좌·우 합작 위원회(1946. 7.)

정답설명

③ 좌·우 합작 위원회는 좌·우 합작 7원칙(1946. 10.)에서 민주주의 임시 정부의 수립을 위한 미·소 공동 위원회의 속개를 요청하였다.

오답분석

① 대한민국 임시 정부: 독립운동의 자금을 마련하기 위해 중국과 미국 등 국외 거주 동포에게 애국 공채(독립 공채)를 발행한 단체는 대한민국 임시 정부이다.

② 김규식은 여운형과 함께 좌·우 합작 위원회를 결성하였으나, 김구는 여기에 참여하지 않았다. 한편 김구와 김규식은 남북 협상(1948. 4.)을 주도하였다.

④ 조선 건국 준비 위원회: 전국 각지에 치안대를 조직한 것은 조선 건국 준비 위원회(1945. 8.)이다.

✌️이것도 알면 합격

좌·우 합작 운동

배경	제1차 미·소 공동 위원회 결렬 → 이승만의 정읍 발언(1946. 6.)
전개	좌·우 합작 위원회 조직(1946. 7.) → 좌·우 합작 7원칙 발표(1946. 10.) → 남조선 과도 입법 의원 창립(1946. 12.)
결과	냉전 체제 강화로 인한 미 군정의 지원 철회 및 여운형 암살(1947. 7.)로 실패 → 좌·우 합작 위원회 해산(1947. 12.)

▣ 정답 p.88

01	③ 선사 시대
02	① 고대
03	① 조선 후기
04	① 고려 시대
05	① 근대
06	② 일제 강점기
07	③ 조선 전기
08	③ 조선 후기
09	③ 일제 강점기
10	④ 현대

▣ 취약시대 분석표

분류	시대	문항 수
전근대	선사 시대	/1
	고대	/1
	고려 시대	/1
	조선 전기	/1
	조선 후기	/2
근현대	근대	/1
	일제 강점기	/2
	현대	/1
통합	시대 통합	/0
총합		/10

* 취약시대 분석표를 이용해 틀린 문제가 있는 시대는 그 시대의 문제만 골라 해설을 다시 한번 꼼꼼히 학습하세요.

---

01 선사 시대 신석기 시대 난이도 하 ●○○

자료분석

원시 신앙(토테미즘, 애니미즘) + 조개 껍데기 가면 → 신석기 시대

정답설명

③ 신석기 시대의 움집은 주로 원형이나 모서리가 둥근 방형(네모꼴)이며, 움집의 중앙에 화덕이 위치하였다.

오답분석

① 청동기 시대: 반달 돌칼을 이용해 곡식을 수확하였던 시기는 청동기 시대이다. 청동기 시대에는 돌도끼, 홈자귀, 괭이 등 돌이나 나무로 만든 농기구를 통해 땅을 개간하여 곡식을 심었고, 가을에는 반달 돌칼로 이삭을 잘라 추수하였다.

② 철기 시대: 부여, 고구려 등의 초기 국가는 철기 문화를 기반으로 성립되었다.

④ 구석기 시대: 채집과 사냥을 주로 하며 처음으로 불을 사용하기 시작한 시대는 구석기 시대이다. 구석기 시대에는 채집과 사냥을 하며 이동 생활을 하였기 때문에 주로 동굴에서 생활하거나 지상 혹은 강가에 막집을 지어 생활하였다. 또한 구석기 시대의 유적인 대전 용호동 유적에서는 불을 땐 화덕 자리가 발견되어 구석기 시대에서부터 불이 사용되었음을 알 수 있다.

---

02 고대 신문왕 난이도 하 ●○○

자료분석

9주가 갖추어짐 + 서원과 남원에 소경 설치 → 신문왕

정답설명

① 신문왕은 관리에게 관료전을 관등에 따라 차등 있게 지급하고 녹읍을 폐지하여 귀족 세력의 경제적 기반을 약화시키고 국가의 경제력을 강화하였다.

오답분석

② 진흥왕: 황룡사가 건립된 것은 진흥왕 때이다.

③ 문무왕: 신라가 나·당 전쟁에서 승리하여 당을 축출하고 삼국 통일을 완성한 것은 문무왕 때이다.

④ 경덕왕: 국학을 태학(감)으로 개칭한 것은 경덕왕 때이다. 한편 신문왕은 유교 정치 이념을 확립시키기 위하여 국학을 설립하였다. 이후 국학은 경덕왕 때 태학(감)으로 개칭되었다가 혜공왕 때 다시 국학으로 변경되었다.

✍ 이것도 알면 합격

신문왕의 업적

왕권 강화	김흠돌의 모역 사건을 계기로 귀족 세력을 숙청하고 정치 세력을 왕권 중심으로 재편성
체제 정비	· 중앙 관제: 집사부 이하 14관부 완성 · 지방 제도: 9주 5소경 체제 완비 · 군사 조직: 9서당 10정 편성 · 교육: 국학을 설치하여 유학 교육 실시 · 토지 제도: 관료전을 지급하고 녹읍 폐지

---

03 조선 후기 조선 후기의 문화 난이도 중 ●●○

정답설명

① 분청사기는 고려 말 원으로부터 북방 가마의 기술이 도입되면서 등장하여, 조선 전기에 유행하였다. 조선 후기에는 안료를 사용하여 화려한 무늬를 넣은 청화 백자나 철화 백자가 제작되었다.

오답분석

② 조선 후기에는 남녀 간의 사랑이나 현실에 대한 비판 등 서민의 감정을 솔직하게 표현하는 사설시조가 유행하였다.

---

③ 조선 후기에는 우리의 고유한 자연과 풍속을 사실적으로 표현한 진경 산수화가 발달하였다. 대표적인 작품으로 겸재 정선의 인왕제색도와 금강전도 등이 있다.

④ 조선 후기에는 박지원의 「허생전」, 「호질」, 「양반전」과 같이 문벌 제도의 모순 등 양반 사회를 비판·풍자하는 한문 소설이 유행하였다. 한편 조선 후기에는 서민들의 의식 수준이 높아지면서 『홍길동전』, 『춘향전』과 같이 신분제를 비판하고 탐관오리를 응징하는 한글 소설도 유행하였다.

04 고려 시대 고려 시대의 토지 제도 난이도 중 ●●○

정답설명

① 옳은 것을 모두 고르면 ㉠, ㉢이다.
㉠ 고려 시대에 5품 이상의 관리에게는 자손에게 세습할 수 있는 공음전이 지급되었다.
㉢ 고려 시대의 중앙군인 2군 6위 소속의 병사에게 지급된 군인전은 직역과 함께 자손에게 세습되었다.

오답분석

㉡ 중앙 및 지방 관청의 경비를 충당하기 위해 지급된 토지는 공해전이다. 외역전은 지방 향리에게 지급된 토지로 직역과 함께 세습되었다.
㉣ 18과에 들지 못한 관원을 대상으로 지급되던 한외과가 소멸된 것은 문종 때 경정 전시과(1076)가 정비되면서이다. 경정 전시과에서는 모든 관원이 18과로 편성되며 한외과가 소멸되었다.

🖐️이것도 알면 합격

고려 전시과 토지 종류

공음전	5품 이상의 관리에게 지급
군인전	중앙군(2군 6위)에게 지급
외역전	지방 향리에게 지급
한인전	6품 이하 하급 관리의 자제 중 무관직자에게 지급
구분전	하급 관리와 군인의 유가족에게 지급
별사전	지리업 종사자와 법계를 지닌 승려에게 지급
공해전	중앙과 지방의 각 관청의 경비를 충당하기 위해 지급
내장전	왕실의 경비를 충당하기 위해 지급

05 근대 대한매일신보 발행 시기의 사실 난이도 중 ●●○

자료분석

베델 + 정부의 잘못과 시국 변동을 여지없이 폭로 → (가) 대한매일신보(1904~1910)

정답설명

① 원각사는 대한매일신보 발행 시기인 1908년에 건립되었다. 원각사는 우리나라 최초의 서양식 극장으로, '은세계', '치악산' 등의 작품을 공연하였다.

오답분석

모두 대한매일신보 발행 이전의 사실이다.
② 광혜원(제중원)이 설립된 것은 1885년이다. 광혜원은 미국인 알렌과 조선 정부의 합작으로 세워진 우리나라 최초의 서양식 병원이다.

③ 동문학이 설립된 것은 1883년이다. 동문학은 1880년대 초반 서양 열강들과의 조약 체결로 외교 통상 업무가 중요해지자, 통역관 양성을 위해 정부가 설립한 외국어 교육 기관이다.

④ 명동성당이 완공된 것은 1898년이다. 명동 성당은 높은 첨탑이 특징인 고딕 양식의 건축물이다.

🖐️이것도 알면 합격

근대의 건물

건물	시기	특징
독립문	1897	프랑스 개선문 모방
명동 성당	1898	중세 고딕 양식
덕수궁 중명전	1901	러시아의 사바틴이 설계, 을사늑약 체결 장소
원각사	1908	최초의 서양식 극장, '은세계', '치악산' 등 공연
덕수궁 석조전	1910	영국의 하딩과 로벨이 설계, 르네상스식 건물

06 일제 강점기 대한민국 임시 정부의 활동 난이도 중 ●●○

정답설명

② 순서대로 바르게 나열하면 ㉠ 국민 대표 회의(1923) → ㉣ 제2차 개헌(국무령제, 1925) → ㉢ 건국 강령 발표(1941) → ㉡ 제5차 개헌(주석·부주석제, 1944)이다.
㉠ 국민 대표 회의: 1923년에 대한민국 임시 정부의 방향을 둘러싸고 상하이에서 국민 대표 회의가 개최되었다. 국민 대표 회의는 임시 정부를 해체하고 새 정부를 만들자는 창조파와, 임시 정부를 그대로 두고 개편하자는 개조파의 대립으로 결렬되었다.
㉣ 제2차 개헌(국무령제): 국민 대표 회의 결렬 이후 대한민국 임시 정부는 제2차 개헌을 통해 지도 체제를 국무령 중심의 내각 책임제로 전환하였다 (1925).
㉢ 건국 강령 발표: 충칭에 정착한 대한민국 임시 정부는 1941년에 건국 강령을 발표하였다. 임시 정부의 건국 강령은 조소앙의 삼균주의(인균, 족균, 국균)를 바탕으로, 보통 선거에 의한 민주 공화정 수립 등을 주요 골자로 하였다.
㉡ 제5차 개헌(주석·부주석제): 1944년에 대한민국 임시 정부는 제5차 개헌을 통해 정부 형태를 주석·부주석 체제로 개편하였다. 그 결과 김구가 주석을 연임하고, 부주석으로는 김규식이 취임하였다.

🖐️이것도 알면 합격

대한민국 임시 정부의 개헌 과정

개헌	정치 체제
제1차 개헌(1919)	대통령 중심제(3권 분립)
제2차 개헌(1925)	국무령 중심의 내각 책임제
제3차 개헌(1927)	국무 위원 집단 지도 체제
제4차 개헌(1940)	주석(김구) 중심의 단일 지도 체제
제5차 개헌(1944)	주석(김구)·부주석(김규식) 체제

해커스공무원 매일 하프모의고사 한국사

자료분석

불씨(佛氏) + 사사로운 마음에서 나온 것 + 징계해야 함 → 『불씨잡변』 → 정도전

정답설명

③ 정도전은 『조선경국전』, 『경제문감』 등의 법전을 편찬하여 조선 왕조의 통치 규범을 마련하였다.

오답분석

① **최치원(신라):** 신라 화랑 난랑을 위해 지은 비문인 난랑비 서문을 작성한 인물은 최치원이다. 최치원은 난랑비 서문에서 신라 화랑들이 받아들여 수행한 사상 정신인 '풍류(도)'에 대해 설명하였다. 이 비문을 통해 화랑도가 삼교 회통 사상(유·불·도 3교의 기본 정신이 상호 모순되기보다는 오히려 일치함)을 바탕으로 하였다는 사실을 알 수 있다.

② **이황:** 『성학십도』를 지어 왕(선조)에게 바친 인물은 이황이다. 이황은 『성학십도』에서 성리학의 주요 원리를 10개의 도식(그림)으로 설명하고, 군주 스스로 성학을 따를 것을 강조하였다.

④ **권근:** 성리학 입문서인 『입학도설』을 저술한 인물은 권근이다. 『입학도설』은 성리학을 처음 배우는 이들에게 성리학의 기본적인 지식을 쉽게 알리기 위하여 그림을 넣어 설명한 책이다. 한편 정도전이 저술한 성리학 저서로는 『학자지남도』 등이 있다.

자료분석

진주민 수만 명 + 서리들의 가옥을 불사르고 부숨 + 우병사(백낙신) → 임술 농민 봉기(1862, 철종)

정답설명

③ 임술 농민 봉기 때 봉기가 확산되자 정부는 삼정의 문란을 해결하기 위한 개혁 기구로 삼정이정청을 설치하였다. 그러나 삼정이정청이 얼마 지나지 않아 폐지되면서 근본적 해결책 마련에는 실패하였다.

오답분석

① **정여립 모반 사건:** 대동계라는 비밀 결사를 조직한 것은 선조 때의 정여립 모반 사건과 연관이 있다.

② **동학 농민 운동:** 주도 세력이 노비 문서를 불태울 것(신분제 폐지)을 주장한 사건은 동학 농민 운동이다.

④ **홍경래의 난:** 홍경래를 중심으로 몰락 양반과 영세 농민, 광산 노동자, 상인 등이 참여하여 일으킨 사건은 홍경래의 난(1811, 순조)이다.

이것도 알면 합격

임술 농민 봉기(1862, 철종)

원인	삼정의 문란 + 경상 우병사 백낙신의 수탈
전개	· 몰락 양반 출신인 유계춘을 중심으로 봉기 · 진주를 중심으로 전개 → 전국적인 민란으로 확산
정부 대책	· 선무사와 안핵사 파견 → 민심 회유 및 주동자 처벌 · 삼정이정청 설치 → 삼정의 문란 시정 약속
결과	정부 대책에 따라 봉기는 진정되었지만 삼정이정청이 얼마 지나지 않아 폐지되어 근본적 해결책 마련에는 실패

자료분석

쌀 공급 부족 + 식량 문제 해결 → (가) 산미 증식 계획

정답설명

③ 1920년대에 산미 증식 계획이 시행된 결과 일제의 지나친 수탈로 인해 국내의 식량이 부족해졌고, 이로 인해 만주산 조, 수수, 콩 등의 잡곡 수입이 증가하였다.

오답분석

① 농광 회사는 일본의 황무지 개간권 요구에 대응하여 우리 손으로 직접 황무지를 개간하기 위해 1904년에 설립된 회사로, 산미 증식 계획과는 관련이 없다.

② **농촌 진흥 운동:** 춘궁 퇴치와 농가 부채 근절을 명분으로 시행한 것은 1930년대에 일본이 추진한 농촌 진흥 운동이다. 일본은 대공황의 여파와 사회주의 확산으로 인해 소작 쟁의가 극심해지자, 농민들을 회유하기 위해 농촌 진흥 운동을 시행하였다.

④ 함경도 관찰사 조병식이 개정된 조·일 통상 장정(1883)을 근거로 곡물 수출을 막는 방곡령(1889)을 내린 것은 산미 증식 계획과 관련이 없다.

정답설명

④ 신한 공사는 미 군정 시기에 일제의 귀속 재산 관리를 위해 설치(1946)된 기구이다. 한편 제헌 국회에서는 귀속 재산 처리법을 제정(1949. 12.)하여 국·공유 재산을 제외한 귀속 재산을 불하하였다.

오답분석

① 5·10 총선거를 통해 선출된 제헌 국회의원의 임기는 2년이었다.

② 제헌 국회에서는 총 200석의 의석 중 무소속 의원들이 85석으로 가장 많은 의석을 차지하였는데, 이는 정당 정치 문화가 정착되지 않았던 당시의 상황과 더불어 김구 및 한국 독립당과 같이 많은 지지를 받았으나 총선거에 불참한 정치 세력이 많았기 때문이었다. 무소속 의원의 뒤를 이어 이승만의 지지 세력이었던 대한 독립 촉성 국민회, 제1 야당의 역할을 한 한국 민주당이 차례로 많은 의석을 확보하였다.

③ 제헌 국회 내의 일부 소장파 국회의원들이 외국군 철수와 평화 통일을 주장하며 정부에 비판적인 태도를 보이자, 이승만 정부는 이 국회의원들을 남조선 노동당과 접촉하여 국회 내 프락치 역할을 했다는 혐의로 대거 구속하는 국회 프락치 사건을 조작하였다(1949).

이것도 알면 합격

제헌 국회의 활동

반민족 행위 처벌법 (1948. 9.)	· 친일파를 처벌하고 공민권 제한 · 반민족 행위 특별 조사 위원회 구성
농지 개혁법 (제정 1949, 시행 1950)	· 3정보 이상 토지 소유를 금지, 유상 매입, 유상 분배 · 평년 수확량의 30%씩, 5년간 총 150%를 국가에 상환
귀속 재산 처리법 (1949. 12.)	국공유 재산을 제외한 귀속 재산의 불하 사업 추진

정답
p.92

01	④ 선사 시대
02	② 고려 시대
03	③ 고려 시대
04	① 고대
05	③ 조선 전기
06	③ 일제 강점기
07	② 조선 후기
08	③ 일제 강점기
09	② 현대
10	④ 현대

취약시대 분석표

분류	시대	문항 수
전근대	선사 시대	/1
	고대	/1
	고려 시대	/2
	조선 전기	/1
	조선 후기	/1
근현대	근대	/0
	일제 강점기	/2
	현대	/2
통합	시대 통합	/0
총합		/10

* 취약시대 분석표를 이용해 틀린 문제가 있는 시대는 그 시대의 문제만 골라 해설을 다시 한번 꼼꼼히 학습하세요.

01 선사 시대 부여
난이도 하 ●○○

자료분석

은력 정월에 하늘에 제사 + 영고 → 부여

정답설명

④ 부여에는 왕이 죽으면 노비 등을 함께 묻는 순장의 풍습이 있었다.

오답분석

① 변한·진한: 아이가 태어나면 돌로 머리를 눌러 납작하게 하는 편두의 풍습이 있었던 나라는 삼한 중 변한과 진한이다.
② 고구려: 서옥제라는 혼인 풍습이 있었던 나라는 고구려이다. 서옥제는 혼인을 정한 뒤 신부집 뒤꼍에 조그만 집(서옥)을 짓고, 거기서 자식을 낳아 장성하면 아내를 데리고 신랑 집으로 돌아가는 제도이다.
③ 삼한: 신지, 견지, 부례, 읍차 등의 지배자가 있었던 나라는 삼한이다. 삼한의 지배자 중 세력이 큰 자는 신지·견지, 세력이 작은 자는 부례·읍차라고 불렸다.

이것도 알면 합격

부여

정치	· 5부족 연맹체: 왕 아래에 가축의 이름을 딴 마가, 우가, 저가, 구가라는 가(加, 대가)들이 존재 · 사출도: 가들이 다스리는 행정 구역인 사출도가 존재
경제	말·주옥·모피가 특산물
풍속	· 제천 행사: 영고(은정월, 12월) · 법률: 1책 12법(남의 물건을 훔치면 12배를 배상) · 순장(장례), 형사취수제(혼인), 우제점법(소를 죽여 굽의 모양으로 길흉을 점침)

02 고려 시대 『삼국유사』
난이도 중 ●●○

자료분석

삼국의 시조가 모두 신이한 데서 나왔다 + 기이(편) → 『삼국유사』

정답설명

② 『삼국유사』는 『고기(古記)』의 내용을 인용하여 단군 신화를 수록하였다. 『삼국유사』는 불교사를 중심으로 일연이 충렬왕 때 편찬한 역사서로, 역사·불교·설화 등에 관한 많은 문헌과 서적이 인용되어 있으며, 우리의 고유 문화와 전통이 반영된 단군 신화를 비롯하여 민간 설화·전래 기록·14수의 신라 향가 등이 수록되어 있다.

오답분석

① 『동명왕편』: 고구려 계승 의식이 반영된 영웅 서사시는 『동명왕편』이다. 이규보가 저술한 『동명왕편』은 고구려 건국의 영웅인 동명왕(주몽)의 삶과 업적을 5언시체로 서술하였다.
③ 『동국통감』(조선): 삼국 이전의 역사를 「외기」로 구분하여 서술한 역사서는 『동국통감』이다. 『동국통감』은 성종 때 서거정 등이 고조선부터 고려 말까지의 역사를 편년체로 정리한 통사인데, 단군 조선부터 삼한까지의 역사는 자료가 부족해 체계적인 서술이 불가능하다고 판단하여 「외기」로 따로 분류하여 기록하였다.
④ 『삼국사기』: 현존하는 우리나라에서 가장 오래된 역사서는 『삼국사기』이다. 인종 때 김부식이 저술한 『삼국사기』는 유교적 합리주의 사관에 기초하여 기전체로 서술되었다.

03 고려 시대 태조 왕건
난이도 하 ●○○

자료분석

당나라의 풍속을 본받았으나 똑같이 할 필요는 없음 + 거란의 복식, 제도 등은 본받지 말 것 → 훈요 10조 → 태조 왕건

정답설명

③ 태조 왕건은 빈민 구제를 위한 기구로 흑창을 설치하였다. 흑창은 춘궁기에 곡식을 나눠 주고 추수 후에 갚게 했던 빈민 구휼 기관으로, 이후 성종 때 의창으로 개편되었다.

오답분석

① 경종: 전시과 제도를 처음으로 시행한 왕은 경종이다. 경종은 전·현직 관리에게 4색 공복을 기준으로 한 관등의 높고 낮음과 인품에 따라 전지와 시지에 대한 수조권을 지급하는 시정 전시과를 처음으로 시행하였다(976).

② 성종: 불교 행사의 축소를 주장한 최승로의 건의를 받아들여 국가 주도의 대규모 불교 행사인 팔관회·연등회를 축소·폐지한 왕은 성종이다. 한편 태조 왕건은 훈요 10조에서 연등회·팔관회 등을 장려하였다.

④ 광종: 독자적인 연호를 사용하며 스스로를 황제로 칭하고, 수도 개경을 황도, 서경을 서도로 칭한 왕은 고려 광종이다. 한편 태조 왕건은 평양을 서경으로 승격시키고 북진 정책의 전진 기지로 적극 개발하였다.

04 고대 고대 국가의 대외 교역 · 난이도 중 ●●○

정답설명

① 금·은·모피류는 고구려가 중국에 주로 수출하였던 품목이다. 고구려는 중국의 남북조 및 북방의 유목민과 주로 교류하였으며 중국에 금·은·모피류를, 왜에는 해표피·모피류 등을 수출하였다. 한편 고구려, 백제, 신라의 삼국은 중국으로부터 도자기·비단·서적 등을 주로 수입하였다.

오답분석

② 백제는 남중국 및 왜와 활발하게 교류하였으며 중국에 인삼·직물류를, 왜에는 곡물·직물류 등을 수출하였다.

③ 신라는 한강 유역을 확보하기 전에는 고구려와 백제를 통해 간접적으로 중국과 무역하였으나, 6세기 중반 진흥왕 때 한강 유역을 확보한 이후에는 당항성을 통하여 중국과 직접 교역하였다.

④ 발해에서는 솔빈부에서 사육한 말이 주요 수출품이었다. 이외에도 발해는 각종 토산물과 불상, 자기 등의 수공업품을 당나라에 수출하였다.

05 조선 전기 조선 시대 중앙 정치 기구 · 난이도 중 ●●○

자료분석

(가) 임금에게 간언 + 정사의 잘못을 논박 → 사간원
(나) 경적 관리 + 왕의 고문 + 경연을 겸임 → 홍문관

정답설명

③ 사간원은 사헌부와 함께 5품 이하의 관리 임명에 대한 동의권인 서경권을 가지고 있었다. 한편 사간원과 사헌부는 양사라고도 불리었으며, 양사의 관원을 대간이라고 하였다.

오답분석

① 사간원은 태종 때 처음 설치되었다. 태종은 문하부를 혁파하여 재신을 의정부에 합치고, 낭사를 사간원으로 독립시켜 언론 기능을 강화하고 대신들을 견제하도록 하였다.

② 승정원: 왕명의 출납을 담당하는 왕의 비서 기관으로 은대·후원·대언사 등으로 불리었던 기관은 승정원이다. 홍문관은 옥당, 옥서, 영각 등으로 불렸다.

④ 사헌부: 주요 업무가 고려의 어사대와 비슷하였던 기구는 사헌부이다. 조선의 사헌부는 시정 논의·관리 감찰 및 탄핵·풍속 교정 등을 담당한 기구였으며, 고려의 어사대는 관료를 감찰·탄핵하는 임무를 수행하였다.

🔖 이것도 알면 합격

조선의 삼사

구성	• 사헌부: 관리 비리 감찰 • 사간원: 왕에게 간쟁과 논박을 하며 정사 비판 • 홍문관: 문필 활동을 하면서 언론 기능 담당
특징	• 권력의 독점과 부정을 방지하기 위한 기구 • 5품 이하 당하관을 임명할 때 양사(사헌부, 사간원)의 대간이 가부를 승인하는 서경권 행사

06 일제 강점기 형평사와 근우회 창립 사이의 사실 · 난이도 상 ●●●

자료분석

(가) 공평 + 계급을 타파 + 모욕적인 칭호 폐지 → 형평사 창립(1923)
(나) 조선 자매 전체의 역량을 공고히 단결 → 근우회 창립(1927)

정답설명

③ 조선 소작 조정령은 근우회 창립(1927) 이후인 1932년에 발표되었다. 일제는 대공황의 여파와 사회주의 확산으로 인해 소작 쟁의가 극심해지자, 농촌 진흥 운동(1932)을 시행하고 조선 소작 조정령(1932)·조선 농지령(1934) 등을 발표하여 소작 쟁의를 무마하고자 하였다.

오답분석

① 정우회 선언은 1926년에 사회주의 계열의 단체인 정우회가 비타협적 민족주의 세력과 제휴할 것을 주장하며 발표하였다. 이 선언은 신간회(1927) 창립에 영향을 주었다.

② 6·10 만세 운동은 1926년에 순종의 인산일을 계기로 학생 단체들이 중심이 되어 전개하였다. 한편 6·10 만세 운동 준비 과정에서 사회주의 계열과 천도교 중심의 민족주의 계열이 연대하면서 이후 민족 유일당 운동이 전개되는 계기가 되었다.

④ 조선 노농 총동맹은 노동 운동과 농민 운동을 포괄하는 전국적인 연합 단체로 1924년에 결성되었다. 조선 노농 총동맹은 이후 조선 노동 총동맹과 조선 농민 총동맹으로 분리되었다(1927).

07 조선 후기 주전론과 주화론 · 난이도 중 ●●○

자료분석

○ 오랑캐의 노여움을 도발 + 백성이 도탄에 빠지게 됨 → 주화론
○ 윤집 + 화의가 나라를 망침 + 노적은 부모(명)의 원수 → 주전론

정답설명

② 정묘호란(1627) 이후 청(후금)이 조선에 군신 관계를 요구하자 조선 정부는 주전론과 주화론으로 국론이 분열되었고, 주전론이 우세해지면서 병자호란(1636)이 일어났다. 병자호란 이후 효종 때에는 북벌을 위해 어영청의 군사 수를 대폭 증원하는 등 군사력을 강화하였다.

오답분석

모두 주전론과 주화론이 나타나기 이전의 사실이다.

① 조선이 청(후금)과 정묘약조를 체결하여 형제의 맹약을 맺은 것은 정묘호란 (1627) 때의 일이다.

③ 이괄은 인조반정 후 논공행상에 대한 불만을 품고 난을 일으켰다(1624). 이괄의 난 실패 이후 그 잔당이 후금과 내통하였고, 이는 정묘호란의 원인이 되었다.

④ 포수, 사수, 살수의 삼수병으로 구성된 훈련도감은 임진왜란 기간 중인 선조 때 유성룡의 건의에 따라 왜군에 대응하기 위한 임시 기구로 설치(1593)되었다.

08 일제 강점기 독립 협회 난이도 중 ●●○

자료분석

관민이 합심하여 + 정부와 백성의 권리가 절반씩 함께 → 독립 협회

정답설명

③ 독립 협회는 러시아가 저탄소 설치를 위하여 절영도의 조차를 요구하자, 만민 공동회를 개최하여 이를 규탄하였다.

오답분석

① 대한민국 임시 정부: 독립운동의 자금을 마련하기 위해 독립 공채(애국 공채)를 발행한 단체는 대한민국 임시 정부(1919)이다.

② 장교 양성을 위해 무관 학교를 설립한 것은 대한 제국 시기에 추진된 광무 개혁의 내용이다.

④ 급진 개화파: 모든 국가 재정을 호조에서 관할할 것을 주장한 것은 갑신정변(1884) 때의 급진 개화파이다.

🖐️이것도 알면 합격

독립 협회의 자주 국권 운동
· 고종에게 자주 국권 확립을 요구하는 구국 선언 상소문을 올림
· 만민 공동회(1898. 3.) 개최: 이권 침탈 규탄 → 러시아의 절영도 조차 저지, 일본의 석탄고 기지 반환, 러시아 재정 고문·군사 교련단 철수 요구, 독일·프랑스의 광산 채굴권 요구 저지, 한러은행 폐쇄

09 현대 제2차 개헌안 난이도 하 ●○○

자료분석

대통령은 1차 중임 가능 + 공포 당시의 대통령에 대하여는 적용하지 아니함 → 제2차 개헌안(사사오입 개헌, 1954)

정답설명

② 제2차 개헌안은 '사사오입'의 논리로 통과되었다. 자유당은 초대 대통령에 한해 중임 제한을 철폐한다는 내용의 개헌안을 제출하였으나 1표 차이로 부결되었다. 그러나 자유당은 이틀 후에 '사사오입(반올림)'의 논리를 내세워 개헌안을 강압적으로 통과시켰다.

오답분석

① 1차 개헌안: 계엄령 아래 기립 표결로 통과된 개헌안은 제1차 개헌안(발췌 개헌, 1952)이다. 제2대 총선(1950) 이후 국회 간선제로는 대통령 재선이 힘들다고 생각한 이승만 대통령은 6·25 전쟁 중이던 1952년에 임시 수도

부산에서 대통령 직선제를 골자로 하는 여당의 주장과, 양원제를 골자로 하는 야당 측의 주장을 절충한 발췌 개헌안을 강압적으로 통과시켰다.

③ 제3차 개헌: 장면 내각이 수립되는 바탕이 된 개헌안은 제3차 개헌안 (1960)이다. 4·19 혁명을 계기로 이승만 대통령이 하야하고 허정 과도 정부가 수립되었다. 허정 과도 정부는 내각 책임제와 국회 양원제를 골자로 한 제3차 개헌을 추진하였고, 이 개헌안을 토대로 실시된 제5대 총선에서 민주당이 승리하고 장면이 국무총리로 임명되어 장면 내각이 수립되었다.

④ 제헌 헌법: 반민족 행위자 처벌법 제정의 근거 조항이 마련된 헌법은 제헌 헌법이다. 제헌 헌법에는 '이 헌법을 제정한 국회(제헌 국회)는 단기 4278년 (1945년) 8월 15일 이전의 악질적인 반민속 행위를 서벌하는 특별법을 제정할 수 있다'고 명시되어 있다. 제헌 국회는 이 조항을 근거로 반민족 행위 처벌법을 제정(1948. 9.)하였다.

🖐️이것도 알면 합격

사사오입 개헌

배경	· 제3대 국회의원 총선거에서 자유당이 다수를 차지 · 이승만의 영구 집권 도모
내용	초대 대통령에 한해 중임 제한 철폐
결과	· 이승만이 제3대 대통령에 당선(1956) · 야당의 장면이 부통령에 당선

10 현대 남북 기본 합의서 채택과 구제 금융 요청 사이의 사실 난이도 하 ●○○

자료분석

(가) 남북 기본 합의서(1991. 12.) ~ 국제 통화 기금(IMF)에 구제 금융 요청 (1997)

정답설명

④ (가), (나) 사이 시기인 김영삼 정부 시기에 지방 자치제가 전면적으로 실시되었다(1995). 지방 자치 제도는 이승만 정부와 장면 내각 시기에 시도되었으나 제대로 이루어지지 못하였고, 노태우 정부 때에 이르러 지방 의회의 기초 의원 선거가 실시되는 등 부분적으로 시행되었다. 이후 김영삼 정부 때 지방 자치 단체장(시장, 군수 등)을 선출하기 위한 지방 선거까지 이루어지며 지방 자치제가 전면 실시되었다.

오답분석

① 구제 금융 요청 이후: 노사정 위원회가 설립(1998)된 것은 김대중 정부 시기로, 국제 통화 기금에 구제 금융을 요청한 이후이다. 노사정 위원회는 외환 위기 극복 과정에서 노동자의 고용 안정과 근로 조건 등을 협의하기 위해 설립된 사회적 협의 기구이다.

② 남북 기본 합의서 이전: 남북한이 유엔(국제 연합)에 동시 가입한 것은 노태우 정부 시기인 1991년 9월로, 남북 기본 합의서 채택 이전이다. 노태우 정부는 북방 외교 정책을 추진하여 공산주의 국가와 외교 관계를 형성하였고, 그 영향으로 남북 고위급 회담(1990)이 추진되고 남북은 유엔에 동시 가입 (1991. 9.)하였다.

③ 남북 기본 합의서 이전: 우리 교육이 지향해야 할 이념과 목표를 제시한 국민 교육 헌장이 선포(1968)된 것은 박정희 정부 시기로, 남북 기본 합의서 채택 이전이다.

정답

p.96

01	② 선사 시대
02	③ 고려 시대
03	④ 조선 전기
04	③ 고대
05	② 조선 후기
06	② 고대
07	① 근대
08	③ 근대
09	② 일제 강점기
10	② 현대

취약시대 분석표

분류	시대	문항 수
전근대	선사 시대	/1
	고대	/2
	고려 시대	/1
	조선 전기	/1
	조선 후기	/1
근현대	근대	/2
	일제 강점기	/1
	현대	/1
통합	시대 통합	/0
총합		/10

* 취약시대 분석표를 이용해 틀린 문제가 있는 시대는 그 시대의 문제만 골라 해설을 다시 한번 꼼꼼히 학습하세요.

---

01 선사 시대 신석기 시대와 청동기 시대 난이도 하 ●○○

자료분석

(가) 미송리식 토기 → 청동기 시대
(나) 빗살무늬 토기 → 신석기 시대

정답설명

② 청동기 시대에는 정복 전쟁이 활발해지며 마을을 보호하기 위한 목책(울타리), 환호(마을을 둘러싼 도랑) 등의 방어 시설이 만들어졌다.

오답분석

① **구석기 시대:** 동굴이나 바위 그늘에 살거나 막집을 짓고 살았던 시기는 구석기 시대이다. 구석기 시대에는 채집과 사냥을 하며 이동 생활을 하였기 때문에 주로 동굴에서 생활하거나 강가에 막집을 지어 생활하였다.

③ **철기 시대:** 소를 이용한 밭갈이 농사가 시작된 것은 철기 시대로 추측된다. 한편 『삼국사기』에는 신라 지증왕 때 소를 이용한 농사법(우경)을 보급하였다는 기록이 남아 있다.

④ **청동기 시대:** 탁자식(북방식)과 바둑판식(남방식) 형태의 고인돌이 축조된 것은 청동기 시대이다. 고인돌은 지배 계층의 무덤으로, 당시 지배층이 가진 정치 권력과 경제력을 반영하고 있다.

02 고려 시대 예종 난이도 중 ●●○

자료분석

7재 + 복원관(복원궁) → (가) 예종

정답설명

③ 옳은 것을 모두 고르면 ⓒ, ⓒ이다.

ⓒ 예종은 윤관을 원수로 하여 별무반을 이끌고 여진 정벌을 단행하도록 하였고, 그 결과 동북 지방 일대에 9성이 축조되었다(1107). 동북 9성은 이후 방어의 어려움 등으로 여진에 다시 반환되었다(1109).

ⓒ 예종은 지방관이 없는 속군·속현·향·소·부곡 등의 말단 지방 행정 단위에 감무라는 지방관을 파견하였다.

오답분석

㉠ **광종:** 일정 기금을 만들어 그 이자로 빈민을 구제하는 기구인 제위보를 설치한 왕은 광종이다. 한편 예종은 백성의 질병 치료를 위한 혜민국과, 병자의 치료와 빈민 구제를 위한 구제도감을 설치하였다.

㉣ **성종:** 서경에 수서원이라는 도서관을 설치한 왕은 성종이다. 한편 예종은 도서관 겸 학문 연구소인 청연각과 보문각을 설치하였다.

✌️이것도 알면 합격

예종의 업적

지방 행정 조직 정비	5도에 안찰사 파견, 감무 파견
대외 관계	별무반(윤관)을 파견하여 여진 정벌, 동북 9성을 축조
관학 진흥책	· 국자감(국학)에 전문 강좌인 7재 설치 · 일종의 장학 재단인 양현고 설치 · 왕실 도서관 겸 학문 연구소인 청연각·보문각 등을 설치
사회 안정책	혜민국(백성의 질병 치료·약 처방), 구제도감(빈민 구호 시설) 설치
문화	도교 사원인 복원궁 설립

④ 원효: 『대승기신론소』를 저술한 인물은 원효이다. 원효는 『대승기신론소』,
『금강삼매경론』 등을 저술하여 불교의 사상적 이해 기준을 확립하였다.

이것도 알면 합격

의상	
화엄 사상의 정립	· 모든 존재가 상호 의존적이면서 서로 조화를 이루고 있다는 화엄 사상 정립 · '일즉다 다즉일'의 원융 사상은 전제 왕권 중심의 중앙 집권적 통치 체제를 뒷받침 · 화엄 사상의 핵심을 시로 축약한 『화엄일승법계도』 저술
관음 신앙 전파	질병이나 재해 등 인간의 현실적 고뇌를 해결해 주는 관(세)음보살을 신봉하는 관음 신앙 전파

---

05 조선 후기 조선 후기의 모습   난이도 중 ●●○

자료분석

전황 + 부상대고 → 조선 후기

정답설명

② 관리가 전시과나 과전법 등에 의하여 토지의 수조권을 지급받았던 것은
고려 시대 ~ 조선 전기의 사실이다. 수조권에 입각한 토지 지급 방식은 조
선 명종 때 직전법이 폐지되면서 사라졌다.

오답분석

① 조선 후기에는 고구마(18세기, 일본)·감자(19세기, 청) 등의 구황 작물이 도
입되어 재배되었으며, 고구마의 재배 방법을 기술한 『감저보』, 『감저신보』
등이 간행되기도 하였다. 조선 후기에는 감자·고구마 등의 구황 작물 외에
도 담배·인삼·채소 등의 상품 작물이 재배되었다.

③ 조선 후기에 보부상은 장시를 돌아다니며 물건을 사고파는 활동을 통해 지
방의 장시들을 연결하여 하나의 유통망을 형성하였다.

④ 조선 후기에는 전문 광산 경영인인 덕대가 상인 물주에게 자본을 조달받아
광산을 경영하는 덕대제가 유행하였다. 덕대들은 물주의 자본을 바탕으로
혈주(채굴업자)·채굴 노동자·제련 노동자 등을 고용하여 광물을 채굴하고
제련하였다.

---

03 조선 전기 조선 시대의 과거 제도   난이도 상 ●●●

정답설명

④ 조선 시대에 정기 과거 시험인 식년시의 경우, 문과의 대과 및 무과는
'초시-복시-전시'의 과정으로 치러졌으며, 잡과만 '초시-복시'의 과정을
거쳤다. 이중 대과(문과) 및 무과의 초시 합격자 수는 각 도의 인구 비율
에 따라 차이를 두었으며, 복시는 인구 비율에 상관없이 성적순으로 문과
33명, 무과 28명의 합격자를 선발하였다. 이후 대과 및 무과의 복시 합
격자들을 대상으로 실시한 전시는 이들의 순위를 결정하는 시험이었다.

오답분석

① 조선 시대에 소과(문과) 및 잡과 합격자에게는 백패가, 대과(문과) 및 무과
합격자에게는 홍패가 지급되었다.

② 조선 시대에 소과(문과) 초시의 합격자 수는 각 도의 인구 비율에 따라 차
등을 두었다. 이후 치러진 소과의 복시는 인구 비율에 상관없이 성적순으로
합격자를 선발하였다.

③ 『경국대전』의 규정에 따라 탐관오리의 아들·재가한 여자의 자손과 더불어
서얼의 문과 응시가 제한되었으나, 무과와 잡과에는 서얼도 응시할 수 있
었다.

이것도 알면 합격

조선 시대 과거 제도		
문과	소과	· 생원시·진사시 · 절차: 초시(각 도의 인구 비례) → 복시(과목별 100명) · 합격자: 백패 지급, 성균관 입학·대과 응시·하급 관리 진출 자격 취득
	대과 (문과)	· 절차: 초시(각 도의 인구 비례) → 복시(33명 선발) → 전시(갑·을·병과) · 합격자: 홍패 지급, 문반으로 진출
무과		· 절차: 초시(각 도의 인구 비례) → 복시(28명 선발) → 전시(갑·을·병과)
잡과		· 종류: 역과, 율과, 의과, 음양과 · 절차(전시 X): 초시 → 복시(46명)

---

04 고대 의상   난이도 중 ●●○

자료분석

중국(당)으로 유학 + 지엄의 제자 → 의상

정답설명

③ 의상은 만물이 상호 의존적인 관계에 있으며 서로 조화를 이루고 있다는
화엄 사상의 요지를 정리한 『화엄일승법계도』를 저술하였다.

오답분석

① 원측: 유식학 경전인 『해심밀경』을 주석하여 『해심밀경소』를 저술한 인물
은 원측이다. 원측은 당에 유학하여 현장으로부터 유식학을 배우고, 이를
독자적으로 발전시켜 서명 학파를 형성하였다. 한편 원효도 『해심밀경소』
라는 이름의 서적을 저술하기도 하였으나, 그 서문만 전해진다.

② 혜초: 인도와 중앙아시아 지역을 순례하고 그 지역의 풍습, 언어, 종교 등을
기록한 기행문인 『왕오천축국전』을 저술한 인물은 혜초이다.

---

06 고대 법흥왕의 업적   난이도 하 ●○○

자료분석

병부 설치 + 상대등 설치 → 법흥왕

정답설명

② 법흥왕은 17개 관등과 백관의 공복(자·비·청·황색)을 제정하고, 율령을 반
포하여 통치 체제를 정비하였다.

오답분석

① 지증왕: 동시전을 설치한 왕은 지증왕이다. 소지 마립간 때 처음으로 경주
에 시장이 개설되었고, 지증왕 때 동시(시장)와 동시전(시장 감독 관청)이 설
치되었다.

③ 진흥왕: 개국, 대창, 홍제의 연호를 사용하였던 왕은 진흥왕이다. 한편 법흥
왕은 신라 최초로 건원이라는 독자적인 연호를 사용하였다.

④ 선덕 여왕: 분황사와 영묘사를 창건한 왕은 선덕 여왕이다.

자료분석

서양의 학문은 천리를 어지럽힘 + 서양의 물건은 윤리를 망치고 정신을 어지럽힘 → 위정척사파

정답설명

① 위정척사파는 흥선 대원군의 통상 수교 거부 정책을 지지하였다.

오답분석

② 우등한 사회가 열등한 사회를 지배하는 것이 당연하다고 인식하는 논리인 사회 진화론은 제국주의 열강들의 식민지 침략을 정당화하는데 이용된 사상으로, 개화 사상의 형성에 영향을 주었다.

③ 급진 개화파: 일본의 메이지유신을 개혁의 모델로 본받고자 한 세력은 급진 개화파이다. 한편 온건 개화파는 청의 양무 운동을 모방하고자 하였다.

④ 동학 농민군의 요구를 일부 수용하여 이루어진 개혁은 제1차 갑오개혁으로, 김홍집 등의 온건 개화파 출신 인사들이 주도하였다. 제1차 갑오개혁에서는 동학 농민군의 요구가 일부 수용되어 공·사 노비 제도를 폐지하고, 과부의 재가를 허용하는 조항이 포함되었다.

자료분석

1,300만원의 빚 + 흡연을 금하고 돈을 거둠 → 국채 보상 운동

정답설명

③ 국채 보상 운동(1907)은 대한매일신보, 황성신문, 만세보 등 언론 기관들의 후원을 받아 전국적으로 확산되었다.

오답분석

① 물산 장려 운동(1920년대): 조만식 등을 중심으로 평양에서 시작된 민족 운동은 물산 장려 운동이다. 국채 보상 운동은 대구에서 서상돈 등의 주도로 시작되었다.

② 6·10 만세 운동(1920년대): 민족주의 계열과 사회주의 계열이 함께 준비하였던 민족 운동으로는 6·10 만세 운동이 있다. 6·10 만세 운동은 준비 과정에서 사회주의 계열과 천도교 중심의 민족주의 계열이 연대하면서 이후 민족 유일당 운동이 전개되는 계기가 되었다.

④ 화폐 정리 사업(1905)은 국채 보상 운동(1907)이 일어나기 이전에 실시되었다.

🖐️이것도 알면 합격

국채 보상 운동(1907)

배경	일본의 차관 도입에 따라 대한 제국의 재정이 일본에 예속됨
전개	• 대구에서 시작, 서울에서 국채 보상 기성회가 조직됨 • 대한매일신보, 황성신문 등 언론 기관들의 후원 • 금주, 금연 및 반지와 비녀 모으기 등의 모금 운동 전개
결과	국채 보상 기성회의 간사인 양기탁에게 공금을 횡령했다는 혐의를 씌워 구속하는 등 일진회와 통감부의 방해·탄압으로 실패

정답설명

② 순서대로 나열하면 ⓒ 봉오동 전투(1920. 6.) → ⓔ 훈춘 사건(1920. 10.) → ⓒ 대한 독립 군단 편성(1920. 12.) → ㉠ 3부 조직(1923~1925)이다.

- ⓒ 봉오동 전투: 대한 독립군(홍범도) 등의 연합 부대는 북간도의 봉오동 일대에서 매복 작전을 통해 일본군에 승리를 거두었다(1920. 6.).

- ⓔ 훈춘 사건: 봉오동 전투 직후 일제는 중국 마적단을 매수하여 훈춘의 일본 영사관과 민가를 습격하게 하였다. 일제는 이 조작 사건을 구실로 만주에 대규모 일본군을 출병시켰다(훈춘 사건, 1920. 10.).

- ⓒ 대한 독립 군단 편성: 일제가 봉오동·청산리 전투의 패배에 대한 보복으로 간도 참변을 일으키자 독립군 단체들은 북만주의 밀산부에 집결하여 대한 독립 군단을 결성(1920. 12.)하고 러시아의 자유시로 이동하였다.

- ㉠ 3부 조직: 자유시 참변 이후 만주의 독립운동 세력들은 3권 분립 체제를 갖춘 참의부(1923), 정의부(1924), 신민부(1925)를 조직하였다.

🖐️이것도 알면 합격

1920년대 항일 무장 투쟁

봉오동·청산리 전투	봉오동 전투(1920. 6.) 승리 → 일제가 훈춘 사건 조작 → 청산리 전투(1920. 10.) 승리
독립군의 시련	간도 참변(경신참변, 1920) → 독립군 밀산부 집결 → 대한 독립 군단 결성(총재: 서일) → 자유시로 이동 → 자유시 참변(1921. 6.)
독립군 재정비	참의부(1923), 정의부(1924), 신민부(1925)의 3부 결성 → 일제가 독립군 탄압 목적으로 만주 군벌과의 미쓰야 협정(1925) 체결 → 3부 통합 운동으로 혁신 의회(1928, 북만주)와 국민부(1929, 남만주) 결성

자료분석

조선 총독부와 협상 + 정치·경제범의 석방, 3개월간의 식량 보급, 치안 유지와 건국에 간섭 배제 → 여운형(조선 건국 동맹)

정답설명

② 여운형은 김규식 등과 함께 좌·우 합작 위원회를 결성하였다(1946).

오답분석

① 안재홍: 국민당을 조직한 인물은 안재홍이다. 안재홍은 건국 준비 위원회 내에서 좌파가 강화되자, 건준에서 탈퇴하고 국민당을 조직하였다(1945). 한편 여운형은 미 군정 수립 이후 조선 인민당을 조직하였다.

③ 이승만: 독립 촉성 중앙 협의회를 조직한 인물은 이승만이다. 이승만은 독립 촉성 중앙 협의회를 통해 자신을 중심으로 좌·우익을 아우르고자 하였으나 좌익 계열은 참여를 거부하였고, 남한의 우익 정당만을 잠정적으로 통합하였다.

④ 김구, 김규식 등: 평양에서 개최된 남북 협상 회의에 참석한 인물은 김구, 김규식, 김일성, 김두봉 등이다. 김구는 유엔 소총회의 남한 단독 선거 논의에 반발하여 김규식과 함께 북한의 지도자들에게 협상을 제의하였고, 그 결과 평양에서 북한의 김일성, 김두봉과 남북 협상이 개최되었다(1948. 4.). 한편 여운형은 남북 협상이 이루어지기 이전인 1947년에 극우 세력에 의하여 암살되었다.

📋 정답   p.100

01	② 고대
02	④ 고려 시대
03	② 고대
04	④ 조선 전기
05	② 조선 후기
06	① 고려 시대
07	① 일제 강점기
08	④ 근대
09	② 근대
10	③ 현대

📋 취약시대 분석표

분류	시대	문항 수
전근대	선사 시대	/0
	고대	/2
	고려 시대	/2
	조선 전기	/1
	조선 후기	/1
근현대	근대	/2
	일제 강점기	/1
	현대	/1
통합	시대 통합	/0
총합		/10

* 취약시대 분석표를 이용해 틀린 문제가 있는 시대는 그 시대의 문제만 골라 해설을 다시 한번 꼼꼼히 학습하세요.

01 고대 발해와 신라   난이도 중 ●●○

자료분석

왕자 대봉예가 당 조정에 (나)보다 윗자리에 있기를 청함(쟁장 사건) → (가) 발해, (나) 신라

정답설명

② 발해의 중앙 정치 조직은 3성 6부제로, 이는 당의 제도를 수용한 것이었으나 명칭과 운영에 있어 발해만의 독자성을 보였다.

오답분석

① 고려: 최고 교육 기관으로 국자감을 둔 국가는 고려이다. 발해는 최고 교육 기관으로 주자감을 두어 유교 경전과 한문학을 가르쳤다.

③ 고구려: 지방을 5부로 나누고 욕살를 파견하였던 국가는 고구려이다. 고구려의 지방은 5부(대성)로 나누어졌고, 그 아래에 성과 말단의 촌이 있었다. 각 부에는 욕살이 파견되었고, 성에는 처려근지·도사가 파견되었다.

④ 발해: 중앙군으로 10위를 둔 국가는 발해이다. 발해의 중앙군인 10위는 왕궁과 수도 경비를 담당하였다. 한편 신라는 통일 이후 중앙군을 9서당으로 정비하였다.

✍ 이것도 알면 합격

발해와 신라의 경쟁 관계를 보여주는 사건

쟁장 사건	발해 왕자 대봉예가 신라 사신보다 윗자리에 앉기를 요청했다가 신라의 반발로 당이 거절한 사건
등제 서열 사건	당의 빈공과 합격자 명단 순서를 두고 발해와 신라가 대립한 사건

02 고려 시대 삼별초   난이도 하 ●○○

자료분석

몽골 연호를 사용하지 않음 + 진도로 천도 → 삼별초

정답설명

④ 배중손을 중심으로 한 삼별초는 강화도에서 진도로 근거지를 옮겨 고려 정부와 몽골에 저항하였다. 이후 배중손이 전사하자 삼별초는 김통정의 지휘 아래 제주도로 이동하여 항쟁을 계속하였다.

오답분석

① 몽골의 1차 침입 때 귀주에서 몽골군에 승리한 것은 박서가 지휘하는 고려군이다.

② 별무반: 승려 출신으로 구성된 항마군이 속해 있었던 것은 숙종 때 윤관의 건의로 조직된 별무반(신기군, 신보군, 항마군)이다. 한편 삼별초는 좌별초, 우별초, 신의군으로 구성되었다.

③ 도방: 최충헌이 집권 체제를 강화하기 위해 조직한 사병 집단은 도방이다. 도방은 경대승이 처음으로 조직한 사병 집단이었는데, 이후 최충헌 집권 시기에 다시 조직되어 최씨 정권의 군사적인 기반이 되었다. 한편 삼별초는 최우 집권기에 조직된 야별초에서 비롯되었다.

✍ 이것도 알면 합격

삼별초의 대몽 항쟁(1270~1273)

강화도	배중손의 지휘, 왕족 승화후 온을 왕으로 삼고 정부 수립
진도	· 용장성에서 배중손의 지휘 아래 항전 · 일본에 국서를 보내 대몽 연합 전선 구축 제의
제주도	· 애월에서 김통정의 지휘 아래 항전 · 여·몽 연합군에 의해 진압

03 고대 소수림왕의 업적 난이도 중 ●●○

자료분석

초문사를 창건하고 순도를 둠 + 불법의 시초 → 소수림왕

정답설명

② 소수림왕은 유학 교육을 강화하기 위하여 국립 대학인 태학을 설립하였다.

오답분석

① **고국천왕:** 백성들을 구휼하기 위해 춘궁기에 곡식을 빌려주고 추수기에 갚도록 하는 진대법을 제정한 왕은 고국천왕이다.

③ **장수왕:** 평양으로 천도한 왕은 장수왕이다. 적극적인 남하 정책을 추진한 장수왕은 죽령 일대로부터 남양만에 이르는 영토를 확보하였다.

④ **광개토 대왕:** 후연을 격파하고 숙신을 정벌하여 요동 지역에 진출하고, 만주 일대를 차지한 왕은 광개토 대왕이다.

✌️이것도 알면 합격

2~4세기의 고구려

태조왕 (53~146)	· 동옥저 정복, 랴오둥(요동) 지역을 공격 · 계루부 고씨의 독점적인 왕위 세습(형제 상속제)
고국천왕 (179~197)	· 부자 상속제 확립 · 부족적 성격의 5부를 행정적 5부로 개편 · 진대법 실시(194)
동천왕 (227~248)	위나라 장수 관구검의 침입, 환도성 함락
미천왕 (300~331)	서안평 점령(311), 낙랑군·대방군 축출(313~314)
고국원왕 (331~371)	· 전연 모용황의 침입, 국내성 함락 · 근초고왕의 공격으로 평양성에서 전사
소수림왕 (371~384)	· 전진과 수교 · 불교 수용, 태학 설립, 율령 반포

04 조선 전기 조선 시대의 한양 도성 난이도 중 ●●○

정답설명

④ 한양 도성은 유네스코 세계 유산에 등재되지 않았다. 유네스코 세계 문화 유산으로 등재된 우리나라의 성곽 문화재로는 수원 화성(1997)과 남한산성(2014)이 있다.

오답분석

① 조선 시대 한성은 5부 52방으로 구획이 나뉘었으며, 중앙 기구인 한성부의 관할 아래 있었다.

② 조선 초에 한양 도성 건설과 함께 경복궁의 정문인 광화문 앞 대로에 주요 관청들이 자리를 잡으며 육조 거리가 조성되었다. 이후 임진왜란 및 병자호란으로 파괴된 육조 거리는 고종 때 흥선 대원군이 추진한 경복궁 중건과 함께 재건되었다.

③ 조선의 정궁인 경복궁을 중심으로 그 동쪽에는 왕실 조상의 위패를 모신 종묘가, 서쪽에는 토지신에게 제사를 지내는 사직단이 배치되었다. 이는 중국에서부터 이어져 오던 궁궐 설계 원칙인 '좌묘우사(남향 기준)'에 근거한 것이었다.

05 조선 후기 기술직 중인 난이도 중 ●●○

자료분석

의(의료직), 역(통역) + 중촌 + 역할을 대대로 세습 → (가) 기술직 중인

정답설명

② 기술직 중인들은 조선 후기에 시사(詩社)에 참여하여 역대 시인들의 시를 모아 시집을 간행하는 등의 문예 활동을 하였다.

오답분석

① 조선 후기에 서얼이 신분 상승 운동을 통해 청요직에 진출할 수 있게 되자, 이에 자극을 받은 기술직 중인들도 철종 때 중인에 대한 차별 철폐와 청요직 진출의 요구를 담은 통청 운동을 전개하였으나 실패하였다.

③ **노비:** 장례원을 통하여 국가의 관리를 받던 계층은 천민인 노비이다.

④ **서얼:** 유득공, 이덕무 등은 서얼 출신으로, 이들은 정조 때 규장각 검서관에 등용되었다.

✌️이것도 알면 합격

중인

의미	좁게는 기술관, 의관, 역관 등만을 의미하고, 넓게는 양반과 상민의 중간 신분 계층을 의미하며 서얼과 향리를 포괄함
형성	15세기부터 형성되어 조선 후기에 이르러 하나의 독립된 신분층으로 정착
구분	· 중인(서리, 향리, 기술관): 직역 세습, 같은 신분끼리 혼인, 관청 근처 거주 · 서얼(중서): 문과 응시 금지

06 고려 시대 『제왕운기』 난이도 중 ●●○

자료분석

중국은 반고로부터 금국까지(중국 역사) + 단군으로부터 본조(고려)까지 + 읊조림에 따라 장(章)을 이룸 → 『제왕운기』

정답설명

① 『제왕운기』는 원 간섭기인 충렬왕 때 우리 전통 문화를 올바르게 이해하려는 움직임에서 편찬되었다. 이승휴가 편찬한 『제왕운기』는 단군 조선부터 시작되는 우리나라의 역사를 저술한 역사서로, 우리 역사를 중국사와 대등하게 파악하려는 자주성을 드러내었다.

오답분석

② **『동사강목』(조선 후기):** 독자적인 삼한 정통론을 제시한 대표적인 역사서로는 안정복의 『동사강목』이 있다. 조선 후기 학자인 안정복은 『동사강목』에서 단군 조선 → 기자 조선 → 마한 → 통일 신라 → 고려로 이어지는 우리 역사의 독자적인 삼한(마한) 정통론을 제시하였다.

③ **『발해고』(조선 후기):** 남북국이라는 용어를 처음 사용한 역사서는 조선 후기 학자인 유득공의 『발해고』이다. 유득공은 『발해고』에서 최초로 신라와 발해의 역사를 합쳐 '남북국사'라고 지칭하고, 발해의 역사를 우리 역사에 편입시켰다.

④ **『삼국유사』:** 불교사를 중심으로 고대의 민간 설화나 전래 기록 등을 수록한 역사서는 일연의 『삼국유사』이다.

07 일제 강점기 대한 광복회　난이도 중 ●●○

자료분석

풍기 광복단과 조선 국권 회복단이 연합 + 군자금 모집 활동 → 대한 광복회

정답설명

① 대한 광복회는 국권 회복과 공화정의 수립을 목표로 활동하였다. 대한 광복회는 대한 광복단(풍기 광복단)과 조선 국권 회복단의 일부 인사가 연합하여 결성(1915)한 무장 독립 단체로, 만주에 무관 학교를 설립하기 위하여 군자금을 모집하고 친일파를 공격하는 등의 활동을 전개하였다.

오답분석

② 신민회: 민족 산업을 육성하기 위해 자기 회사와 태극 서관 등 여러 민족 기업을 운영한 단체는 신민회(1907)이다.
③ 독립 의군부: 임병찬이 고종의 밀지를 받아 조직한 단체는 독립 의군부 (1912)이다. 대한 광복회는 박상진, 채기중 등의 주도로 조직되었다.
④ 한국 독립군: 중국 항일 부대와 연합하여 사도하자, 대전자령 전투(1933)에서 일본군에 승리한 단체는 한국 독립군이다.

08 근대 제1차 갑오개혁　난이도 하 ●○○

자료분석

연좌율 폐지 + 조혼 금지 + 노비법 혁파 → 제1차 갑오개혁(1894)

정답설명

④ 옳은 것을 모두 고르면 ©, @이다.
© 제1차 갑오개혁 때 신식 화폐 발행 장정을 반포하여 일본 화폐의 유통을 허용하고 은 본위 화폐제를 채택하였다. 이외에도 경제 개혁의 일환으로 조세의 금납제를 시행하였으며, 도량형을 개정·통일하였다.
@ 제1차 갑오개혁은 군국기무처를 중심으로 추진되었다. 군국기무처는 제1차 갑오개혁 때 정치와 군사 사무를 관장하던 최고 정책 결정 기관으로, 1894년 6월에 설치되어 같은 해 12월에 폐지되었다.

오답분석

⊙, © 을미개혁: 단발령이 실시되고, 중앙에 친위대와 지방에 진위대가 설치된 것은 을미개혁(1895) 때이다. 또한 을미개혁 때에는 제1차 갑오개혁 때 사용하던 '개국' 기년을 폐지하고 '건양'이라는 연호를 제정하였으며, 태양력을 채택하였다.

👆 이것도 알면 합격

제1차 갑오개혁

정치	· 청의 연호를 버리고 '개국' 기년 사용 · 궁내부(왕실 담당)와 의정부(정부 담당)로 사무를 분리 · 6조를 80아문으로 개편 · 과거제 폐지, 경무청 설치
경제	· 탁지아문으로 재정 일원화 · 은 본위 화폐 제도 채택, 조세 금납제 시행, 도량형 통일
사회	· 공·사 노비 제도 폐지, 조혼 금지, 과부의 재가 허용 · 고문과 연좌법 폐지

09 근대 국권 피탈 과정　난이도 중 ●●○

정답설명

② 시기 순으로 나열하면 ⊙ 한·일 의정서(1904) → © 을사늑약(제2차 한·일 협약, 1905) → © 한·일 신협약 부속 각서(1907) → @ 한·일 병합 조약(1910)이 된다.
⊙ 한·일 의정서: 한·일 의정서는 러·일 전쟁 발발 직후 일본이 대한 제국의 국외 중립 선언을 무효화하고 강제로 체결(1904. 2.)한 조약이다. 이 조약은 일본이 대한 제국 정부의 시정 개선에 대한 충고권과, 한반도 내 전략적 요충지 사용권 등을 행사할 수 있다는 내용을 담고 있다.
© 을사늑약: 일본은 을사늑약을 체결(1905)하여 대한 제국의 외교권을 박탈하고 강제로 보호국화하였다. 이 조약에 따라 통감부가 설치되었으며, 초대 통감으로 이토 히로부미가 부임하였다.
© 한·일 신협약 부속 각서: 고종이 강제 퇴위되고 순종이 즉위한 후, 일본은 대한 제국과 한·일 신협약(정미 7조약, 1907)을 체결하였다. 이 조약을 통해 통감의 권한이 크게 강화되었으며, 또한 비밀 부속 각서로 대한 제국의 군대가 해산되었다.
@ 한·일 병합 조약: 일본은 제3대 통감인 데라우치를 통해 총리 대신 이완용과 한·일 병합 조약을 체결(1910)함으로써 우리나라의 국권을 강탈하였다. 이후 일본은 한국에 조선 총독부를 설치하고 식민 통치를 시작하였다.

10 현대 7·7선언 발표와 금강산 해로 관광 시작 사이의 사실　난이도 상 ●●●

자료분석

민족 자존과 통일 번영을 위한 특별 선언(7·7선언, 1988, 노태우 정부) → (가) → 금강산 해로 관광 시작(1998, 김대중 정부)

정답설명

③ 옳은 것을 모두 고르면 ©, ©이다.
© (가) 시기인 노태우 정부 때 대외적으로 동·서 진영의 긴장이 완화되는 데 탕트 국면과 서울 올림픽을 계기로, 소련(1990) 및 중국(1992) 등 공산권 국가들과 외교 관계를 수립하는 북방 정책이 추진되었다.
© (가) 시기인 1994년에 북한과 미국은 북한 핵 문제 해결을 위해 북·미 제네바 기본 합의서를 체결하였다. 이에 미국은 북한이 핵 연구를 포기하는 대신 대체 에너지를 제공할 것을 약속하였고, 합의문 이행을 위한 국제 기구로 한국·미국·일본 등을 중심으로 한 한반도 에너지 개발 기구(KEDO)가 설립되었다(1995).

오답분석

⊙ 금강산 해로 관광 시작 이후: 제1차 남북 정상 회담이 개최(2000)된 것은 금강산 해로 관광 시작(1998) 이후이다. 김대중 정부의 햇볕 정책을 통해 남북한의 교류·협력 사업이 확대되면서 금강산 해로 관광이 시작(1998)되었다. 이러한 남북한 화해 분위기 속에서 2000년에 평양에서 제1차 남북 정상 회담이 개최되었으며, 6·15 남북 공동 선언이 채택되었다.
@ 7·7선언 이전: 서울·평양 간 직통 전화가 개설되고, 남북 조절 위원회가 설치된 것은 박정희 정부 때 7·4 남북 공동 성명이 채택(1972)된 결과로, 이는 7·7선언 발표 이전이다.

정답

p.104

01	④ 선사 시대
02	④ 조선 전기
03	② 고려 시대
04	① 근대
05	④ 고대
06	① 고대
07	① 일제 강점기
08	④ 조선 후기
09	② 현대
10	② 현대

취약시대 분석표

분류	시대	문항 수
전근대	선사 시대	/1
	고대	/2
	고려 시대	/1
	조선 전기	/1
	조선 후기	/1
근현대	근대	/1
	일제 강점기	/1
	현대	/2
통합	시대 통합	/0
총합		/10

* 취약시대 분석표를 이용해 틀린 문제가 있는 시대는 그 시대의 문제만 골라 해설을 다시 한번 꼼꼼히 학습하세요.

01 선사 시대 선사 시대의 유적지　난이도 하 ●○○

자료분석

(가) 굵개 + 아슐리안형 주먹 도끼 → 연천 전곡리 유적(구석기 시대)

(나) 조개무지(패총) + 일본산 흑요석 → 부산 동삼동 유적(신석기 시대)

정답설명

④ 옳게 짝지어진 것은 (가) 연천 전곡리 유적, (나) 부산 동삼동 유적이다.

(가) 구석기 시대의 유적인 연천 전곡리 유적에서는 동아시아 최초로 돌의 양면을 가공한 형태의 아슐리안형 주먹 도끼가 출토되었다.

(나) 신석기 시대의 유적인 부산 동삼동 유적에서는 조개무지(패총), 조개 껍데기 가면, 빗살무늬 토기, 눌러찍기무늬 토기 등의 신석기 시대의 유물이 다수 출토되었다.

오답분석

· 두루봉 동굴 유적: 청원 두루봉 동굴 유적은 구석기 시대의 유적으로, 어린 아이의 인골 화석인 흥수 아이가 발견되었다.

· 울산 검단리 유적: 울산 검단리 유적은 청동기 시대의 유적지로, 고인돌과 환호로 둘러싸인 마을 터가 발견되었다.

02 조선 전기 이황　난이도 중 ●●○

자료분석

심통성정도(『성학십도』의 제6도) + 사단은 이가 발함 + 칠정은 기가 발함 → 이기호발설 → 이황

정답설명

④ 이황과 기대승은 정지운이 저술한 『천명도설(천명도)』에 대한 해석을 둘러싸고 사단칠정 논쟁을 전개하였다. 이 논쟁은 사단·칠정 및 이·기의 작용 원리 대한 논쟁으로, 결국 이황이 자신의 학설을 일부 수정하며 마무리되었다.

오답분석

① 이이: 제왕의 학문을 위해 『성학집요』를 저술한 인물은 이이이다. 이이는 『성학집요』에서 현명한 신하가 군주에게 성학을 가르쳐 그 기질을 변화시켜야 한다고 주장하였다.

② 김장생: 주자의 예법서인 『가례』를 조선의 실정에 맞게 증보한 『가례집람』을 편찬한 인물은 이이의 제자인 김장생이다.

③ 정제두: 조선 시대에 양명학 연구를 본격화하였으며, 『존언』·『만물일체설』 등을 저술하여 양명학의 이론적 체계를 세운 인물은 소론 출신의 정제두이다. 한편 이황은 『전습록논변』에서 양명학을 이단으로 간주하는 등 양명학에 대해 비판적인 태도를 보였다.

03 고려 시대 현종 재위 시기의 사실　난이도 중 ●●○

자료분석

김치양이 변란 + 강조 + (가) 왕의 즉위식을 올림 + 선왕(목종)을 폐위 → 강조의 정변 → (가) 현종

정답설명

② 옳은 것을 모두 고르면 ㉠, ㉢이다.

㉠ 현종은 불법의 힘으로 거란의 침입을 극복하기 위해 초조대장경의 조판 사업을 시작하였다.

㉢ 현종은 5도 양계, 4도호부 8목 등의 지방 제도를 확립하였다.

오답분석

㉡ 성종: 물가 조절 기구인 상평창을 설치한 왕은 성종이다.

㉣ 성종: 서희가 외교 담판으로 거란군의 철수를 이끌어내고 강동 6주를 획득한 것은 성종 때이다(거란의 1차 침입). 현종 때는 거란의 2차·3차 침입을 받았다.

이것도 알면 합격

현종

제도 개편	· 지방 행정: 5도 양계, 4도호부 8목 확립 · 향리 제도: 향리 공복제, 주현공거법(향리 자제 과거 시험 응시 가능)
대외 항쟁	· 귀주 대첩(1019, 거란의 2차 침입) · 초조대장경 조판 · 나성 축조
문화 정책	· 불교 진흥: 현화사 건립, 연등회·팔관회 부활 · 『7대실록』 편찬 시작

---

04 근대 홍범 14조와 헌의 6조 사이의 사실 난이도 중 ●●○

자료분석

(가) 청에 의존하는 생각을 버림 + 납세는 법으로 정함 + 왕실·관청의 1년 회계를 계획 → 홍범 14조(1894. 12.)

(나) 관·민이 힘을 합함 + 중추원 의장 + 탁지부 + 예산·결산을 국민에게 공포 → 헌의 6조(1898. 10.)

정답설명

① 고종은 을미사변(1895) 이후 일본의 간섭과 위협으로부터 벗어나고자 러시아 공사관으로 거처를 옮기는 아관 파천을 단행하였다(1896).

오답분석

② **(가) 이전:** 일본이 청·일 전쟁을 일으킨 것은 1894년 6월로, (가) 이전의 사실이다. 청·일 전쟁에서 승기를 잡은 일본은 김홍집·박영효 연립 내각을 구성해 제2차 갑오개혁을 단행하였다.

③ **(가) 이전:** 근대적 개혁을 위해 통리기무아문이 설치된 것은 1880년으로, (가) 이전의 사실이다. 통리기무아문은 청의 제도(총리각국사무아문)를 모방하여 설치된 기구로, 1880년대 초반의 개혁을 주도하였으며 그 아래에는 12사를 두어 실무를 분담하게 하였다. 통리기무아문은 임오군란으로 흥선 대원군이 일시적으로 다시 집권하면서 별기군과 함께 폐지되었다(1882).

④ **(나) 이후:** 대한 제국 칙령 제41호가 반포된 것은 1900년으로, (나) 이후의 사실이다. 대한 제국은 칙령 제41호를 발표하여 울릉도를 울도로 개칭하고, 그 관할 구역에 독도를 포함시켰다.

---

05 고대 굴식 돌방무덤 난이도 중 ●●○

자료분석

사신도(강서대묘, 고구려) + 씨름도(각저총, 고구려) → 굴식 돌방무덤

정답설명

④ 고구려·백제·신라는 모두 굴식 돌방무덤을 만들었다. 고구려의 굴식 돌방무덤은 3세기 무렵부터 만들어져 이후 고구려 후기 무덤 양식의 주류가 되었으며, 백제에서는 주로 웅진·사비 시기에 굴식 돌방무덤을 만들었다. 한편 신라에서는 통일 무렵부터 작은 규모의 굴식 돌방무덤이 만들어졌다.

오답분석

① **벽돌무덤:** 중국 남조의 영향을 받은 고분 양식은 벽돌무덤으로, 중국 남조와 활발하게 교류한 백제에서 벽돌무덤이 발견된다. 공주(웅진)에 있는 송산리 고분군(공주 무령왕릉과 왕릉원) 중 제 6·7호분이 벽돌무덤이며, 7호분

(무령왕릉)에서는 무덤의 주인이 누구인지를 알려주는 묘지석이 발견되기도 하였다.

② **돌무지덧널무덤:** 도굴이 어려워 많은 양의 부장품이 출토된 대표적인 고분 양식은 돌무지덧널무덤이다. 돌무지덧널무덤은 나무 널에 시신을 안치하고 그 위에 냇돌을 쌓은 후 흙을 덮는 구조로, 도굴이 어렵기 때문에 금관·금귀고리·금팔찌·유리잔·토기 등 많은 껴묻거리가 그대로 발견되었다. 돌무지덧널무덤은 통일 이전의 신라에서 주로 만들어졌다.

③ **돌무지무덤:** 장군총, 석촌동 고분(계단식) 등은 돌을 정밀하게 쌓아 올린 돌무지무덤이다. 돌무지무덤은 고구려와 백제 초기의 고분 양식으로, 이는 백제 건국 세력이 고구려와 관계가 있음을 보여준다.

이것도 알면 합격

삼국의 고분

고구려	· 돌무지무덤: 장군총 · 굴식 돌방무덤: 무용총, 강서대묘, 각저총, 쌍영총
백제	· 계단식 돌무지무덤: 석촌동 고분 · 벽돌무덤: 무령왕릉, 공주 송산리 6호분 · 굴식 돌방무덤: 부여 능산리 고분
신라	· 돌무지덧널무덤(천마총, 호우총) · 굴식 돌방무덤(김유신 묘, 성덕왕릉)

---

06 고대 고구려 보장왕 재위 시기의 사실 난이도 상 ●●●

자료분석

대막리지(연개소문) + 도교를 구해와서 가르칠 것을 건의 → 보장왕(642~668)

정답설명

① 신라가 소부리주를 설치(671)한 것은 고구려가 멸망(668)한 이후인 나·당 전쟁 시기의 사실이다. 신라 문무왕은 사비(부여)를 공략하여 소부리주를 설치하고, 웅진 도독부를 축출하였다.

오답분석

모두 고구려 보장왕 재위 시기의 사실이다.

② 백제 의자왕의 공격으로 대야성을 빼앗기는 등의 위기를 겪은 신라 선덕 여왕은 고구려에 김춘추를 보내 동맹을 제안(642)하였는데, 이는 연개소문에 의해 보장왕이 옹립된 직후의 사실이다. 이에 보장왕이 김춘추에게 죽령 이북의 영토를 돌려줄 것을 요구하면서 동맹은 이루어지지 않았다. 이후 김춘추는 진덕 여왕 때 당으로 건너가 나·당 동맹을 체결하였다.

③ 보장왕 재위 기간에 백제가 나·당 연합군에 공격으로 멸망하였으며, 당나라는 백제 지역을 지배하기 위해 웅진 도독부를 설치하였다(660).

④ 보장왕 때 연개소문이 대당 강경책을 펼치자 이에 자극을 받은 당 태종은 동북아시아 방면으로의 세력 확장을 위해 고구려를 침략하였다. 이에 안시성의 고구려 군·민이 항전 끝에 당 태종의 군대를 격파하였다(안시성 전투, 645).

---

07 일제 강점기 제2차 조선 교육령 시기의 사실 난이도 중 ●●○

자료분석

보통학교를 6년제로 함 + 대학 교육 → 제2차 조선 교육령(1922~1938)

① 일제가 조선어 학회를 독립운동 단체로 간주하여 회원들을 체포·투옥한 조선어 학회 사건이 일어난 것은 제3차 조선 교육령(1938~1943) 시행 시기인 1942년의 사실이다.

모두 제2차 조선 교육령이 실시된 시기의 사실이다.

② 1929년부터 1934년까지 조선일보가 '아는 것이 힘, 배워야 산다!'라는 구호와 함께 문자 보급 운동을 전개하였다.

③ 1923년에 천도교 계열의 개벽사에서 『신여성』, 『어린이』 등의 잡지가 간행되었다. 『신여성』은 새로운 패션이나 화장법을 소개하고, 여성들의 계몽을 촉구하는 논문·시·소설·수필 등의 문학 작품을 게재하였으며, 『어린이』는 방정환을 중심으로 발행되어 동요나 동화 등 아동 문학을 게재하였다.

④ 1934년에 정인보, 안재홍, 문일평 등에 의해 우리 문화의 고유성과 세계성을 연구하는 조선학 운동이 전개되었다. 조선학 운동은 정약용 서거 99주기를 기념하며 정약용의 저서를 모은 『여유당전서』를 간행한 것이 계기가 되어 전개된 문화 운동이다. 이 운동에서는 과거 민족주의 역사학이 지나치게 국수적·낭만적이었음을 비판하고, 실학에서 자주적인 근대 사상의 맥을 찾아 한국 문화의 고유성과 세계성을 학문적으로 체계화하려 하였다.

이것도 알면 합격

조선 교육령

제1차 조선 교육령(1911)	보통학교 수업 연한: 4년 → 낮은 수준의 보통·실업·전문 교육 중심, 고등 교육은 실시하지 않음
제2차 조선 교육령(1922)	· 보통학교의 수업 연한을 6년으로 연장 · 한국어를 필수 과목화
제3차 조선 교육령(1938)	· 보통학교와 소학교의 명칭을 (심상)소학교로 통일(황국 신민화 정책) · 한국어 과목은 선택(수의) 과목으로 전환(실질적으로 우리말 교육을 금지)
제4차 조선 교육령(1943)	· 수업 연한을 4년으로 축소 · 한국어·한국사 교육 완전 폐지

08 조선 후기 조선 후기의 경제 상황 　난이도 하 ●○○

④ 중강 후시나 책문 후시를 통해 청과의 사무역에 종사한 상인은 의주의 만상이다. 내상은 동래(부산)를 중심으로 활동했던 상인으로, 일본과의 무역을 주도하였다.

① 조선 후기에는 객주와 여각이 포구를 중심으로 활발한 운송·보관·숙박·금융 등의 활동을 전개하였다.

② 경강 상인은 한강을 근거지로 미곡·소금·어물 등의 운송·거래를 장악하면서 거상으로 성장하였으며, 운송업 외에도 선박 건조업 등 생산 분야에도 진출하였다.

③ 조선 후기 숙종 때 상평통보가 법전(공식 화폐)으로 채택되어 전국적으로 유통되었다. 뿐만 아니라 조선 후기에는 환·어음 등의 신용 화폐도 사용되었다.

09 현대 대한민국 정부 수립 과정 　난이도 중 ●●○

② 시간 순으로 나열하면 ㉠ 조선 인민 공화국 선포(1945. 9.) → ㉢ 제1차 미·소 공동 위원회 개최(1946. 3.) → ㉡ 정읍 발언(1946. 6.) → ㉣ 유엔 총회 결정(1947. 11.)이 된다.

㉠ 조선 인민 공화국 선포: 광복 후 조선 건국 준비 위원회는 미 군정과의 협상에서 유리한 위치를 차지하기 위해 조선 인민 공화국의 수립을 선포하였다(1945. 9.). 그러나 미 군정은 조선 인민 공화국을 인정하지 않았다.

㉢ 제1차 미·소 공동 위원회 개최: 모스크바 3국 외상 회의의 결정에 따라 민주주의 임시 정부 수립을 논의하기 위해 제1차 미·소 공동 위원회가 개최되었다(1946. 3.). 그러나 반탁 운동을 펼치는 우익 세력을 협의 대상에 포함시킬지에 대한 미국과 소련의 주장이 엇갈리면서 제1차 미·소 공동 위원회는 무기한 휴회에 돌입하였다.

㉡ 정읍 발언: 제1차 미·소 공동 위원회가 무기한 휴회에 돌입하자, 이승만은 정읍에서 남한만의 단독 정부 수립을 주장하였다(1946. 6.).

㉣ 유엔 총회 결정: 제2차 미·소 공동 위원회가 결렬되자 미국은 한반도 문제를 유엔에 이관하였고, 유엔 총회는 한국 임시 위원단의 감시 아래 인구 비례에 의한 남북한 총선거 실시를 결정하였다(1947. 11.). 그러나 북한과 소련의 거부로 남북한 총선거 실시가 어려워지자 유엔 소총회에서는 남한만의 총선거를 결정하였다(1948. 2.).

10 현대 6월 민주 항쟁 　난이도 하 ●○○

박종철 군을 고문·살인 + 4·13폭거(4·13 호헌 조치) → 6월 민주 항쟁(1987)

② 6월 민주 항쟁 결과 여당 대통령 후보인 노태우에 의해 대통령 직선제 개헌, 국민의 기본권 보장 등을 주요 내용으로 하는 6·29 민주화 선언이 발표되었다(1987).

① 4·19 혁명: 대통령이 하야하는 계기가 된 민주화 운동은 4·19 혁명으로, 그 결과 이승만 대통령이 하야하였다. 전두환 대통령은 6월 민주 항쟁 이후인 1988년 2월에 7년의 임기를 마치고 퇴임하였다.

③ 긴급 조치 1호가 발동된 것은 유신 헌법이 실시된 박정희 정부 시기로, 6월 민주 항쟁과 관련이 없다. 박정희 정부는 재야 인사들을 중심으로 유신 헌법에 대한 개헌 청원 백만인 서명 운동(1973)이 전개되자 이를 저지하기 위해 긴급 조치 1호를 선포하였다.

④ 국가 보위 비상 대책 위원회는 5·18 민주화 운동(1980)을 무력으로 진압한 전두환의 신군부가 통치권을 장악하기 위해 구성한 기구이다.

이것도 알면 합격

6월 민주 항쟁의 전개 과정

1천만 서명 운동 전개(직선제 개헌 요구, 1985. 12.) → 박종철 고문 치사 사건(1987. 1.) → 전두환 정부의 4·13 호헌 조치 발표(현행 헌법 유지) → 이한열 최루탄 피격 사건(1987. 6. 9.) → 6·10 국민 대회가 열려 전국 각지에서 국민 대회와 시위 전개, "호헌 철폐·독재 타도·민주 헌법 쟁취" 요구 → 6·29 선언(1987. 6. 29.) → 5년 단임의 대통령 직선제로 개헌(제9차 개헌)

📋 정답   p.108

01	① 선사 시대
02	② 고대
03	③ 고려 시대
04	④ 고려 시대
05	④ 고대
06	② 근대
07	④ 조선 후기
08	③ 일제 강점기
09	② 근대
10	③ 현대

📋 취약시대 분석표

분류	시대	문항 수
전근대	선사 시대	/1
	고대	/2
	고려 시대	/2
	조선 전기	/0
	조선 후기	/1
근현대	근대	/2
	일제 강점기	/1
	현대	/1
통합	시대 통합	/0
총합		/10

* 취약시대 분석표를 이용해 틀린 문제가 있는 시대는 그 시대의 문제만 골라 해설을 다시 한번 꼼꼼히 학습하세요.

---

01 선사 시대 삼한   난이도 하 ●○○

자료분석

천군 + 소도 → 삼한

정답설명

① 삼한에서는 5월에 수릿날, 10월에 계절제라는 제천 행사를 열어 하늘에 제사를 지냈다.

오답분석

② 부여: 왕이 죽으면 옥갑을 입혀 장례를 치른 나라는 부여이다. 옥갑은 수백 개의 옥을 꿰매어 만든 장례 용구로, 죽은 사람의 몸을 감싸 매장하였다. 또한 부여에는 왕이 죽으면 많은 사람을 함께 묻는 순장의 풍습도 있었다.

③ 고구려: 왕 아래의 대가들이 각기 사자, 조의, 선인 등의 관리들을 거느렸던 나라는 고구려이다.

④ 부여·고구려: 형이 죽으면 형수를 아내로 삼는 풍습인 형사취수제가 있었던 나라는 부여와 고구려이다.

✍ 이것도 알면 합격

삼한

정치	· 마한, 진한, 변한의 연맹체 · 세력이 가장 큰 마한 목지국의 지배자가 진왕(마한왕)으로 추대 · 제정 분리: 정치적 지배자인 군장, 제사장인 천군(신성 지역인 소도 존재)
경제	벼농사 발달, 철이 많이 생산, 철제 농기구 사용
사회·문화	· 제천 행사: 5월에 수릿날, 10월에 계절제 · 주거: 초가지붕의 반움집이나 귀틀집에서 거주 · 풍습: 두레, 편두(아이의 머리를 눌러 납작하게 하는 풍습)

---

02 고대 경덕왕 재위 시기의 사실   난이도 중 ●●○

자료분석

국학에 박사와 조교를 둠 + 다시 녹읍을 지급 → 경덕왕(742~765)

정답설명

② 경덕왕은 사벌주, 한산주 등 9주의 명칭을 중국(한자)식인 상주, 한주 등으로 변경하였다.

오답분석

① 원성왕: 독서삼품과를 실시(788)하여 유교 교육을 진흥시킨 것은 원성왕 때이다. 독서삼품과는 국학의 학생들을 대상으로 하여 유교 경전의 이해 정도를 시험한 제도로, 독서 능력에 따라 등급을 구분하여 이를 관리 임용에 참고하였다.

③ 효소왕: 수도에 서시와 남시를 설치(695)하고, 이를 감독하는 기관인 서시전과 남시전을 두었던 것은 효소왕 때이다.

④ 헌덕왕: 김헌창이 웅주를 근거지로 반란을 일으킨 것은 헌덕왕 때이다. 김헌창은 그의 아버지인 김주원이 왕이 되지 못한 데에 불만을 품고 국호를 '장안', 연호를 '경운'이라 하여 반란을 일으켰으나 실패하였다(822).

✍ 이것도 알면 합격

경덕왕의 업적

한화 정책	· 중앙 관료의 칭호와 군현의 이름을 중국식으로 변경 · 집사부 중시의 명칭을 시중(侍中)으로 격상
유학 교육 강화	국학을 태학(감)으로 고치고, 박사와 조교를 두어 유교 교육을 강화
녹읍 부활	귀족층의 반발로 녹읍 부활(757)

자료분석

중국에서 유례를 찾을 수 없는 정치 기구 + 고려의 독자성 → (가) 고려의 독자적 정치 기구

정답설명

③ 식목도감은 법의 제정이나 각종 시행 규정을 논의하였던 고려의 독자적인 회의 기구이다. 한편 대외적인 국방·군사 문제와 국가의 중요한 사항을 결정하였던 도병마사도 고려만의 독자적인 회의 기구였다.

오답분석

① 어사대는 고려 시대에 백관을 규찰하거나 탄핵하는 언관의 역할을 담당하던 기구로, 신라 및 당·송의 영향을 받아 조직되었다. 한편 어사대의 관원(대관)과 중서문하성의 낭사(간관)는 함께 대간으로 불렸으며, 대간은 서경·봉박·간쟁의 권한을 행사하였다.

② 삼사는 화폐와 곡식의 출납, 회계를 담당하였던 기구로, 송의 영향을 받아 조직되었다.

④ 중추원은 군사 기밀과 왕명 전달을 담당하던 기구로, 송의 영향을 받아 조직되었다. 한편 중추원은 군사 기밀을 관장했던 추밀과 왕명 출납을 담당했던 승선으로 구성되었다.

✍️ 이것도 알면 합격

고려의 중앙 정치 조직 정비

당의 제도 수용	3성 6부 → 2성 6부: 중서성과 문하성을 합쳐서 운영
송의 제도 수용	추밀원, 삼사 → 중추원: 비서 기관 → 삼사: 단순 회계 기구
독자적 기구	도병마사(국방·군사 문제), 식목도감(입법 기구)

자료분석

전시과를 고침 + 18과 + 범위 안에 들지 못한 자에게 17결 지급(한외과 설치) → 개정 전시과(목종)

정답설명

④ 개정 전시과 시기에는 인품을 배제하고, 오직 관직에 따라 관리를 18등급으로 구분하여 토지를 지급하였다.

오답분석

① 경정 전시과: 승려와 지리업 종사자에게 별사전을 지급하였던 것은 경정 전시과이다. 이는 고려 시대에 불교와 풍수지리 사상이 융성하였으므로, 승려와 지리업 종사자들의 사회적 역할을 인정하고 우대한 것이다.

② 경정 전시과: 일정한 직임이 없는 일종의 명예직인 산직을 전시의 지급 대상에서 배제하고 현직 관리에게만 전시를 지급하였던 것은 경정 전시과이다. 한편 개정 전시과에서는 실직을 중심으로 토지를 지급하였으나 산직에게도 실직에 비해 몇과 아래의 토지를 지급하였다.

③ 과전법: 전·현직 관리에게 경기 지방의 토지만을 지급하였던 것은 공양왕 때 실시된 과전법이다. 반면 전시과 제도는 전국의 토지를 대상으로 하였다.

정답설명

④ 순서대로 나열하면 ⓒ 광개토 대왕릉비(고구려 장수왕, 414) → ⓛ 울진 봉평비(신라 법흥왕, 524) → ㉠ 황초령비(신라 진흥왕, 568) → ㉣ 해인사 묘길상탑기(신라 진성 여왕, 895)가 된다.

ⓒ 고구려 장수왕 때 아버지인 광개토 대왕의 업적을 기리는 광개토 대왕릉비(414)가 건립되었다. 이 비문에는 고구려 건국 설화를 비롯하여 광개토 대왕의 정복 활동, 수묘인 관리 방식 등에 대한 기록이 새겨져 있다.

ⓛ 신라 법흥왕 때 건립된 울진 봉평비(524)에는 신라 영토로 편입된 뒤 저항한 이 지역에 주민들에 대해 6부 회의를 열고 대인(大人)을 파견하여 처벌하였다는 내용이 새겨져 있다.

㉠ 신라 진흥왕은 원산만 유역까지 진출한 후 황초령비와 마운령비를 건립하였다(568).

㉣ 진성 여왕 때 제작된 해인사 묘길상탑의 탑기(탑지, 895)는 탑의 건립 경위 및 신라 하대의 혼란한 상황 등이 묘사되어 있는 금석문으로, 그 내용은 대표적인 6두품 유학자인 최치원이 지었다.

자료분석

조선국은 자주의 나라 + 일본 항해자가 자유로이 조선 해안 측량 → 강화도 조약(1876, 조·일 수호 조규)

정답설명

② 강화도 조약에서는 부산 외에 2개의 항구를 개항할 것을 규정하였다. 이에 따라 부산(1876), 원산(1880), 인천(1883)의 3개 항구가 개항되었다.

오답분석

① 조·청 상민 수륙 무역 장정: 외국 상인의 내지 통상이 허용되는 계기가 된 조약은 조·청 상민 수륙 무역 장정(1882)이다. 조·청 상민 수륙 무역 장정의 체결 결과 청 상인들이 조선 내지까지 들어와 통상할 수 있게 되면서 조선 상인들은 막대한 피해를 입게 되었다. 한편 조·일 통상 장정 개정(1883)으로 일본에 대한 최혜국 대우가 인정되면서 일본 상인이 조선의 내륙 시장에 진출할 수 있게 되었고, 그 결과 청·일 상인 간의 상권 경쟁이 심화되었다.

③ 제물포 조약: 일본 공사관의 경비 병력 주둔을 허용한 조약은 임오군란의 결과로 체결된 제물포 조약(1882)이다. 임오군란 이후 조선은 일본에 배상금을 지급하고, 일본 공사관의 경비 병력 주둔을 허용하는 제물포 조약을 체결하였다. 이를 통해 일본 군대가 조선 내에 공식적으로 주둔할 수 있게 되었다.

④ 조·미 수호 통상 조약: 조약을 체결한 양 국가 중 한 국가가 제3국의 압박을 받을 때 서로 도와주도록 하는 거중조정을 규정한 조약은 조·미 수호 통상 조약(1882)이다. 조·미 수호 통상 조약에는 거중조정 조항과 관세를 설정하는 조항이 규정되었지만, 최혜국 대우와 영사 재판권(치외 법권)을 인정하는 등 불평등한 내용도 포함되어 있었다.

자료분석

실옹, 허자 + 지구가 자전 → 『의산문답』 → 홍대용

④ 홍대용은 『임하경륜』에서 성인 남자에게 2결의 토지를 지급하자는 균전 제를 주장하였다. 그는 이외에도 양반의 생산 활동과 병농일치의 군사 제도 등에 대해서도 논하였다.

(오답분석)

① 정약용: 『목민심서』를 저술한 인물은 정약용이다. 강진으로 유배된 정약용은 『목민심서』를 저술하여 관리들의 폭정을 비판하고, 목민관(수령)이 지켜야 할 지침들을 제시하였다.

② 이익: 『성호사설』을 저술한 인물은 이익이다. 『성호사설』은 조선 영조 때 이익이 편찬한 백과사전식 저서로 우리나라와 중국의 문화를 천지·만물·경사·인사·시문의 5개 부분으로 분류하여 정리하였다.

③ 유수원: 『우서』를 저술한 인물은 유수원이다. 유수원은 『우서』에서 농업의 상업적 경영과 기술 혁신, 사농공상의 직업적 평등과 전문화 등을 강조하였다.

---

08 일제 강점기 물산 장려 운동 난이도 중 ●●○

(자료분석)

조선 물산을 장려 + 자작자급 → 물산 장려 운동

(정답설명)

③ 물산 장려 운동은 1920년대에 평양에서 조만식 등을 중심으로 창립된 조선 물산 장려회를 중심으로 시작되어 전국적으로 확산되었다. 일제가 한·일 간의 관세를 철폐하려는 움직임을 보이자, 조만식 등의 민족 자본가들은 자급자족과 국산품 애용을 강조하는 물산 장려 운동을 전개하였다.

(오답분석)

① 광주 학생 항일 운동: 신간회의 후원을 받은 것은 광주 학생 항일 운동(1929)이다. 물산 장려 운동은 신간회 설립(1927) 이전인 1920년대 초반에 전개되었다.

② 물산 장려 운동은 조만식 등의 민족 자본가들에 의해 전개되었고, 사회주의자들은 이 운동이 자본가 계급만을 위한 운동이라고 비판하였다.

④ 원산 노동자 총파업: 일본, 프랑스, 소련 등 해외 노동 단체들로부터 격려 전문을 받은 운동은 원산 노동자 총파업(1929)이다. 원산 노동자 총파업은 한 석유 회사에서 일본인 감독관이 한국인 노동자를 폭행한 사건을 계기로 전개된 노동 운동으로, 일제 강점기 최대 규모의 노동 쟁의였다. 한편 원산 노동자 총파업도 신간회의 지원을 받았다.

이것도 알면 합격

물산 장려 운동

배경	일본 상품에 대한 관세 철폐 움직임 속에서 조선인 기업가들의 위기의식 고조
활동	국산품 애용("내 살림 내 것으로", "조선 사람 조선 것으로"), 근검 절약, 생활 개선, 금주·단연 운동 전개
한계	· 물가 상승: 늘어난 수요를 뒷받침할 수 있는 자본과 생산 시설의 미흡으로 국산품 가격 폭등 · 사회주의 계열과 일부 민중들이 자본가 계급만을 위한 운동이라고 비판

---

09 근대 근대 문물의 수용 과정 난이도 중 ●●○

(정답설명)

② 순서대로 나열하면 ⓒ 박문국·전환국 설치(1883) → ② 육영 공원 설립(1886) → ⓛ 한성 사범 학교 설립(1895) → ① 서북 철도국 설치(1900)이다.

ⓒ 박문국·전환국 설치: 온건 개화파를 중심으로 한 민씨 정권은 통리기무아문을 설치(1880)하여 개화 정책을 추진하였으며, 이때 박문국(출판)과 전환국(화폐 주조), 기기창(무기 제조) 등이 설치되었다(1883).

② 육영 공원 설립: 1880년대 중반에 정부 주도로 최초의 근대식 관립 학교인 육영 공원이 설립되었으며, 헐버트 등의 외국인 교사가 초빙되었다(1886). 육영 공원은 상류층 자제들을 대상으로 외국어와 근대 학문을 가르치기 위해 설립된 학교로, 문·무 현직 관료 중 선발된 학생을 좌원반, 양반 자제 중 선발된 학생을 우원반으로 편성하였다.

ⓛ 한성 사범 학교 설립: 제2차 갑오개혁(1894~1895) 때 고종은 근대 교육의 중요성을 강조한 교육 입국 조서를 반포하였고, 이에 따라 한성 사범 학교 등이 설립되었다(1895).

① 서북 철도국 설치: 대한 제국 시기에 정부는 서울과 신의주 사이에 경의선(경의철도)을 직접 부설하기 위해 서북 철도국을 설치하였다(1900). 그러나 서북 철도국은 자금난으로 별다른 성과를 거두지 못하였고, 경의선은 일본에 의해 1906년에 완전 개통되었다.

---

10 현대 1·4 후퇴 이후의 사실 난이도 중 ●●○

(자료분석)

눈보라 휘날리는 흥남 부두(1950. 12. 흥남 철수) + 나 홀로 왔다 → 1·4 후퇴(1951. 1.)

(정답설명)

③ 옳은 것을 모두 고르면 ⓛ, ②이다.

ⓛ 1·4 후퇴 이후인 1952년에 임시 수도 부산의 국회에서 발췌 개헌안이 통과되었다(제1차 개헌). 이를 통해 대통령 선출 방식이 기존 국회 간선제에서 직선제로 개편되었다.

② 1·4 후퇴 이후 38도선 부근에서 전선은 교착 상태에 빠졌다. 이러한 상황 아래 소련의 제안으로 개성에서 유엔군과 공산군 사이에 휴전 회담이 처음 시작되었다(1951. 7.). 이후 판문점에서 2년여 간의 협상 끝에 비무장 지대 및 군사 분계선 설치, 중립국 감시 위원단 구성 등을 골자로 한 정전 협정이 체결되었다(1953. 7.).

(오답분석)

모두 1·4 후퇴 이전의 사실이다.

① 미국 국무 장관 애치슨이 미국의 태평양 극동 방위선에서 한국과 대만을 제외한다는 취지의 연설을 하였다(1950. 1., 애치슨 선언). 이 선언은 6·25 전쟁이 일어나는 원인 중 하나가 되었다.

ⓒ 여수·순천 10·19 사건(1948. 10.)은 6·25 전쟁 발발(1950. 6.) 이전에 일어났다. 이는 제주 4·3 사건(1948)의 진압 명령을 받은 여수 국방 경비대 내부의 좌익 세력들이 통일 정부 수립을 내세우며 반란을 일으켜 여수·순천 지역을 점령한 사건이다. 이 사건은 국가 보안법이 제정(1948. 12.)되는 계기가 되었다.

정답
p.112

01	③ 고대
02	④ 고려 시대
03	② 고려 시대
04	③ 시대 통합
05	② 일제 강점기
06	④ 시대 통합
07	① 조선 후기
08	② 일제 강점기
09	② 근대
10	② 현대

취약시대 분석표

분류	시대	문항 수
전근대	선사 시대	/0
	고대	/1
	고려 시대	/2
	조선 전기	/0
	조선 후기	/1
근현대	근대	/1
	일제 강점기	/2
	현대	/1
통합	시대 통합	/2
총합		/10

* 취약시대 분석표를 이용해 틀린 문제가 있는 시대는 그 시대의 문제만 골라 해설을 다시 한번 꼼꼼히 학습하세요.

---

01 고대 결혼 동맹과 관산성 전투 사이의 사실 난이도 중 ●●○

자료분석

(가) 신라에 혼인을 요청 + 이찬 비지의 딸 → 나·제 결혼 동맹(동성왕, 493)

(나) 관산성을 습격 + 왕(성왕)이 살해됨 → 관산성 전투(성왕, 554)

정답설명

③ (가), (나) 사이 시기에 무령왕과 성왕은 중국 남조의 양나라에 사신을 보내 교류하였다.

오답분석

① (나) 이후: 백제가 익산에 미륵사를 창건한 것은 무왕 때로, (나) 이후이다. 미륵사는 무왕 시기에 왕권이 강화되었음을 보여주는 백제 최대 규모의 사찰로, 무왕이 익산으로 천도를 시도하였다는 학설의 주요 근거가 되었다.

② (가) 이전: 백제가 고구려의 평양성을 공격(371)하여 고국원왕을 전사하게 한 것은 근초고왕 때로, (가) 이전이다.

④ (가) 이전: 백제가 북위에 국서를 보내 원병을 요청하였던 것은 개로왕 때로, (가) 이전이다. 개로왕은 고구려 장수왕의 공격에 맞서기 위하여 북위에 원병을 요청하는 국서를 보냈으나(472), 한성이 함락되면서 전사하였다(475).

이것도 알면 합격

신라와 백제의 동맹 관계

구분	백제	신라
나·제 동맹 체결(433)	비유왕	눌지 마립간
결혼 동맹 체결(493)	동성왕	소지 마립간
나·제 동맹 결렬(553)	성왕	진흥왕

---

02 고려 시대 훈요 10조 난이도 중 ●●○

자료분석

삼한을 통일(태조) + 저술하여 후세에 전함 → (가) 훈요 10조

정답설명

④ 연등회·팔관회의 감축을 주장한 것은 성종 때 최승로가 작성한 시무 28조의 내용이다. 태조 왕건은 훈요 10조에서 연등회와 팔관회를 중시하며, 이를 줄이지 말 것을 당부하였다.

오답분석

① 태조 왕건은 발해를 멸망시킨 거란에 대해 강경책을 실시하고, 훈요 10조에서도 거란의 풍속을 받아들이지 말 것을 당부하였다.

② 태조 왕건은 서경(평양)을 북진 정책의 전진 기지로 적극적으로 개발하였으며, 훈요 10조에서도 후대의 왕들이 매년 100일 이상 서경에 머무를 것을 당부하였다.

③ 태조 왕건은 훈요 10조에서 도선이 풍수지리설에 따라 정한 곳 외에는 사찰을 함부로 세우지 말 것을 당부하였다.

---

03 고려 시대 고려의 대외 관계 난이도 중 ●●○

정답설명

② 시기 순으로 바르게 나열하면 ⓒ 강동 6주 획득(994) → ⓔ 강조의 정변(1009) → ⓓ 나성 완성(1029) → ㉠ 별무반 창설(1104) → ㉡ 금의 사대 요구 수용(1126)이다.

ⓒ 강동 6주 획득: 성종 때 거란은 고려에 침입하여 고려가 차지하고 있는 옛 고구려 땅을 내놓을 것과 송과의 외교를 단절할 것을 요구하였다(거란의 1차 침입, 993). 이때 서희의 외교 담판으로 고려는 거란으로부터 강동 6주를 획득하였다(994).

ⓒ **강조의 정변:** 강조의 정변은 서북면 도순검사 강조가 김치양의 반역을 들어 목종을 폐위시키고 대량원군 순(현종)을 세워 왕위에 올린 사건(1009)이다. 한편 거란의 1차 침입 이후에도 고려가 송과 친선 관계를 계속 유지하고 거란과의 교류를 회피하자, 거란은 강조의 정변을 구실로 강동 6주를 넘겨줄 것을 요구하며 재침입하였다(거란의 2차 침입, 1010).

ⓔ **나성 완성:** 고려는 현종 때 거란과의 전쟁이 끝난 후 강감찬의 건의로 거란과 여진의 침입에 대비하고자 개경에 나성을 축조(1009~1029)하여 도성 수비를 강화하였다.

ⓐ **별무반 창설:** 고려는 숙종 때 기병을 주축으로 하는 여진군에 패한 뒤, 윤관의 건의에 따라 신기군(기병)·신보군(보병)·항마군(승병)으로 구성된 별무반을 창설하였다(1104).

ⓓ **금의 사대 요구 수용:** 인종 때 여진이 세력을 더욱 키워 만주 일대를 장악하고 금을 건국하여 고려에 군신 관계를 요구하자, 당시 집권자였던 이자겸은 금의 사대 요구를 수용하였다(1126).

04 시대 통합 사실로서의 역사 난이도 하 ●○○

자료분석

단지 그것이 원래 어떻게 있었는가를 보이려 함 + 랑케 → 사실로서의 역사

정답설명

③ 역사가의 주관적인 평가 없이 객관적인 역사적 사실만을 서술하고 있으므로 사실로서의 역사에 해당한다.

오답분석

①, ②, ④ **기록으로서의 역사:** 고구려 사람들과 공주 덕만(신라 선덕 여왕), 최명길(주화론)의 성품과 행적 등에 대한 역사가의 주관적인 평가와 생각이 반영되어 있으므로 '기록으로서의 역사'에 해당한다.

🖐️이것도 알면 합격

사실로서의 역사와 기록으로서의 역사

구분	사실로서의 역사	기록으로서의 역사
의미	과거에 있었던 객관적 사실·사건(객관적 의미의 역사)	과거 사실을 역사가가 주관적으로 재구성한 것(주관적 의미의 역사)
사관	실증주의 사관	상대주의 사관
대표 학자	랑케, 엘버트 비버리지, 엘튼	베커, 크로체, 콜링우드, 카(절충주의)

05 일제 강점기 박은식 난이도 중 ●●○

자료분석

나라는 형체 + 역사는 정신 → 『한국통사』 → 박은식

정답설명

② 박은식은 「유교구신론」을 발표하여 유교 개혁을 주장하였다. 박은식은 추상적인 당시 성리학 중심의 유교 학풍을 비판하고, 그 대안으로 실천적 성격의 양명학 수용을 주장하였다.

오답분석

① **정인보:** 동아일보에 「5천 년간 조선의 얼」을 연재한 인물은 정인보이다. 민족주의 사학자인 정인보는 「5천 년간 조선의 얼」에서 우리 민족의 시조를 단군으로 설정하였으며 민족 정신으로 '얼'을 강조하였다.

③ **신채호:** 역사를 아(我)와 비아(非我)의 투쟁으로 인식한 인물은 『조선상고사』를 저술한 신채호이다.

④ **백남운:** 보편적 역사 발전 법칙에 따라 역사를 기술한 『조선사회경제사』를 저술한 인물은 백남운이다. 백남운은 유물 사관에 입각하여 한국사를 세계사적 보편성 위에 체계화함으로써 식민 사관의 정체성론을 반박하였다.

06 시대 통합 조선 및 대한 제국의 궁궐 난이도 중 ●●○

정답설명

④ 영국인 하딩 등이 설계한 덕수궁 석조전은 을사늑약이 체결(1905)된 이후인 1910년에 준공되었다. 한편 을사늑약에 강제로 체결된 곳은 덕수궁 중명전이다.

오답분석

① 한양 도성을 설계한 정도전은 『시경』, 『서경』 등의 유교 경전 내용을 토대로 경복궁 근정전, 강녕전 등의 전각 이름을 지었다.

② 광해군은 임진왜란으로 소실된 창덕궁을 중건하고, 경희궁을 새로 창건하였다. 한편 경복궁의 동쪽에 위치한 창덕궁은 동궐, 서쪽에 위치한 경희궁은 서궐이라 불리기도 하였다.

③ 경복궁 건청궁은 고종 때 지어진 건물로 우리나라 최초로 전등이 설치(1887)된 곳이다. 또한 이곳은 친러 정책을 주도하던 민비(명성 황후)가 일본에 의해 시해된 을미사변(1895)이 일어난 곳이기도 하다.

07 조선 후기 비변사 난이도 중 ●●○

자료분석

지변재상 + 일시적인 전쟁 때문에 설치 + 오늘에 와서 큰일이건 작은 일이건 모두 여기를 경유 → 비변사

정답설명

① 비변사는 3포 왜란(1510, 중종)을 계기로 설치된 임시 기구이며, 을묘왜변(1555, 명종) 이후 상설 기구화되었다.

오답분석

② 흥선 대원군은 비변사를 축소·폐지하고, 의정부와 삼군부의 기능을 부활시켰다.

③ **도평의사사(고려):** 도당이라 불리었던 기구는 고려 시대의 도평의사사이다. 충렬왕 때 국방 문제를 논의하던 회의 기구인 도병마사가 도평의사사(도당)로 개편되어 국정 문제를 총괄하였다. 한편 도평의사사는 조선 건국 때에도 그대로 유지되었다가 조선 초기인 정종 때 의정부로 개편되었다.

④ 임진왜란 이후 비변사의 기능과 역할이 확대되면서 조선 후기에는 의정부와 6조 중심의 행정 체제는 유명무실화되었으며, 왕권도 약화되었다.

비변사	
설치	중종 때 삼포왜란(1510)을 계기로 여진족과 왜구의 침략에 대비하기 위한 임시 회의 기구로 설치
상설 기구화	명종 때 을묘왜변(1555) 이후 상설 기구화됨
발전 및 강화	·선조 때 임진왜란 이후 외교·재정·사회·인사 등을 총괄하는 국가 최고 정무 기구로 발전 → 기존의 의정부·6조 체제가 유명무실해짐 ·세도 정치 시기에 권한이 더욱 강화
폐지	흥선 대원군에 의해 약화·폐지됨

08 일제 강점기 무단 통치 시기의 사실   난이도 하 ●○○

자료분석

회사 설립은 조선 총독의 허가를 받아야 함 → 회사령(1910~1920) → 무단 통치 시기

정답설명

② 무단 통치 시기에 조선 태형령(1912~1920)을 근거로 한국인에 한해 태형이 적용되었다.

오답분석

① 민족 말살 통치 시기: 일제가 한국인에게 일본식 성과 이름을 갖도록 하는 창씨개명을 강요(1940년 시행)한 것은 민족 말살 통치 시기의 사실이다.

③ 문화 통치 시기: 일본 상품에 대한 관세가 철폐(1923)된 것은 문화 통치 시기의 사실이다. 이러한 일본의 관세 철폐 움직임에 대항하여 자급자족과 국산품 애용을 강조하는 물산 장려 운동이 전개되었다.

④ 민족 말살 통치 시기: 한국인이 (심상)소학교에서 초등 교육을 받았던 시기는 제3차 교육령(1938)이 실시 되었던 민족 말살 통치 시기이다. 무단 통치 시기에는 제1차 조선 교육령(1911)에 따라 한국인은 보통학교(수업 연한 4년)에서 초등 교육을 받았다.

09 근대 임오군란의 결과   난이도 중 ●●○

자료분석

한성의 영군들이 소란 + 5영의 병사들도 결식 + 5영을 2영으로 줄임 → 임오군란(1882)

정답설명

② 임오군란의 결과 청의 요구에 따라 독일 사람인 묄렌도르프가 조선의 외교 고문으로 임명되었으며, 청나라 사람인 마젠창(마건충)이 내정 고문으로 임명되었다. 또한 위안스카이가 지휘하는 군대가 조선에 상주하는 등청의 내정 간섭이 강화되었다.

오답분석

① 일본에 조사 시찰단이 파견된 것은 임오군란이 발발하기 이전의 사실이다. 조사 시찰단은 일본의 정세를 파악하고, 각종 산업 시설을 시찰하기 위해 비밀리에 파견된 사절단으로, 박정양·어윤중·홍영식 등이 파견되었다(1881. 4.).

③ 고종이 러시아 공사관으로 거처를 옮긴 사건인 아관 파천이 발생한 것은 1896년으로, 임오군란과 관련이 없다. 을미사변(1895) 직후 신변의 위협을 느낀 고종은 러시아 공사관으로 거처를 옮기는 아관 파천을 단행하였고, 아관 파천 이후 러시아의 내정 간섭과 열강의 이권 침탈이 심화되었다.

④ 갑신정변: 갑신정변의 결과로 체결된 톈진 조약(1885)의 내용이다. 청·일양국은 톈진 조약을 체결하여 어느 한 나라가 조선에 군사를 보낼 경우 상대국에 미리 알릴 것을 약속하였다.

10 현대 시기별 통일 정책   난이도 중 ●●○

정답설명

② 시기 순으로 나열하면 ㉠ 7·4 남북 공동 성명(박정희 정부, 1972) → ㉣ 이산가족 고향 방문(전두환 정부, 1985) → ㉢ 개성 공단 조성 합의(김대중 정부, 2000) → ㉡ 10·4 남북 공동 선언(노무현 정부, 2007)이 된다.

㉠ 7·4 남북 공동 성명: 박정희 정부 때 남북은 자주·평화·민족 대단결의 통일 원칙에 합의하는 7·4 남북 공동 성명을 발표하였다(1972). 박정희 정부는 7·4 남북 공동 성명 발표 이후 대통령의 긴급 조치권, 국회 해산권 등을 포함하는 유신 헌법을 공포함으로써 독재 체제를 강화하였다.

㉣ 이산가족 고향 방문: 전두환 정부 때 처음으로 이산가족 고향 방문과 남북 예술단 교환 공연이 이루어졌다(1985). 이후 중단되었던 남북 이산가족 상봉은 김대중 정부 시기에 6·15 남북 공동 선언 발표 이후 다시 시작되었다(2000).

㉢ 개성 공단 조성 합의: 김대중 정부 때 6·15 남북 공동 선언이 채택된 이후 개성 공단 조성에 대한 합의가 이루어졌다. 그 결과 노무현 정부 시기에 개성 공단 착공식이 열렸다(2003).

㉡ 10·4 남북 공동 선언: 노무현 정부 때 제2차 남북 정상 회담이 평양에서 개최되어 10·4 남북 공동 성명이 채택되었다(2007).

정답
p.116

01	③ 선사 시대
02	④ 고대
03	① 조선 전기
04	④ 고려 시대
05	④ 일제 강점기
06	① 근대
07	② 조선 후기
08	② 현대
09	④ 고려 시대
10	② 현대

취약시대 분석표

분류	시대	문항 수
전근대	선사 시대	/1
	고대	/1
	고려 시대	/2
	조선 전기	/1
	조선 후기	/1
근현대	근대	/1
	일제 강점기	/1
	현대	/2
통합	시대 통합	/0
총합		/10

* 취약시대 분석표를 이용해 틀린 문제가 있는 시대는 그 시대의 문제만 골라 해설을 다시 한번 꼼꼼히 학습하세요.

---

01 선사 시대 위만 조선 시기의 사실
난이도 하 ●○○

자료분석

만(위만) + 준왕을 공격 → 위만 조선 성립(기원전 194)

정답설명

③ 위만 조선은 중국의 한과 한반도의 예·진 사이에서 중계 무역을 전개하며 경제적 이득을 독점하였고, 그 결과 한과 대립하였다.

오답분석

모두 위만 조선 성립 이전인 단군 조선 시기의 사실이다.

①, ② 단군 조선은 기원전 3세기경 연나라 장수 진개의 침략을 받아 서쪽 영토를 잃었다. 진개의 침입 이후 부왕·준왕 등의 강력한 왕이 등장하여 통치 체제 정비를 통해 혼란을 수습하고 왕위를 세습하였다.

④ 비파형동검이 만들어지기 시작한 것은 청동기 시대에 성립된 단군 조선 시기이다. 단군 조선은 청동기 문화를 바탕으로 성장한 나라로, 비파형동검·거친무늬 거울·미송리식 토기·북방식 고인돌의 분포를 통해 그 세력 범위를 짐작할 수 있다. 한편 위만 조선 시기에는 본격적으로 철기 문화가 수용되었고, 후기 청동기~초기 철기 시대에는 세형동검이 주로 만들어졌다.

이것도 알면 합격

위만 조선

성립 과정	· 위만의 망명: 위만이 무리를 이끌고 고조선으로 망명 · 위만의 왕위 등극: 고조선 서쪽 변경 지역에서 세력을 확대한 후 준왕을 축출(기원전 194)
멸망	· 고조선의 성장에 불안을 느낀 한과 대립 → 한 무제가 고조선 침략 → 1차 접전(패수)에서 고조선이 한에 대응 · 우거왕이 피살되고 왕검성이 함락되며 고조선 멸망(기원전 108)

---

02 고대 삼국 시대의 정치 제도
난이도 상 ●●●

정답설명

④ 신라에서 관리의 부정이나 비리를 감찰하도록 하였던 관청은 사정부이다. 한편 위화부는 신라에서 관리 선발과 인사 고과 등을 담당한 관청이다.

오답분석

① 삼국의 관등 및 관직 제도의 운영은 신분제의 제약을 받았다. 그 예로 신라의 경우 골품을 기준으로 관직의 승진은 물론, 가옥의 크기·수레의 크기와 같은 일상 생활 양식까지 규제하였다.

② 고구려의 수상 격인 대대로는 국정을 총괄하였으며, 3년마다 귀족 회의를 통해 선출되었다.

③ 백제는 고이왕 때 6좌평 16관등의 관등제를 시행하고, 관리의 등급에 따라 자색·비색·청색의 공복을 입도록 하였다. 한편 신라 관등에 따라 자색·비색·청색·황색으로 복색을 정하였다.

---

03 조선 전기 임진왜란의 전개 과정
난이도 중 ●●○

정답설명

① 시기 순으로 나열하면 ⓒ 탄금대 전투(1592. 4.) - ⓒ 한산도 대첩(1592. 7.) - ⓔ 행주 대첩(1593. 2.) - ㉠ 명량 대첩(1597. 9.)이 된다.

ⓒ **탄금대 전투**: 신립의 정예 기병이 충주 탄금대에서 왜군의 북진을 저지하기 위해 항전하였으나 패배하였다(1592. 4.).

ⓒ **한산도 대첩**: 이순신의 수군이 학익진 전법을 통해 한산도 앞바다에서 왜군을 격퇴하고 남해의 재해권을 장악하였다(1592. 7.).

ⓔ **행주 대첩**: 행주 산성에서 권율의 지휘하에 관군과 백성들이 합심하여 왜군의 대규모 공격을 격퇴하였다(1593. 2.).

ⓒ **명량 대첩**: 명과 왜군 간의 휴전 협상이 결렬되자 왜군이 조선을 재침입하였다(1597, 정유재란). 이때 이순신이 12척의 배를 이끌고 울돌목(명량)에서 왜의 수군을 격파하였다(1597. 9.).

04 고려 시대 의천 난이도 중 ●●○

자료분석

교(敎), 선(禪) 모두 한쪽에 치우친 것(교관겸수) + 선종(고려 13대 왕) + 5교가 제자리로 돌아감(교종 통합) → 의천

정답설명

④ 의천은 고려와 송, 요의 불교 서적에 대한 목록인 『신편제종교장총록』을 편찬하였다. 또한 의천은 『신편제종교장총록』을 완성한 후 흥왕사에 교장도감을 두어 목록에 따라 교장(속장경)을 간행하였다.

오답분석

① 균여: 성상융회 사상을 주장한 인물은 균여이다. 성상융회란 공(空)을 뜻하는 성(性)과 색(色)을 뜻하는 상(相)을 원만하게 융합시키는 이론으로서, 균여는 화엄 사상 속에 법상종의 사상을 융합하여 교종 내의 대립을 해소시키기 위해 성상융회 사상을 주장하였다. 한편 의천은 균여의 화엄학에 실천성이 결여되어 있음을 비판하고 실천성을 더한 성상겸학을 내세우며, 흥왕사를 근거지로 화엄종 중심의 교종 통합을 추구하였다.

② 원효(신라): 불교 종파 간의 사상적 대립을 조화시키고 분파 의식을 극복하기 위해 화쟁 사상을 주장하며 『십문화쟁론』을 저술한 승려는 신라의 원효이다.

③ 무신 정권의 후원을 받은 것은 선종 계열의 승려들이다. 무신 집권기에 무신들은 문벌 귀족층의 후원을 받던 교종을 탄압하고 정책적으로 선종을 후원하였다.

이것도 알면 합격

의천

사상적 토대	원효의 화쟁 사상
교종 통합	흥왕사를 근거지로 삼고 화엄종을 중심으로 교종 통합 시도
교·선 통합	·국청사를 창건하여 해동 천태종 창시 ·이론의 연마와 실천을 모두 강조하는 교관겸수를 제창하여 교종과 선종의 사상적 통합 추구
저서	『신편제종교장총록』, 『석원사림』 등

05 일제 강점기 한국광복군 난이도 중 ●●○

자료분석

주석(김구) + 조국으로 가는 것 → 국내 진공 작전 계획 → 한국광복군

정답설명

④ 김원봉이 이끄는 조선 의용대 단원들은 대한민국 임시 정부 산하의 한국광복군에 합류하였다(1942). 한편 화북 지역으로 이동한 조선 의용대 세력은 조선 독립 동맹 산하의 조선 의용군으로 개편되었다.

오답분석

① 조선 의용군: 중국 공산당의 팔로군과 연합한 부대는 조선 독립 동맹 산하의 조선 의용군(1942)이다. 한국광복군은 중국 국민당의 지원 하에 창설되었으며, 연합군의 일원으로 2차 대전에 참전하였다.

② 조선 혁명군: 중국 의용군과 연합하여 영릉가(1932), 흥경성(1933) 전투에서 일본군에 승리한 부대는 조선 혁명군이다.

③ 청산리 전투 승리 이후 밀산부로 집결한 독립군 부대는 1920년대에 만주 지역에서 활동한 김좌진의 북로 군정서군과 홍범도의 대한 독립군 등의 독립군 부대들이다. 만주 지역의 독립군 부대들은 일제의 대대적인 토벌을 피해 밀산부에 집결하여 대한 독립 군단을 조직하고 러시아령 자유시로 이동하였다.

06 근대 전차 개통 시기의 사실 난이도 상 ●●●

자료분석

전차 개통식(1899) 당시의 사실

정답설명

① 시위대는 제2차 갑오개혁(1894) 때 설치되어, 한·일 신협약(1907)의 부속 조약으로 대한 제국 군대가 해산될 때까지 존속한 중앙 호위 부대이다. 따라서 시위대 병사가 훈련을 받고 있는 모습은 전차가 개통된 1899년 당시에 볼 수 있다.

오답분석

② 전차 개통식 이후: 울도(울릉도)에 군수가 임명된 것은 고종이 칙령 제41호(1900)를 반포한 이후이기 때문에 전차 개통식 당시에 볼 수 없는 모습이다. 고종은 대한 제국 칙령 제41호를 통해 울릉도를 울도군으로 승격시키고, 독도를 울도군의 관할 구역에 포함시켰다.

③ 전차 개통식 이전: 만민 공동회가 개최된 것은 1898년의 사실이며, 만민 공동회는 독립 협회(1896~1898)와 함께 해산 당했기 때문에 전차 개통식 당시에는 볼 수 없는 모습이다.

④ 전차 개통식 이후: 우리나라 최초의 신소설로 평가받는 이인직의 「혈의누」가 만세보에 게재된 것은 1906년의 사실이기 때문에 전차 개통식 당시에는 볼 수 없는 모습이다.

07 조선 후기 갑인예송과 탕평비 건립 사이의 사실 난이도 중 ●●○

자료분석

(가) 기해년의 일, 효종을 서자로 여겨 상복을 기년복으로 낮추어 입도록 함(기해예송) + 지금이라도 바로잡아야 함 → 갑인예송(현종, 1674)

(나) 성균관 + 당의 습속을 일삼지 말라는 뜻 + 비에 새김 → 탕평비 건립(영조, 1742)

정답설명

② (가), (나) 사이인 숙종 때 조선과 청 사이의 국경 문제를 해결하기 위해 양국 대표가 백두산 일대를 답사한 뒤 국경선을 정한 백두산 정계비를 세웠다.

오답분석

① (나) 이후: 수령이 군현 단위의 향약을 직접 주관하게 된 것은 정조 때로, (나) 이후이다. 정조는 수령의 권한을 강화하여 지방 사족의 향촌 지배력을 억제하고 지방에 대한 중앙 정부의 통제력을 강화하였다.

③ (가) 이전: 민간의 광산 채굴을 허용하고 세금을 징수하는 설점수세제가 실시된 것은 효종 때로, (가) 이전의 사실이다.

④ (가) 이전: 일본과 기유약조(1609)를 맺은 것은 광해군 때로, (가) 이전이다. 기유약조는 임진왜란 이후 관계가 단절되었던 일본과의 교섭을 제한적으로 허용한 조약이다. 이 조약에 따라 일본과의 교역은 1년에 세사미두 100석, 세견선 20척으로 제한되었으며, 조선에 입국하는 일본인의 배는 대마도주의 문인(통행 허가증)을 소지해야 했고, 일본 상인의 활동 지역은 부산의 왜관으로 제한되었다.

08 현대 조선 건국 준비 위원회   난이도 하 ●○○

자료분석

새 국가 건설의 준비 기관 + 진보적 민주주의적 세력을 집결 + 통일 기관 → (가) 조선 건국 준비 위원회(1945)

정답설명

② 조선 건국 준비 위원회는 전국에 지부를 두고, 치안대를 조직하여 질서 유지 활동을 벌였다.

오답분석

① 좌·우 합작 위원회: 좌·우 합작 7원칙을 결정한 단체는 여운형·김규식 등이 조직한 좌·우 합작 위원회(1946. 7.)이다. 좌·우 합작 위원회는 토지 개혁 문제와 친일파 청산 문제 등에 대한 좌·우익의 입장을 절충한 좌·우 합작 7원칙을 발표하였다(1946. 10.).

③ 제헌 국회: 반민족 행위 처벌법을 제정하고, 반민족 행위자 특별 조사 위원회(반민특위)를 조직한 것은 5·10 총선거로 구성된 제헌 국회이다.

④ 한국 민주당: 송진우, 김성수 등의 민족주의 우파 계열을 중심으로 조직되었으며, 임시 정부의 법통을 지지한 것은 한국 민주당(1945)이다. 한국 민주당은 여운형이 조직한 건국 준비 위원회에 대항하기 위해 임시 정부 지지를 선언하였으며, 조선 인민 공화국을 반대하면서 미 군정에 적극 협력하여 세력을 확대하였다.

이것도 알면 합격

조선 건국 준비 위원회

조직	중도 우파(안재홍)와 중도 좌파(여운형)가 연합
활동	치안대 설치, 전국에 145개의 지부 조직
강령	자주 독립 국가 건설, 민주주의 정권 수립, 대중 생활 확보 주장

09 고려 시대 우왕 대의 사실   난이도 중 ●●○

자료분석

청주 흥덕사에서 금속 활자로 간행 + 프랑스 국립 도서관에서 소장 + 유네스코 세계 기록유산 → (가) 『직지심체요절』(1377) → 우왕

정답설명

④ 우왕 때 최무선이 화통도감(1377)에서 화약 및 화포를 제조하였고, 이를 이용해서 진포에 쳐들어온 왜선 500척을 물리쳤다(1380).

오답분석

① 충렬왕: 원이 일본 원정을 위해 고려에 정동행성을 설치한 것은 충렬왕 때이다. 정동행성(이문소)은 일본 원정 실패 이후에도 원의 내정 간섭 기구로 존속하였으며, 공민왕 때 혁파되었다.

② 현종: 왕이 나주로 피신한 것은 거란의 2차 침입 때로, 당시 왕은 현종이다. 현종 때에는 초조대장경(목판)의 조판이 시작되기도 하였다.

③ 고종: 최우가 치안 유지를 위해 야별초를 설립한 것은 고종 때이다. 야별초는 최우가 야간 치안 유지를 위해 설치한 사병 집단으로, 이후 삼별초로 변화·개편되어 최씨 무신 정권의 군사적 기반이 되었다. 한편 최우 집권기에는 강화도에서 『상정고금예문』이 금속 활자로 다시 인쇄되었으며, 대장도감에서 재조대장경(팔만대장경, 목판)의 조판이 시작되기도 하였다.

10 현대 현대사의 전개   난이도 중 ●●○

자료분석

(가) 진보당 사건(1958) ~ 장면 내각 출범(1960)
(나) 장면 내각 출범(1960) ~ 한·일 협정 체결(1965)
(다) 한·일 협정 체결(1965) ~ 3선 개헌(1969)
(라) 3선 개헌(1969) ~ 3·1 민주 구국 선언 발표(1976)

정답설명

② (나) 시기인 1961년에 5·16 군사 정변으로 정권을 장악한 박정희 등의 군부 세력은 국가 재건 최고 회의를 창설하여 군정을 실시하였다.

오답분석

① (가) 이전: 국민 방위군 사건이 일어난 것은 6·25 전쟁 중인 1951년으로, (가) 시기 이전의 사실이다. 6·25 전쟁 중 중국군의 참전에 대응하여 편성된 국민 방위군의 간부들이 군사 물자를 빼돌려, 수많은 병사들이 굶어 죽거나 얼어 죽는 사건이 발생하였다(국민 방위군 사건).

③ (라) 시기: 유신 헌법에 따라 통일 주체 국민회의가 설치된 것은 1972년으로, (라) 시기이다. 유신 헌법 시기에는 통일 주체 국민회의에서 대통령을 간접 선거로 선출하였다.

④ (라) 이후: 부·마 항쟁이 일어난 것은 1979년으로, (라) 시기 이후의 사실이다. YH 무역의 여성 노동자들이 회사 운영의 정상화와 노동자의 생존권 보장을 요구하며 신민당 당사에서 농성을 전개한 YH 무역 사건(1979)을 계기로 신민당 총재 김영삼이 국회에서 제명되었다. 이에 대한 반발로 부·마 항쟁이 일어났고 이는 유신 체제가 붕괴되는 결정적인 계기가 되었다.

📋 정답　　　　　　　　　　p.120

01	② 고대
02	④ 고려 시대
03	③ 고려 시대
04	② 고대
05	① 선사 시대
06	④ 일제 강점기
07	③ 근대
08	④ 일제 강점기
09	③ 조선 후기
10	④ 현대

📋 취약시대 분석표

분류	시대	문항 수
전근대	선사 시대	/1
	고대	/2
	고려 시대	/2
	조선 전기	/0
	조선 후기	/1
근현대	근대	/1
	일제 강점기	/2
	현대	/1
통합	시대 통합	/0
총합		/10

* 취약시대 분석표를 이용해 틀린 문제가 있는 시대는 그 시대의 문제만 골라 해설을 다시 한번 꼼꼼히 학습하세요.

---

01 고대 지증왕 재위 시기의 사실　　난이도 하 ●○○

자료분석

순장을 금함 + 소를 부려 논밭갈이(우경) → 지증왕

정답설명

② 지증왕은 한화 정책을 추진하여 국호를 '왕의 덕업이 날로 새로워져서 널리 사방을 망라한다'라는 뜻의 신라로 정하였다.

오답분석

① 진흥왕: 국원소경이 설치된 것은 진흥왕 때이다. 지증왕 때 최초로 아시촌 소경이 설치된 이후 진흥왕 때 중원(충북 충주) 지역에 국원소경이 설치되었으며, 선덕 여왕 때에는 하슬라(강원 강릉) 지역에 북소경이 설치되었다. 이후 소경 제도는 통일 신라 신문왕 때 5소경 체제로 완비되었다.

③ 법흥왕: 상대등 제도가 시행된 것은 법흥왕 때이다.

④ 진흥왕: 이사부가 대가야를 정복하여 신라의 영토를 확장한 것은 진흥왕 때이다. 한편 이사부는 지증왕 때 우산국을 정벌하였다.

✍ 이것도 알면 합격

6세기 신라 왕의 업적

지증왕	신라 국호 및 왕 칭호 사용, 우경 장려, 우산국 정벌, 순장 금지, 동시전 설치
법흥왕	'건원' 연호 사용, 율령 반포, 불교 공인, 병부 설치, 금관가야 정복
진흥왕	화랑도 공인, 한강 확보, 대가야 정복, 『국사』 편찬

---

02 고려 시대 별무반　　난이도 하 ●○○

자료분석

윤관의 건의 + 적군은 기병인데 우리는 보병 → (가) 별무반

정답설명

④ 별무반은 신기군(기병), 신보군(보병), 항마군(승병)으로 구성된 군사 조직으로, 여진족에 대처하기 위해 숙종 때 조직되었다.

오답분석

① 여진을 몰아내고 4군 6진을 개척한 것은 조선 세종 때로, 별무반과 관계가 없다. 세종은 최윤덕을 압록강 지역에, 김종서를 두만강 지역에 파견하여 여진족을 몰아내고, 4군 6진을 설치하였다. 한편 별무반을 이끌고 여진을 정벌한 윤관은 동북 9성을 축조하였다.

② 광군: 거란의 침입에 대비하기 위해 조직된 부대는 정종 때 설치된 광군이다.

③ 삼별초: 진도, 제주도로 근거지를 이동하며 몽골에 저항하였던 부대는 삼별초이다. 삼별초는 최우가 도적을 막기 위해 설치한 야별초에서 비롯되었으며, 최씨 무신 정권의 군사적 기반을 형성하였다. 이후 삼별초는 몽골과의 강화와 개경 환도에 반대하며 대몽 항쟁을 전개하였다.

✍ 이것도 알면 합격

별무반

· 고려 숙종 때 윤관의 건의에 따라 편성된 특수군(1104)
· 신기군(기병), 신보군(보병), 항마군(승병)으로 구성
· 예종 때 윤관이 별무반을 이끌고 여진을 정벌하여 동북 9성을 축조(1107)

03 고려 시대 충선왕과 이제현   난이도 중 ●●○

자료분석

(가) 만권당을 지음 → 충선왕

(나) 왕(충선왕)이 만권당을 짓고 + 연경으로 부름 + 학문이 더욱 진보됨 →
이제현

정답설명

③ 이제현은 공민왕 때 성리학적 정통 의식과 대의명분을 강조한 역사시인
『사략』을 편찬하였다. 현재는 『사략』에 실려있던 「사론」만 전해진다.

오답분석

① 삼군도총제부는 고려 말 공양왕 때 이성계가 병권을 장악하기 위해 설치한
군 통솔 기관이다. 삼군도총제부는 조선 건국 이후 의흥삼군부로 개편되었
다.

② **충렬왕:** 원의 요청으로 일본 원정에 군대를 파견한 왕은 충렬왕이다. 몽골
은 국호를 원으로 바꾼 후 일본에 조공을 요구하며 두 차례 원정을 단행하
였는데, 이때 고려의 군대와 물자가 강제로 동원되었다(1274, 1281). 원은
일본 원정을 위해 고려에 정동행성을 설치하였으며, 원정 실패 이후에도 이
를 내정 간섭에 이용하였다.

④ **이색:** 공민왕 때 성균관에서 정몽주, 권근, 정도전 등을 가르쳐 성리학을 더
욱 확산시킨 인물은 이색이다.

04 고대 삼국의 문화재   난이도 중 ●●○

정답설명

② 순서대로 나열하면 ② 칠지도(백제 근초고왕 추정, 4세기) → ① 미륵사지
석탑(백제 무왕, 7세기) → ⓒ 성덕 대왕 신종(신라 혜공왕 완성, 8세기) →
ⓒ 쌍봉사 철감선사 승탑(신라 하대, 9세기)이 된다.

② 칠지도는 백제왕이 왜왕에게 하사한 것으로 근초고왕 때 제작된 것으로 추
정하고 있다(4세기).

① 익산 미륵사지 석탑은 백제 무왕 때 만들어졌다(639). 익산 미륵사지 석탑
은 목탑의 양식을 본떠 만든 석탑으로, 우리나라에 현존하는 가장 오래된
탑이다.

ⓒ 성덕 대왕 신종은 통일 신라 경덕왕 때 성덕왕의 공덕을 기리기 위해 제작
하기 시작한 것으로, 혜공왕 때 완성(771)되었으며, 봉덕사 종 또는 에밀레
종이라고도 불린다.

ⓒ 쌍봉사 철감선사 승탑은 통일 신라 경문왕 때 세워졌다(9세기 후반). 신라
하대에는 참선을 중시하는 선종이 유행하면서 승려의 사리를 봉안한 승탑
과, 승려의 일대기를 적은 탑비가 많이 제작되었다.

05 선사 시대 부여와 고구려   난이도 하 ●○○

자료분석

(가) 쑹화강 상류 + 말, 주옥, 모피 → 부여

(나) 신랑이 신부의 집에서 살다가 자식이 장성하면 남자의 집으로 돌아옴(서
옥제) + 정복 활동 → 고구려

정답설명

① 옳은 것을 모두 고르면 ①, ⓒ이다.

① 부여에는 왕 아래에 가축의 이름을 딴 마가, 우가, 저가, 구가의 가(加)들
이 존재하였으며, 이들이 저마다 다스리는 행정 구역인 사출도가 존재하
였다.

ⓒ 고구려는 10월에 동맹이라는 제천 행사를 거행하였다.

오답분석

ⓛ **고조선:** 남의 물건을 훔쳤을 때 50만 전을 배상하도록 한 국가는 고조선이
다(8조법). 부여와 고구려에서는 도둑질을 하면 물건 값의 12배를 변상하
도록 하였다(1책 12법).

② 고구려는 5부를 중심으로 한 연맹 왕국으로 성장하였으며, 이후 점차 왕권
이 강화되어 중앙 집권적인 고대 국가로까지 발전하였다.

06 일제 강점기 이회영   난이도 중 ●●○

자료분석

신민회를 조직 + 재산과 가옥을 처분하고 만주로 망명 + 경학사 → 이회영

정답설명

④ 이회영은 만주 삼원보에 자치 기관인 경학사를 세우고, 신흥 강습소를 설
립하여 독립군을 양성하였다.

오답분석

① **조소앙:** 삼균주의 이론을 주창한 인물은 조소앙이다. 조소앙의 삼균주의는
이후 대한민국 임시 정부의 건국 강령에 반영되었다(1941).

② **김규식:** 파리 강화 회의에 파견된 인물은 김규식이다. 김규식은 신한청년
단(신한청년당)의 대표로 파리 강화 회의에 파견되어 한국의 독립을 위한 국
제적인 협조를 요청하였다.

③ **김원봉:** 의열단을 창설한 인물은 김원봉이다. 의열단은 3·1 운동 이후 무
장 투쟁의 필요성이 대두되면서 만주 지린(길림)에서 조직된 단체로, 식민
통치 기구 파괴 및 일제 요인 암살을 활동 목표로 삼았다.

07 근대 조·일 수호 조규 부록과 조·일 무역 규칙   난이도 중 ●●○

자료분석

(가) 일본국 화폐로 조선 물품과 교환할 수 있음 → 조·일 수호 조규 부록
(1876. 7.)

(나) 일본 인민은 양미와 잡곡을 수출, 수입할 수 있음 → 조·일 무역 규칙(조·
일 통상 장정, 1876. 7.)

정답설명

③ 조·일 무역 규칙에 따라 일본 수출입 상품에 대한 무관세와 일본 정부 소
속의 선박에 대한 무항세가 인정되었다.

오답분석

① **조·일 수호 조규:** 일본인 범죄자에 대한 영사 재판권(치외 법권)이 인정된
것은 조·일 수호 조규(강화도 조약, 1876. 2.)이다.

② **조·일 통상 장정 개정:** 일본에 대한 최혜국 대우 및 일본 상품에 대한 관세
부과가 인정된 것은 조·일 통상 장정 개정(1883)이다.

④ 제일은행권이 본위화로 인정된 것은 화폐 정리 사업(1905)의 결과이다.

조일 수호 조규(강화도 조약)와 부속 조약	
조·일 수호 조규 (강화도 조약, 1876. 2.)	• 청의 종주권 부인(조선은 자주국) • 부산(1876) 개항 → 원산(1880)·인천(1883) 추가 개항 • 해안 측량권, 영사 재판권(치외 법권) 허용
조·일 수호 조규 부록(1876. 7.)	• 일본 외교관의 내지 여행 허용, 개항장에서 일본 화폐의 유통 허용 • 일본 상인의 활동 범위 설정(개항장 사방 10리, 간행이정)
조·일 무역 규칙 (조·일 통상 장정, 1876. 7.)	• 양곡(쌀·잡곡)의 무제한 유출 허용 • 일본 수출입 상품에 대한 무관세, 무항세 규정

---

08 일제 강점기 치안 유지법 실시 시기의 사실 난이도 중 ●●○

(자료분석)

국체 변혁 + 사유 재산제 부인 + 징역 또는 금고에 처함 → 치안 유지법(1925~1945)

(정답설명)

④ 국민 정신 총동원 조선 연맹은 치안 유지법이 실시되던 1938년에 설치되었다. 국민 정신 총동원 조선 연맹은 일제가 전시 동원을 위해 조직한 친일 단체이다. 총독부는 조직 하부에 10호 단위로 애국반을 만들고 모든 한국인을 가입시켜 한국인들에게 지원병, 공출과 헌금, 신사 참배 등을 강요하였다.

(오답분석)

① 치안 유지법 실시 이전: 토지 조사 사업(1912~1918)이 전개된 것은 치안 유지법이 실시되기 이전인 무단 통치 시기의 사실이다.

② 치안 유지법 실시 이전: 경찰범 처벌 규칙(1912)이 제정된 것은 치안 유지법이 실시되기 이전인 무단 통치 시기의 사실이다. 일제는 경찰범 처벌 규칙을 제정하여 수상한 행동을 한 자를 경찰이 현행범으로 체포할 수 있게 하였으며, 이를 통해 한국인의 항일 투쟁뿐만 아니라 일상 생활까지 단속하였다.

③ 1920년대에 문화 통치의 실시로 원칙적으로 문관 출신 총독의 임명이 가능해졌으나, 실제 문관 출신 총독이 임명된 적은 없다.

---

09 조선 후기 조선 시대의 대외 관계 난이도 중 ●●○

(정답설명)

③ 순서대로 나열하면 © 통신사 파견 시작(1607, 선조) → ㉠ 병자호란의 결과(1637, 인조) → © 나선 정벌(1654, 1658, 효종) → ㉣ 안용복의 활약(1693, 1696, 숙종)이다.

© 통신사 파견 시작: 임진왜란 이후 일본 에도 막부의 국교 재개 요청으로 조선과 일본 사이에 강화가 맺어지고 포로 송환이 이루어졌다. 또한 에도 막부의 사절 파견 요청에 따라 통신사가 파견되었다(1607, 선조).

㉠ 병자호란의 결과: 병자호란(1636)의 발발로 인조는 남한산성으로 피신하여 청에 항전하였으나 결국 항복하였다. 이후 조선의 소현 세자와 봉림 대군, 척화론자였던 삼학사(홍익한·윤집·오달제)가 심양에 인질로 끌려갔다(1637).

© 나선 정벌: 러시아가 남하하여 조선과 청을 자극하자, 청은 러시아 정벌군을 파견하며 조선에 원병을 요청하였다. 이에 효종은 두 차례에 걸쳐 조총 부대를 파견하였다(나선 정벌, 1654, 1658).

㉣ 안용복의 활약: 숙종 때 동래 수군 출신의 어민인 안용복은 두 차례에 걸쳐 일본으로 건너가 울릉도와 우산도(독도)가 조선의 영토임을 확인 받고 돌아왔다(1693, 1696).

---

10 현대 전두환 정부 시기의 정책 난이도 중 ●●○

(자료분석)

여야 합의 + 대통령 직선제 개헌 → 6·29 민주화 선언(1987) → 전두환 정부

(정답설명)

④ 전두환 정부 시기에 3S 정책의 일환으로 프로 야구를 6개 구단으로 출범시켰다(1982).

(오답분석)

① 노무현 정부: 호주제를 폐지한 것은 노무현 정부 시기의 사실이다.

② 노태우 정부: 서울 올림픽을 개최(1988)한 것은 노태우 정부 시기의 사실이다.

③ 전두환 정부 시기에는 대학 입학 본고사가 실시되지 않았다. 신군부의 7·30 교육 개혁 조치(1980)로 전두환 정부 시기에는 과외가 전면 금지되었으며, 대학 입학 본고사가 폐지되고, 대학 졸업 정원제가 시행되었다.

✌ 이것도 알면 합격

신군부~전두환 정부의 사회·문화 정책	
유화 정책	교복·두발·해외 여행 자유화, 3S 정책(프로 야구와 씨름 창설), 야간 통행 금지 해제, 컬러TV 보급, 국풍 81(문화 행사)
교육 정책	7·30 교육 개혁(1980, 전두환 신군부): 대입 본고사 폐지, 대학 졸업 정원제 실시, 과외 금지 조치
언론 정책	보도 지침(통제와 검열 강화)

📋 정답 p.124

01	④	고대
02	④	고려 시대
03	③	조선 전기
04	④	근대
05	②	조선 후기
06	④	근대
07	①	고려 시대
08	④	고대
09	②	일제 강점기
10	③	현대

📋 취약시대 분석표

분류	시대	문항 수
전근대	선사 시대	/0
	고대	/2
	고려 시대	/2
	조선 전기	/1
	조선 후기	/1
근현대	근대	/2
	일제 강점기	/1
	현대	/1
통합	시대 통합	/0
총합		/10

* 취약시대 분석표를 이용해 틀린 문제가 있는 시대는 그 시대의 문제만 골라 해설을 다시 한번 꼼꼼히 학습하세요.

---

01 고대 발해 무왕 재위 기간의 사실 난이도 중 ●●○

자료분석

고려의 옛 땅을 회복 + 부여의 습속을 지님 → 발해 무왕이 일본에 보낸 국서 → 발해 무왕

정답설명

④ 발해 무왕은 당과 신라를 견제하기 위해 돌궐·일본 등과 교류하며 동북아시아의 세력 균형을 유지하였다. 또한 무왕은 당과 흑수말갈이 연합하려는 움직임을 보이자 장문휴의 수군을 파견하여 중국 산둥 지방의 덩저우(등주)를 선제 공격하였다.

오답분석

① **선왕**: 발해가 당으로부터 해동성국이라는 칭호를 얻었던 것은 선왕 때이다. 발해는 선왕 때 대부분의 말갈족을 복속시키고 남쪽으로는 신라와 국경을 맞댈 정도로 영토를 확장하였는데, 이때 당에서는 발해를 '동쪽의 융성한 나라'라는 뜻의 해동성국이라 칭하였다.

② **고왕(대조영)**: 처음 당으로부터 발해 군왕으로 책봉된 것은 고왕(대조영) 때이다. 이후 당과의 관계가 안정화된 문왕 때 발해 국왕으로 책봉되었다.

③ **문왕**: 불교에서 이상적인 군주로 일컬어지는 전륜성왕과, 황제를 뜻하는 황상·대왕 등의 칭호를 사용한 것은 문왕 때이다.

---

02 고려 시대 광종 난이도 중 ●●○

자료분석

공신 세력을 억제 + 백성들에게 혜택 + 쌍기를 등용 → (가) 광종

정답설명

④ 광종은 귀법사를 창건하고, 균여를 귀법사의 주지로 삼아 화엄종을 중심으로 교종의 여러 종파를 통합하게 하는 등 불교 교단의 정비를 시도하였다.

오답분석

① **성종**: 양인이 된 노비 중 일부를 노비로 되돌리는 노비환천법을 실시한 왕은 성종이다. 광종은 노비안검법을 제정하여 억울하게 노비가 된 자들을 양인으로 해방시켰다.

② 토지·노비 문제를 관장하는 임시 관서인 전민변정도감은 원종 때 최초로 설치되었고, 충렬왕·공민왕·우왕 때 설치와 폐지가 반복되었다.

③ **성종**: 태조 때 설치한 흑창을 확대·개편하여 의창을 설치한 왕은 성종이다. 의창은 백성을 구휼하기 위한 기관으로, 평상시에 의창에 곡물 등을 저장하였다가, 흉년에 이를 빈민 구휼에 사용하였다.

---

03 조선 전기 훈구와 사림 난이도 중 ●●○

자료분석

(가) 계유정난의 공신 + 서울 + 고위 관직 독차지 → 훈구
(나) 영남·기호 + 성종 때 전랑과 3사 언관직에 진출 → 사림

정답설명

③ 부국강병과 왕권 강화를 통한 중앙 집권적 정치 체제를 추구한 세력은 훈구이다. 사림은 향촌 자치와 왕도 정치를 표방하였다.

오답분석

① 훈구는 성리학 이외에도 불교·도교·풍수지리·민간 신앙 등에 대해 사림에 비해 비교적 포용적이었다.

② 사림은 4차례의 사화 등으로 위기를 겪으면서도 서원과 향약을 기반으로 향촌에서 세력을 확대하였다.

④ 훈구와 사림은 고려 말 신진 사대부가 토지 개혁과 왕조 개창 문제를 둘러싸고 분화한 급진파(혁명파) 사대부와 온건파 사대부를 계승한 정치 세력이다. 급진파 사대부는 전면적 토지 개혁을 주장하였으며, 역성 혁명을 통한 새로운 왕조 개창을 주장하였다. 반면 온건파 사대부는 전면적 토지 개혁에는 반대하고 고려 왕조를 유지하는 점진적인 개혁을 주장하였다.

이것도 알면 합격

훈구와 사림

구분	훈구	사림
기원	혁명파 사대부(역성 혁명, 전면적 토지 개혁 주장, 과전법 마련)	온건파 사대부(고려 왕조 유지, 전면적 토지 개혁 반대)
성립	계유정난 이후 세력 확대	성종 때부터 등용, 선조 때 집권
기반	대지주	영남, 기호 지방 중소 지주
특징	• 중앙 집권, 민생 안정, 부국 강병 주장 • 타 사상에 개방적·관용적	• 향촌 자치·왕도 정치 주장 • 성리학 이외의 사상 배척

04 근대 유길준 　난이도 중 ●●○

자료분석

벨기에 + 불가리아 + 중립 조약 + 조선이 아시아의 중립국 → 조선 중립화론 → 유길준

정답설명

④ 유길준은 1883년에 보빙사로 미국에 파견되었다. 이후 미국 유학을 하고 돌아온 유길준은 『서유견문』을 저술하여 서양의 지리, 제도, 문물 등을 소개하고 조선의 근대화 방향을 제시하였다.

오답분석

① 이광수: 「민족적 경륜」을 발표(1924)한 인물은 이광수이다. 이광수는 동아일보에 「민족적 경륜」을 발표하여 일제의 식민 지배를 인정하고 자치권을 얻자는 자치론을 주장하였다.

② 베델: 대한매일신보(1904)의 발행인은 영국인 베델이다. 당시 일본은 영국과 영·일 동맹을 맺고 있었기 때문에 영국인인 베델이 운영하는 대한매일신보를 함부로 할 수 없었다. 이에 따라 대한매일신보는 일본의 검열을 피해 다른 신문보다 자유롭게 기사를 게재할 수 있었고, 강경한 항일 논조를 펼칠 수 있었다.

③ 주시경 등: 국문 연구소(1907)에서 국어 문법을 연구한 인물은 주시경, 지석영 등이다. 국문 연구소는 대한 제국의 학부에 설치되었던 기관으로, 국문의 정리와 국어의 이해 체계 확립을 위한 연구를 전개하였다.

05 조선 후기 대동법 　난이도 중 ●●○

자료분석

모리배들이 먼저 대납 + 폐단을 없애기 위해 시행 + 경기와 강원에서 이미 시행 → (가) 대동법

정답설명

② 옳은 것을 모두 고르면 ⓒ, ⓔ이다.

ⓒ 광해군 때 대동법이 경기도에서 처음으로 실시되면서 담당 관청으로 선혜청이 설치되었다. 이후 대동법의 시행 범위는 숙종 때 이르러 전국적으로 확대되었다.

ⓔ 대동법은 토지 소유자에게 토지 1결당 쌀 12두를 거두는 것이 원칙이었으며, 지역에 따라 베(삼베)·포(무명 등)·전(화폐)으로 대납하는 것이 허용되었다.

오답분석

ⓐ 균역법: 토지 소유자에게 토지 1결당 2두의 결작미를 징수한 것은 균역법과 관련 있다. 균역법의 시행으로 군포 징수액이 반으로 감소하자, 재정의 보충을 위해 지주에게 결작미를 징수하였다.

ⓑ 답험 손실법, 연분 9등법: 풍흉을 고려하여 토지세(전세)를 거둔 것은 답험 손실법 및 연분 9등법(공법)과 관련 있다. 답험 손실법은 전주(수조권자)가 직접 풍흉을 조사하여 그 수확량에 따라 납부액을 조정한 것이다. 한편 답험 손실법의 폐단을 개선하기 위해 세종 때 실시된 연분 9등법(공법)은 수확한 해의 풍흉의 정도를 9등급(상상년~하하년)으로 나누고 조세를 토지 1결당 최고 20두에서 최저 4두까지 차등을 두어 징수한 것이다.

06 근대 을사늑약 　난이도 중 ●●●

자료분석

총검과 공갈 하에 책정 + 무효임을 선언 + 미국 정부에 전달(헐버트) → (가) 을사늑약(제2차 한·일 협약, 1905. 11.)

정답설명

④ 장지연은 을사늑약 체결의 부당함을 알리고 그 불법성을 비판하는 '시일야방성대곡'을 황성신문에 게재하였다.

오답분석

① 한·일 신협약: 각 부의 차관에 일본인이 임명되는 차관 정치가 시작된 것은 한·일 신협약(정미 7조약, 1907)과 함께 작성된 비밀 부수 각서 체결의 결과이다. 한편 을사늑약을 통해서 일본은 대한 제국의 외교권을 박탈함과 동시에 통감부를 설치하여 통감 정치를 실시하였다.

② 유인석, 이소응 등은 을미사변과 단발령에 반발하여 의병을 일으켰다(을미의병, 1895). 한편 을사늑약의 체결에 반발하여 의병을 일으킨 대표적인 인물로는 최익현과 민종식 등이 있다.

③ 독도가 일본의 영토로 불법적으로 편입된 것은 러·일 전쟁 중 발표된 시마네 현 고시 제40호(1905)를 통해서이다.

이것도 알면 합격

을사늑약에 대한 저항

상소 운동	을사늑약에 서명한 대신들의 처벌과 조약의 폐기를 요구하는 상소 운동 전개(최익현, 이상설 등)
항일 순국	항일 순국 자결로써 을사늑약에 항거(민영환, 조병세 등)
5적 암살단	을사늑약에 찬성한 을사 5적(이완용, 박제순, 이지용, 이근택, 권중현)의 처단을 시도함(나철, 오기호 등)

07 고려 시대 이자겸의 난과 김보당의 난 사이의 사실 　난이도 상 ●●●

자료분석

(가) 이자겸과 척준경 + 궁궐을 침범 → 이자겸의 난(인종, 1126)
(나) 김보당 + 군사를 일으킴 → 김보당의 난(정중부 집권기, 1173)

정답설명

① (가), (나) 사이 시기인 1135년에 묘청의 난으로 대위국이 수립되었다. 인종 때 묘청이 서경(평양) 천도와 칭제건원을 주장하였으나 김부식 등의 반대로 서경 천도가 중단되었다. 이에 묘청은 국호를 대위국, 연호를 천개로 하고 서경에서 난을 일으켰다.

② **(나) 이후:** 국정을 총괄하는 최고 정치 기구로 교정도감이 설치(1209)된 것은 최충헌 집권기의 사실로, (나) 이후이다. 교정도감은 본래 최씨 정권의 반대 세력을 제거하기 위해 설치되었으나, 점차 모든 국정을 관장하는 무신 정권 최고의 권력 기구가 되었다. 한편 교정도감의 장관인 교정별감의 자리는 최씨 일가가 대대로 세습하였다.

③ **(가) 이전:** 고려가 동북 9성을 여진에 돌려준 것은 예종 때로, (가) 이전이다. 예종 때 윤관과 오연총이 별무반을 이끌고 여진족을 토벌한 후 동북 지방 일대에 9성을 축조하였다(1107). 이후 고려는 여진의 계속되는 반환 요구와 방어의 어려움으로 9성을 여진에 다시 돌려주었다(1109).

④ **(나) 이후:** 최광수가 고구려 부흥을 목표로 봉기(1217)한 것은 최충헌 집권기의 사실로, (나) 이후이다.

---

08 고대 고구려의 신라 내정 간섭을 보여주는 문화유산   난이도 중 ●●○

신라에 정치·군사적인 영향력을 행사 → 고구려의 신라 내정 간섭을 보여주는 문화유산

④ 옳은 것을 모두 고르면 ©, ⑩이다.

© 충주 고구려비는 광개토 대왕 또는 장수왕 시기에 제작되었을 것으로 추정되는 비석으로, 신라 영토에 고구려군이 진주하였다는 내용이 담겨 있어 5세기 무렵에 고구려가 신라에 영향력을 미치고 있었음을 보여준다. 또한 이 비석에는 고구려가 신라 왕을 '동이(동쪽의 오랑캐) 매금(마립간)'이라고 낮춰 칭한 사실도 확인된다.

⑩ '광개토', '호태왕' 등의 글자가 새겨져 있는 호우총 출토 청동 호우(호우명 그릇)는 신라의 수도인 경주 호우총에서 발견되었다. 이 유물은 장수왕 시기에 광개토 대왕의 업적을 기념하기 위해 제작된 것으로 추정되며, 이는 5세기 무렵에 고구려가 신라에 영향력을 미치고 있었음을 보여준다.

⑦ 이불병좌상은 두 부처가 나란히 앉아있는 모습을 하고 있는 발해의 불상으로, 발해가 고구려 불상 제작 양식의 영향을 받았음을 보여주는 문화유산이다.

© 서울 석촌동 고분은 백제의 계단식 돌무지무덤으로, 고구려 초기의 돌무지무덤과 형태가 비슷한 것을 통해 백제의 건국 세력이 고구려 계통임을 보여주는 문화유산이다.

② 경주 천마총 출토 유리잔을 비롯하여 신라 유적에서 발견되는 유리 공예품들은 대부분 중국이나 중앙아시아를 통해 들어온 로마·페르시아 제품으로 추정된다.

---

09 일제 강점기 1925~1938년 사이의 사실   난이도 중 ●●○

(가) 중국에 거류하는 조선인을 체포 + 조선 총독부에 인도 + 단체 해산 → 미쓰야 협정(1925)

(나) 지원병령(1938)이 공포 + 교육령 개정(3차, 1938) + 황국 신민 → 민족 말살 통치 시기

---

② (가), (나) 사이 사실로 옳은 것을 모두 고르면 ⑦, ©이다.

⑦ 여성 단체인 근우회는 신간회의 자매 단체로 1927년에 조직되었다. 근우회는 김활란 등이 중심이 되어 창립된 여성계 민족 유일당 단체로, 강연회·토론회·야학 설치 등을 통한 여성 계몽 활동과 여성 노동자 권익 옹호 운동 등을 전개하였으며, 기관지인 『근우』를 발간하였다.

© 동아일보의 주도로 '배우자! 가르치자! 다 함께 브나로드!'의 구호 아래 브나로드 운동이 전개된 것은 1931~1934년이다. 브나로드 운동은 동아일보와 학생이 주도한 농촌 계몽 운동으로, 농촌 계몽·한글 보급·미신 타파·구습 제거를 목표로 하였다.

© **(가) 이전:** 간도 참변이 일어난 것은 1920년으로, (가) 이전이다. 일제는 봉오동·청산리 전투(1920)의 패배에 대한 보복으로 간도 지역의 한인들을 무차별적으로 학살하는 간도 참변을 일으켰다.

② **(나) 이후:** 여자 정신대 근무령이 공포된 것은 1944년으로, (나) 이후이다. 여자 정신대 근무령에 따라 여성들은 군수 공장 등에 동원되었으며, 위안부로 강제 동원되기도 하였다.

---

10 현대 유신 헌법 시행 시기의 사실   난이도 하 ●○○

대통령 임기 6년 + 긴급 조치 + 대통령이 국회를 해산 → 유신 헌법(제7차 개헌안, 1972~1980)

③ 유신 헌법이 시행된 시기인 1979년에 YH 무역 노동자들이 노동자의 생존권 보장을 요구하며 신민당 당사에서 농성을 전개하였다. YH 무역 사건을 계기로 신민당 총재 김영삼이 국회에서 제명되자 이에 대한 반발로 부·마 민주 항쟁이 일어났으며, 이는 유신 체제가 붕괴되는 결정적인 계기가 되었다.

① **제5차 개헌안 시행 시기:** 한·일 협정이 조인된 것은 제5차 개헌안 시행 시기(1963~1969)인 1965년의 사실이다. 박정희 정부는 일본과 '청구권·경제 협력에 관한 협정' 등을 포함하는 한·일 기본 조약(한·일 협정)을 체결하여 일본으로부터 각종 차관을 공여 받기로 합의하였다.

② **제5차 개헌안 시행 시기:** 향토 예비군이 창설된 것은 제5차 개헌안 시행 시기인 1968년의 사실이다. 박정희 정부 시기인 1968년 1월 21일에 북한은 무장 공비를 남파하여 청와대의 습격을 시도(1·21사태)하고, 2일 후인 1월 23일에는 미 해군의 푸에블로호를 납치하는 등 도발을 자행하였다. 이에 무장 공비의 공세에 대처하고 향토 방위 체제를 확립하기 위해서 향토 예비군이 창설되었다.

④ **제8차 개헌안 시행 시기:** 대통령 선거인단이 대통령을 선출하는 것은 전두환의 신군부에 의해 추진된 제8차 개헌안(1980~1987)의 내용이다. 한편 유신 헌법 시기에는 통일 주체 국민회의에서 대통령을 선출하였다.

■ 정답

p.130

01	① 선사 시대	11	② 고려 시대
02	③ 고대	12	③ 고대
03	① 일제 강점기	13	① 조선 후기
04	④ 고려 시대	14	④ 근대
05	① 조선 전기	15	② 일제 강점기
06	② 고려 시대	16	② 근대
07	④ 시대 통합	17	① 고대
08	③ 조선 전기	18	② 근대
09	① 고대	19	④ 현대
10	③ 조선 후기	20	③ 현대

■ 취약시대 분석표

분류	시대	문항 수
전근대	선사 시대	/1
	고대	/4
	고려 시대	/3
	조선 전기	/2
	조선 후기	/2
근현대	근대	/3
	일제 강점기	/2
	현대	/2
통합	시대 통합	/1
총합		/20

* 취약시대 분석표를 이용해 틀린 문제가 있는 시대는 그 시대의 문제만 골라 해설을 다시 한번 꼼꼼히 학습하세요.

---

01 선사 시대 **고조선 관련 기록** 난이도 중 ●●○

정답설명

① 옳은 것을 모두 고르면 ㉠, ㉢이다.

㉠ 고조선은 사회 질서를 유지하기 위해 8조의 법(범금 8조)을 제정하였는데, 그 중 3개의 조항만 중국의 역사서인 『한서』「지리지」를 통해 전해진다.

㉢ 조선 성종 때 편찬된 『동국통감』에는 중국 요 임금 때인 기원전 2333년(무진년)에 단군이 (고)조선을 건국하였다고 기록되어 있다.

오답분석

㉡ 이규보가 고려 명종 때 저술한 『동명왕편』은 고구려 동명왕의 업적을 칭송한 일종의 영웅 서사시로, 단군 신화에 대한 내용은 기록되어 있지 않다. 한편, 단군 신화가 수록된 현존하는 가장 오래된 역사서는 충렬왕 때 편찬된 『삼국유사』로, 일연은 『고기』의 내용을 인용하여 단군 신화를 수록하였다.

㉣ 조선 후기의 역사 학자인 홍만종, 안정복 등은 단군 조선을 정통 국가로 인정하였다. 홍만종은 『동국역대총목』에서 단군 조선-기자 조선-마한-통일 신라로 정통 국가의 계보를 정리하였다. 홍만종·이익 등을 통해 이루어진 정통론에 대한 연구는 『동사강목』을 저술한 안정복에 의해 집대성되었다.

---

02 고대 **무령왕 재위 시기의 사실** 난이도 하 ●○○

자료분석

영동 대장군 + 백제 사마왕 → 무령왕릉 지석 → 무령왕

정답설명

③ 무령왕은 지방에 22담로를 두고 왕족을 파견하여 지방에 대한 통제를 강화하였다.

오답분석

① 문주왕: 웅진(공주)으로 수도를 옮긴 왕은 문주왕이다.

② 비유왕: 장수왕의 남진 정책에 대항하여 신라 눌지 마립간과 동맹을 맺은 왕은 비유왕이다.

④ 성왕: 일본에 노리사치계를 파견하여 불경 등을 전하게 한 왕은 성왕이다.

---

03 일제 강점기 **1937~1941년 사이의 사실** 난이도 상 ●●●

자료분석

(가) 중·일 전쟁 발발(1937) / (나) 태평양 전쟁 발발(1941)

정답설명

① 옳은 것을 모두 고르면 ㉠, ㉢이다.

㉠ 일제는 중·일 전쟁 발발 이후인 1938년에 지원병 제도를 시행하여 한국인을 전쟁에 동원하였다. 이후 일제는 학도 지원병제(1943)와 징병제(1944)까지 시행하였다.

㉢ 일제는 중·일 전쟁 발발 이후인 1939년에 국민 징용령을 제정·공포하여 군수 공장과 광산, 비행장 공사 등에 한국인을 강제로 동원하였다.

오답분석

㉡ (가) 이전: 치안 유지법이 제정된 것은 1925년으로, (가) 이전의 사실이다.

㉣ (나) 이후: 제4차 조선 교육령이 공포된 것은 1943년으로 (나) 이후의 사실이다. 이를 통해 일제는 한국어·한국사 교육을 완전히 폐지하였다.

---

04 고려 시대 **도병마사와 어사대** 난이도 하 ●○○

자료분석

· 일이 있을 때 모임 + 합좌 + 원에 사대한 이후 항상 합좌 → (가) 도병마사

· 관리들의 비리를 조사·탄핵 + 관리의 파면 → (나) 어사대

---

④ 고려의 어사대는 관리에 대한 비리를 감찰하여 풍속을 교정하는 업무를 맡은 기구로, 발해의 중정대와 유사한 성격의 기구였다.

오답분석

① 대간: 관리를 임명하거나 법령을 개폐할 때 동의 또는 거부하는 서경의 권리를 행사하였던 것은 대간이다. 대간은 어사대의 관원과 중서문하성의 낭사를 합쳐 부르는 말로, 이들은 서경·봉박·간쟁의 권리를 행사하였다.

② 중서문하성: 재신과 낭사로 구성된 기구는 중서문하성이다. 도병마사는 중서문하성의 재신 및 중추원의 추밀을 중심으로 구성되었다.

③ 중추원: 왕명 출납과 군사 기밀을 관리한 기구는 중추원이다. 도병마사는 국가의 중대사를 의논하였던 회의 기구로, 주로 국방 문제를 다루었다.

05 조선 전기 **세종 재위 시기의 문화** 난이도 하 ●○○

자료분석

이종무 + 대마도를 정벌 + 세사미두에 대한 약조를 결정(계해약조) → 세종

정답설명

① 세종 때 소리의 장단과 높낮이를 표현할 수 있는 악보인 정간보가 창안되었다.

오답분석

② 성종: 세종 때 실시된 국가 의례 정리 사업이 마무리되어 『국조오례의』가 완성된 것은 성종 때이다.

③ 세조: 토지 측량 기구인 인지의와 규형이 제작된 것은 세조 때이다.

④ 태종: 활자 주조 기구인 주자소가 설치되고 계미자가 주조된 것은 태종 때이다. 이후 세종 때에는 경자자, 갑인자 등이 주조되었다.

06 고려 시대 **전시과 제도의 변천** 난이도 중 ●●○

정답설명

② 시기 순으로 나열하면 ㉠ 역분전(태조, 940) – ㉣ 시정 전시과(경종, 976) – ㉡ 개정 전시과(목종, 998) – ㉢ 경정 전시과(문종, 1076)가 된다.

㉠ 역분전: 태조 때 후삼국 통일 과정에서 공을 세운 공신 및 군인 등에게 공로와 인품에 따라 토지를 차등 지급하는 역분전이 시행되었다.

㉣ 시정 전시과: 경종 때 실시된 시정 전시과에서는 자·단·비·녹색의 4색 공복 및 문반·무반·잡업으로 구분하여 전지와 시지를 차등 지급하였다.

㉡ 개정 전시과: 목종 때 개정 전시과가 실시되며 인품을 배제하고 관직만을 기준으로 전·현직 관리에게 전지와 시지가 지급되었다.

㉢ 경정 전시과: 문종 때 경정 전시과가 실시되며 오직 현직 관리의 관직만을 기준으로 전지와 시지가 지급되었다. 이때 모든 관리가 18등급 내에 포함되면서 한외과(개정 전시과 때 정비)가 소멸되었으며, 이전보다 무반에 대한 차별 대우가 개선되었다.

07 시대 통합 **진주 지역의 역사적 사실** 난이도 하 ●○○

자료분석

난민이 소동 + (경상)우병사 백낙신 → 임술 농민 봉기(철종) → (가) 진주

정답설명

④ 일제 강점기인 1920년대에 진주에서 이학찬 등이 백정에 대한 사회적 차별 철폐를 요구하며 조선 형평사를 조직하였다(1923).

오답분석

① 안동: 고창 전투가 일어났던 지역은 안동이다. 태조 왕건의 고려군은 고창 전투에서 견훤의 후백제군에 승리하고 후삼국의 주도권을 장악하였다(930).

② 개성: 조선 후기에 송상의 활동 거점이었던 지역은 개성이다. 송상은 전국에 송방이라는 지점을 개설하여 인삼 등을 판매하였다.

③ 전주: 청·일 군대의 출병으로 위기 의식을 느낀 동학 농민군과 조선 정부가 화약(1894)을 맺은 곳은 전주이다.

08 조선 전기 **이이** 난이도 중 ●●○

자료분석

이·기 + 이미 둘이 아닌 즉 하나도 아님 + 묘하게 결합(이기지묘) → 일원론적 이기이원론 → 이이

정답설명

③ 이이는 기자의 행적을 정리한 『기자실기』를 저술하여 사림이 추구하는 왕도 정치가 기자로부터 비롯되었다고 평가하였다.

오답분석

① 안향: 소수 서원에 제향된 인물은 고려 원 간섭기에 성리학을 우리나라에 소개한 안향이다.

② 이황: 『성학십도』를 저술한 인물은 이황이다. 이이의 저서로는 『성학집요』가 있다.

④ 조식: 선조에게 올린 『무진봉사』에서 서리망국론을 주장하며 당시 서리의 폐단을 강력하게 비판한 인물은 조식이다.

09 고대 **금관가야** 난이도 중 ●●○

자료분석

아유타국의 공주 + 허황옥 → (가) 금관가야

정답설명

① 법흥왕에게 결혼 동맹을 요청하여 신라와 동맹을 체결(522)한 나라는 대가야이다. 한편 금관가야는 법흥왕 때 신라에 병합되었다(532).

오답분석

② 김해의 대성동 고분군은 금관가야의 문화유산이다. 한편, 대가야의 문화유산으로 고령의 지산동 고분군이 있다.

③ 5세기경에 광개토 대왕의 고구려군이 신라에 침입한 왜구를 격퇴하며 낙동강 하류 지역까지 남하하면서 전기 가야 연맹이 해체되고, 금관가야가 위기를 맞았다.

④ 일연은 『가락국기』의 내용을 인용하여 『삼국유사』에 금관가야를 비롯한 6가야의 건국 설화(김수로왕 설화)를 수록하였다.

10 조선 후기 이앙법과 견종법 난이도 중 ●●○

자료분석

(가) 김매기의 수고를 줄임 + 두 땅의 힘으로 모를 기름 → 이앙법(모내기법)

(나) 고랑에 거름재를 폄 + 파종 → 견종법

정답설명

③ 조선 후기에 이앙법의 전국적 확산으로 광작이 가능해지면서 일부 농민은 경영형 부농으로 성장하였다. 반면, 지주들의 토지 확대 및 부세의 부담 등으로 대다수의 농민들은 토지를 잃고 소작농이나 임노동자로 전락하였다. 이로 인해 조선 후기에는 농민 간의 빈부 격차가 심화되었다.

오답분석

① 이앙법은 가뭄에 취약한 농법이었기 때문에 조선 정부는 이앙법의 실시를 제한하였다. 이에 조선 초기에 이앙법은 일부 남부 지역에서 시행되었으며, 수리 시설이 확충된 조선 후기에 이르러 전국으로 확산되었다.

② 이앙법: 벼와 보리의 이모작을 가능하게 한 농법은 이앙법이다.

④ 견종법이 보습과 방한에 효과가 있는 파종 방법은 맞지만, 견종법은 논이 아닌 밭 작물의 파종법이다.

11 고려 시대 고려의 대외 항쟁 난이도 중 ●●○

정답설명

② 시기 순으로 나열하면 ⓒ 귀주 대첩(1019) - ㉠ 천리장성 축조(1033~1044) - ⓛ 별무반 창설(1104) - ㉣ 황룡사 목탑 소실(13세기)이 된다.

ⓒ 귀주 대첩: 거란의 3차 침입 때 귀주에서 강감찬의 고려군이 거란군을 섬멸하였다(귀주 대첩, 1019).

㉠ 천리장성 축조: 거란의 3차 침입 이후 고려는 거란과 여진의 침입에 대비하기 위해 천리장성을 축조하였다(덕종~정종, 1033~1044).

ⓛ 별무반 창설: 숙종 때 윤관의 건의에 따라 신기군(기병)·신보군(보병)·항마군(승병)으로 구성된 별무반이 창설되었다(1104). 이후 예종 때 윤관이 별무반을 이끌고 여진을 토벌한 후 동북 9성을 축조하였다(1107).

㉣ 황룡사 목탑 소실: 몽골의 3차 침입 때 황룡사 9층 목탑이 소실되었다(고종, 1238).

12 고대 발해가 고구려를 계승하였다는 증거 난이도 중 ●●○

자료분석

속말말갈의 대조영 + 발해가 정식으로 당조에 편입 + 『중국 고대사 교과서』 → 중국의 동북공정

정답설명

③ 적절한 것을 모두 고르면 ⓒ, ㉣이다.

ⓒ 발해 무왕은 일본에 보낸 국서에 '발해가 고구려의 옛 땅을 회복하고, 부여의 전통을 이었음'을 밝혔다. 또한 문왕은 일본에 보낸 국서에 '고려 국왕'을 자처하였다. 이를 통해 발해가 고구려를 계승한 국가임을 알 수 있다.

㉣ 발해 문왕의 둘째 딸인 정혜 공주의 묘는 고구려의 영향을 받은 굴식 돌방무덤과 모줄임 천장 구조로 축조되었다.

오답분석

㉠ 주작대로는 발해의 수도인 상경성에 있는 큰 도로로, 당의 수도인 장안성에 있는 도로를 모방하여 만들었다.

13 조선 후기 정조 난이도 하 ●○○

자료분석

세상을 비추는 달은 태극, 태극은 바로 나(만천명월주인옹) → 정조

정답설명

① 정조는 국왕의 친위 부대인 장용영을 창설하여 왕권을 강화하고자 하였다.

오답분석

② 영조: 백성들의 억울함을 풀어주고자 신문고를 부활시킨 왕은 영조이다.

③ 숙종: 백두산 정계비를 건립한 왕은 숙종이다.

④ 영조: 법전인 『속대전』과 우리나라의 제도와 문물을 총정리한 백과사전인 『동국문헌비고』를 편찬한 왕은 영조이다.

14 근대 신미양요 난이도 하 ●○○

자료분석

강화도 + 미군 함대 → 신미양요(1871)

정답설명

② 신미양요 때 광성보에서 어재연이 이끄는 조선군이 미국군에 맞서 결사 항전하였으나, 이 과정에서 어재연이 전사하고 수(帥)자기를 약탈 당하였다.

오답분석

① 운요호 사건: 일본과의 강화도 조약(1876)이 체결되는 계기가 된 것은 운요호 사건(1875)이다.

③ 병인양요: 서양인 선교사의 처형 사건(병인박해)을 구실로 일어난 전쟁은 병인양요(1866. 9.)이다.

④ 제너럴셔먼호 사건(1866. 7.)은 신미양요가 일어난 배경이다.

15 일제 강점기 대한민국 임시 정부 난이도 중 ●●○

정답설명

② 대한민국 임시 정부가 외교 활동을 위해 위원부를 설치한 곳은 미국(구미 위원부)과 프랑스(파리 위원부)이다. 일본과 중국에는 위원부를 설치하지 않았다.

오답분석

① 대한민국 임시 정부는 국내와의 연락을 위해 비밀 행정 조직인 연통제를 실시하고, 만주 단둥(안동)에 있는 무역 선박 회사인 이륭양행 등에 비밀 통신망인 교통국을 설치하였다.

③ 대한민국 임시 정부는 초대 대통령인 이승만을 탄핵한 후, 제2대 대통령인 박은식의 주도 하에 헌법을 개정(제2차 개헌)하여 국무령 중심의 내각 책임제로 체제를 전환하였다(1925).

④ 대한민국 임시 정부가 충칭에 정착한 이후 창설된 한국광복군(1940)은 중국 국민당 정부의 지원을 받았기 때문에 초기에는 '한국광복군 행동 9개 준승' 등에 근거하여 중국 군사 위원회의 지휘와 간섭을 받았다.

16 근대 대한 자강회

난이도 하 ●○○

자료분석

장지연, 윤효정 + 자강 + 지회 + 월보 → 대한 자강회(1906~1907)

정답설명

② 대한 자강회는 고종 퇴위 반대 운동(1907)을 전개하다가 보안법의 적용을 받아 강제 해산되었다.

오답분석

① 조선 총독부는 한·일 합병 조약 체결(1910) 이후 설치된 식민 통치 기관이다. 대한 자강회는 통감부에 의해 강제로 해산되었다(1907).
③ 신민회: 해외 독립 운동 기지를 건설하였던 단체는 신민회(1907~1911)이다.
④ 보안회: 일본의 황무지 개간권 요구를 철회시키는 성과를 거둔 단체는 보안회(1904)이다.

17 고대 원효

난이도 하 ●○○

자료분석

많은 촌락에서 노래(무애가)하고 춤추며 교화 + 나무아미타불 → 원효

정답설명

④ 원효는 대승 불교의 두 흐름인 유식론과 중관론을 모두 비판하고, 화쟁 사상을 제시하여 이들의 대립을 극복하고 조화를 이루고자 하였다.

오답분석

① 도의: 9산 선문의 하나인 가지산파를 개창하고 본격적으로 선종을 보급한 인물은 신라 하대의 승려인 도의이다.
② 지눌: 거조암, 길상사 등에서 결사 운동을 주도한 승려는 고려 시대의 지눌이다. 대구의 거조사에서 정혜결사를 결성한 지눌은 이후 송광산의 길상사(수선사·송광사)로 결사 운동의 근거지를 옮겼다.
③ 의상: 당나라에 유학하여 지엄의 문하에서 수학한 인물은 의상이다.

18 근대 일본의 국권 침탈 과정

난이도 중 ●●○

정답설명

② 시기 순으로 나열하면 ㉠ 제1차 한·일 협약 체결(1904) - ㉣ 가쓰라·태프트 밀약 체결(1905. 7.) - ㉢ 을사늑약 체결(1905. 11.) 결과 - ㉡ 기유각서와 경찰 사무 위탁 각서 체결(1909~1910)이 된다.
㉠ 제1차 한·일 협약 체결: 러·일 전쟁에서 승기를 잡은 일본은 대한 제국에 제1차 한·일 협약의 체결을 강요하였다(1904). 그 결과 메가타와 스티븐슨이 각각 대한 제국의 재정·외교 고문으로 임명되었다.
㉣ 가쓰라·태프트 밀약 체결: 일본과 미국은 대한 제국 및 필리핀에 대한 상대국의 지배권을 상호 인정하는 가쓰라·태프트 밀약을 체결하였다(1905. 7.).
㉢ 을사늑약 체결 결과: 일본은 을사늑약을 강제로 체결하여 대한 제국의 외교권을 박탈하였다(1905. 11.). 이후 을사늑약의 내용에 따라 대한 제국에 통감부가 설치되고, 초대 통감으로 이토 히로부미가 취임하였다(1906).
㉡ 기유각서와 경찰 사무 위탁 각서 체결: 일본은 기유각서(1909)를 강제로 체결하여 대한 제국의 사법권을 박탈하였으며, 이후 경찰 사무 위탁 각서(1910. 6.)를 통해 경찰권까지 박탈하였다. 결국 일본은 한·일 합병 조약(1910. 8.)을 통해 대한 제국의 국권을 피탈하였다.

19 현대 미 군정 선포와 정읍 발언 사이의 사실

난이도 중 ●●○

자료분석

(가) 미국 육군 총사령관(맥아더) + 군정을 설립 → 미 군정 선포(1945. 9.)
(나) 남방만이라도 임시 정부 혹은 위원회 조직 → 이승만의 정읍 발언(1946. 6.)

정답설명

④ (가), (나) 사이 시기인 1945년 12월에 모스크바 3국 외상 회의에서 미국·영국·중국·소련 4개국에 의한 한반도 신탁 통치가 결정되었다는 소식이 전해지자, 김구를 비롯한 임시 정부 인사들은 탁치 반대 국민 총동원 위원회를 결성하여 반탁 운동을 전개하였다.

오답분석

① (가) 이전: 여운형과 안재홍 등의 중도 세력을 중심으로 건국 준비 위원회가 결성(1945. 8.)된 것은 (가) 이전의 사실이다. 건국 준비 위원회는 미 군정 수립에 앞서 인민 공화국의 수립을 선포하였으나, 미 군정의 인정을 받지 못하였다.
② (나) 이후: 좌·우 합작 위원회가 조직(1946. 7.)된 것은 (나) 이후의 사실이다.
③ (나) 이후: 제2차 미·소 공동 위원회가 개최(1947. 5.)된 것은 (나) 이후의 사실이다. (가), (나) 사이 시기에는 제1차 미·소 공동 위원회가 개최(1946. 3.)되었다가 무기한 휴회되었다.

20 현대 박정희 정부 시기의 경제 상황

난이도 중 ●●○

자료분석

김종필·오히라 비밀 회담 개최(1962) → (가) → 개헌 청원 백만인 서명 운동 전개(1973)

정답설명

③ 박정희 정부는 (가) 시기인 1964년부터 베트남에 국군을 파병하고, 이듬해인 1965년부터는 전투 부대도 파병하였다. 이후 미국이 추가 파병을 요청함에 따라 브라운 각서를 체결(1966)하여 한국군의 현대화 및 경제 발전에 필요한 차관을 미국으로부터 제공받기로 합의하였다.

오답분석

① 김종필·오히라 비밀 회담 이전: 한·미 원조 협정이 체결(1948)된 것은 이승만 정부 때로, 김종필·오히라 비밀 회담 이전의 사실이다. 1950년대 중반까지 미국의 무상 원조 비중이 높았으나, 이후 미국의 정책 변화로 무상 원조의 비중은 점차 줄어들고 유상 차관의 비중이 높아졌다. 이에 박정희 정부는 경제 개발 자금을 마련하기 위해 적극적으로 차관을 도입하였다.
② 개헌 청원 백만인 서명 운동 이후: 연간 수출 총액이 늘어나 수출 100억 달러를 돌파(1977)한 것은 개헌 청원 백만인 서명 운동 이후의 사실이다.
④ 개헌 청원 백만인 서명 운동 이후: 자유 무역이 확대되는 가운데 국제 통화 기금(IMF)에 구제 금융을 요청(1997)한 것은 김영삼 정부 시기의 사실이다.

정답

p.134

01	④ 고대	11	② 조선 전기
02	③ 조선 전기	12	③ 현대
03	③ 선사 시대	13	② 일제 강점기
04	① 고려 시대	14	② 고려 시대
05	① 시대 통합	15	④ 현대
06	④ 고대	16	③ 조선 전기
07	④ 근대	17	③ 일제 강점기
08	③ 고려 시대	18	② 근대
09	③ 조선 후기	19	③ 근대
10	③ 고대	20	③ 일제 강점기

취약시대 분석표

분류	시대	문항 수
전근대	선사 시대	/1
	고대	/3
	고려 시대	/3
	조선 전기	/3
	조선 후기	/1
근현대	근대	/3
	일제 강점기	/3
	현대	/2
통합	시대 통합	/1
총합		/20

* 취약시대 분석표를 이용해 틀린 문제가 있는 시대는 그 시대의 문제만 골라 해설을 다시 한번 꼼꼼히 학습하세요.

---

01 고대 **고구려사의 전개**
난이도 중 ●●○

정답설명

④ 시기 순으로 나열하면 ② 동옥저 정벌, 계루부 고씨의 왕위 계승권 확립(태조왕, 1세기 후반) - ⓒ 을파소 국상 등용(고국천왕, 2세기 후반) - ⑤ 한성 공격, 아신왕 굴복(광개토 대왕, 4세기 후반) - ⓛ 흥안령 일대 초원 지대 장악(장수왕, 5세기 후반)이 된다.

② 1세기 후반의 태조왕은 동옥저를 정벌하고, 계루부 고씨의 왕위 세습권과 왕위의 형제 상속제를 확립하였다.

ⓒ 2세기 후반에 고국천왕은 귀족 세력의 반발을 무마하고 미약한 가문 출신의 을파소를 국상으로 등용하였다(191).

⑤ 4세기 후반에 광개토 대왕은 한성을 공격하여 백제의 아신왕을 굴복시키고, 한강 상류 지역으로 진출하였다(396).

ⓛ 5세기 후반에 장수왕은 북방 민족인 유연과 지두우 지역을 분할 점령하여 흥안령 일대의 초원 지대를 장악하였다(479).

---

02 조선 전기 **세조 대의 사실**
난이도 하 ●○○

자료분석

6조 직계제 실시 + 5위 정비 + 보법 실시 → 세조

정답설명

③ 함길도의 토호인 이시애가 세조의 중앙 집권 정책에 반대하며 반란을 일으켰다. 세조는 이를 진압하고, 이시애에게 동조한 유향소를 폐지하였다.

오답분석

① 태종: 언론 기관인 사간원을 독립시켜 대신들을 견제한 왕은 태종이다.

② 중종: 비변사를 처음 설치한 왕은 중종이다. 중종 때 3포 왜란(1510)을 계기로 설치된 임시 회의 기구인 비변사는 명종 때 일어난 을묘왜변(1555) 이후 상설 기구화되었다.

④ 성종: 세조 때 실시된 법전 편찬 사업을 마무리하여 『경국대전』을 반포한 왕은 성종이다.

---

03 선사 시대 **옥저**
난이도 중 ●●○

자료분석

고구려 개마대산 동쪽 + 큰 바닷가에 접함 + 대군왕은 없음 + 삼로 → 옥저

정답설명

③ 옥저에는 여자가 어렸을 때 남자 집에 가서 살다가 성장한 후에 남자가 여자 집에 예물을 치르고 혼인을 하는 민며느리제의 풍습이 있었다.

오답분석

① 고구려: 오녀산성(졸본성)을 근거로 성장한 나라는 고구려이다. 이후 고구려는 유리왕 때 졸본성에서 국내성으로 수도를 옮겼다.

② 부여, 고구려: 도둑질을 하면 12배를 배상하게 하는 1책12법이 시행된 나라는 부여와 고구려이다.

④ 삼한: 죄를 지은 사람이 신성 지역인 소도에 들어가면 잡아가지 못하였던 나라는 삼한이다.

---

04 고려 시대 **최승로의 시무 28조**
난이도 중 ●●○

자료분석

수령 + 외관 → 지방관 파견 건의 → 최승로의 시무 28조(성종)

정답설명

① 최승로는 시무 28조에서 본받을 만한 중국의 제도와 문화는 수용하되, 의복 제도 등의 일상적인 부분에서는 중국의 것을 따르지 않고 고려의 풍속을 지킬 것을 강조하였다.

오답분석

② 최승로는 시무 28조에서 임금은 늘 겸손한 마음과 예의로써 신하를 대한다면 신하도 충성으로 임금을 섬길 것임을 주장하며 왕권과 신권의 조화를 추구하였다.

③ 최승로는 시무 28조에서 연등회, 팔관회와 같은 불교 행사의 축소를 통해 백성의 수고를 덜어야 한다고 주장하였다. 성종은 이를 받아들여 연등회와 팔관회를 축소·폐지하였다.

④ 최승로는 시무 28조에서 광종의 노비안검법 실시를 비판하면서, 양인과 천인의 법을 바로 세워 신분 질서를 바로 세울 것을 주장하였다.

---

05 시대 통합 한국의 유네스코 세계 문화·기록유산 난이도 중 ●●○

정답설명

① 옳은 것을 모두 고르면 ㉠, ㉢이 된다.

㉠ 창덕궁은 태종 때 창건된 조선의 궁궐로, 임진왜란 때 소실되었다가 광해군 때 중건되었다. 이후 숙종 때에는 창덕궁 후원에 대보단이 설치되었는데, 이는 임진왜란 때 조선을 도와준 명나라 황제 등을 추모하는 사당이었다.

㉢ 『조선왕조실록』은 춘추관을 비롯한 충주·성주·전주의 사고에 보관되어 있었다. 그러나 임진왜란으로 인해 전주 이외의 사고들이 소실된 이후 광해군 때부터는 춘추관을 비롯한 오대산·마니산 등 다섯 곳의 사고를 정비하여 『실록』을 보관하였다.

오답분석

㉡ 보은 법주사 팔상전은 조선 후기의 화려한 사원 건축 양식을 보여주는 대표적인 건물이 맞지만, 영주 부석사 무량수전은 고려 후기의 목조 건물이다. 조선 후기에는 화려한 사원 건축물이 많이 건립되었는데, 김제 금산사 미륵전, 구례 화엄사 각황전, 보은 법주사 팔상전 등이 대표적이다.

㉣ 1920년대에 전개된 물산 장려 운동 관련 기록물은 세계 기록유산이 아니다. 유네스코 세계 기록유산으로 등재된 근현대 경제 운동 관련 기록물로는, 국채 보상 운동 기록물과 새마을 운동 기록물이 있다.

---

06 고대 발해 선왕 난이도 하 ●○○

자료분석

말갈족 복속 + 신라와 국경을 접함 + 해동성국 → (가) 발해 선왕

정답설명

④ 발해 선왕은 광대한 영토 관리를 위해 지방 행정 조직을 5경 15부 62주로 정비하였다.

오답분석

① 고왕: '천통'이라는 연호를 사용한 왕은 발해를 건국한 고왕(대조영)이다. 선왕은 '건흥'이라는 연호를 사용하였다.

② 문왕: 수도를 중경 현덕부에서 상경 용천부로 옮긴 왕은 발해 문왕이다. 문왕은 체제 정비를 위해 중경, 상경, 동경으로 수도를 옮겼다.

③ 무왕: 산둥 지방에 장문휴를 파견해 당을 공격한 왕은 발해 무왕이다.

---

07 근대 조·청 상민 수륙 무역 장정 난이도 중 ●●○

정답설명

④ 옳은 것을 모두 고르면 ㉢, ㉣이 된다.

㉢ 조·미 수호 통상 조약은 임오군란(1882. 6.)이 발생하기 이전인 1882년 4월에 체결되었으며, 조·청 상민 수륙 무역 장정은 임오군란 이후인 1882년 8월에 체결되었다.

㉣ 조·청 상민 수륙 무역 장정이 체결되면서 청 상인이 한성과 양화진에 상점을 설치하여 무역 활동을 할 수 있게 되었다.

오답분석

㉠ 조·일 수호 조규: 조선이 자주국임을 규정한 조약은 조·일 수호 조규(강화도 조약, 1876)이다. 조·청 상민 수륙 무역 장정의 전문에는 조선이 청의 속방(보호국)으로 규정되었다.

㉡ 영선사는 조·청 상민 수륙 무역 장정 체결 이전인 1881년에 파견되었다. 청에 파견된 영선사는 재정 문제 및 임오군란 발발로 1년 만에 귀국하였으나, 이를 토대로 근대식 무기 제조 공장인 기기창이 설립되었다(1883).

---

08 고려 시대 고려 중기의 사실 난이도 상 ●●●

자료분석

묘청의 서경 천도 운동(㉠ 인종)

정답설명

③ 남경개창도감이 설치된 것은 고려 숙종 때의 사실이다. 숙종 때 김위제가 풍수지리설에 입각하여 남경(서울)으로 천도할 것을 건의하였고, 이에 따라 궁궐 건설을 위한 남경개창도감이 설치되었다(1101). 한편 문종 때는 양주(현재의 서울)가 남경으로 승격되었다(1067).

오답분석

① 인종은 이자겸의 난을 진압한 후 실추된 왕권을 회복하고 민생을 안정시키기 위해 15개조 유신령을 발표하였다(1127).

② 서경(평양)의 수주 지위층이 의종을 시해한 이의방과 정중부를 제거한다는 명목으로 반란(1174)을 일으켰으나 실패하였다.

④ 인종 때 세력을 키운 금이 군신 관계를 요구하자 당시 집권자였던 이자겸과 척준경은 자신들의 권력 유지를 위해 금의 요구를 수용하였다(1126).

---

09 조선 후기 신유박해와 병인박해 사이 시기의 사실 난이도 중 ●●○

자료분석

(가) 북경의 천주당에 통하려한 문서 + 서양국 + 선박·병사·대포 등 동원 + 사교가 행해지도록 하기 위함 → 황사영 백서 사건(신유박해, 1801, 순조)

(나) 남종삼 + 프랑스와 조약을 맺을 계책 + 현혹 → 병인박해(1866, 고종)

정답설명

③ 옳은 것을 모두 고르면 ㉡, ㉢이다.

㉡ (가), (나) 사이 시기인 현종 때 기해박해(1839)가 일어나자 정하상이 『상재상서』를 지어 천주교의 교리를 설명하고, 신앙의 자유를 호소하였다.

㉢ (가), (나) 사이 시기인 철종 때 경주 지역의 잔반이었던 최제우가 유교·불교·도교·천주교의 일부 교리 등을 융합하여 동학을 창시하였다(1860).

오답분석

㉠ (가) 이전: 조선 최초의 영세자인 이승훈이 북경에서 세례를 받은 것(1783)은 정조 때의 사실이다. 이후 활발히 천주교 포교 활동을 전개하던 이승훈은 순조 때 일어난 신유박해 때 처형되었다.

㉣ (가) 이전: 광대 출신의 장길산이 황해도, 평안도 등에서 도적 활동을 벌인 것은 숙종 때인 17세기의 사실이다.

자료분석

재상의 집에 녹(녹읍)이 끊이지 않음 + 도적이 붉은 바지를 입음(적고적의 난) → 신라 하대

정답설명

③ 신라 하대에 골품제로 인해 승진에 제한을 받던 최치원, 최승우, 최언위 등의 6두품 유학자들이 당나라에 유학하여 빈공과에 급제하였다.

오답분석

① 고려 말: 신라 하대에 선종의 유행으로 가지산파 등의 9산 선문이 성립된 것은 맞지만, 보우가 9산 선문의 통합을 주장한 것은 고려 말의 사실이다.

② 신라의 말단 지방 행정 단위인 촌의 지배 세력인 촌주는 중앙에서 파견한 지방관이 아니라 촌락의 토착 세력이었다.

④ 고려 시대: 소(所)의 주민들이 광물이나 수공업 제품을 생산한 것은 고려 시대의 사실이다. 한편 통일신라 시기에는 향·부곡과 같은 특수 행정 구역이 있었다.

정답설명

② 4관은 조선 시대에 교육과 문예를 담당하던 관청들을 이르는 말로, 그 중 외교 문서 작성과 관련된 업무를 담당한 관청은 승문원이다. 교서관은 궁중의 서적 출판 및 간행의 업무를 담당하였다.

오답분석

① 조선 시대에는 군현 아래에 면·리·통을 두고, 다섯 가구를 1통으로 편제하여 한 통 내의 가호에 연대 책임을 부과하는 오가작통법을 실시하였다.

③ 이조의 정6품 좌랑과 정5품 정랑은 이조 전랑으로 불리었으며, 이조 전랑에게는 삼사(사간원·사헌부·홍문관)의 관리를 추천·선발할 권한(통청권)이 있었다. 또한 이조 전랑에게는 후임자 추천권(자대권)과 재야의 인재를 추천할 수 있는 권한(낭천권)이 부여되었다.

④ 조선 시대에 8도의 관찰사(약 1년)와 군현의 수령(약 5년)은 일정 임기 동안 담당 지역을 다스렸다. 또한 조선 시대에는 상피제가 실시되어 출신지나 연고지에는 지방관으로 임명될 수 없었다.

자료분석

통일된 조국 + 38선을 베고 쓰러질지언정 단독 정부를 세우는 데는 협력하지 않을 것 → 삼천만 동포에게 읍고함(1948. 2.) → 김구

정답설명

③ 김구는 유엔 소총회의 남한 단독 선거 결정에 반발하며 김규식과 함께 북측 지도자들에게 남북 제정당 사회 단체 대표자 회의의 소집을 제의하였고, 그 결과 평양에서 남북 협상이 개최되었다(1948. 4.).

오답분석

① 조봉암: 진보당 사건(1958)으로 처형된 인물은 조봉암이다. 김구는 육군 소위 안두희에게 암살당하였다(1949).

② 여운형 등: 조선 건국 동맹을 조직(1944)한 인물은 여운형 등이다.

④ 이시영: 대한민국 정부의 초대 부통령으로 선출된 인물은 이시영이다.

정답설명

② 시기 순으로 나열하면 ㉠ 토지 조사령 공포(1912) - ㉣ 일본 상품 관세 철폐(1923) - ㉡ 조선 농지령 제정(1934) - ㉢ 근로 보국대 조직(1938)이 된다.

㉠ 토지 조사령 공포: 일제는 1910년대에 임시 토지 조사국을 설치(1910)하고, 토지 조사령을 공포(1912)하여 토지 조사 사업을 전개하였다.

㉣ 일본 상품 관세 철폐: 일제는 1920년대에 일본 상품에 대한 관세를 철폐하였다(1923).

㉡ 조선 농지령 제정: 1930년대에 사회주의의 확산 등으로 소작 쟁의가 심화되자 일제는 농민들의 불만을 무마하기 위해 조선 소작 조정령(1932), 조선 농지령(1934) 등을 제정하였다(농촌 진흥 운동).

㉢ 근로 보국대 조직: 중·일 전쟁 발발(1937) 이후 일제는 근로 보국대를 조직(1938)하여 학생·여성 등을 전쟁에 필요한 노동력으로 동원하였다.

자료분석

신돈과 국정을 논의 + 전민변정도감을 설치 → 공민왕

정답설명

② 공민왕 때 이제현이 성리학적 유교 사관을 반영한 『사략』을 저술하였다(1357).

오답분석

① 충렬왕: 원이 일본 원정을 위해 정동행성을 설치(1280)한 것은 충렬왕 때이다. 한편 공민왕 때는 고려의 내정을 간섭하던 정동행성 이문소를 혁파하였다.

③ 우왕: 이성계가 황산(남원 운봉)에서 적장 아지발도를 사살하고 왜구를 격퇴(황산 대첩, 1380)한 것은 우왕 때이다.

④ 원종: 삼별초가 진도에서 대몽 항쟁을 전개한 것은 원종 때이다. 고려 정부의 개경 환도(1270)에 반대한 삼별초 세력은 진도, 제주도로 이동하며 항전을 지속하였다(1270~1273).

정답설명

④ 김영삼 정부는 1994학년도 부터 대학 수학 능력 시험을 실시(1993)하였으며, 역사 바로 세우기 운동의 일환으로 국민학교의 명칭을 초등학교로 바꾸었다(1996).

오답분석

① 초등학교 6년·중학교 3년·고등학교 3년(대학교 4년)의 6·3·3(·4) 학제가 처음 마련된 시기는 미 군정기이다.

② 박정희 정부가 우리 교육이 지향해야 할 이념과 목표를 제시한 국민 교육 헌장을 선포(1968)한 것은 유신 헌법(1972, 제7차 개헌) 제정 이전이다.

③ 중학교 무시험 진학 제도가 실시된 것은 박정희 정부 시기인 1969학년도부터이다. 한편 전두환의 신군부는 과외 금지, 대입 본고사 폐지 및 졸업 정원제 실시 등을 골자로 한 7·30 교육 개혁 조치를 발표하였다(1980).

16 조선 전기 과전법   난이도 중 ●●○

정답설명

③ 과전법 체제 하에서 죽은 관료의 가족들에게 생계 유지를 위해 지급된 토지는 수신전과 휼양전이다. 구분전은 고려 시대에 하급 관리 및 군인의 유가족에게 지급된 토지로, 문종 때 정비되었다(경정 전시과).

오답분석

①, ②, ④ 과전법은 모든 전·현직 관료를 18등급으로 나누어 최대 150결~최하 10결의 경기 지역 토지를 지급한 제도였다. 이때 전지(농지)만 지급되었으며, 토지 소유권이 아닌 수조권이 지급되었다.

17 일제 강점기 만주 지역의 무장 독립 투쟁   난이도 중 ●●○

정답설명

③ 시기 순으로 나열하면 ⓒ 청산리 전투(1920) – ⓛ 대한 독립 군단의 자유시 이동(1920~1921) – ⓔ 미쓰야 협정 체결(1925) – ⓗ 한국 독립군의 동경성 전투(1933)가 된다.

ⓒ **청산리 전투:** 김좌진의 북로 군정서군과 홍범도의 대한 독립군 연합 부대는 백운평, 천수평, 어랑촌 등 청산리 일대에서 일본군을 상대로 대승을 거두었다(1920. 10.)

ⓛ **대한 독립 군단의 자유시 이동:** 봉오동 전투와 청산리 전투에서 연이어 패배한 일제가 간도 참변을 일으키자, 일제의 추격을 피해 밀산부로 집결한 만주 지역의 독립군 부대들은 서일을 총재로 하는 대한 독립 군단을 결성하고(1920. 12.), 러시아의 자유시(스보보드니)로 이동하였다(1921).

ⓔ **미쓰야 협정 체결:** 일제는 무장 독립군 세력을 탄압하기 위해 만주의 군벌인 장쭤린과 '재만 한인 단속 방법에 관한 협약(미쓰야 협정)'을 맺어 독립군을 탄압하였다(1925).

ⓗ **한국 독립군의 동경성 전투:** 지청천을 총사령관으로 한 한국 독립군은 동경성 전투에서 일본군에 승리하였다(1933).

18 근대 흥선 대원군   난이도 하 ●○○

자료분석

신포를 고르게 징수 + 충신과 공신의 후손이 (군포를)면제받기 때문 → 호포제 실시 → (가) 흥선 대원군

정답설명

② 흥선 대원군은 환곡의 폐단 문제를 해결하기 위해 향촌에서 자치적으로 운영하는 사창제를 실시하였다.

오답분석

① **영조:** 결작세를 신설한 것은 영조이다. 영조 때 균역법의 실시로 인해 부족해진 재정을 보충하기 위해 토지 1결당 미곡 2두의 결작을 징수하였다.

③ **정조:** 법전인 『대전통편』을 편찬한 것은 정조이다. 고종 때 흥선 대원군의 주도로 편찬된 법전은 『대전회통』과 『육전조례』이다.

④ 무위영과 장어영의 2영이 설치된 것은 흥선 대원군이 실권(1873)한 이후의 사실이다. 1880년대 초에 개화 정책의 일환으로 신식 군대인 별기군이 창설(1881)되었고, 구식 군대인 5군영은 무위영과 장어영의 2영으로 축소되었다(1881).

19 근대 갑신정변의 결과   난이도 중 ●●○

자료분석

문벌 폐지 + 지조법 개혁 + 혜상공국 혁파 + 재정의 호조 관할 → 14개조 혁신 정강 → 갑신정변(1884)

정답설명

③ 갑신정변의 결과 조선이 일본에 배상금을 지불하고, 공사관 신축 비용을 부담한다는 내용의 한성 조약이 조선과 일본 간에 체결되었다.

오답분석

① **독립 협회의 활동:** 대한 제국 정부가 중추원 관제를 반포(1898)한 것은 독립 협회가 관민 공동회에서 헌의 6조를 채택하고 중추원의 의회식 개편을 주장한 결과이다. 그러나 이는 독립 협회가 강제 해산되면서 무산되었다.

② **제2차 갑오개혁:** 고종이 반포한 교육 입국 조서에 따라 한성 사범 학교가 설립된 것은 제2차 갑오개혁(1894~1895)의 결과이다.

④ **제1차 동학 농민 운동:** 전라도 지역을 중심으로 농민 자치 기구인 집강소가 설치된 것은 제1차 동학 농민 운동(1894)의 결과이다.

20 일제 강점기 신채호   난이도 하 ●○○

자료분석

역사란 '아(我)'와 '비아(非我)'의 투쟁 → 신채호

정답설명

③ 신채호는 「독사신론」을 대한매일신보에 연재하여 민족주의 사학의 방향을 제시하였다.

오답분석

① **문일평:** 민족 정신인 '조선심'을 강조한 인물은 문일평이다. 신채호는 민족 정신으로 낭가 사상을 강조하였다.

② **이병도 등:** 진단 학회를 조직한 인물은 이병도, 손진태 등의 실증주의 사학자들이다.

④ **백남운:** 사회·경제 사학을 연구하여 한국사를 세계사적 보편성 속에 체계화한 인물은 백남운이다.

정답

p.138

01	③ 선사 시대	11	① 고려 시대
02	③ 고대	12	① 일제 강점기
03	③ 고려 시대	13	④ 조선 전기
04	④ 근대	14	② 근대
05	① 시대 통합	15	③ 현대
06	④ 고대	16	③ 시대 통합
07	② 조선 후기	17	③ 일제 강점기
08	① 고려 시대	18	② 고려 시대
09	④ 고대	19	① 조선 후기
10	② 조선전기	20	② 현대

취약시대 분석표

분류	시대	문항 수
전근대	선사 시대	/1
	고대	/3
	고려 시대	/4
	조선 전기	/2
	조선 후기	/2
근현대	근대	/2
	일제 강점기	/2
	현대	/2
통합	시대 통합	/2
총합		/20

* 취약시대 분석표를 이용해 틀린 문제가 있는 시대는 그 시대의 문제만 골라 해설을 다시 한번 꼼꼼히 학습하세요.

---

01 선사 시대 청동기 시대의 생활 모습   난이도 하 ●○○

정답설명

③ 청동기 시대에는 집단 간의 정복 활동이 활발하게 전개되어 마을 주위에 목책(울타리)이나 환호(마을을 둘러싼 도랑) 등의 방어 시설이 조성되었다.

오답분석

① 청동기 시대에 벼를 수확하기 시작한 것은 맞지만, 빗살무늬 토기는 신석기 시대에 제작된 토기이다. 청동기 시대에는 민무늬 토기 등이 제작되었다.

② **신석기 시대**: 사람들이 원형이나 모서리가 둥근 사각형의 움집에서 생활한 것은 신석기 시대의 사실이다. 청동기 시대에는 대체로 직사각형 모양의 움집에서 생활하였으며, 이전에 중앙에 위치하던 화덕은 벽면으로 옮겨졌다.

④ 세형동검은 청동기 시대 후기~철기 시대에 만들어졌다. 청동기 시대에 주로 만들어졌던 비파형동검과 거친무늬 거울은, 독자적인 청동기 문화가 발달한 청동기 시대 후반부터 세형동검과 잔무늬 거울로 변화하였다.

02 고대 근초고왕의 업적   난이도 하 ●○○

자료분석

박사 고흥이 『서기』를 씀 → 근초고왕

정답설명

③ 근초고왕은 중국의 동진과 국교를 맺고, 수군을 정비하여 요서·산둥 지방 및 왜에 진출하는 등 활발한 대외 활동을 전개하였다.

오답분석

① **무령왕**: 5경 박사인 단양이와 고안무를 일본에 파견하여 유학을 전파한 왕은 무령왕이다. 근초고왕 때는 아직기, 왕인 등을 일본에 파견하였다.

② **의자왕**: 대야성을 비롯한 신라의 40여 성을 함락한 왕은 의자왕이다.

④ **성왕**: 중앙에 22부의 관청을 두고, 수도에 5부, 지방에 5방을 두어 체제를 정비한 왕은 성왕이다.

03 고려 시대 고려 시대의 신분 제도   난이도 중 ●●○

정답설명

③ 도살업이나 유기 제조업에 종사하는 이들을 백정이라고 부른 것은 조선 시대이다. 고려 시대에는 직역이 없는 일반 농민을 '백정'이라고 불렀다.

오답분석

① 고려 시대에 왕족 및 공신과 더불어 공음전·음서 등의 혜택을 받던 5품 이상의 고위 관료가 귀족 계층의 주류를 이루었다.

② 고려 시대의 중간 계층인 남반은 궁중의 당직이나 국왕의 시종·호위, 간단한 왕명 전달 등의 궁중 실무를 담당한 내료직이었다.

④ 고려 시대에는 주인과 따로 살면서 농사를 짓고 주인에게 신공을 납부하는 외거 노비가 있었다. 반면 주인 집에 거주하며 집안의 잡일은 담당하는 솔거 노비도 있었다.

04 근대 간도 지역의 역사적 사실   난이도 하 ●○○

자료분석

우리 백성이 이주 + 이범윤(간도 시찰원, 간도 관리사)을 파견 → 간도

정답설명

④ 을사늑약(1905)으로 대한 제국의 외교권이 박탈된 상황에서 일본은 청과 간도 협약을 체결(1909)하여 간도를 청의 영토로 인정하는 대신 남만주의 안봉선 철도 부설권과 푸순 탄광 채굴권을 얻었다.

① **거문도**: 영국이 러시아의 남하를 견제한다는 명목으로 2년여간 불법 점령(1885~1887)한 곳은 거문도이다.

② **절영도**: 러시아가 저탄소 설치를 위해 조차를 요구한 곳은 절영도이다.

③ **독도**: 일본이 러·일 전쟁 중에 시마네 현 고시 제40호(1905)를 통해 자신들의 영토로 강제 편입한 곳은 독도이다.

05 시대 통합 시대별 군사 제도 난이도 중 ●●○

정답설명

① 시대 순으로 나열하면 ㉠ 발해의 10위 – ㉣ 고려 시대의 주현군과 주진군 – ㉡ 조선 전기의 방어 체제 변화 – ㉢ 조선 후기의 금위영 설치가 된다.

㉠ 발해는 왕궁과 수도 경비를 담당하는 중앙군으로 10위를 두었으며, 지방에는 촌락 단위로 구성된 농병 일치의 군사 조직을 두었다.

㉣ 고려 시대에 일반 행정 구역인 5도에는 일종의 예비군인 주현군을, 군사적 특수 행정 구역인 양계에는 상비군인 주진군을 배치하였다.

㉡ 조선 세조 때 지역 단위의 방어 체제인 진관 체제가 실시되었으나, 16세기 이후 군역 기피 현상으로 진관 체제 유지가 어려워지자 지역 연합 방어 체제인 제승방략 체제로 전환되었다. 그러나 제승방략 체제는 후방 방어에 취약하여 임진왜란 초기 패전의 원인으로 작용하였다.

㉢ 조선 후기인 숙종 때 김석주의 건의로 국왕 호위 및 궁궐 수비를 담당한 금위영이 창설되며 5군영 체제가 완비되었다.

06 고대 고대의 문화 난이도 중 ●●○

정답설명

④ 백제는 사비(부여) 도성의 방어 시설로 왕궁의 배후 산성인 부소산성을 두고, 도성을 둘러싼 나성을 축조하였다. 한편 웅진(공주) 시기에는 자체 방어가 가능한 공산성에 백제의 왕궁터가 마련되었다.

오답분석

① 백제와 발해의 벽돌 무덤은 고구려가 아닌 중국의 영향을 받은 것이다. 백제에서는 양나라의 영향을 받은 벽돌무덤인 무령왕릉 등이, 발해에서는 당나라의 영향을 받은 벽돌무덤인 정효 공주 묘 등이 축조되었다.

② 돌무지덧널무덤은 벽이 없는 구조로 벽화가 발견되지 않는다. 경주 천마총에서 발견된 천마도는 벽화가 아닌 말 안장 장식에 그려진 그림이다.

③ 사택지적비는 백제 말기의 귀족인 사택지적이 불당을 세우며 남긴 비석으로, 인생의 무상함을 비탄하는 내용이 담겨 있다(노장 사상의 영향). 한편 유학 교육의 중요성이 강조되었음을 보여주는 신라 비석으로는 임신서기석이 있다.

07 조선 후기 홍대용 난이도 중 ●●○

자료분석

아내가 있는 남자 + 각각 2결을 받도록 함 → 홍대용

정답설명

② 홍대용은 실옹과 허자의 대화 형식을 빌려 『의산문답』을 저술하였다. 그는 이 책에서 지전설, 우주 무한론을 주장하며 중국 중심의 성리학적 세계관에서 벗어나고자 하였다.

오답분석

① **이익**: 인사, 군제, 학교, 과거 등의 국가 정책을 논한 『곽우록』을 저술한 인물은 이익이다. 이익은 영업전 이외의 토지만 매매를 허용하자는 한전론을 주장하였다(토지 소유의 하한선 설정).

③ **박지원**: 청에 다녀온 이후 『열하일기』를 저술한 인물은 박지원이다. 박지원은 토지 소유의 상한선을 정하는 한전론을 주장하였다.

④ **정약용**: 백제의 수도 및 발해의 중심지 등을 고증한 지리서인 『아방강역고』를 저술한 인물은 정약용이다. 정약용은 여전론과 정전론을 주장하였다.

08 고려 시대 무신 집권기의 사실 난이도 중 ●●○

자료분석

(가) 정중부 집권(1170) ~ 최충헌 집권(1196)

(나) 최충헌 집권(1196) ~ 최우 집권(1219)

(다) 최우 집권(1219) ~ 김준 집권(1258)

(라) 김준 집권(1258) ~ 개경 환도(1270)

정답설명

① 무신 정권 초기에는 무신 합좌 기구인 중방을 중심으로 국정이 운영되었다. 한편 최충헌 집권 이후에는 교정도감이 최고 권력 기구로 발전하였다.

오답분석

② **(다) 시기**: 치안 유지를 위해 야별초가 조직된 것은 최우 집권기인 (다) 시기이다. 이후 야별초가 좌·우별초로 분리되고, 몽골에 포로로 잡혔다가 탈출한 병사들로 구성된 신의군이 편제되면서 삼별초가 성립되었다.

③ **(나) 시기**: 명종이 폐위되고 신종이 옹립된 것은 최충헌 집권기인 (나) 시기이다. 이의민을 제거하고 정권을 장악한 최충헌은 명종을 폐위하고 신종, 희종, 강종, 고종을 차례로 옹립하였다.

④ **(가) 시기**: 도방이 처음 설치된 것은 경대승 집권기인 (가) 시기이다. 경대승은 정중부를 제거한 뒤 자신의 신변 경호를 위해 사병 집단인 도방을 설치하였다(1179). 도방은 경대승 사후 사실상 해체되었으나, 이후 최충헌에 의해 다시 설치되며 최씨 무신 정권의 군사적 기반이 되었다.

09 고대 신문왕 대의 사실 난이도 하 ●○○

자료분석

흠돌 등의 악이 쌓임 + 그 음모가 탄로 남 → 김흠돌의 난 → 신문왕

정답설명

④ 신문왕은 달구벌(대구)로의 천도 시도(689)하였으나, 귀족 세력의 반발로 실패하였다.

오답분석

① **성덕왕**: 백성들에게 정전을 지급하기 시작한 왕은 성덕왕이다. 신문왕은 관료전을 지급하고, 녹읍을 혁파하였다.

② **진흥왕**: 한강 유역을 장악한 후 이 지역을 순행하고 북한산비를 건립한 왕은 진흥왕이다.

③ **흥덕왕**: 사치스러운 풍조를 비판하며 골품에 따른 복색과 가옥 및 수레의 규모 등을 규정한 사치 금지령을 발표한 왕은 신라 하대의 흥덕왕이다.

조선 전기 임진왜란의 전개 과정 난이도 상 ●●●

정답설명

② 곽재우는 임진왜란 때 활약한 의병장이 맞지만, 정봉수와 이립은 정묘호란(1627) 때 활약한 의병장이다.

오답분석

① 일본군이 부산·동래 지역으로 쳐들어오자 정발, 송상현 등이 항전하였으나 패배하였다. 이후 빠르게 북진하는 일본군을 저지하기 위해 신립의 정예 기병 부대가 파견되었으나, 충주 탄금대 전투에서 대패하였다(1592).

③ 명과 일본 사이에 휴전 협상이 진행되는 동안 조선은 중앙에 포수·사수·살수로 구성된 훈련도감을 설치(1593)하고, 지방에는 양반~노비의 전 계층으로 구성된 속오군을 조직(1594)하여 군사 제도를 개편하였다.

④ 도요토미 히데요시 사망 이후 철수하는 일본군을 조선 수군이 노량에서 격파하였으나, 이 전투에서 이순신이 전사하였다(1598. 11., 노량 해전).

---

11 고려 시대 고려 시대의 불교 난이도 중 ●●○

정답설명

① 광종이 혜거 등을 통해 중국에서 들여온 법안종을 중심으로 선종을 정리하고자 한 것은 맞지만, 천태종이 아닌 화엄종(균여)을 중심으로 교종을 정리하려 하였다. 한편 우리나라의 천태종을 개창한 승려는 의천이다.

오답분석

② 의천은 원효의 화쟁 사상을 높게 평가하였으며, 이론과 실천을 아울러 강조하는 천태교학의 전통을 원효에게서 찾았다. 의천은 이러한 원효의 사상을 토대로 교종과 선종의 통합을 추구하며 교관겸수 등을 제창하였다.

③ 각훈은 최충헌 집권 시기에 고종의 명으로 삼국 시대 이래의 고승들의 일대기를 정리한 『해동고승전』을 저술하였다.

④ 혜심은 지눌의 제자로, 유불 일치설을 통해 심성의 도야를 강조하여 이후 고려에 성리학이 수용되는 사상적 토대를 마련하였다.

---

12 일제 강점기 물산 장려 운동 난이도 하 ●○○

자료분석

조선 사람이 만든 물건만 쓰고 살자고 하는 운동 → 물산 장려 운동

정답설명

① 물산 장려 운동은 사회주의 세력으로부터 자본가 계급의 이익만을 추구하는 운동이라고 비판받았다.

오답분석

② 물산 장려 운동은 일제의 회사령(1920)이 폐지된 이후에 전개되었다. 회사령 폐지에 따른 한국인 회사의 증가는 1920년대 초에 물산 장려 운동이 전개되는 토대가 되었다.

③ 물산 장려 운동은 조만식 등의 민족 자본가들의 주도로 평양에서 시작되었다. 대구에서 시작된 민족 운동으로는 국채 보상 운동(1907)이 있다.

④ 민립 대학 설립 운동: 일제가 경성 제국 대학을 설립하는데 영향을 준 운동은 민립 대학 설립 운동이다.

---

13 조선 전기 『향약집성방』 난이도 하 ●○○

자료분석

약재 + 병을 치료할 만한 것 + 세종실록 → 『향약집성방』

정답설명

④ 세종 때 우리나라의 풍토에 맞는 약재와 치료 방법을 개발·정리한 『향약집성방』이 간행되었다.

오답분석

① 『칠정산』은 세종 때 편찬된 역법서로, 우리나라 역사상 최초로 서울을 기준으로 천체 운동을 정확하게 계산하였다.

② 『농사직설』은 세종 때 편찬된 농서로, 농민들이 실제 경험한 농법을 종합하여 우리나라의 풍토에 맞는 독자적인 농법을 정리한 것이다.

③ 『향약구급방』은 고려 고종 때 편찬된 현존하는 우리나라 최고(最古)의 의서로, 각종 질병에 대한 처방과 국산 약재를 소개하였다.

---

14 근대 대한 제국(광무개혁) 난이도 하 ●○○

자료분석

대한국 + 대황제가 무한한 군권 향유 → 대한국 국제 → 대한 제국

정답설명

② 화폐 제도를 은 본위제로 개혁한 것은 제1차 갑오개혁(1894) 때이다. 대한 제국 정부는 금 본위제 실시를 시도하였으나 실패하였다.

오답분석

① 대한 제국 정부는 황제를 호위하는 시위대, 서울의 중앙군인 친위대, 지방의 진위대의 군사 수를 증강하였다.

③ 대한 제국 정부는 상공업 진흥책에 따라 상공 학교와 광무 학교를 설립하였다.

④ 대한 제국 정부는 전국의 토지를 조사하는 양전 사업을 실시하고, 지계아문을 통해 토지 소유권 증명서인 지계를 발급하였다.

---

15 현대 헌법 개정과 현대사의 전개 난이도 중 ●●○

자료분석

(가) 대통령 선거인단 + 임기 7년의 대통령 → 제8차 개헌안(1980~1987)

(나) 개헌 당시의 대통령에 한해 중임 제한 철폐 → 제2차 개헌안(사사오입 개헌, 1954~1960)

(다) 국회 해산권 + 긴급 조치권 부여 → 제7차 개헌안(유신 헌법, 1972~1980)

(라) 양원 국회 → 제3·4차 개헌안(내각제 개헌·소급 입법 개헌, 1960~1961)

정답설명

③ 제7차 개헌안이 적용되던 시기에 유신 체제에 대한 저항으로 윤보선, 김대중 등 재야 인사들이 명동 성당에서 긴급 조치 철폐, 박정희 정권 퇴진 등을 요구하는 3·1 민주 구국 선언을 발표하였다(1976).

오답분석

① 제9차 개헌안: 서울 올림픽이 개최(1988)된 것은 노태우 정부 때로, 제9차 개헌안(현행 헌법, 1987~) 적용 시기의 사실이다.

② 제1차 개헌안: 한·미 상호 방위 조약(1953)이 체결된 것은 이승만 정부 때로, 제1차 개헌안(발췌 개헌, 1952~1954) 적용 시기의 사실이다.

④ 제5차 개헌안: 한·일 기본 조약이 체결되어 일본과의 국교가 정상화된 것은 박정희 정부 때로, 제5차 개헌안(1963~1969) 적용 시기의 사실이다.

16 시대 통합 조선 시대의 『의궤』 난이도 중 ●●○

정답설명

③ 병인양요(1866) 때 프랑스군에 의해 반출되었던 강화도 외규장각 도서에 포함되어 있던 『의궤』는 프랑스 국립 도서관에 보관되어 있었으나, 한국·프랑스 정부 간의 협상을 통해 대여 방식으로 한국에 반환되었다(2011).

오답분석

① 정조 때 수원 화성으로의 행차 관련 내용이 정리된 『원행을묘정리의궤』가 편찬되었는데, 이를 인쇄하기 위하여 규장각의 학사들이 정리자를 주조하였다. 이 이후의 『의궤』는 대부분 활자본으로 인쇄되었다.
② 『의궤』 조선 초기부터 편찬되었으나 임진왜란으로 전부 소실되었으며, 현재는 임진왜란 이후 편찬된 『의궤』만이 전해진다.
④ 『의궤』는 국가 및 왕실의 의례 절차와 관련된 사항을 그림과 설명으로 정리한 기록물이며, 이외에도 『화성성역의궤』와 같이 궁궐·종묘·성곽 등의 건물 축조 및 수리에 대한 내용을 정리한 『의궤』도 제작되었다.

17 일제 강점기 1930~1940년대의 항일 독립운동 난이도 중 ●●○

정답설명

③ 중국 관내에서 조직된 최초의 한인 무장 부대는 김원봉이 이끄는 조선 의용대(1938)이다. 조선 의용군(1942)은 1940년대에 화북 지역으로 이동한 조선 의용대 세력(조선 의용대 화북 지대)이 재편된 것으로, 김두봉이 주도한 조선 독립 동맹 산하의 부대였다.

오답분석

① 양세봉이 이끄는 조선 혁명군은 남만주를 중심으로 무장 투쟁을 전개하여, 영릉가 전투(1932)·흥경성 전투(1933) 등에서 일본군에 승리하였다.
② 1935년에 의열단 계열(김원봉)의 주도로 민족 혁명당이 결성되자 이에 대응하여 김구 등의 임시 정부 인사들은 한국 국민당을 창당하였다.
④ 한국광복군은 미국 전략 정보국(OSS)의 지원 아래 국내 진공 작전을 준비하였으나, 일제의 패망으로 실현하지 못하였다(1945).

18 고려 시대 고려의 관리 등용 제도 난이도 중 ●●○

자료분석

(가) 백부 덕분에 관직에 임명됨 → 음서
(나) 학업을 그만두지 않고 계속 응시하여 급제함 → 과거

정답설명

② 옳은 것을 모두 고르면 ㉠, ㉣이다.
㉠ 고려 시대에는 공신이나 5품 이상 고위 관료의 자손이면 음서의 혜택을 받을 수 있었으며, 그 범위에는 사위와 외손자 등도 포함되었다.
㉣ 고려 시대에는 유교 경전에 대한 이해 능력을 평가하는 시험인 명경과보다 문학적 재능을 평가하는 논술 시험인 제술과가 더 중시되었다.

오답분석

㉡ 고려 시대에는 음서를 통해 등용된 사람들도 승진에 차별을 받지 않아 고위 관직에 오를 수 있었다.
㉢ 고려 예종과 공양왕 시기 등에만 일시적으로 실시된 것은 무과이다.

19 조선 후기 갑인예송과 갑술환국 사이의 사실 난이도 중 ●●○

자료분석

(가) 영남 유생(남인) + 대왕 대비(자의 대비)께서 맏며느리(효종비)를 위하여 기년복(1년복)을 입어야 함 + 기년으로 정함 → 갑인예송(1674, 현종)
(나) 중전(인현 왕후)이 복위 + 장씨 + 왕후의 지위를 거두고 희빈의 옛 작호를 내림 → 갑술환국(1694, 숙종)

정답설명

① (가), (나) 사이 시기인 숙종 때 허적(남인)의 서자 허견이 모반을 꾀하였다는 서인의 고발 등을 계기로 경신환국이 일어나 허적과 윤휴 등이 처형되고, 남인이 정계에서 대거 축출되었다(1680). 이때 서인은 남인의 처벌에 대한 입장에 따라 강경론인 노론과 온건론인 소론으로 분열되었다.

오답분석

② (나) 이후: 창덕궁 후원에 규장각이 설치(1776)된 것은 정조 때로, (나) 이후이다.
③ (가) 이전: 정여립이 대동계라는 비밀 결사를 조직하고 모반을 준비하였다는 혐의로 처형된 정여립 모반 사건(1589)이 일어난 것은 선조 때로, (가) 이전이다.
④ (나) 이후: 연잉군(영조)을 지지하던 김창집, 이이명 등 노론 4대신이 사사된 신임사화(1721~1722)가 일어난 것은 경종 때로, (나) 이후이다.

20 현대 평화 통일을 위한 노력 난이도 중 ●●○

정답설명

② 시기 순으로 나열하면 ㉣ 7·7 선언(1988) - ㉡ 남북한 유엔 동시 가입(1991) - ㉠ 금강산 관광 시작(1998) - ㉢ 남북 정상 회담 개최(2000~)가 된다.
㉣ 7·7 선언: 노태우 정부는 7·7 선언(민족 자존과 통일 번영을 위한 특별 선언)을 발표하여 남북 관계를 동반 관계이며 함께 번영해야 할 민족 공동체 관계로 규정하였다(1988).
㉡ 남북한 유엔 동시 가입: 노태우 정부 때 남북이 동시에 유엔에 가입하였다(1991).
㉠ 금강산 관광 시작: 김대중 정부 때 햇볕 정책의 추진으로 남북 간의 교류가 활성화되면서 금강산 해로 관광 사업이 시작되었다(1998).
㉢ 남북 정상 회담 개최: 김대중 정부 때 처음으로 평양에서 남북 정상 회담이 개최되어 6·15 남북 공동 성명이 채택되었다(2000). 이후 노무현 정부 때 평양에서 2차 남북 정상 회담이 개최(2007)되었으며, 문재인 정부 때는 판문점과 평양에서 세 차례에 걸쳐 남북 정상 회담이 개최되었다(2018).